考研英语词汇
轻松记

兰熙 方苗苗 编著

世界知识出版社

图书在版编目（CIP）数据

考研英语词汇轻松记 / 兰熙，方苗苗编著 . —— 北京：世界知识出版社，2023.2（2023.10 重印）

ISBN 978-7-5012-6618-0

Ⅰ.①考… Ⅱ.①兰… ②方… Ⅲ.①英语 – 词汇 – 研究生 – 入学考试 – 自学参考资料 Ⅳ.①H319.34

中国版本图书馆 CIP 数据核字 (2022) 第 256046 号

责任编辑	谢　晴
特约编辑	龚玲琳
特邀编辑	王丽娜
封面设计	彭振威设计事务所
责任出版	赵　玥
责任校对	张　琨

书　　名	**考研英语词汇轻松记** **KAOYAN YINGYU CIHUI QINGSONG JI**
编　　著	兰　熙　方苗苗
出版发行	世界知识出版社
地址邮编	北京市东城区干面胡同 51 号（100010）
网　　址	www.ishizhi.cn
电　　话	010-65233645（市场部）
经　　销	新华书店
印　　刷	清淞永业（天津）印刷有限公司
开本印张	787 毫米 ×1092 毫米　1/16　29¼ 印张
字　　数	310 千字
版次印次	2023 年 2 月第 1 版　2023 年 10 月第 4 次印刷
标准书号	978-7-5012-6618-0
定　　价	79.00 元

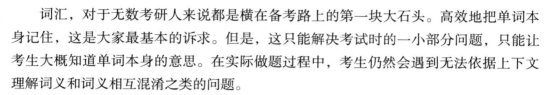

前言

　　词汇，对于无数考研人来说都是横在备考路上的第一块大石头。高效地把单词本身记住，这是大家最基本的诉求。但是，这只能解决考试时的一小部分问题，只能让考生大概知道单词本身的意思。在实际做题过程中，考生仍然会遇到无法依据上下文理解词义和词义相互混淆之类的问题。

　　随着考研大军越来越"卷"，在竞争极度激烈的大环境下，考生比以往任何时候都要更高效、更扎实地解决词汇的理解和运用问题。因此，让背单词的过程变得轻松，让掌握之后的单词真正变成厉害的"子弹"去"击穿"各种理解和运用的障碍，就变得迫在眉睫。

　　如何帮助各位考生轻松"击穿"障碍呢？

一、精准选词，提升效率

　　直接用大纲规定的 5500 个词汇，不用选，拿来就编？不！这 5500 个词汇虽然都是考研大纲词汇，但是其中有很多单词过于基础，英语初学者都能掌握，因此，这类单词编者就直接帮考生们筛掉了。以大纲词汇中 a 开头的单词为例，after、again、ago、all、and、any、apple、ask 等，这些就不在本书的收录范围。如果包含，不仅会稀释整本书的价值，而且还会导致效率降低。

　　当然，看上去简单的基础词，如果实际上蕴含了重要的考点、难点，那么就会被"复活"。比如 short 这个词，虽然看上去非常简单，但是 2018 年考研英语阅读考到的 fall short of（未达到）并未被考生们熟知，因此 short 也获得了保留在本书的资格。

　　对于考纲里没有列出，但是在近年考研英语真题中反复出现、影响得分的词，我们也进行了收录。比如 2020 年阅读里出现的 averse，其词义决定了考生对上下文情感色彩的理解。根据这类"超纲词"的实际难度，编者将其编入了"进阶词汇"和"高阶词汇"。

　　另外，部分单词虽然没有出现在考纲中，却是"考纲词"对应的重要派生词，因此也会以"痛点"的形式被巧妙地编进本书。比如，大纲词汇 pronounce（发音）的过去分词 pronounced（明显的）并非大纲词汇，却属于重要的派生词，因此被编入了 pronounce 的"痛点"部分。

二、科学分级，目标感强

	Chapter	Word List	词汇量	占比
核心词汇	I	1–15	1905	50%
进阶词汇	II	16–25	1340	35%
高阶词汇	III	26–30	564	15%

把所有选好的词按照真题中出现的词频从高到低来分章节？不，词频只作为参考维度之一。如果只按照词频来，那么像考研大纲词汇中列出的 it、like、on、must、up 等一大批词的词频就会一骑绝尘，理论上也肯定是要放在最前面的。但是，这些词不是考研英语复习的重点和难点，很多低频词的掌握程度却直接决定着考试的得分。

考虑到所有考研英语的文章都是节选自原汁原味的外刊，关于词汇难度的判断，欧标分级（CEFR 等级，即欧洲共同语言参考标准水平）是本书重要的参考依据。

另外，本书的独特之处也体现在：单词的分级过程中融入了宝贵的教学经验。有些被欧标分级归为最高级 C2 的单词，如 blog（博客），不少考生反馈都认识，所以被"降级"为进阶词汇。当然也有反向操作，有些在欧标分级中处于 A1 或者 A2 的单词，如果学生普遍反馈不简单，那就会相应地提升其难度分级。

总之，对于每一个单词的分类，编者都进行了多维度的精心考虑，科学分级能让考生在阅读本书的三个阶段时有明显的从易到难、逐级突破的成就感。通过目标切分和阶段式学习，考生不用再去纠结先从哪儿入手，而是循序渐进地高效闯关。

三、词群联想，激活大脑

大脑偏爱意义联结。即使比较复杂的元素，通过语境和意义的关联，都会比较容易被整体印入记忆。如果把单词以首字母 A–Z 的顺序依次排列，或者把相同词尾的单词放在一起，亦或是把单词全部打散随机放在一起，这些情况下背过的单词都容易转眼就忘。无论词首相同还是词尾相同，从相似的外形去记忆每一个单词，就好像看到眼前飞过的一群大雁，全程需要用力区分个体之间的差别才能勉强记住哪只是哪只，然后转眼就忘记；而去记完全打散、毫无规律的单词，就像是记圆周率，拼的只是耐力和坚持，结果往往事倍功半。

因此，为使读者更容易记住单词，本书所有的单词都以词群的形式进行呈现，每个词群中绝大部分的单词都通过意义来进行联结（义联词），从而更深层地激活大脑；极少一部分是通过相似的外形来进行联结（形联词）。本书词汇的整合难度不小，但能帮助考生真正实现基于联结的记忆模式。背每一个单词时不仅专注这个单词本身，还会想到其相关词。正如我们初次会见陌生人时，总会不自觉地去寻找和对方相关的一切外部信息：行业、家乡、学校等等。通过各种相关的联结就很容易把陌生人记住。

需要注意的是，在每一个词群中，所有单词的地位都是平等的。每个词群的"排头兵"之所以被安排到第一个，是因为考虑它和本词群中其他的单词之间的关联度更广一些，更容易让考生形成整个词群联结的网络，而非排在第一个的词就最重要。不过，容易拓展的词，本身也更容易为大家所熟知。

另外，每个 Word List 的划分也符合这种联结，有关联的词群放在同一个 Word List 当中，比如核心词汇 Word List 1 主要是和工作或娱乐相关的词群，各位考生可以在背单词的过程中慢慢发现。

四、痛点专栏，温馨陪伴

市面上并不缺大而全的词汇资料，而且随手拿起任何一本英汉词典或者随便点开一个手机词典 APP，都能获取非常详实的释义。但是，"大而全"也就意味着学习过程的"慢而散"，如果啃着一本大部头词典去攻克考研英语，考生非常容易被"劝退"。考研备考，需要精准。要精准，就需要"拿捏"核心词汇的痛点。这样在背单词的过程中考生不仅记住了单词长什么样，还能精准地避开单词在理解和使用中的"陷阱"。就如同在重要的景点都有导游讲解，会把有价值的信息全部提炼出来，高效提升游客对景点的深度认知。

核心词汇的部分，"痛点"的内容包括助记、地道搭配、易混词辨析等考生在输入方面非常容易犯错的地方。比如讲解"bud"的痛点：a budding writer，"一个发芽的作家"？不，是"一位文坛新秀"。采用的是"定位痛点 + 解决痛点"的方式，通过对比的方法，让考生们有效地避开种种理解的"坑"。如果不进行痛点定位，那么很多人甚至都意识不到自己已经掉入坑里，所以识别问题是解决问题的前提。

除了输入之外，"痛点"还包括对英语输出方面的指导。如：acceptance，在输入方面考生的痛点不明显，基本上理解都不会出问题。于是着重输出方面的痛点：写作中"人们都认为"还可以怎么说？This idea has gained broad acceptance among the general public. 通过搞定输出痛点，不仅能避免中式英语，还能直接提升考生的写作能力。

有了痛点专栏，就如同有了随时陪伴的专业老师，将课堂的价值直接带入书本，让考生享受高质量陪伴，而非独自面对冷冰冰的释义和例子，没有温度。

另外，为避免给各位考生造成太大的学习负担，痛点只在核心词汇中进行展示，进阶词汇和高阶词汇中均省去，这样有助于考生抓好重点，轻松学习。

五、最小语境，高效抗扰

明明想要高效背单词，结果为了掌握一个单词在其所在语境中的用法，就只能分析一整个句子。这时候问题就出现了，例句里的句子结构、语法难点和其他的词汇、语块难点等等很快就占据了注意力，让人压力陡增。不把这句话彻底弄懂，好像就无法真正理解主角单词的语境，就感觉自己学习不扎实，没有学到位。然而，各种其他的干扰变量往往比这个单词本身还要难，就会导致记忆"主角单词"的效率极大降低，"劝退"的力量也不容小觑。

而背单词不管语境，也肯定是不行的，单独的单词无法体现其用法特点。所以，既要有语境支持，又要排除其他干扰，需要在两者之间取得一个最佳平衡，于是就诞生了本书对于语境的处理方法——最小语境法，编者简化了真题例句，既能帮考生快速理解单词的用法，又不会让其他可省略的成分对其注意力造成干扰，从而确保学习的过程精准而高效。

考虑到中英结构的差异和其他特点，书中的最小语境片段及对应的中文翻译在真题原文基础上进行了微调，比如简化谓语的时态、弱化专有名词、简化句子结构等。所有的处理都只有一个目的，以最小的有效语境高效满足考生准确理解词义的需求。我们通过实验证明，在背单词比赛中，根据同样的单词掌握标准，用最小有效语境的选手在单位时间内掌握的词汇数量会远远多于用完整长难句语境的选手。这，就是简化的价值。

六、不同词条，个性处理

书中所有词条都包括单词、音标、词性、熟义中文释义，所有在真题中出现过的释义都进行了加粗。此外，编者还根据每个单词在考研英语中所需要掌握的信息进行了个性化处理。

部分单词含有熟义真题例句和翻译、熟义词组和翻译；部分单词还含有僻义中文释义、僻义英英释义、僻义真题例句和翻译、僻义词组和翻译。

其中，真题中出现的重要语块（词组、固定搭配）也个性化地融入到相关单词的讲解部分，让考生在学习本书的过程中能够自然而然地掌握，从而免受"硬啃"一连串词组搭配之苦。

"必编"和"选编"相结合，充分考虑了单词和词组的特点，不被"一刀切"的栏目设置所束缚，也充分考虑了单词之间的共性和单词自身的个性。

总而言之，本书所有的努力和创新，都是为了让广大考生在单词突破之路上学得更轻松、更高效、更扎实。编纂过程细节繁多，难免有不足之处，期待大家的宝贵建议。

编　者

2022 年 11 月

使用说明

词群

一个词群内有多个单词，包括该词群的首个单词和其义联词（部分包括形联词）

□ **assume**

义联词	□ assumption	□ hypothesis	□ anticipate	□ unexpected
	□ resume			
形联词	□ resume/résumé			

词群中的首个单词

功能上用于引出其义联词和形联词；重要性与该词群的其他单词等同，颜色为黑色

assume [əˈsuːm]

【熟义】 v. 假定，假设，认为；呈现（外观、样子）；就（职）

【摘点】 在写作中表达"人们都认为"时是不是容易想到 people think？接下来可以用 it is generally assumed that…（普遍认为……）来表达。assume office，"假设办公室"？不，是"就职，到任"；assume responsibility，"假设责任"？不，是"承担责任"。

【真题】 Should advertisers assume that people are happy to be tracked? 广告商应该假设人们乐意被跟踪吗？（2013 年阅读）

熟义

该词的常见释义

【僻义】 v. 承担（责任）to take or begin to have responsibility

【真题】 Many young people assume a great deal of personal responsibility for educating themselves. 许多年轻人承担着自我教育的责任。（2018 年阅读）

僻义

该词的生僻释义，包括必要情况下的英英释义

assumption [əˈsʌmpʃn]

n. 假定，假设；（责任的）承担，（权力的）获得

【摘点】 assumption of power，"力量的假设"？不，是"掌权，取得权力"。

【真题】 upset the old assumption 推翻旧的假设（2015 年阅读）

义联词

词群中的义联词，即该词群首个单词的同义词、反义词、同类词和情景词等，颜色为蓝色

hypothesis [haɪˈpɒθəsɪs]

n. 假说，假设；猜想

【真题】 Later, this idea became to be known as the Sapir-Whorf hypothesis. 后来，这一想法被称为 Sapir-Whorf 假说。（2004 年翻译）

anticipate [ænˈtɪsɪpeɪt]

v. 预料；预计（并做准备）；期望；先于……做

【摘点】 anticipate sb.，是"期盼某人"么？不，是"赶在某人之前行动"。

【真题】 The government did not anticipate the steep increase in airline travel. 政府没有预料到航空旅客人数的激增。（2017 年阅读）

unexpected [ˌʌnɪkˈspektɪd]

adj. 出乎意料的，始料不及的

【真题】 to respond to unexpected events 应对突发事件（2014 年阅读）

resume [rɪˈzuːm]

v. 重新开始，（中断后）继续

resume/résumé [ˈrezəmeɪ]

n. 简历；摘要

【真题】 e-mail his resume to the employer 把他的简历用电子邮件发给老板（2004 年阅读）

加粗的释义为真题中出现过的释义，且排在第一位的释义为下文"真题"中对应的释译

英文人名和地名等专有名词没有翻译，方便定位

形联词

词群中的形联词，即该词群首个单词的形近词或同根词，颜色为灰色

使用说明

□ **scissors**

义联词	□ **shear**	□ **sew**	□ **needle**	□ **pin**
	□ **weave**			

痛点

"核心词汇"中的痛点包括该词的助记、易混词辨析、常用搭配、易错点、写作技巧等，以多维度剖析该词的痛点、考点和盲点

scissors [ˈsɪzərz]

n. **剪刀**

痛点 注意"一把剪刀"不是 a scissors，是 a pair of scissors。

词组 nail scissors 指甲剪

示例 a pair of nail scissors 一个指甲剪

shear [ʃɪr]

v. 剪，修剪

痛点 注意其过去分词是 shorn。

sew [səʊ]

v. 缝纫

痛点 难记？缝纫起来嗖嗖（sew）的！

needle [ˈniːdl]

n. 针，缝衣针；编织针；注射针；指针

pin [pɪn]

v. **使不动弹**；别住 *n.* 别针；大头针

词组 pin down 弄明确

真题 It is hard to pin down. 很难明确下来。（2010 年完形）

weave [wiːv]

v. 织，编

痛点 难记？编织技巧太赞了！威（wea）武（ve）！注意其过去式为 wove，过去分词为 woven。

示例

参考了《牛津高阶英汉双解词典》《柯林斯英汉双解大词典》等权威词典中的词组

词组

该词的重要词组

真题

简化过的真题原文

自测框

便于考生对照英文单词回忆中文释义，已掌握的单词可在□中打"√"

□ **luggage**

义联词	□ **package**	□ **sack**	□ **fold**
形联词	□ **cabbage**		

例句

参考了《牛津高阶英汉双解词典》《柯林斯英汉双解大词典》等权威词典中的例句

luggage [ˈlʌɡɪdʒ]

n. **行李**

痛点 这是英式的习惯用法。它对应的美式用词是 baggage。

例句 Stay there with the luggage. 在那儿看着行李。

package [ˈpækɪdʒ]

n. **一揽子东西、建议等**；包装；软件包 *v.* 将……包装好

痛点 pack 和 package 都既可以作名词，也可以作动词。

真题 a wider package of measures 一系列更广泛的措施（2021 年阅读）

sack [sæk]

n. 麻袋，包；解雇；抢劫 *v.* 解雇；抢劫

fold [fəʊld]

熟义 *v.* **折叠**；包，裹 *n.* 褶痕

VIII

目　录

Chapter I

核心词汇

Word List 1

□ company			
义联词 □ enterprise	□ corporation	□ corporate	□ colleague
□ executive	□ headquarters	□ secretary	□ directory
□ assemble	□ apart	□ coordinate	□ venture
形联词 □ accompany	□ companion		

company [ˈkʌmpəni]

n. 公司；陪伴

痛点 enjoy her own company，"喜欢她自己的公司"？也有可能是"她喜欢自己一个人待着"，此处 company 作为名词，意为"陪伴"。"陪伴"的动词是在其前面加 ac，变成 accompany。

真题 company's application 公司的申请（2012年阅读）

enterprise [ˈentərpraɪz]

n.（尤指艰巨而重大的）规划，事业；企业；企业发展；事业心，进取心

痛点 the latest enterprise，"最新的企业"？不，是"最新的规划"。

真题 scientific enterprise 科学事业（2012年翻译）

corporation [ˌkɔːrpəˈreɪʃn]

n. 公司

痛点 注意不要将它和 cooperation（合作）弄混。

真题 The typical CEO of a top American corporation now makes about $18.9 million a year. 典型的美国顶级公司的CEO目前年收入约为1890万美元。（2020年阅读）

corporate [ˈkɔːrpərət]

adj. 公司的

真题 corporate giving 企业捐赠（2016年阅读）

colleague [ˈkɑːliːg]

n. 同事

痛点 它相当于 co-worker（同事）。

真题 your senior colleague 你的资深同事（2021年完形）

executive [ɪgˈzekjətɪv]

adj. 执行的，决策的 *n.*（公司或机构的）经理，主管领导，执行官

痛点 "CEO" 是 Chief Executive Officer "首席执行官"的缩写。

真题 executive director 执行董事（2023年阅读）

headquarters [ˈhedkwɔːrtərz]

n. 总部，司令部

真题 British headquarters 英国总部（2022年翻译）

secretary [ˈsekrəteri]

n.（美）部长，大臣；秘书；（英国的大臣、大使等的）助理

3

真题 secretary of state（美）国务卿（2016 年新题型）

---

directory [dəˈrektəri]

n. 名录，公司名录

痛点 其地道搭配为：telephone/business directory（电话簿 / 企业名录）。

---

assemble [əˈsembl]

v. **集合，聚集**；组装

痛点 assemble together，"组装在一起"？"聚集在一起"？注意这是中式英语。因为 assemble 本身就含有 together 的意思，所以 assemble together 属于赘余表述。表达"集合，聚集"用 assemble 即可，如 assemble in the hall（在大厅集合）。

真题 You can assemble your notes. 你可以把你的笔记汇集到一起。（2008 年新题型）

---

apart [əˈpɑːrt]

adv. **分开，不在一起**；相隔，相距

痛点 在写作中表达"除此之外"只会 besides/in addition/moreover？可以用上 Apart from that, …。

词组 apart from… 除了……外

真题 have authority apart from politics 拥有政治之外的权力（2012 年完形）

---

coordinate

[kəʊˈɔːrdɪneɪt] *v.* **协调**，调节　[kəʊˈɔːrdɪnət] *adj.* 同等重要的；并列的　[kəʊˈɔːrdɪnət] *n.* 坐标

痛点 难记？按照共同的（co）次序（ordin），就会很协调。

真题 better coordinated service 更加协调的服务（2003 年阅读）

---

venture [ˈventʃər]

熟义 *n.* 冒险活动，风险项目　*v.* 冒险（做某事）

真题 venture investment 风险投资（2004 年阅读）

僻义 *n.*（尤指有风险的）企业

痛点 joint venture，"共同风险"？不，指"合资企业"。

真题 catering ventures 餐饮企业（2010 年新题型）

---

accompany [əˈkʌmpəni]

v. **伴随**；陪伴；兼带，附和；为……伴奏

痛点 如果把"陪同某人做某事"直接说成 accompany sb. to do sth.，那么我们就掉入中式英语陷阱了。英语里一般不这么表达，而是 accompany sb. to…，如：accompany her sister to London（陪同她的姐姐去伦敦）。

真题 accompanying technology 随之而来的技术（2012 年阅读）

---

companion [kəmˈpænjən]

n. **同伴**

真题 male companion 雄性伴侣（2005 年阅读）

□ **bonus**			
义联词　□ **wage**	□ **wallet**	□ **withdraw**	□ **purse**
□ **transaction**	□ **reward**	□ **pension**	□ **lottery**

bonus [ˈbəʊnəs]

n. 奖金，红利；意外收获

痛点 其地道搭配为：award/give/pay sb. bonuses（给某人发奖金）。

真题 guaranteed bonus 固定奖金（2019 年阅读）

wage [weɪdʒ]

n. 工资，工钱　*v.* 开始，发动

痛点 wage a war，"工资战争"？不，是"发起战争"。

wallet [ˈwɑːlɪt]

n. 钱包，皮夹子

痛点 其表示"钱包"的时候相当于 purse。

真题 go through one's wallet 翻查一个人的钱包（2015 年阅读）

withdraw [wɪðˈdrɔː]

v. 提取（存款）；撤回，收回；撤离；退出

真题 It takes several days before funds are withdrawn from the issuer's account. 从开票人的账户中提款需要好几天。（2013 年完形）

purse [pɜːrs]

n. 钱包；资金，备用款

痛点 其地道搭配为：the public purse（国库）。

真题 Exploring the contents of a smartphone is similar to going through a suspect's purse. 搜查智能手机的内容就像在搜查嫌疑人的钱包。（2015 年阅读）

transaction [trænˈzækʃn]

n. 交易；办理

痛点 the transaction of government business，"政府业务的交易"？不，是"政府业务的办理"。

真题 online transactions 在线交易（2010 年阅读）

reward [rɪˈwɔːrd]

n. 回报，报酬，奖励　*v.* 给以报酬，奖励，奖赏

真题 Drivers were rewarded or punished according to the time they took. 司机们会根据他们的行车时间得到奖励或惩罚。（2021 年阅读）

pension [ˈpenʃən]

n. 养老金，退休金，抚恤金

真题 rules on pension 养老金的规定（2010 年阅读）

lottery [ˈlɑːtəri]

n. 彩票抽奖；碰运气的事

痛点 难记？中文的"乐透"是 lottery 音译过来的。

真题 lottery winners 彩票中奖者（2014 年阅读）

□ rival			
义联词　□ combat	□ crisis	□ punch	□ urgent
□ campaign	□ strike	□ butcher	□ bloody
□ competitive	□ contest	□ edge	□ opponent
□ versus			

rival [ˈraɪvl]

n. **竞争对手**；可与……匹敌的人

v. 与……竞争，与……匹敌，比得上

真题 mighty rivals 强有力的竞争对手（2013年阅读）

combat [ˈkɑːmbæt]

v. **与……斗争**，与……战斗　*n.* **斗争**，战斗

痛点 它作动词时直接接宾语，不用接 against，如 combat crime（打击犯罪）。其形容词是 combative（好斗的，好战的）。

真题 combat the plastics crisis 抗击塑料危机（2019年阅读）

crisis [ˈkraɪsɪs]

n. **危机**，危急关头；危难时刻，病危期

真题 at a crisis level 处于危机状态（2023年阅读）

punch [pʌntʃ]

n. **重拳击打**；打孔机，穿孔器　*v.* 拳打；（用打孔器等）打孔；按（键）

例句 She gave him a punch on the nose. 她朝他的鼻子打了一拳。

urgent [ˈɜːrdʒənt]

adj. **迫切的，紧急的**；催促的，急切的

真题 Take some steps to address our urgent housing need. 采取一些措施来解决我们迫切的住房需求。（2014年阅读）

campaign [kæmˈpeɪn]

n. **（尤指政治、商业或军事的）运动**；战役

v. 参加运动

真题 presidential campaign 总统竞选（2018年阅读）

strike [straɪk]

v. **突然想到**；**撞击**；打；给（某人以……）印象　*n.* **罢工**；击，打

真题 It strikes one that these gardens speak of various urges. 我们会突然发现这些花园体现出了各种欲望。（2013年翻译）

butcher [ˈbʊtʃər]

n. **肉店**；屠夫；刽子手　*v.* 屠宰；弄砸；屠杀

痛点 难记？屠夫（butcher）啥闲话都不（bu）扯（tcher），直接屠宰。butcher a task，"屠宰一项任务"？不，是"弄砸一项任务"。

真题 shop at butchers regularly 经常去肉店买东西（2013年新题型）

bloody [ˈblʌdi]

v. **使流血**　*adj.* 流血的；残酷的

痛点 bloody sb. 表示"使某人流血"。

真题 Verbal fights can leave both sides bloodied. 言语冲突会使双方鲜血淋漓。（2019年新题型）

competitive [kəmˈpetətɪv]

adj. **竞争的**；**有竞争力的**

真题 competitive advantage 竞争优势（2017年翻译）

contest [ˈkɑːntest]

熟义 *n.* **比赛，竞赛**；（控制权或权力的）争夺，竞争　*v.* 争夺，竞争

痛点 难记？共同（con）来测试（test）→比赛，竞赛。

真题 hold a contest 举行一场比赛（2003年阅读）

僻义 *v.* **就……提出异议**

真题 four contested provisions 四个有争议的条款（2013年阅读）

edge [edʒ]

n. **边缘**；刀口；优势；敏锐

痛点 competitive edge，"竞争边缘"？不，是"竞争优势"。

真题 Rural towns and villages do so best where building sticks to their edges of villages and respects their character. 当楼房建在它们边缘并尊重其特色时，小镇和村庄才能发展得最好。（2016 年阅读）

opponent [əˈpəʊnənt]

熟义 *n.* **对手，竞争者**

痛点 它和 oppose（反对）同源；注意将它和 component（组成部分）区别开。

真题 beat your opponents 击败你的对手（2019 年新题型）

僻义 *n.* **反对者**

真题 opponents of change 反对革新者（2014 年阅读）

versus [ˈvɜːrsəs]

prep. **与……相对，与……相比**

痛点 我们常在比赛中讲到的"vs"的全称就是它了！

真题 the concept of man versus machine "人机相争"的概念（2014 年阅读）

□ **agency**

义联词	□ **agent**	□ **charity**	□ **council**	□ **institution**
	□ **sector**	□ **administration**	□ **authority**	□ **client**
形联词	□ **agenda**			

agency [ˈeɪdʒənsi]

熟义 *n.* **代理机构；机构**

痛点 "行/所/社/处/室/机构"对应的怎么都是 agency？看英英解释，一切明了：an organization that offers a particular service，提供某种服务的机构都可以叫 agency，有时也特指政府的职能部门或专门机构。through the agency of，"通过某机构"？不，是"由于……的作用"，这时候往往就不是和具体的某机构相关了。

真题 a national drug agency 一家全国性的药品代理机构（2005 年新题型）

僻义 *n.* **政府内的局，部，处**

真题 the Cultural Heritage Agency of the Netherlands 荷兰文化遗产局（2022 年阅读）

agent [ˈeɪdʒənt]

n. **经纪人，代理人**；作用因素，动因；施动者；剂；特工

痛点 这个词的识记痛点明显，它有多种含义：代理人/经纪人、特工、动因、剂、施动者，相互间关系还不大。运用画面记忆法来辅助记忆：特工作为施动者扮演成经纪人，用特殊试剂搞事情，成为了这场纷争的动因。

真题 real estate agents 房地产经纪人（2023 年阅读）

charity [ˈtʃærəti]

n. **慈善**；慈善机构；宽容

痛点 其地道搭配为：to live on charity（靠救

济生活）。

词组 give (sth.) to charity 把（某物）捐给慈善机构；做慈善

真题 Giving to charity is often more pleasurable. 做慈善往往更令人愉悦。（2014 年阅读）

---

council [ˈkaʊnsl]

n. **（市、郡等的）政务委员会**，地方议会；（顾问、立法、研究、基金等）委员会

真题 They prove impractical for city councils. 对市政厅而言，它们不切实际。（2020 年阅读）

---

institution [ˌɪnstɪˈtuːʃn]

n. **（大学、银行等规模大的）机构**

真题 financial institutions 金融机构（2019 年阅读）

---

sector [ˈsektər]

n. **行业，部门，领域**；部分；（军事行动的）地段；扇形

真题 the energy sector 能源行业（2023 年阅读）

---

administration [ədˌmɪnɪˈstreɪʃn]

熟义 *n.* **管理，行政；管理部门，行政部门**

痛点 其不仅指抽象的行政、管理，还可以指具体的管理部门和行政机关。如果一位总统或者首相说 my administration，那指的就是其任期内的政府。

真题 job search and benefit administration system 求职和福利管理系统（2014 年阅读）

僻义 *n.* **（尤指美国）政府**

真题 the Obama Administration 奥巴马政府（2013 年阅读）

---

authority [əˈθɔːrəti]

n. **权威，权力；当局；专家；批准**

痛点 She spoke with authority on this issue.，"她和权威谈论了这个议题。"？不，是"她就这个议题发表了权威的意见。"。authority 不仅仅可以指权威专家，还可以指抽象的威信、影响力。

真题 undermine the authority of state tests 削弱州考的权威性（2012 年阅读）

---

client [ˈklaɪənt]

n. **客户**；委托人

痛点 client 是指和公司关系比较紧密的客户，而 customer 是指一般意义上的顾客。

真题 serve clients 服务客户（2014 年阅读）

---

agenda [əˈdʒendə]

熟义 *n.* **议事日程**

痛点 注意这两个高频搭配：high on the agenda/at the top of the agenda，它们都表示"会议的重要议程"，即表示某事是非常重要的、受到高度重视的。

真题 the boss's agenda 老板的日程（2007 年阅读）

僻义 *n.* **潜在意图（或目的）**

真题 These messages have an agenda — to lure us to open our wallets. 这些信息有一个目的——引诱我们打开钱包。（2006 年阅读）

□ **assign**

义联词	□ **assignment**	□ **appoint**	□ **appointment**	□ **distribute**
	□ **designate**			

assign [əˈsaɪn]

熟义 *v.* **布置（工作、任务等）**；分配（某物）；指派

痛点 其地道搭配为：assign sth. to sb.（把某物分配给某人）。如果这里的 sth. 变成了 sb.，那么词义就变成了"指派某人……"。

真题 Teachers are allowed to assign as much of homework as they want. 老师们可以自行布置他们想布置的所有作业。（2012 年阅读）

僻义 *v.* **赋予（某功能或价值）** to give someone or something a particular function or value

词组 assign to 赋予（某功能或价值）

真题 effects once assigned to states of mind 曾经被认为是心态所产生的影响（2002 年翻译）

assignment [əˈsaɪnmənt]

n. **（分派的）作业**，工作，任务

痛点 The German journalist took an assignment in China., "这位德国记者在中国拿到了一份家庭作业。"？不，是"这位德国记者接受了一项在中国的任务。"。

真题 a homework assignment 一份家庭作业（2018 年翻译）

appoint [əˈpɔɪnt]

v. **任命**；安排，确定（时间、地点）

痛点 如果是确定的时间或者地点，通常用它的被动语态，如：appointed day（指定的日期），at the appointed time（在约定的时间）。那么 well-appointed house 是"被确定得很好的房子"？不，是"设施齐全的房子"。

真题 The journal has appointed seven experts. 该期刊委任了七位专家。（2015 年阅读）

appointment [əˈpɔɪntmənt]

熟义 *n.* **约会，约定**

真题 a doctor's appointment 看病预约（2018 年阅读）

僻义 *n.* **任命，委派**

真题 the sudden announcement of his appointment 突然宣布对他的任命（2011 年阅读）

distribute [dɪˈstrɪbjuːt]

v. **使分布**；**分发，分配**；分销

真题 The species is very widely distributed. 这个物种分布广泛。（2013 年阅读）

designate [ˈdezɪgneɪt]

v. **正式把……定为**，把……命名为；指定；指派，委任；标明

词组 designate...as... 把……正式定为……；把……命名为……

真题 They had pushed the agency to designate the bird as "endangered." 他们敦促该机构将这种鸟认定为"濒危"动物。（2016 年阅读）

□ post		
义联词　□ candidate	□ occupation	□ professional
形联词　□ poster	□ pose	

post [pəʊst]

n. **职位**；**岗位**；**邮政**；柱，标志杆　v. **发布（信息）**；邮寄

真题 apply for a research post 申请一个研究职位（2019 年翻译）

candidate [ˈkændɪdət]

n. **候选人**；应试者

痛点 某事的候选人怎么说？是 candidate for sth.，如：candidate for the job（这个职位的候选人）。

真题 promising candidate 有前途的候选人（2021 年新题型）

occupation [ˌɑːkjuˈpeɪʃn]

n. **职业**；**占领**；消遣

真题 a list of occupations 一份职业列表（2018 年翻译）

professional [prəˈfeʃənl]

adj. **职业性的**；**娴熟的**　n. **专业人士**

痛点 它和 national（国民）一样，也可以作名词，表示"专业人士"。

真题 professional development and training 职业发展和培训（2020 年阅读）

poster [ˈpəʊstər]

n. 招贴画，海报

pose [pəʊz]

v. **形成，构成（问题、威胁等）**；**提出（问题）**　n. 姿势

痛点 注意它不只表示"摆个 pose"的 pose（姿势）这一个意思噢！

词组 pose a threat/challenge/risk 构成威胁/挑战/风险

真题 pose a threat to the state government 对州政府构成威胁（2020 年阅读）

□ quit			
义联词	□ **retreat** □ **depart**	□ **resign**	□ **terminate**
	□ **halt**		
形联词	□ **quilt** □ **quiz**		

quit [kwɪt]

v. **离开（工作职位、学校等）**；**迁出**；停止，戒掉

真题 the decision to quit a senior position 辞去高级职位的决定（2011 年阅读）

retreat [rɪˈtriːt]

熟义 n. **退却**；退缩；**僻静处**　v. 退却；离开；逃避

真题 headlong retreat 落荒而走（2010 年阅读）

僻义 n. **静修期间（或活动）**

真题 lengthy retreats 长时间的静修

depart [dɪˈpɑːrt]

v. **离开**，起程，出发；**离职**

痛点 the departing president，"启程出发的总统"？不，是"即将卸任的总统"。

真题 About 7 million people arrived while about

2 million departed. 大约有 700 万人来到这里，大约有 200 万人离开。（2013 年阅读）

resign [rɪˈzaɪn]

v. 辞职，辞去（某职务）

痛点 难记？来的时候签个名，走的时候再次（re）签个名（sign），就完成了离职手续。

terminate [ˈtɜːrmɪneɪt]

v.（使）停止，结束；到达终点站

痛点 它相当于动词 end（结束，终止），只是

比 end 更加正式。

halt [hɔːlt]

v.（使）停止，停下 *n.* 停止

quilt [kwɪlt]

n. 被子

quiz [kwɪz]

n. 知识竞赛；小测验 *v.* 盘问；测验（学生）

□ **manual**	
义联词　□ **handbook**	□ **brochure**
形联词　□ **manufacture**	□ **manuscript**

manual [ˈmænjuəl]

n. **使用手册，说明书**　*adj.* 手工的，体力的；手控的，用手操作的

痛点 manual skills，"说明书技巧"？不，是"手工技巧"。

真题 the Diagnostic and Statistical Manual of Mental Disorders《精神障碍诊断与统计手册》（2006 年新题型）

handbook [ˈhændbʊk]

n. 手册，指南

brochure [brəʊˈʃʊr]

n. **资料（或广告）手册，小册子**

痛点 难记？这儿的资料那么多，兄弟（bro），

确定（chure，发音似 sure）是这本小册子（brochure）？

真题 A woman was distributing a brochure. 一位女士正在分发小册子。（2003 年阅读）

manufacture [ˌmænjuˈfæktʃər]

v. **编造，捏造**；（用机器）大量生产　*n.* 大量制造；工业品

真题 manufacture evidence 捏造证据（2006 年翻译）

manuscript [ˈmænjuskrɪpt]

n. **手稿，原稿**；手写本，手抄本

真题 review manuscripts 审阅原稿（2015 年阅读）

□ **operate**

义联词	□ **operation**	□ **operational**	□ **operator**	□ **cooperate**
	□ **cooperative**			

operate [ˈɑ:pəreɪt]

v. 运转；经营；动手术

真题 the way our brains operate 我们大脑的运作方式（2018 年阅读）

operation [ˌɑ:pəˈreɪʃn]

熟义 *n.* 运转，操作；手术；行动，活动；公司；运算

真题 the collapse of operations 运营的崩溃（2021 年阅读）

僻义 *n.* 业务

真题 adjust its operations to the new reality 调整其业务以适应新的现实（2018 年阅读）

operational [ˌɑ:pəˈreɪʃənl]

adj. 运营的，业务的，操作的；可使用的

真题 lower their operational costs 降低他们的运营成本（2013 年阅读）

operator [ˈɑ:pəreɪtər]

n.（某企业的）经营者，专业公司；操作员

痛点 operator 既可以指人"经营者"，也可以指组织"专业公司"。

真题 Britain's train operators 英国火车运营商（2021 年阅读）

cooperate [kəʊˈɑ:pəreɪt]

熟义 *v.* 合作，协作

词组 cooperate with… 与……合作

真题 Bankers complained that they were forced to cooperate with the price managers. 银行家们抱怨说，他们被迫与价格经理合作。（2018 年完形）

僻义 *v.* 配合

词组 cooperate with 配合

真题 Children were willing to cooperate with the tester. 孩子们愿意配合测试人员。（2020 年阅读）

cooperative [kəʊˈɑ:pərətɪv]

adj. 合作的；乐意合作的　*n.* 合作企业

真题 cooperative spirit 合作精神（2018 年阅读）

□ **produce**

义联词	□ **productive**	□ **productivity**	□ **efficient**	□ **efficiency**

produce

熟义 [prəˈdu:s] *v.* 生产；（运用技巧）制作；引起；制作（电影、唱片等）；生长　[ˈprəʊdu:s] *n.* 农产品

痛点 它作名词时重音在第一个音节，表示"农产品"。

真题 the scientific papers produced in the world 世界各地的科学论文（2020 年阅读）

僻义 [prəˈduːs] *v.* 栽培，培养

真题 produce graduates 培养毕业生（2014 年阅读）

productive [prəˈdʌktɪv]

adj. （尤指）多产的；有效益的

真题 Only when humanity began to get its food in a more productive way was there time for other things. 只有到了人类开始用更加高效的方法获取食物时，人类才有时间做别的事情。（2009 年阅读）

productivity [ˌprɒʊdʌkˈtɪvəti]

n. 生产率，生产效率

真题 boost productivity 提高生产率（2022 年阅读）

efficient [ɪˈfɪʃnt]

adj. 效率高的；有能力的

真题 efficient energy 高效的能源（2013 年新题型）

efficiency [ɪˈfɪʃnsi]

n. 效率

真题 management efficiency 管理效率（2006 年阅读）

□ stuff

义联词	□ substance	□ entity

stuff [stʌf]

n. （泛指）活儿，东西　*v.* （使）吃撑；填满

痛点 注意不要将它和 staff（人员）混淆。

真题 a lot of serious stuff to deal with 有一大堆严肃的事情要处理（2016 年新题型）

substance [ˈsʌbstəns]

n. 物质；事实基础；主旨

痛点 without substance，"没有物质"？ 不，是 "没有事实根据"。

真题 physical substance of the land 土地实物（2014 年新题型）

entity [ˈentəti]

n. 实体，独立存在物

痛点 其地道搭配为：single entity（单独的实体）。

□ digital

义联词	□ tablet	□ hardware	□ technical	□ technique
	□ configuration	□ code		

digital [ˈdɪdʒɪtl]

adj. 数字的，数码的

真题 provide digital services 提供数字服务（2020 年阅读）

tablet [ˈtæblət]

n. **平板电脑**；药片；丸

痛点 tablet 才是平板电脑的统称，而不是 pad！

真题 mobile phones and tablets 手机和平板电脑（2017 年阅读）

hardware [ˈhɑːrdwer]

n. 五金器具；硬件

痛点 a hardware shop，"一家硬件商店"？不，是"一家五金店"。

technical [ˈteknɪkl]

adj. **技术的**；技巧的；专业的

真题 technical upgrading 技术升级（2018 年阅读）

technique [tekˈniːk]

n. **技巧**；技术

痛点 同样翻译成"技术"，technique 往往指具体的某种技术，而 technology 指广义上的科学技术。

真题 time-management techniques 时间管理技巧（2016 年阅读）

configuration [kənˌfɪɡjəˈreɪʃn]

n. 布局，构造；（计算机的）配置

痛点 难记？共同的（con）图形（figure）放在一起→布局，构造。它的地道搭配为：computer configuration（计算机配置）。

code [kəʊd]

熟义 *n.* **编码**；**代码**，密码；法典 *v.* 为……编码

痛点 break the code，"打破法典"？不，是"破译密码"。

真题 Breaking down problems into bite-sized chunks and using code to solve them becomes normal. 把问题分解成小块，然后通过编码的方式解决，这会是习以为常的事。（2016 年阅读）

僻义 *n.* **道德准则**

真题 a rigid moral code 严格的道德准则（2015 年阅读）

□ **approach**

义联词	□ **remedy**	□ **resort**	□ **cope**

approach [əˈprəʊtʃ]

n. （待人接物或思考问题的）**方式**，**方法**；靠近；路径 *v.* （在距离或时间上）靠近，接近；**着手处理**

痛点 在写作中表达"采取措施"时只想到 take measures？可以用 adopt/apply approaches。

真题 a necessary and practical approach 一个必要而且可行的办法（2017 年翻译）

remedy [ˈremədi]

n. **处理方法**，**改进措施**；药品，治疗 *v.* **改正**，**纠正**

痛点 我们也要认识其形容词 remedial（补救的，纠正的；补习的）。

真题 Tighten the belt, the single remedy. 勒紧腰带是唯一的办法。（2004 年阅读）

resort [rɪˈzɔːrt]

n. 度假胜地；诉诸；可首先（或最后）采取的手段

痛点 the last resort，"最后的度假胜地"？不，是"最后的手段"。

cope [kəʊp]

v. **应付，**处理

词组 cope with... 应对……

真题 cope with security issues 应对安全问题（2013年完形）

□ settle			
义联词 □ settlement	□ address	□ resolve	□ resolution
□ solution			

settle [ˈsetl]

熟义 *v.* **安定，安顿；定居；解决（问题）；结束（争论、争端等）**

痛点 settle differences，"定下来了差异"？不，是"解决分歧"。

词组 settle down 定居下来，过安定的生活

真题 They had enough money to settle down. 他们有足够的钱安顿下来。（2022年阅读）

僻义 *v.* **决定**

真题 settle his fate 决定他的命运（2009年阅读）

settlement [ˈsetlmənt]

n. **定居点，**定居地；解决；（解决纷争的）协议

真题 human settlements 人类定居地（2014年新题型）

address [əˈdres]

n. **地址**；网址；演讲　*v.* **设法解决**；演讲

真题 address the long running problems 解决长期存在的问题（2021年阅读）

resolve [rɪˈzɑːlv]

v. **解决**；决心　*n.* 决心

痛点 其地道搭配为：resolve the mismatch（解决不匹配问题）。

真题 resolve uncertainty 消除不确定性（2018年完形）

resolution [ˌrezəˈluːʃn]

n. **（问题、分歧等的）解决**；正式决定；决心，决定

痛点 表示"决心"的时候，其相当于 resolve。

真题 a badly needed resolution 急需的解决方案（2021年阅读）

solution [səˈluːʃn]

n. **解决办法**；答案，解；溶液

词组 solution to sth. 某事的解决办法

真题 a major solution to data leakage 解决数据泄露问题的主要办法（2007年阅读）

| □ initiate |
| □ 义联词　□ launch |
| □ 形联词　□ initiative |

initiate [ɪˈnɪʃieɪt]

v. **发起**，开始，创造；使了解　*n.* 新加入某组织的人

真题 The most famous of these efforts was initiated by Noam Chomsky. 其中最有名的研究由 Noam Chomsky 发起。（2012 年翻译）

launch [lɔ:ntʃ]

v. **发起**；**发行**；**推出**；（首次）上市；发射

痛点 a product launch，"产品发起"？不，是"产品上市"。

真题 launch a campaign against childhood obesity 发起一项防止儿童肥胖的运动（2014 年完形）

initiative [ɪˈnɪʃətɪv]

n. **新方案**；主动性；倡议；主动权；法案

痛点 take the initiative，"采取方案"？不，是"采取主动"。

真题 Your boss proposes a new initiative you think won't work. 你的老板提出了一个你认为不可行的新方案。（2021 年新题型）

| □ formulate |
| □ 义联词　□ formation　　□ formula　　□ scheme |

formulate [ˈfɔ:rmjuleɪt]

熟义 *v.* **制订，构想，规划**

真题 formulate logical hypotheses 构想逻辑假设（2016 年阅读）

僻义 *v.* **明确表达** to think carefully about your ideas and express them clearly

真题 Freud formulated his revolutionary theory. Freud 阐明了他革命性的理论。（2005 年阅读）

formation [fɔ:rˈmeɪʃn]

n. **形成**；形成物；队形

真题 formation of truly noble and manly character 形成真正高尚的、具有男子气概的性格（2012

年新题型）

formula [ˈfɔ:rmjələ]

熟义 *n.* 公式，方程式；配方

痛点 超市常见的 formula milk 是"公式牛奶"？不，是"配方奶"。

僻义 *n.* **方案**

真题 The three-fifths formula handed Jefferson his narrow victory in the presidential election of 1800. 这个五分之三折算方案使 Jefferson 在 1800 年的总统选举中以微弱优势取胜。（2008 年阅读）

scheme [ski:m]

熟义 *n.* **计划，方案**；阴谋　*v.* 密谋
真题 the search scheme 搜索计划（2014 年阅读）
僻义 *n.* **体系**

真题 in the grand scheme of life 在生命的宏大体系里（2014 年翻译）

□ **industry**

义联词	□ **industrialise/-ize**	□ **mechanic**	□ **mechanical**	□ **mechanism**
	□ **robot**	□ **machinery**	□ **screw**	□ **engineer**
	□ **shaft**			

---

industry [ˈɪndəstri]

n. **行业，产业，工业**；勤劳，勤奋
痛点 它可以表示"勤奋"，它对应的形容词是 industrious（勤奋的）；它还可以表示"工业，产业"，对应的形容词是 industrial（工业的、产业的）。
真题 the publishing industry 出版行业（2020 年阅读）

---

industrialise/-ize [ɪnˈdʌstriəlaɪz]

v. （使国家或地区）工业化

---

mechanic [məˈkænɪk]

n. 机械修理工，技工；(*pl.*) 力学；(*pl.*) 机械学
痛点 注意这个词虽然是以 ic 结尾，但它不是形容词，而是名词。

---

mechanical [məˈkænɪkl]

adj. **机械的，机械驱动的**；**机械般的**；发动机的
真题 a mechanical clock 一座机械钟（2013 年阅读）

---

mechanism [ˈmekənɪzəm]

n. **（生物体内的）机制，构造**；**方法，机制**；机械装置

词组 defence mechanism 防卫机制
真题 Snap decisions can be important defense mechanisms. 快速决策可能是重要的防卫机制。（2013 年阅读）

---

robot [ˈrəʊbɑːt]

n. **机器人**；自动控制装置
真题 Robots do a small share of milking. 机器人只能完成一小部分挤奶的工作。（2019 年阅读）

---

machinery [məˈʃiːnəri]

n. （统称）机器；机械装置；组织，机构
痛点 the machinery of government，"政府的机器"？不，是"政府机构"。

---

screw [skruː]

n. 螺丝　*v.* 用螺钉固定，拧紧
痛点 screw up，"螺丝往上"？不，是"搞糟、弄坏"。

---

engineer [ˌendʒɪˈnɪr]

熟义 *n.* **工程师，技工**　*v.* **设计制造**
痛点 注意它作动词表示"设计制造"的时候往往用被动语态，如：The car is well engineered.（这辆汽车设计精良）。

真题 teams of engineers 工程师团队（2021 年阅读）

辨义 *v.* 改变……的基因（或遗传）结构 to modify the genetic structure of something

真题 genetically engineered crops 转基因作物

（2013 年新题型）

---

shaft [ʃæft]

n. 轴；杆状物；（电梯等的）垂直通道

□ messenger

义联词	□ **message**	□ **deliver**	□ **delivery**

---

messenger [ˈmesɪndʒər]

n. 送信人，通信员

真题 text messengers 发短信的人（2006 年阅读）

---

message [ˈmesɪdʒ]

n. 信息，消息；短信息；要旨；（从大脑发出的）信息

真题 It sent a clear message to the outside world. 它向外界发出了一个明确的信息。（2011 年阅读）

---

deliver [dɪˈlɪvər]

熟义 *v.* 发布；递送，传达；接生

痛点 其地道搭配为：deliver a lecture/information/mail/a baby（授课/传递信息/递送邮件/（接）

生孩子）。

真题 deliver lessons for high-schoolers 为高中生授课（2016 年阅读）

辨义 *v.* 不负所望，兑现 to provide or achieve what people expect you to

真题 The zones do deliver some improvements to air quality. 这些区域的确改善了空气质量。（2020 年阅读）

---

delivery [dɪˈlɪvəri]

熟义 *n.* 投递；分娩

真题 letter delivery 信件投递（2016 年阅读）

辨义 *n.* 演讲方式

真题 It's the delivery which causes the audience to smile. 使听众发笑的通常是演讲的方式。（2002 年阅读）

Word List 2

□ court			
义联词 □ accuse	□ sue	□ lawsuit	□ justice
□ judg(e)ment	□ fairly	□ session	□ contract
□ counsel	□ summon	□ plead	
形联词 □ courtesy			

court [kɔ:rt]

熟义 *n.* **法院**；法庭；宫廷 *v.* 追求，求爱；招致

词组 the Supreme Court 最高法院

真题 a federal appeals court 一家联邦上诉法院（2012 年阅读）

僻义 *n.* **球场**

真题 tennis courts 网球场（2017 年阅读）

accuse [əˈkju:z]

v. **控诉**；**指责**；指控

词组 accuse sb. of... 指控某人……

真题 accuse opponents of bad arguments 控斥对手的糟糕言论（2019 年新题型）

sue [su:]

v. 控告，诉讼；提出请求

痛点 难记？其发音像诉讼的"诉"，秒记！其地道搭配为：sue sb. for sth.。其中 sue sb.（控告某人）好理解，痛点在于 for sth.，有两种可能：1. 表示由于什么原因而控告，如：sue sb. for violation of contract（控告某人违反合同）；2. 表示想要得到某物，如：sue sb. for 1,000 *yuan*（控告某人要求得到 1000元）。两者搭配一样，但表达的意思要看上下文。

lawsuit [ˈlɔ:su:t]

n. **诉讼案件**；诉讼

痛点 file a lawsuit，"归档一个诉讼案件"？不，是"提起诉讼"。

真题 lawsuit filer 诉讼申请人（2014 年阅读）

justice [ˈdʒʌstɪs]

熟义 *n.* **正义**；**公正**；**公平**；**合理**；**司法**；审判

真题 social justice 社会正义（2020 年阅读）

僻义 *n.* **法官**

真题 Justice Anthony Kennedy 法官 Anthony Kennedy（2019 年阅读）

judg(e)ment [ˈdʒʌdʒmənt]

n. 判断力；看法，意见，评价；判决

fairly [ˈferli]

adv. **相当地**；公平合理地

真题 fairly reliable information 非常可靠的信息（2003 年阅读）

session [ˈseʃn]

n. **一场，一段时间，一节**；（议会等的）会议，会期；（法庭的）开庭，开庭期；学年

痛点 a closed session，"结束的会议"？不，是"闭门会议"。

真题 one class session 一节课（2022 年阅读）

contract

[ˈkɑːntrækt] *n.* **合同，合约**　[kənˈtrækt] *v.*（使）收缩，缩小；感染（疾病）

痛点 contract a virus，"和病毒签合同"？不，是"感染病毒"。

真题 law of contract 合同法（2022 年阅读）

counsel [ˈkaʊnsl]

v. **建议**；提供专业咨询　*n.* **法律顾问**，律师；建议，忠告

痛点 counsel 这个词比较灵活，作名词可以表示抽象的"建议，忠告"，也可以指"法律顾问，律师"；动词也是它，表示"建议，提供专业咨询"。

真题 Trade publications counselled department stores that they should create a "third stepping stone" between infant wear and older kids'

clothes. 贸易出版刊物建议百货公司在婴幼儿服装和大龄儿童服装之间创造出一个"第三跳板"。（2012 年阅读）

summon [ˈsʌmən]

v. 传唤；召唤；召集；吁求

痛点 summon a waiter/meeting（召唤服务员过来 / 召集会议）。

plead [pliːd]

v. **恳求**；为……辩护

痛点 难记？结合 please 一起记。

真题 "Dare to be different, please don't smoke!" pleads one billboard campaign. "敢于与众不同，请不要吸烟！"一个户外广告牌提出了这样的请求。（2012 年阅读）

courtesy [ˈkɜːrtəsi]

n. 彬彬有礼；谦恭有礼的言语（或行为）

痛点 其地道搭配为：an exchange of courtesies（互致问候）。

□ commit			
义联词　□ **innocent**	□ **guilt**	□ **criminal**	□ **rob**
□ **theft**	□ **victim**	□ **steal**	□ **ashamed**
□ **arrest**			
形联词　□ **committee**			

commit [kəˈmɪt]

v. 使（自己）致力于，承诺；犯（罪或错等）

痛点 其名词"犯罪，过错"（commission）和"佣金"（commission）的写法一样。

词组 be committed to doing sth. 致力于做某事

真题 organizations committed to connecting children to a world beyond their own 致力于把儿童和

外界联系起来的机构（2022 年新题型）

innocent [ˈɪnəsnt]

熟义 *adj.* **无罪的，无辜的**；纯真的　*n.* **无辜者**

痛点 难记？进来（in）看，一分钱都没有（no cent），我是无辜的（innocent）。

词组 innocent of... 无罪的，清白的

真题 Andy Coulson should be held innocent of the charge. Andy Coulson 应当被认定为无罪。（2015 年阅读）

辨义 *adj.* **无恶意的**

真题 Our innocent social advances will be misinterpreted. 我们无恶意的社交追求会被误解。（2015 年阅读）

---

guilt [gɪlt]

n. **内疚**；有罪；罪过

痛点 其地道搭配为：a sense of guilt（内疚感）。

真题 Guilt emerges a little later. 内疚感稍后才出现。（2019 年阅读）

---

criminal [ˈkrɪmɪnl]

adj. **犯罪的**；**犯法的**　*n.* 罪犯

痛点 criminal 作形容词、名词都可以，如：A criminal commits a criminal act.（一个罪犯犯了罪）。

词组 engage in criminal behavior 从事犯罪行为

commit a criminal act 犯罪

lead…into criminal behavior 导致……走向犯罪

真题 the criminal slums of London 伦敦的犯罪贫民窟（2017 年新题型）

---

rob [rɑːb]

v. 盗窃，抢劫

---

theft [θeft]

n. **偷窃**

痛点 不要把抽象的"偷窃"theft 和具体的"小偷" thief 弄混噢。

真题 the theft of information about 40 million credit-card accounts 四千万信用卡账户信息被盗案（2007 年阅读）

---

victim [ˈvɪktɪm]

熟义 *n.* **受害者，罹难者**；受骗者

痛点 它既可以指遇难身亡者，也可以指遭受攻击、伤害或欺骗的人。

真题 victims of this revolution 这场革命的受害者（2013 年阅读）

辨义 *n.* **牺牲品**

真题 victim of bias 偏见的牺牲品（2009 年阅读）

---

steal [stiːl]

v. **偷，窃取**；悄悄地移动

痛点 注意其过去式 stole 和过去分词 stolen 的拼写。

真题 His mother's father was caught stealing. 他的外公因偷窃被抓。（2017 年新题型）

---

ashamed [əˈʃeɪmd]

adj. 惭愧的；因忏愧而不情愿的，羞耻的

痛点 它和名词 shame 同源。其地道搭配为：be/feel ashamed of…（为……而感到惭愧），be/feel ashamed that/to do…（为做……而感到羞耻）。

---

arrest [əˈrest]

n. **逮捕**；中止　*v.* 逮捕；中止

痛点 虽然其搭配是 arrest sb. (for sth.)，但是因为 arrest 的动作发出者通常被默认是警方，很少有歧义，所以这个搭配往往用被动语态：sb. was arrested (for sth.)。

真题 during an arrest 在逮捕的过程中（2015 年阅读）

---

committee [kəˈmɪti]

n. **委员会**

痛点 注意这个单词里有三对一样的字母 m，t，和 e。

真题 committee on health care 医疗委员会（2005 年新题型）

□ assume			
义联词 □ assumption	□ hypothesis	□ anticipate	□ unexpected
□ resume			
形联词 □ resume/résumé			

assume [əˈsuːm]

熟义 *v.* 假定，假设，认为；呈现（外观、样子）；就（职）

痛点 在写作中表达"人们都认为"时是不是容易想到 people think？接下来可以用 it is generally assumed that…（普遍认为……）来表达。assume office，"假设办公室"？不，是"就职，到任"；assume responsibility，"假设责任"？不，是"承担责任"。

真题 Should advertisers assume that people are happy to be tracked? 广告商应该假设人们乐意被跟踪吗？（2013 年阅读）

僻义 *v.* **承担（责任）** to take or begin to have responsibility

真题 Many young people assume a great deal of personal responsibility for educating themselves. 许多年轻人承担着自我教育的责任。（2018 年阅读）

assumption [əˈsʌmpʃn]

n. **假定，假设**；（责任的）承担，（权力的）获得

痛点 assumption of power，"力量的假设"？不，是"掌权，取得权力"。

真题 upset the old assumption 推翻旧的假设（2015 年阅读）

hypothesis [haɪˈpɑːθəsɪs]

n. 假说，假设；猜想

真题 Later, this idea became to be known as the Sapir-Whorf hypothesis. 后来，这一想法被称为 Sapir-Whorf 假说。（2004 年翻译）

anticipate [ænˈtɪsɪpeɪt]

v. **预料**；**预计（并做准备）**；**期望**；先于……做

痛点 anticipate sb.，是"期盼某人"么？不，是"赶在某人之前行动"。

真题 The government did not anticipate the steep increase in airline travel. 政府没有预料到航空旅客人数的激增。（2017 年阅读）

unexpected [ˌʌnɪkˈspektɪd]

adj. **出乎意料的**，始料不及的

真题 to respond to unexpected events 应对突发事件（2014 年阅读）

resume [rɪˈzuːm]

v. 重新开始，（中断后）继续

resume/résumé [ˈrezəmeɪ]

n. **简历**；摘要

真题 e-mail his resume to the employer 把他的简历用电子邮件发给老板（2004 年阅读）

□ **assure**

义联词	□ **assurance**	□ **ensure**	□ **guarantee**	□ **ascertain**
	□ **certainty**	□ **confirm**	□ **hesitate**	□ **distinct**
	□ **promise**			

assure [əˈʃʊr]

v. **向……保证**；弄清，查明

痛点 其地道搭配为：assure sb. of sth.（向某人保证某事）。其中，of 不能省；assure oneself of sth.，"向自己保证某事"？不，是"弄清、查明某事"。

真题 assure members that this was just a "preliminary step" in a longer battle 向各位成员保证，这只是一场长期战斗中的"第一步"（2012年阅读）

assurance [əˈʃʊrəns]

n. **保证，担保**；自信；人寿保险

痛点 在表示"保险"的时候，英式英语用 assurance，美式英语用 life insurance。

真题 say with considerable assurance 说得相当自信（2013年阅读）

ensure [ɪnˈʃʊr]

v. **保证，确保**

真题 ensure the supply of cheap housing 确保能供应便宜的房源（2023年阅读）

guarantee [ˌɡærənˈtiː]

v. **保证，保障**；**肯定……必然发生** *n.* **保证，担保**；保修单，保用证书

真题 Straitford guarantees the truthfulness of its information. Straitford 保证其所提供的信息的真实性。（2003年阅读）

ascertain [ˌæsərˈteɪn]

v. 弄清，查明；确定

痛点 注意 ascertain 里的 certain 和单独的 certain 的读音是不一样的。在含义上，ascertain 是把某事变成 certain，是"查明，弄清"某事，让不确定变为确定；其地道搭配为：ascertain sth./ascertain that…/it is ascertained that/what/whether…。

certainty [ˈsɜːrtnti]

n. **确定性**；必然的事

痛点 其地道搭配为：know with absolute certainty（绝对肯定地知道）。

真题 Generation Zs are looking for more certainty and stability. Z 世代们寻求更多的确定性和稳定性。（2020年阅读）

confirm [kənˈfɜːrm]

v. **证实，确认**

痛点 其名词形式为：confirmation。

真题 confirm the status of CEOs 证实 CEO 的地位（2020年阅读）

hesitate [ˈhezɪteɪt]

v. **犹豫**；顾虑，疑虑

真题 Victorians still hesitated to smile. 维多利亚时代的人仍然不太爱笑。（2021年阅读）

distinct [dɪˈstɪŋkt]

adj. 清晰的；截然不同的；确定无疑的

promise ['prɑ:mɪs]

n. 承诺；获得成功的迹象 *v.* 许诺；使很可能

词组 break a promise 违背诺言

真题 broke the promise almost as soon as the deal went through 几乎交易一完成就立马食言（2018 年阅读）

□ caution			
义联词 □ **cautious**	□ **alert**	□ **discretion**	□ **siren**

caution ['kɔ:ʃn]

n. 小心，谨慎 *v.* 警告

痛点 其地道搭配为：caution against going out（警告别出去）。

真题 We must also act with caution. 我们还是必须小心行事。（2021 年新题型）

cautious ['kɔ:ʃəs]

adj. 谨慎的，小心的

词组 be cautious about sb./sth./doing sth. 对某人/某物/某事谨慎

真题 Employers are more cautious about hiring new staff. 雇主聘用新员工时更谨慎。（2022 年阅读）

alert [ə'lɜ:rt]

v. 提醒；警告；使警惕 *n.* 提醒；警惕；警报；警戒 *adj.* 警惕的；警觉的；戒备的

痛点 痛点在于动词、形容词和名词都是它！

作形容词时，其固定搭配为：be alert to sth.（意识到（问题或危险））；作动词时，其固定搭配为：alert sb. to sth.（使某人意识到某事/某物），也可以用被动；作名词时，其固定搭配为：be on the alert for...（警惕……）/on (full) alert（警惕）。

词组 alert sb. to sth. 提醒某人注意某事/某物

真题 alert us to important inequalities 提醒我们注意重要的不平等现象（2019 年阅读）

discretion [dɪ'skreʃn]

n. 自行决定权；谨慎

痛点 rely on his discretion，"依靠他的自行决定权"？不，是"依靠他的谨慎"。

siren ['saɪrən]

n. 警报器

痛点 难记？死（si）人（ren）了，快拉响警报器！

□ legal			
义联词 □ **illegal**	□ **legislation**	□ **legitimate**	□ **statute**

legal ['li:gl]

adj. 与法律有关的；合法的

痛点 legal costs，"合法的成本"？不，是"律师费用"；legally binding，"法律上绑定"？

不，是"有法律约束力"。

真题 take legal action 采取法律手段（2023 年阅读）

illegal [ɪˈliːgl]

adj. **非法的，不合法的，违法的**

真题 Making profits from patients' data is illegal. 从患者的数据中牟利属于非法行为。（2018 年阅读）

legislation [ˌledʒɪsˈleɪʃn]

n. **法规；立法，制订法律**

真题 legislation protecting Yellowstone 保护黄石公园的法规（2023 年新题型）

legitimate [lɪˈdʒɪtɪmət]

adj. **合情合理的；法律认可的**；合法婚姻所生的

真题 There are some legitimate concerns about how science prizes are distributed. 对于科学奖项如何分配存在一些合理的担忧。（2014 年阅读）

statute [ˈstætʃuːt]

n. **法规**，法令；规程，条例

痛点 其形容词是 statutory（法定的），如：statutory rights（法定权利）。

真题 federal statutes 联邦法规（2013 年阅读）

□ testify			
义联词	□ **testimony**	□ **justify**	□ **trial**	□ **valid**
	□ **verdict**	□ **witness**		

testify [ˈtestɪfaɪ]

v. **证明**；（尤指出庭）作证

痛点 同样是"证明"，testify 比 prove 更正式，而且经常和法庭有关。

真题 testify that test-taking skill matters 证明应试技巧很重要（2007 年阅读）

testimony [ˈtestɪməʊni]

n. 证据；证词

justify [ˈdʒʌstɪfaɪ]

v. **证明……正确（或正当、有理）；对……作出解释，为……辩解**

痛点 其名词 justification 看上去抽象难理解，实际可以理解成"正当的理由"。

真题 justify an assumption 证明一个假设（2005 年阅读）

trial [ˈtraɪəl]

n. **审判；试验，试用；选拔赛**

痛点 trial subscription，"审判订阅"？不，是"试用订阅"。

真题 Others await trial. 其他人在等候审判。（2015 年阅读）

valid [ˈvælɪd]

熟义 *adj.* **合理的**；（法律上）有效的，（正式）认可的

痛点 其地道搭配为：a valid passport/point/reason（有效的护照/站得住脚的论点/充分的理由）。

真题 make the disagreement stronger or more valid 让异议更有说服力或更合理（2021 年新题型）

僻义 *adj.* **重要的**

真题 Those are all valid. 这些都很重要。（2020 年新题型）

---

verdict [ˈvɜːrdɪkt]

n. **（陪审团的）裁定，裁决**；（经过检验或认真考虑后的）结论，意见

痛点 难记？真实（ver）说（dict），说出真相→裁定。

真题 verdict against the Royal Free hospital trust 针对 Royal Free 医院信托的裁定（2018 年阅读）

---

witness [ˈwɪtnəs]

v. **见证**；目击　*n.* 目击者，见证人

真题 witness the passing of the religious drama 见证宗教戏剧的消亡（2018 年翻译）

□ **equity**		
义联词　□ **equality**	□ **gender**	

---

equity [ˈekwəti]

n. **公平，公正**；（公司的）股本；（公司的）普通股

真题 gender equity 性别平等（2020 年阅读）

---

equality [iˈkwɑːləti]

n. **平等**

痛点 它来自于形容词 equal（平等的）。

真题 income equality 收入平等（2017 年阅读）

---

gender [ˈdʒendər]

n. **性别**

真题 reduce gender bias 减少性别偏见（2020 年阅读）

□ **file**			
义联词　□ **document**	□ **documentary**	□ **signature**	□ **tick**
□ **notebook**			
形联词　□ **filter**			

---

file [faɪl]

熟义 *n.* （计算机的）文件；档案

痛点 它是手机、电脑的文件地址里出现的高频率词。

僻义 *v.* **提出（申请）**；**送交（备案）** to present sth. to a court or other organizations so that it can be officially dealt with

真题 Companies are unlikely to file many more patents. 公司不太可能申请更多的专利。（2012 年阅读）

document [ˈdɑ:kjumənt]

熟义 *n.* **文件，公文** *v.* 用文件证明（或证实）

真题 Citizens still have a right to expect private documents to remain private. 公民依然享有私密文档不外泄的权利。（2015 年阅读）

僻义 *v.* **记载，记录** to record the information or details of an event, etc.

真题 The trend that Mr. McWhorter documents is unmistakable. McWhorter 先生记录的这种趋势是千真万确的。（2005 年阅读）

documentary [ˌdɑ:kjuˈmentri]

adj. **记录的，纪实的**；**文献的，**文件的 *n.* 纪录影片

真题 documentary services 文献服务（2005 年翻译）

signature [ˈsɪɡnətʃər]

n. **签字，签署**；签名；明显特征，鲜明特色

真题 The digital services tax now awaits the signature of President Emmanuel Macron. 数字服务税法案现在正等着 Emmanuel Macron 总统的签署。（2020 年阅读）

tick [tɪk]

v. **打上钩**；发出滴答声 *n.* 对号；（尤指钟表的）滴答声

真题 He ticks "astronaut." 他勾选了"宇航员"。（2018 年翻译）

notebook [ˈnəʊtbʊk]

n. 笔记本

filter [ˈfɪltər]

v. **过滤**；慢慢传开，走漏 *n.* 过滤器

痛点 filter paper 就是"滤纸"，而不是"把纸给过滤"。

真题 Millennials prefer news from the White House to be filtered through other sources. 千禧一代更喜欢通过其他渠道来筛选白宫新闻。（2018 年阅读）

Chapter I 核心词汇

□ **investigate**			
义联词 □ **survey**	□ **poll**	□ **enquiry/inquiry**	□ **enquire/inquire**
□ **finding**			

investigate [ɪnˈvestɪɡeɪt]

v. **调查**；**研究**

真题 Factors behind eye contact are being investigated. 眼神交流背后的因素正在被研究。（2020 年新题型）

survey [ˈsɜːrveɪ]

n. **民意调查**；测量 *v.* **（对……）做民意调查**；查看；测量

真题 a recent survey 最近的一项调查（2021 年新题型）

poll [pəʊl]

n. **民意调查**；选举投票 *v.* **对……进行民意测验**

真题 national polls on social conflict 关于社会冲突的全国性民意调查（2012 年阅读）

---

enquiry/inquiry [ɪnˈkwaɪəri]

n. **探索**；调查；询问

真题 spirit of inquiry 求索精神（2014 年阅读）

---

enquire/inquire [ɪnˈkwaɪər]

v. **询问**；调查

真题 She never inquired how the stories arrived. 她从不询问新闻报道是怎样得来的。（2015 年阅读）

---

finding [ˈfaɪndɪŋ]

n. **调研结果**，调查发现

真题 demonstration of research findings 研究结果的展示（2014 年阅读）

□ **offensive**

义联词　□ **offend**　　□ **privacy**

---

offensive [əˈfensɪv]

adj. **冒犯的**；攻击性的　*n.* 进攻，侵犯

真题 offensive acts 攻击性的行为（2004 年完形）

---

offend [əˈfend]

v. **冒犯**；令人不适；犯罪

---

privacy [ˈpraɪvəsi]

n. **隐私**，私密

真题 Privacy protection must be secured at all costs. 必须不惜一切代价保护隐私。（2018 年阅读）

□ **offset**

义联词　□ **compensate**　　□ **balance**

---

offset [ˈɔːfset]

v. **补偿**，抵消

痛点 注意不要将它和 set off（出发）混淆。

真题 The latter step would largely offset the financial burden. 后面的措施将极大抵消财务负担。（2018 年阅读）

---

compensate [ˈkɑːmpenseɪt]

v. **补偿**

词组 compensate for... 补偿……

真题 compensate for the reduced pensions 补偿减少的退休金（2007 年阅读）

---

balance [ˈbæləns]

熟义 *v.* **使平衡**；权衡　*n.* **平衡**；天平，秤

痛点 其地道搭配为：balance between A and B

（A 和 B 之间的平衡）。另外考研英语真题中还出现了 A-B balance 和 A/B balance 的结构，如：work-life balance，work/life balance。

真题 achieve work-life balance 达到工作和生活的平衡（2020 年阅读）

辨义 *n.* 余额

真题 college loan balances 大学贷款余额（2020 年阅读）

□ **oblige**

义联词　□ **obligation**　　□ **compulsory**

---

oblige [əˈblaɪdʒ]

熟义 *v.*（以法律、义务等）迫使；（根据要求或需要）帮忙

痛点 feel obliged to do sth.，"感到被迫做某事"？不，是"感到有责任做某事"。

真题 Getting a DNT signal does not oblige anyone to stop tracking. 接收到 DNT 信号不会迫使任何人停止跟踪。（2013 年阅读）

辨义 *v.* 感激

真题 We are obliged to them. 我们感激他们。（2004 年翻译）

obligation [ˌɑːblɪˈɡeɪʃn]

n. 义务，责任，职责

真题 He must accept the obligation. 他必须接受义务。（2006 年翻译）

---

compulsory [kəmˈpʌlsəri]

adj. 强制的

痛点 其地道搭配为：compulsory education/schooling（义务教育）。

□ **conscience**

义联词　□ **morality**　　□ **principle**

---

conscience [ˈkɑːnʃəns]

n. 良心，道德心；内疚，愧疚

痛点 难记？良知（conscience）是人类共同（con）的科学（science）。

真题 awaken the conscience of officials 唤醒官员们的良知（2017 年阅读）

---

morality [məˈræləti]

n. 道德准则，道义

---

principle [ˈprɪnsəpl]

n. 道德原则；原则，法则；（行动、思想的）信条；（科学）原理

真题 Principles are hard to be clearly expressed. 原则难以清楚表达。（2015 年阅读）

□ statement			
义联词 □ claim	□ declaration	□ account	□ demonstrate
□ proclaim	□ clarify	□ notify	

statement [ˈsteɪtmənt]

n. **声明，陈述；说明，说法，表态；表述**；结算单，报表

真题 misleading statements 引人误会的声明（2012 年阅读）

claim [kleɪm]

v. **声称**；索要；索赔；认领　*n.* **声明，宣称**

痛点 claim the lost property，"声称失物"？不，是"认领失物"。

词组 claim that... 声称……

真题 They even claimed that plants have "brain-like command centers" at their root tips. 他们甚至声称在植物的根尖有"像大脑一样的指挥中心"。（2022 年完形）

declaration [ˌdekləˈreɪʃn]

n. **宣言，宣告；声明（书）**；申报（单）

真题 dramatic declarations 戏剧性的声明（2003 年阅读）

account [əˈkaʊnt]

熟义 *v.* 认为是，视为　*n.* **账目；账户；描述，叙述**；解释，说明

词组 account for... 是……的说明（或原因）；解释，说明；（数量上、比例上）占
take... into account 考虑到……，顾及
by all accounts 据说，根据报道
leave...out of account 不考虑……

真题 What might account for this strange phenomenon? 这个奇怪的现象可能是什么原因造成的？（2007 年阅读）

辟义 *n.* **重要性**

真题 American intellectual is considered of no account in his society. 美国知识分子被认为对他所在的社会没有一点价值。（2006 年翻译）

demonstrate [ˈdemənstreɪt]

v. **证明，说明；展现（才能、品质、感情）**；演示；游行示威

真题 Alvarez's experience demonstrates the importance of finding ways to diffuse stress. Alvarez 的经历说明想办法释放压力是多么重要。（2008 年阅读）

proclaim [prəˈkleɪm]

v. **宣告**；明确显示

真题 people who proclaim their hostility to intellect 宣称敌视理智的人（2004 年阅读）

clarify [ˈklærəfaɪ]

v. **阐明**；澄清

痛点 其地道搭配为：clarify a situation/issue（澄清情况/问题）。

真题 clarify your ideas 阐明你的观点（2008 年新题型）

notify [ˈnəʊtɪfaɪ]

v. **（正式）通报，通知**

痛点 其名词是 notification（通知）。

□ **suicide**

| 义联词 | □ **slaughter** | □ **drown** |

suicide [ˈsuːɪsaɪd]

n. **自杀**

词组 commit suicide 自杀

真题 express his displeasure by committing suicide 以自杀的方式表达了他的不满（2017 年新题型）

slaughter [ˈslɔːtər]

n./v. 屠杀，杀戮；屠宰

痛点 它和 laughter（笑声）之间只差一个 s。

drown [draʊn]

v.（使）淹死，溺死；浸泡，浸透；（声音）淹没，盖过

痛点 难记？它和 down 长得很像，掉下去，掉进水里了。r 就像是一个站在水里的人在伸手呼救。

□ **suspect**

义联词	□ **suspicion**	□ **suspicious**	□ **undoubtedly**	□ **rely**
	□ **convince**	□ **reliable**	□ **solid**	□ **dependent**
形联词	□ **suspend**

suspect [səˈspekt]

v. **疑有，觉得（尤指坏事可能属实或发生）；怀疑** *n.* **嫌疑犯**

痛点 表示"觉得"的时候，它后面往往接不好的事情。

真题 Dr. Simonsohn suspected the truth was otherwise. Simonsohn 博士怀疑事实正好相反。（2013 年完形）

suspicion [səˈspɪʃn]

n. **怀疑**；感觉；猜疑；少许

痛点 above suspicion，"在怀疑之上"？不，是"无可质疑"。

真题 raise suspicion 引起怀疑（2011 年阅读）

suspicious [səˈspɪʃəs]

adj. **怀疑的**；令人怀疑的；不信任的

痛点 它既可以表示人主观上对某事某物感到怀疑的，也可以表示某事某物令人怀疑的。

真题 be suspicious of any deal-making 对任何交易都持怀疑态度（2005 年新题型）

undoubtedly [ʌnˈdaʊtɪdli]

adv. **毋庸置疑地**；确实地

真题 Even so, kings and queens undoubtedly have a downside. 即便这样，国王和王后无疑也有缺点。（2015 年阅读）

rely [rɪˈlaɪ]

v. **依赖**；信任

真题 Most Americans rely on social media to check daily headlines. 大多数美国人依靠社交媒体查看每日的头条新闻。（2018 年阅读）

---

convince [kən'vɪns]

熟义 v. **使相信，使确信**

词组 convince sb. of sth. 使某人相信某事

真题 You're not convinced of the inherent value. 你不相信内在价值。（2017 年阅读）

僻义 v. **说服**

真题 convince someone 说服某人（2020 年新题型）

---

reliable [rɪ'laɪəbl]

adj. **可信赖的，可依靠的**；真实可信的

真题 They are not financially reliable. 他们在经济上是不可靠的。（2018 年阅读）

---

solid ['sɑ:lɪd]

熟义 adj. **可靠的，坚实的**；固体的；实心的；结实的，坚固的　n. 固体

真题 solid evidence 可靠的证据（2010 年阅读）

僻义 adj. **纯质的** made totally of the material mentioned, not mixed with anything else

真题 solid lumber 纯木材（2019 年阅读）

---

dependent [dɪ'pendənt]

adj. **依赖的**；取决于……的

痛点 它后面接 on 和 upon 都行。

词组 dependent on 依赖于

真题 Rich economies are also less dependent on oil than they were. 富裕国家也不像过去那样依赖石油了。（2002 年阅读）

---

suspend [sə'spend]

v. **暂停**；悬；延缓；使暂时停职（或停学等）

真题 suspend oil exports 暂停石油出口（2020 年阅读）

□ **threaten**

| 义联词 | □ **threat** | □ **bully** |

---

threaten ['θretn]

v. **威胁，恐吓**；**危及**；预示凶兆

词组 threaten sb. with sth. 用某事/某物威胁某人

真题 teenagers threatened with complete removal of all electronic devices 被威胁没收所有电子产品的青少年（2015 年阅读）

---

threat [θret]

n. **威胁**；凶兆，征兆

词组 pose a threat to… 对……造成威胁

真题 pose a threat to all its peers 对所有同行造成威胁（2015 年阅读）

---

bully ['bʊli]

v. **欺负**；胁迫；恐吓

痛点 难记？公牛（bull）+ 形容词词尾（-y）→像公牛似的欺负别人。其地道搭配为：bully sb. into (doing) sth.（胁迫某人做某事）。

□ assert

义联词	□ allege	□ affirm

assert [əˈsɜːrt]

v. **坚持己见；明确地说，断言**；维护自己的权利

痛点 assert oneself，"断言自己"？不，是"坚持自己的主张"。其地道搭配为：assert authority/ rights/belief（维护权威/维护权利/坚持信念）。

真题 assert your position 坚定地陈述你的立场（2021 年新题型）

allege [əˈledʒ]

v. 断言，声称

痛点 这种声称是不提供证据的声称。alleged attacker，"被声称的袭击者"？不，其实是"涉嫌的袭击者"，指的是有人说他是袭击者。

affirm [əˈfɜːrm]

v. **肯定，声明**，断言；申明；证实

痛点 难记？前缀 a+ 双写后面的辅音字母表示强调，"一再"；firm 表示"坚决的"。一再（af-）表现出坚决的（firm）态度→肯定，断言。其地道搭配为：affirm commitment/belief/faith/importance（确认承诺/坚定信仰/坚定信念/申明重要性）。

真题 The report deserves praise for affirming the importance of the humanities. 这份报告值得赞扬，因为它肯定了人文学科的重要性。（2014 年阅读）

□ detect

义联词	□ spot	□ subtle	□ evident	□ apparent

detect [dɪˈtekt]

v. **察觉**；**发现**；查明；探测

痛点 它的形容词是 detective？不，detective 是名词，表示"侦探"。detect 的形容词是 detectable（可觉察的）。

真题 Deception is difficult to detect. 欺骗是很难被察觉的。（2021 年阅读）

spot [spɑːt]

v. **发现**　*n.* **点**；地点，处所；斑点；污点；少量

真题 Even in dense forest, you should be able to spot gaps in the tree line. 哪怕是在茂密的森林里，你也应该能够发现林木线的缺口。（2019 年完形）

subtle [ˈsʌtl]

adj. **不易察觉的，微妙的**；**巧妙的**，机智的；敏锐的

痛点 a subtle plan，"一个不易察觉的计划"？不，是"一个绝妙的计划"。

真题 This is a subtle form of peer pressure. 这是一种微妙的同龄人压力。（2012 年阅读）

evident [ˈevɪdənt]

adj. **明显的，显而易见的**

痛点 写作中如果想加强语气，可以用 self-evident（不言而喻的）。

真题 The need of training is too evident. 培训的必要性显而易见。（2009 年翻译）

apparent [əˈpærənt]

adj. **明显的；表面上的，貌似的**

痛点 apparent 表示"明显的"，一般作表语。其地道搭配为：be apparent to sb. that…（……对某人来说很明显）；be apparent from sth. that…（从某物上一眼就看出……），如：be apparent from his smile that…（从他的笑容里一眼就可以看出……）。

真题 It probably wasn't apparent at the time. 这在当时可能并不明显。（2014 年新题型）

□ **hint**			
义联词 □ **imply**	□ **gesture**	□ **nod**	□ **clue**
□ **prompt**	□ **indicate**	□ **indication**	□ **highlight**
□ **denote**			

hint [hɪnt]

v. **暗示，提示** *n.* 暗示；细微迹象；建议；微量

痛点 drop a hint，"丢掉一个暗示"？不，是"给一点暗示"。

词组 hint at… 暗示……，透露……

真题 The authors believe it at least hints at that possibility. 作者认为这至少暗示了那种可能性。（2016 年完形）

imply [ɪmˈplaɪ]

v. **暗示，暗指**

痛点 它的名词比较长，是 implication。

真题 What is implied in the first sentence? 第一句话暗示了什么？（2003 年阅读）

gesture [ˈdʒestʃər]

n. **手势**；姿态 *v.* 用动作示意

真题 certain gestures or utterances 某些手势或话语（2021 年阅读）

nod [nɑːd]

v. **点头；点头示意**；打盹

词组 get the nod 被选中，得到许可

真题 Executives don't get the nod. 管理者未获得许可。（2011 年阅读）

clue [kluː]

n. **线索，提示**

痛点 和它搭配的介词是 to/about/as to，如：a clue to/about/as to the time of murder（谋杀案发生时间的线索）。

真题 clues presented in the context 上下文呈现的线索（2015 年新题型）

prompt [prɑːmpt]

v. **促使**；提示；给（演员）提词 *adj.* 立即的；准时的 *n.*（给演员的）提词

痛点 prompt action，"促使行动"？不，这里 prompt 是形容词，表示"迅速行动"。

真题 Such an approach can both prompt new research as well as result in powerful art. 这种方式既能促进新研究，也能产生有感染力的艺术。（2022年阅读）

indicate [ˈɪndɪkeɪt]

v. **表明，显示**

真题 indicate the overvaluing of higher education 表明对高等教育的期望过高（2018年阅读）

indication [ˌɪndɪˈkeɪʃn]

n. **迹象**；象征，表明，显示

真题 There are some indications that the government is preparing to do just that. 有迹象表明，政府正准备这么做。（2014年阅读）

highlight [ˈhaɪlaɪt]

v. **突出，强调**；（用不同颜色）标出　*n.* 最好（或最精彩、最激动人心）的部分；（图画或照片的）强光部分

痛点 还可以用 stress/emphasize/underline 来表示强调。

真题 highlighted social media's role 突出了社交媒体的作用（2021年阅读）

denote [dɪˈnəʊt]

v. **表示**；标志，象征

真题 The word "talking" (Paragraph 3) denotes informality. 第3段"talking"表示非正式。（2005年阅读）

Word List 3

□ angel			
义联词 □ devil	□ saint	□ evil	□ monster
□ fairy	□ Christian	□ paradise	
形联词 □ angle			

angel [ˈeɪndʒl]

n. 天使；善人；大好人

痛点 注意不要将其和 angle（角度）弄混淆。be an angel and do sth. "成为天使，然后做某事"？不，是"行行好，去做某事吧"。这个用法经常用于找对方帮忙。

devil [ˈdevl]

n. **魔王**，魔鬼，恶魔；家伙

痛点 难记？很大（d）的邪恶（evil）→魔王。

真题 the film version of *The Devil Wears Prada* 电影版《穿普拉达的女王》（2013 年阅读）

saint [seɪnt]

n. 圣徒，圣人

evil [ˈiːvl]

adj. **有害的**；邪恶的；令人作呕的 *n.* **邪恶，罪恶**

痛点 难记？颠倒着生活很有害，把 live 反过来就成了 evil。

真题 evil influences 恶劣的影响（2009 年翻译）

monster [ˈmɑːnstər]

n. **怪物**；巨物，巨兽 *adj.* 巨大的，庞大的

痛点 monster mushrooms，"怪兽蘑菇"？不，是"巨大的蘑菇"。

真题 out-of-control monster 失控的怪物（2019 年阅读）

fairy [ˈferi]

n. 小仙子，小精灵

Christian [ˈkrɪstʃən]

adj. 基督教的 *n.* 基督教徒

痛点 难记？Christ（基督）+-ian（表示人的后缀）→基督教徒。

paradise [ˈpærədaɪs]

n. **天堂，乐园**

真题 Facebook is a self-enhancer's paradise. 脸书成了自我美化者的天堂。（2014 年阅读）

angle [ˈæŋgl]

n. **角度**；观点

痛点 在写作中表达"某某有不同的观点"时只会用 sb. has a different opinion？其实可以替换成：sb. looks at the issue from a different angle.

真题 Privacy is not the only angle in this case. 隐私不是这件事唯一考虑的角度。（2018 年阅读）

□ **fate**

| 义联词 | □ **destiny** | □ **fatal** | □ **deadly** | □ **mortal** |

fate [feɪt]

n. **命运**

真题 The first line he saw would settle his fate. 他看到的第一行字就会决定他的命运。（2009 年阅读）

destiny ['destəni]

n. **命运**；定数；天命

痛点 have a sense of destiny，"有命运感"？不，是"相信天意"。

真题 This movement shaped the character and destiny of an uncharted continent. 这场运动塑造了一个未知大陆的性格和命运。（2015 年翻译）

fatal ['feɪtl]

adj. **致命的**；后果严重的

痛点 虽然 fate 是命运，但是 fatal 不是"命运的"，而是非常负面的"致命的"。

真题 Doctors are helpless against fatal diseases. 医生对绝症无能为力。（2003 年阅读）

deadly ['dedli]

adj. 致命的；极度的　*adv.* 极其

痛点 其地道搭配为：deadly weapon/disease（致命武器 / 疾病）。

mortal ['mɔːrtl]

n. **凡人，普通人**　*adj.* 终有一死的；致命的；不共戴天的

痛点 表达凡人除了 ordinary people/average person 之外，还可以用 mortal 表示噢。

词组 mere mortals 凡人，普通人

真题 acknowledged as possessing higher authority than mere mortals 被公认为比凡人更加权威（2012 年新题型）

□ **prayer**

义联词	□ **pray**	□ **religion**	□ **religious**	□ **priest**
	□ **missionary**	□ **doctrine**	□ **cathedral**	
形联词	□ **prey**			

prayer [prer]

n. **祷告（的内容）**；祈祷（的行为）

痛点 注意不要将它理解成祷告的人。

真题 recite prayers of blessing 祈福（2016 年完形）

pray [preɪ]

v. **祈祷**，祷告

痛点 注意别将它和 prey（猎物）弄混，两者发音一样，但词义不同。

真题 pray for an end to the dispute 祈祷结束这场争端（2023 年阅读）

religion [rɪˈlɪdʒən]

n. **宗教，宗教信仰**；教派

真题 politics and religion 政治和宗教（2019年新题型）

religious [rɪˈlɪdʒəs]

adj. **宗教的**；笃信宗教的

真题 Europe was witnessing the passing of the religious drama. 欧洲正在见证宗教戏剧的消亡。（2018年翻译）

priest [priːst]

n. **教士，僧侣**；司祭，神父

真题 Buddhist priests 佛教徒（2016年完形）

missionary [ˈmɪʃəneri]

n. 传教士

doctrine [ˈdɑːktrɪn]

n. **教义，学说，主义**

痛点 难记？文件（doc）＋纯粹（trine）→教条，学说

真题 collective doctrine 集体主义（2015年阅读）

cathedral [kəˈθiːdrəl]

n. 大教堂

痛点 难记？一下子可以开（ca）十（the）桌（dral），果然是大教堂！

prey [preɪ]

v. **捕食**　*n.* **被捕食的动物**；受害者

痛点 作名词时，它既可以指动物，也可以指人（受害者）。

词组 prey on 捕食，猎获；欺凌，坑骗

真题 They prey only on "worthless" species. 它们只捕食那些"没用的"物种。（2010年翻译）

□ administer			
义联词 □ **govern**	□ **governor**	□ **regulate**	□ **regulation**
□ **bureau**	□ **corrupt**		
形联词 □ **minister**			

---

administer [ədˈmɪnɪstər]

v. **管理，治理**；实施；给予，施用

痛点 它不是名词，administrator 才是名词，表示"管理者"；The medicine is administered to the patient.，"药被管理给了病人。"？不，这里的 administer 是"给予，施用"的意思。

示例 administer a school 管理一所学校

govern [ˈgʌvərn]

v. **管理，统治，治理**

痛点 government（政府）大家都熟，但 govern 并不一定是政府发出的动作，如：govern one's temper（管理某人的情绪）。

真题 The state-level bodies that govern the profession have been too conservative to implement them. 管理该行业的州级机构过于保守，无法实施。（2014年阅读）

governor [ˈgʌvərnər]

n.（**美国的**）**州长**；主管；董事

真题 California governor 加利福尼亚州州长（2020 年阅读）

---

regulate [ˈreɡjuleɪt]

v.（**用规则条例**）**约束，管理**；调节，控制

真题 regulate broadband providers 监管宽带供应商（2021 年阅读）

---

regulation [ˌreɡjuˈleɪʃn]

n. **章程，规章制度**

真题 approval of a regulation 批准了一项规定（2017 年阅读）

---

bureau [ˈbjʊrəʊ]

n.（美国政府部门）局，司，处；书桌

痛点 它的派生词有：bureaucracy（官僚主义）/bureaucratic（官僚的）/bureaucrat（官僚）。

---

corrupt [kəˈrʌpt]

adj. **腐败的**，贪污的；被破坏的　*v.* 使堕落，使腐化；破坏

痛点 corrupted landscapes，"腐败的风景"？不，是"被破坏的风景"。

真题 American's Foreign Corrupt Practices Act 美国《反海外腐败法》（2016 年阅读）

---

minister [ˈmɪnɪstər]

n. **部长，大臣**；牧师

真题 Ministers should also look at creating greater certainty in the rental environment. 部长们还应该考虑为租赁环境创造更大的确定性。（2014 年阅读）

□ **diplomatic**

| 义联词 | □ **ambassador** | □ **reception** | □ **protocol** | □ **treaty** |

---

diplomatic [ˌdɪpləˈmætɪk]

adj. **外交的**；策略的；圆通得体的

痛点 a diplomatic answer，"外交回答"？不，是"变通的、得体的回答"。

真题 Diplomatic Reception Room 外交接待室（2018 年新题型）

---

ambassador [æmˈbæsədər]

n. **大使，使节**

痛点 难记？爱国就为国撒花庆祝，俺（am）爸（ba）撒（ssa）多（dor）了，就成了大使，成了国家的代表人物。

---

reception [rɪˈsepʃn]

n. **接待处**；（**无线电和电视信号的**）**接收效果**；欢迎会；欢迎

真题 The first machine serves as site of reception. 首台机器充当接收终端。（2012 年新题型）

---

protocol [ˈprəʊtəkɑːl]

n. 外交礼节；条约草案；（数据传递的）协议

---

treaty [ˈtriːti]

n. 条约，协定

□ kingdom			
义联词 □ imperial	□ dynasty	□ throne	□ crown
□ reign	□ territory	□ frontier	□ boundary
□ domain	□ empire	□ emperor	□ palace
□ lord	□ slave	□ exile	

kingdom [ˈkɪŋdəm]

n. 王国

真题 the United Kingdom 英国（2017年翻译）

imperial [ɪmˈpɪriəl]

adj. 帝国的，帝王的；专横的

痛点 注意"皇帝"的拼写是 emperor，别弄混噢。

dynasty [ˈdaɪnəsti]

n. 朝代，王朝

throne [θrəʊn]

n. 王位；宝座

真题 succeed to the throne 继承王位（2015年阅读）

crown [kraʊn]

熟义 n. 桂冠；王冠

痛点 refuse the crown，"拒绝王冠"？不，是"拒绝接受王位"。

真题 Cooper and her colleagues argue that the success of the crown for Hull ought not to be confined to cities. Cooper 和她的同事们认为，赫尔市赢得桂冠的成功不应该只局限于城市。（2020年阅读）

僻义 n. 王国政府

真题 an official of the Crown 一名王室官员（2009年阅读）

reign [reɪn]

n. 君主统治时期；统治，当政

真题 end his reign 结束他的统治（2015年阅读）

territory [ˈterətɔːri]

n. 领地，领土；领域，地盘

痛点 其形容词形式是 territorial，如：territorial integrity（领土完整）。

真题 the territory which is now the United States 现在的美国领土（2015年翻译）

frontier [frʌnˈtɪr]

n. 国界；边疆；（尤指知识的）前沿

痛点 其地道搭配为：frontiers of science（科学的前沿）。

boundary [ˈbaʊndri]

n. 界限，边界，分界线

痛点 其地道搭配为：boundary between A and B（AB 之间的界限）。

真题 set boundaries between the office and the home 划定工作和生活的界限（2015年阅读）

domain [dəʊˈmeɪn]

n. 领域，范围；领土，领地

痛点 难记？做（do）的主要的（main）事情就是你的领域（domain）；a domain name，"领域的名字"？不，是"（计算机）域名"。

真题 personal domain 个人领域（2015年阅读）

empire [ˈempaɪər]

n. 帝国

真题 French Second Empire 法兰西第二帝国（2018 年新题型）

emperor [ˈempərər]

n. 皇帝

真题 emperor's difficulties 皇帝的困难（2022 年翻译）

palace [ˈpæləs]

n. 宫殿，总统府

痛点 难记？怕（pa）累死（lace）就住宫殿（palace）吧。

真题 The sightseers cannot visit the Castle and the Palace separately. 观光者不能分别参观城堡和王宫。（2006 年阅读）

lord [lɔːrd]

n. 勋爵；领主

真题 Lord Wellington 威灵顿勋爵（2022 年翻译）

slave [sleɪv]

n. 奴隶

真题 slave owner 奴隶主（2008 年阅读）

exile [ˈeksaɪl]

n. 流放，流亡；被流放者；流亡国外者 *v.* 流放，流亡

痛点 其地道搭配为：in exile（在流放中）。

□ mayor			
义联词 □ **metropolitan**	□ **vice**	□ **deputy**	□ **municipal**
□ **servant**	□ **county**		

mayor [ˈmeɪər]

n. 市长，郡长

痛点 注意不要将它和 major（主要的）混淆。

真题 Mayors can only do so much about a problem. 对于这个问题，市长们能做的也就仅此而已。（2020 年阅读）

metropolitan [ˌmetrəˈpɑːlɪtən]

adj. 大都市的，大都会的

痛点 难记？那个地方既有地铁（metro），又是政治（polit）中心，肯定就是大都市的了。

vice [vaɪs]

adj. 副的 *n.* 罪行；不道德行为；恶习

痛点 Greed is a vice. "贪婪是副的。"？不，是"贪婪是一种恶习"。

真题 vice president 副主席（2013 年阅读）

deputy [ˈdepjuti]

n. 副职；代理；议员；警官

痛点 难记？de（向下）+put（放）+y→向下放了权力，给了副职。

真题 deputy director 副主任（2023 年阅读）

municipal [mjuˈnɪsɪpl]

adj. 市政的，地方政府的

痛点 它的名词是 municipality（自治市）。

servant [ˈsɜːrvənt]

n. 公务员；佣人；仆人

□ **formal**

义联词	□ official	
形联词	□ format	

---

formal [ˈfɔːrml]

adj. 正式的；正规的；形式上的
真题 formal education 正规教育（2009 年阅读）

official [əˈfɪʃl]

n. 官员　　*adj.* 公务的；官方的；正式的；公开的

□ **civil**

义联词	□ civilian	□ nationality	□ democracy	□ democratic
	□ domestic			

---

civil [ˈsɪvl]

adj. 公民的，国民的；国家的；民事的
痛点 civil service，"公民服务"？不，可以特指"行政部门"。公务员考试怎么说？civil service exam。
词组 civil servant 公务员
真题 work as a civil servant 当公务员（2012 年阅读）

civilian [səˈvɪliən]

n. 平民，老百姓　　*adj.* 平民的

真题 civil servants 公务员（2012 年阅读）

county [ˈkaʊnti]

n.（英国的）郡；（美国的）县

真题 awaken the conscience of officials 唤醒官员们的良知（2017 年阅读）

format [ˈfɔːrmæt]

n. 设计；格式；版式
痛点 mp3，wma 等都属于 format（格式）。

痛点 难记？civil（公民的）+ian（表示人的后缀）→平民。其地道搭配为：civilian life（平民百姓的生活）。
真题 Both men emphasized the fragments of civilization that the soldiers shared with each other and the civilians. 两者都强调了士兵之间、士兵和平民之间分享的文明片段。（2012 年完形）

nationality [ˌnæʃəˈnæləti]

n. 国籍；（构成国家一部分的）民族

democracy [dɪˈmɑːkrəsi]

n. 民主；民主制度；民主国家

真题 It provides opportunities to analyze such ideas as justice, democracy and freedom. 它提供分析诸如正义、民主和自由等概念的机会。（2007 年翻译）

democratic [ˌdeməˈkrætɪk]

熟义 *adj.* 民主的，民主政体的；民主党的

真题 a public and democratic act 一个公开并且民主的行为（2006 年阅读）

僻义 *adj.* 平等的

真题 democratic relationship 平等的关系（2018 年阅读）

domestic [dəˈmestɪk]

adj. 国内的；家用的，家庭的；驯养的

痛点 domestic appliances，"国内的应用"？不，是"家用电器"。

真题 catch a domestic flight 赶上国内航班（2017 年阅读）

□ fleet			
义联词	□ **marine** □ **shore** □ **dock**	□ **voyage** □ **bay** □ **deck**	□ **sailor** □ **tan** □ **log**	□ **drift** □ **anchor**
形联词	□ **flee**		

fleet [fliːt]

n. 舰队；海军

示例 the fleet（某个国家的）全部军舰，海军

marine [məˈriːn]

adj. 海洋的，海生的；货船的，海上贸易的

真题 marine biologists 海洋生物学家（2006 年阅读）

voyage [ˈvɔɪɪdʒ]

n. 航行，航海，航天，旅行

真题 during their six-to twelve-week voyage 在他们长达 6 至 12 周的航行中（2015 年翻译）

sailor [ˈseɪlər]

n. 水手，海员

drift [drɪft]

n. 流动；偏航；漂流；主旨　*v.* 漂流；缓缓移动；顺其自然地做

shore [ʃɔːr]

n.（海洋、湖泊等大水域的）岸，滨

真题 Hawaii's shores 夏威夷海岸（2017 年阅读）

bay [beɪ]

n. 海湾

痛点 难记？海湾有贝（bay）壳。

真题 Massachusetts Bay 马萨诸塞湾（2009 年阅读）

tan [tæn]

v. 晒黑　*n.* 黄褐色；晒成棕褐色的肤色
adj. 棕褐色的

痛点 难记？晒得和碳（tan）一样黑。

---

anchor [ˈæŋkər]

熟义 *v.* 抛锚；使固定；使基于　*n.* 锚；精神支柱，顶梁柱

痛点 weigh anchor，"称称锚有多重"？不，是"起锚"，也常用来形容重新开始中断的工作。the anchor of the family 相当于 the pillar of the family（全家的顶梁柱）。

僻义 *n.*（广播、电视节目的）主持人

真题 news anchors 新闻节目主持人（2006年阅读）

---

dock [dɑ:k]

v.（使船）进港，停靠码头；（使宇宙飞船在外层空间）对接　*n.* 船坞，码头

真题 The boat docked at 5 a.m. 凌晨5点船停靠到码头。（2006年新题型）

---

deck [dek]

n. 甲板，舱面；（船或公共汽车的）一层，层面

痛点 难记？船是带（de）壳（ck）的，船上的一层外壳就是甲板。

---

log [lɔ:g]

n. 原木；（尤指）航海日志，飞行日志
v. 把……载入记录；行驶；采伐树木

痛点 对 log 不太熟？对 log in 应该很熟，是"登录"。

---

flee [fli:]

v. 逃离，逃跑

痛点 如果看到 fled（flee 的过去式和过去分词），也要认出是它哦！

□ **missile**			
义联词　□ **bullet**	□ **shoot**	□ **weapon**	
形联词　□ **mission**			

missile [ˈmɪsl]

n. 导弹

痛点 其地道搭配为：launch/intercept a missile（发射/拦截导弹）。

示例 a nuclear missile 一枚核导弹

---

bullet [ˈbʊlɪt]

n. 子弹，弹丸

痛点 在西方的传说中，silver bullet（银弹）作为一种武器，是唯一能和狼人、女巫及其他怪物对抗的利器，后引申为"高招、良方"。

词组 silver bullet 高招，良方

真题 A new job will be the magic silver bullet. 一份新工作将会是灵丹妙药。（2016年新题型）

---

shoot [ʃu:t]

v. 发射，射击；射门，投篮；拍摄

痛点 a one-shot deal，"一次射击的买卖"？不，是"一次买断的交易"。

---

weapon [ˈwepən]

n. 武器，兵器

真题 AI directed weapons AI 操控的武器（2019年阅读）

mission [ˈmɪʃn]

n. 使命，天职；使团的使命；使团，代表团；传教，布道

痛点 the British mission，"英国的使命"？不，是"英国使团"。

真题 We would see much less frequent use of terms like journey, mission, passion. 我们会看到"旅行"、"使命"、"激情"等术语的使用频率大大降低。（2015年阅读）

□ **champion**

义联词	□ **invade**	□ **invasion**	□ **defend**	□ **defense/-ce**

champion [ˈtʃæmpɪən]

v. 捍卫；声援　*n.* 冠军；拥护者，捍卫者

痛点 the champion of the poor，"穷人的冠军"？最穷的那个人还是相对最不穷的那个人？都不是，是指"穷苦人群的捍卫者"。

真题 He championed cunning, ruthlessness, and boldness as the skills of successful leaders. 他赞同狡猾、冷酷和勇猛才是成功领导者所要具备的技能。（2012年新题型）

invade [ɪnˈveɪd]

v. 入侵，侵略；侵袭

痛点 其地道搭配为：invade one's privacy（侵犯某人的隐私）。

invasion [ɪnˈveɪʒn]

n. 入侵，侵略，侵犯

defend [dɪˈfend]

v. 捍卫，防御；辩解；（为……）辩护

痛点 其名词是 defendant（被告）。

真题 defend their ideas 捍卫他们的观点（2004年阅读）

defense/-ce [dɪˈfens]

熟义 *n.* 防卫；辩护；防御物

真题 automatic self-defence 自发的自我防卫（2014年阅读）

僻义 *n.* 国防机构

真题 American defense contractor Science Applications International Corp 美国国防承包商科学应用国际公司（2007年阅读）

□ **revolution**

义联词	□ **revolutionary**	□ **revolt**

revolution [ˌrevəˈluːʃn]

n. **革命**；巨变，大变革

真题 accelerate the I.T. revolution 加快信息技术革命（2013 年阅读）

revolutionary [ˌrevəˈluːʃəneri]

adj. **革命性的**；**革命的**；革新的　*n.* 革命者

真题 Freud formulated his revolutionary theory. Freud 提出了他的革命性的理论。（2005 年阅读）

revolt [rɪˈvəʊlt]

n. 反叛，起义　*v.* 反抗；叛逆；使惊骇

痛点 当表示"叛逆"、"反抗"的时候，它是不及物动词，后面需要接介词 against 才能带名词，如：revolt against the regulation。

□ liberty		
义联词　□ **liberal**	□ **finite**	
形联词　□ **literally**		

liberty [ˈlɪbərti]

n. **自由**

真题 fundamental social concepts like liberty and property 自由、财产这样的基本社会概念（2012 年完形）

liberal [ˈlɪbərəl]

adj. **人文（教育）的**；**开明的**；（旧时）英国自由党的；支持（社会、政治或宗教）变革的

痛点 a liberal politician，"开明的政治家"，也可以表示"支持改革的政治家"。

词组 liberal education 人文教育

真题 display great enthusiasm for liberal education 展现对人文教育的极大热情（2014 年阅读）

finite [ˈfaɪnaɪt]

adj. **有限的**；限定的

痛点 它是 limited 的同义替换词。

真题 Time is finite. 时间是有限的。（2022 年完形）

literally [ˈlɪtərəli]

adv. **确实地，真正地**；按字面

真题 You literally can't find north. 你的确找不着北了。（2019 年完形）

□ arrow		
义联词　□ **bow**	□ **blade**	□ **sword**

arrow [ˈærəʊ]

n. 箭

痛点 难记？除了前缀（ar-）之外只剩排（row）。弓箭手在射箭的时候一般都是排成一排。

示例 shoot an arrow 射箭

- -

bow

[bəʊ] *n.* 弓；蝴蝶结　*v.* 用弓拉（弦乐器）

[baʊ] *n.* 鞠躬　*v.* 鞠躬；低头

痛点 作名词"弓"或者动词"用弓拉（弦乐

器）"时，其发音是 [bəʊ]；作"鞠躬"时，其动词、名词都发 [baʊ]。

- -

blade [bleɪd]

n. 刀刃，刀片；叶片；（溜冰鞋的）冰刀

痛点 难记？用刀刃切，是不累的（blade）。

sword [sɔ:rd]

n. 剑，刀

□ **military**			
义联词　□ **drill**　□ **parade**	□ **tank**	□ **scout**	□ **troop**

military [ˈmɪləteri]

adj. **军事的，军队的**　*n.* 军队，军方

痛点 当它做名词表示"军队、军方"时，相当于 the forces。

真题 the symbol of American military adventurism 美国军事冒险主义的象征（2012 年完形）

- -

drill [drɪl]

n. 钻头；（应对紧急情况的）演习　*v.* 钻（孔）；训练；操练

痛点 a fire drill，"一个火钻头"？不，是"一场消防演习"。

- -

tank [tæŋk]

n.（贮放液体或气体的）箱；一箱的量；坦克

scout [skaʊt]

v. 侦察，搜寻　*n.* 侦察员；侦察机；童子军

痛点 难记？审查（sc）外面（out）→侦察。

troop [tru:p]

n. **军队**；坦克连　*v.* 列队行进

真题 Korean troops 朝鲜军队（2012 年完形）

parade [pəˈreɪd]

n. 游行；阅兵

□ **radar**		
义联词　□ **situate**	□ **locate**	□ **bearing**
形联词　□ **radical**		

radar [ˈreɪdɑːr]

n. 雷达

真题 ground radar 地面雷达（2014 年新题型）

---

situate [ˈsɪtʃueɪt]

v. 使位于；将……置于，使联系

---

locate [ˈləʊkeɪt]

v. 给……定位，找出……的准确位置；把……安置在

真题 He located the tomb in 1922. 1922 年他确定了古墓位置。（2014 年新题型）

---

bearing [ˈberɪŋ]

n. 方位；关系，影响；姿态

痛点 其地道搭配为：lose/restore your bearings（迷失 / 重拾方向）。

真题 Identifying a distinctive rock or tree can restore your bearings. 认出一块别致的石头或一棵奇特的树能让你重拾方向。（2019 年完形）

---

radical [ˈrædɪkl]

adj. 根本的，彻底的；激进的；不同凡响的
n. 激进分子

痛点 注意它可以作名词，意为"激进分子"，如：political radicals，"政治激进分子"。

真题 There is no radical innovation without creative destruction. 没有创造性破坏就没有根本性的创新。（2013 年新题型）

□ **rescue**

义联词	□ **safeguard**	□ **shield**	□ **shelter**	□ **refuge**
	□ **refugee**	□ **reserve**	□ **preserve**	□ **secure**
	□ **security**	□ **vulnerable**	□ **survival**	

rescue [ˈreskjuː]

v. 营救　*n.* 营救行动

痛点 其地道搭配为：rescue a dog from dying（营救一条垂死的狗）。

真题 Scientists jumped to the rescue. 科学家们立马开始了营救行动。（2010 年翻译）

---

safeguard [ˈseɪfɡɑːrd]

v. 保护，保障　*n.* 保护措施，安全条例

---

shield [ʃiːld]

v. 保护；遮挡；给……加防护罩　*n.* 防护物，护罩；盾；盾形物

真题 The principle will shield doctors. 这一原则将会保护医生。（2002 年阅读）

---

shelter [ˈʃeltər]

n. 居所，住处；避难处；庇护所；遮蔽；避难；遮蔽物

真题 manage to find a shelter 设法找到一个避难所（2006 年完形）

---

refuge [ˈrefjuːdʒ]

n. 收容所，避难所；庇护，避难

真题 wildlife refuges 野生动物保护区（2022 年新题型）

refugee [ˌrefjuˈdʒiː]

n. 难民，避难者

---

reserve [rɪˈzɜːrv]

v. **预留**；预约；保留（某种权利） *n.* **储备（量）**；（动植物）保护区；寡言少语

真题 intensity reserved for professional matters 为专业工作所保留的全情投入（2017 年完形）

---

preserve [prɪˈzɜːrv]

熟义 *v.* **保护；维持……的原状，保养**

真题 It is only the Queen who has preserved the monarchy's reputation. 只有女王维护了君主制的声誉。（2015 年阅读）

僻义 *n.* **（某人或群体活动、工作等的）专门领域**

真题 Legal learning has been viewed as the special preserve of lawyers. 法律知识一直被看成是律师的专属领域。（2007 年翻译）

---

secure [sɪˈkjʊr]

熟义 *adj.* **可靠的，稳固的；安全的** *v.* **使安全，保护**

真题 Education was no longer a secure route of social mobility. 教育不再是实现社会流动的可靠途径了。（2022 年阅读）

僻义 *v.* **获得**

真题 papers secured for free 免费获得的论文（2020 年阅读）

---

security [sɪˈkjʊrəti]

n. **安全；安全措施**；安全感

真题 security checks 安检（2017 年阅读）

---

vulnerable [ˈvʌlnərəbl]

adj. **脆弱的；易受伤害的；易受攻击的**

痛点 其地道搭配为：vulnerable to attack/abuse （易受攻击/虐待）；其名词是 vulnerability。

词组 be vulnerable to... 易受……的伤害/攻击/影响

真题 They are more vulnerable to changes in family economies. 他们更容易受到家庭经济状况变化的影响。（2007 年阅读）

---

survival [sərˈvaɪvl]

n. **幸存，生存**

词组 the survival of the fittest 适者生存

真题 He called the "survival of the fittest." 他称之为"适者生存"。（2009 年新题型）

□ triumph		
义联词	□ conquer	□ conquest

triumph [ˈtraɪʌmf]

v. **打败，战胜** *n.* **伟大胜利**；（巨大成功或胜利的）心满意足

词组 triumph over 打败，战胜

真题 Labour triumphs over status. 劳动阶级战胜了有地位的阶层。（2020 年阅读）

---

conquer [ˈkɑːŋkər]

v. **征服**；击败，战胜；（成功地）对付，克服

痛点 难记？经历坎（con）坷（quer），才能

征服坎坷。

真题 conquer fortune 征服命运（2012 年新题型）

---

conquest [ˈkɑːŋkwest]

n. 征服，占领；占领的地区

痛点 它是 conquer 的名词形式，可以指被征服的人或者被占领的地，但是不能指"征服"这个动作的发出者。

Word List 4

□ **apply**

义联词	□ **application**	□ **usage**	□ **exert**	□ **petition**
	□ **refer**	□ **reference**	□ **admission**	□ **request**
	□ **available**	□ **exploit**		

apply [əˈplaɪ]

v. **申请**；**涉及**；**运用**；**应用**；施，涂；勤奋工作，努力学习

痛点 apply oneself to sth.，"把自己运用于某物"？不，是"致力于某事"、"专心从事于某事"，如：apply himself to his study（他专心学习）。

真题 apply for research projects 申请研究项目（2015 年阅读）

application [ˌæplɪˈkeɪʃn]

n. **应用**；**申请**；涂抹；应用程序；努力

痛点 application form，"应用形成"？不，是"申请表"；the job requires great application，"这项工作需要很多运用能力"？不，是"这项工作需要全力以赴"。

真题 the application of AI to healthcare 人工智能在医疗中的应用（2018 年阅读）

usage [ˈjuːsɪdʒ]

n. **使用**，利用，利用率；（词语的）用法，惯用法

痛点 其地道搭配为：wide/widespread usage（广泛的使用）。

真题 enjoy advantage from the breadth of English usage 因英语的广泛使用而享有优势（2017 年翻译）

exert [ɪɡˈzɜːrt]

v. **施加（影响、压力），尽（力），**运用

痛点 其地道搭配为：exert an influence/control/pressure on sth.（对某物施加影响/控制/压力）。

词组 exert...on... 对……施加……

真题 There's no doubt that our peer groups exert enormous influence on our behavior. 毫无疑问，同龄群体会给我们的行为带来巨大影响。（2012 年阅读）

petition [pəˈtɪʃn]

v. 请愿，正式请求 n. 请愿书，申请书；祈求

痛点 难记？可以这么记：大家一起（com）正式请求（petition）比赛（competition）。这就把 petition（正式请求）给记住了。其地道搭配为：petition for/against sth.（请求支持/反对某事）。

refer [rɪˈfɜːr]

v. **提到**；**参考，查阅**；描述

痛点 refer to a dictionary，"提到词典"？不，是"查阅词典"。

真题 what he was referring to 他所说的话（2017年阅读）

reference ['refrəns]

n. 提到，涉及；参考，查询；参考书目

痛点 真题中出现的 in the reference week 是"在参考的那周"？不，是"在所涉及到的那周"。

真题 reference books 参考书（2018年翻译）

admission [əd'mɪʃn]

n. 准许进入，加入；获准加入者，获准入学者；承认；入场费

痛点 其高频搭配为：apply for/seek/gain/grant sb./refuse sb. admission to…（申请/寻找/获得/授予某人/拒绝某人获准进入……）

真题 the university-admissions process 大学的录取过程（2013年完形）

request [rɪ'kwest]

n.（正式或礼貌的）要求，请求　*v.* 要求，请求

痛点 request 虽然也可以翻译成"要求"，但

是比 require 的程度浅，也更客气礼貌一些。

真题 Starting around 2012, requests for the visas rose sharply. 自 2012 年开始，申请签证的人数激增。（2019年阅读）

available [ə'veɪləbl]

adj. 可用的；可获得的；有空的

痛点 其地道搭配为：become available（变得可用）。

真题 More versions of IQ tests are now available on the Internet. 现在可以从互联网上获得更多的智商测验版本。（2007年阅读）

exploit [ɪk'splɔɪt]

v. 利用；开发，开采；剥削

痛点 它的名词我们也要认识，不是 exploition，是 exploitation 哦。

真题 Companies today can exploit many alternative forms of media. 今天的公司可以利用很多其他不同形式的媒体。（2011年阅读）

□ **acquire**

义联词	□ **acquisition**	□ **obtain**	□ **yield**	□ **extract**

acquire [ə'kwaɪər]

熟义 *v.* 获得；学到，习得，养成

痛点 如果摆脱不了"学习知识 =learn knowledge"的表达习惯，acquire 可以来拯救。它可以接 knowledge/ability/accent/wealth/reputation/understanding 等，在写作中可以用上。

真题 acquire new skills 获得新技能（2018年阅读）

僻义 *v.* 购得 to get sth. by buying it

真题 Facebook acquired WhatsApp. 脸书收购了 WhatsApp。（2018年阅读）

acquisition [ˌækwɪ'zɪʃn]

n. 收购；获得；习得

痛点 和它的动词 acquire 一样，它表示"知识、技能"的获得。它的高频搭配是 language acquisition（语言习得）。

真题 small acquisitions 小型收购（2021 年阅读）

obtain [əbˈteɪn]

v.（尤指经努力）获得，赢得

痛点 难记？ob（加强意义）+tain（拥有）→去拥有→（努力）获得

真题 obtain more financial support 获得更多财政支持（2019 年阅读）

yield [jiːld]

v. **产生，带来**；产出；屈服，让步　*n.* **产量**，产出

痛点 yield to pressure，"产生压力"？不，是"屈服于压力"。

真题 yield useful information 产生有用的信息（2014 年新题型）

extract [ˈekstrækt]

v. **提取**，提炼；**拔出**，取出；获得；摘录

n. 摘录，选段；提取物，浓缩物

词组 extract...from... 从……中提取……

真题 the data points extracted from our studies 从我们的研究中提取的资料（2022 年新题型）

□ **advanced**

义联词	□ **elementary**	□ **intermediate**	□ **subordinate**	□ **superior**
	□ **inferior**	□ **secondary**	□ **primary**	□ **upper**
	□ **beneath**			

---

advanced [ədˈvænst]

adj. **先进的**；**高级的，高等的**；高龄的；（疾病）晚期的

痛点 of advanced years，"在高级阶段的几年"？不，是"高龄"。

真题 advanced computer systems 先进的计算机系统（2002 年阅读）

elementary [ˌelɪˈmentri]

adj. 基础的，初级的；小学的；简单的

痛点 难记？element 是"要素"，-ary 是形容词后缀，elementary 是要素组成的、还没有涉及后续复杂的变化的，所以是"基础的、初级的"。

intermediate [ˌɪntərˈmiːdiət]

adj. 中间的；中级的

---

subordinate

[səˈbɔːrdɪnət] *n.* **部属，下级**　*adj.* 下级的；次要的　[səˈbɔːrdɪneɪt] *v.* 把……置于次要地位

痛点 其地道搭配为：be subordinate to the main aim（次要于这个主目标）。

真题 a disagreeable subordinate 一个令人反感的下属（2021 年新题型）

---

superior [suːˈpɪriər]

adj. **更胜一筹的**；更高的；有优越感的；质量卓越的　*n.* 上级，上司

痛点 其地道搭配为：superior status（更高的地位）。

词组 be superior to… 比……更胜一筹
真题 He was superior to the common run of men. 他优于普通人。（2008 年翻译）

---

inferior [ɪnˈfɪriər]

adj. **次的**；较差的；级别低的 *n.* 下级，下属
痛点 它对应的名词是 inferiority（低等，劣等），如：a sense of inferiority（自卑感）。
真题 They are often inferior to live concerts in quality. 它们的质量经常不如现场音乐会。（2011 年阅读）

---

secondary [ˈsekənderi]

adj. **中等教育的**，中学的；次要的
真题 secondary school 中学（2017 年翻译）

---

primary [ˈpraɪmeri]

adj. **主要的**；初等教育的；最初的

真题 The quality of writing is of primary importance. 稿件质量是最重要的。（2015 年阅读）

---

upper [ˈʌpər]

adj. **上层的**，上面的；较高的；高地的；上游的
真题 an upper middle-class home 上层中产阶级家庭（2016 年阅读）

---

beneath [bɪˈniːθ]

prep. **在……下面**；（对某人来说）不够好
痛点 难记？隐藏在泥土之下的成分比（be）泥（nea）湿（th）→ beneath（在……下面）。beneath 的用法相对于 under 更正式。
真题 learn about what lies beneath the ground 了解地底下埋藏着什么东西（2014 年新题型）

□ scholar			
义联词	□ scholarship	□ academic	□ theoretical
形联词	□ cellar		

---

scholar [ˈskɑːlər]

n. **学者**；奖学金获得者
真题 legal scholars 法律学者（2012 年阅读）

---

scholarship [ˈskɑːlərʃɪp]

n. **学术研究**，学术；奖学金
痛点 不要看到它就只想到"奖学金"一个意思噢！
真题 social scientific scholarship 社会科学领域的学术研究（2014 年阅读）

---

academic [ˌækəˈdemɪk]

adj. **学业的，学术的**；学校的，大学的；空谈的，不切实际的 *n.* 学者，大学教师
痛点 "学术的"听上去就是好词儿，但 academic 也可以表示"不切实际的，空谈的"，如：The question is purely academic.（这个问题完全是空谈。）；academic 当名词可以指"大学教师"；academics 复数名词可以指"（中学或大学的）学科"，如：He excels at academics.（他学习很好 / 他是学霸。）。
真题 academic grade 学业成绩（2012 年阅读）

---

theoretical [ˌθiːəˈretɪkl]

adj. **理论的**；理论上存在的
真题 theoretical subjects 理论性学科（2014 年阅读）

cellar [ˈselər]

n. **地窖**，地下室；酒窖
痛点 难记？色拉（cellar）油放哪儿？放地窖吧。

□ **seminar**

义联词	□ **theme**	□ **issue**	□ **thesis**	□ **workshop**
	□ **project**			

seminar [ˈsemɪnɑːr]

n. **研讨会**
真题 in a seminar room 在研讨室中（2015 年新题型）

theme [θiːm]

n. **主题**，**题目**；主旋律
真题 free themes 自由的主题（2010 年阅读）

issue [ˈɪʃuː]

熟义 *n.* **问题**；**议题**；（杂志或报刊的）期
真题 Issues arise. 问题横生。（2023 年阅读）
僻义 *v.* **发布**
真题 The Food Standards Authority (FSA) has issued a public warning. 英国食品标准局（FSA）发布了一条公开警告。（2020 年完形）

thesis [ˈθiːsɪs]

n. **论文**；**论点**
痛点 his main thesis，"他主要的论文"？不，是"他主要的论点"。
真题 a decade of thesis-writing 十年的论文写作（2011 年阅读）

workshop [ˈwɜːrkʃɑːp]

n. 车间，作坊；研讨会，讲习班
痛点 其地道搭配为：music workshop（音乐研习班）。

project [ˈprɑːdʒekt]

n. **项目**；专题研究　*v.* 规划；预测；放映，投射；突出
痛点 the increase rate has been projected，"增长率变成了项目"？不，是"增长率被预测了"。
真题 Lack of data analysis is common in research projects. 缺乏数据分析在研究项目中很常见。（2015 年阅读）

□ **recruit**

义联词	□ **register**	□ **membership**

recruit [rɪˈkruːt]

v. **吸收（新成员）**；动员……；（通过招募）组成

真题 recruit top candidates 招聘顶尖候选人
（2020 年阅读）

register [ˈredʒɪstər]

v. **登记，注册**；记录

词组 register with 登记，注册
真题 register with the state 在政府登记（2023

□ **curriculum**

义联词	□ **dean**	□ **diploma**

curriculum [kəˈrɪkjələm]

n. **课程**

真题 the basic mandatory high school curriculum
高中必修基础课程（2017 年阅读）

dean [diːn]

n. **学院院长**，系主任；主任牧师

□ **consult**

义联词	□ **query**	□ **confusion**

consult [kənˈsʌlt]

v. **咨询，请教**；（与某人）商议

痛点 其名词形式 consultancy 不仅可以表示抽象的"咨询"，还可以表示"咨询公司"。
真题 consulting firm 咨询公司（2016 年阅读）

query [ˈkwɪri]

n. **疑问，询问** *v.* **询问**；怀疑

年阅读）

membership [ˈmembərʃɪp]

n. **会员资格，成员资格**；（统称）**会员，会员人数**

真题 Think about the times you felt tricked or frustrated by a membership or subscription. 想想那些你被动加入会员或订阅而感到被欺骗的沮丧时刻。（2022 年阅读）

痛点 难记？在咱们院的职位等级，院长（dean）就到顶（dean）了。
真题 assistant dean 副院长（2016 年阅读）

diploma [dɪˈpləʊmə]

n. **毕业证书**；文凭

痛点 其地道搭配为：raise/answer a query（提出 / 回答疑问）。
真题 People are invited to query Marilyn. 邀请大家对 Marilyn 提问。（2007 年阅读）

confusion [kənˈfjuːʒn]

n. **困惑**；混淆；困窘

真题 sexual confusion 性困惑（2009 年阅读）

□ source		
义联词 □ **derive**	□ **origin**	□ **originate**
形联词 □ **resource**		

source [sɔːrs]

n. 来源，出处

真题 artificial light sources 人造光源（2019 年完形）

derive [dɪˈraɪv]

v. 起源于；获得

词组 derive from 起源于

真题 "Anthropology" derives from the Greek words. "人类学"（Anthropology）一词源于希腊语。（2003 年翻译）

origin [ˈɔːrɪdʒɪn]

n. 起源

真题 uncover the origin of Hawaiian culture 发现夏威夷文化的起源（2017 年阅读）

originate [əˈrɪdʒɪneɪt]

v. 起源；创立

词组 originate from/in 起源于

真题 people originated from central Europe 来自中欧的人（2008 年完形）

resource [ˈriːsɔːrs]

n. 资源；资料

真题 They lack the resources to beat their bigger competitors. 他们缺乏打败更强大的竞争对手的资源。（2020 年阅读）

□ leadership	
义联词 □ **guidance**	□ **guideline**
形联词 □ **leading**	

leadership [ˈliːdərʃɪp]

n. 领导；领导者，领导层；领导力

真题 leadership skills 领导技能（2007 年阅读）

guidance [ˈgaɪdns]

n. 指导，引导

guideline [ˈgaɪdlaɪn]

n. 指导方针，指导原则

真题 official guidelines 官方指南（2023 年阅读）

leading [ˈliːdɪŋ]

adj. 一流的；顶尖的；主要的；领先的

真题 leading colleges and universities 一流学院和大学（2014 年阅读）

□ propaganda			
义联词 □ **propagate**	□ **publicity**	□ **carrier**	□ **gossip**
□ **scandal**	□ **publication**	□ **publish**	

propaganda [ˌprɑ:pəˈɡændə]

n. 宣传，鼓吹

痛点 注意这是个贬义词！介绍自己学校的"宣传部门"时千万不要用这个词。

示例 a propaganda campaign 系列宣传活动

propagate [ˈprɑ:pəɡeɪt]

v. 传播；宣传；繁殖，增殖

痛点 当它表示"宣传"这一含义的时候，它的后面往往接负面的东西。

真题 propagate very far 传播得很远（2010 年阅读）

publicity [pʌbˈlɪsəti]

n.（媒体的）关注，宣传；宣传业，广告宣传工作

痛点 在表达"宣传部门"时用这个词就比用 propaganda 好得多。

carrier [ˈkæriər]

熟义 *n.* 搬运者；带菌者

痛点 其地道搭配为：virus carrier（病毒携带者）。

真题 carriers of European culture 欧洲文化的传播者（2009 年阅读）

僻义 *n.* 运输公司

真题 major rail carriers 主要的铁路运输公司

（2003 年阅读）

gossip [ˈɡɑ:sɪp]

n. 闲聊；流言飞语，闲言碎语 *v.* 传播流言飞语

真题 Celebrity moms are a permanent source for gossip. 明星妈妈们永远是闲聊对象。（2011 年阅读）

scandal [skændl]

n. 丑闻，丑事；流言飞语

痛点 难记？上网一扫（scan），都（dal）是丑闻（scandal）。

真题 embarrassing scandals 令人尴尬的丑闻（2015 年阅读）

publication [ˌpʌblɪˈkeɪʃn]

n.（书刊等的）出版，发行；发表，刊登

真题 This year marks exactly two centuries since the publication of *Frankenstein*. 今年恰好是《科学怪人》一书出版两百周年。（2019 年阅读）

publish [ˈpʌblɪʃ]

v. 出版；（在报刊）发表；公布

真题 More than half of all British scientific research is now published. 现在，超过一半的英国科研文献出版了。（2020 年阅读）

□ transmit		
义联词	□ convey	□ transmission
形联词	□ transfer	

transmit [trænzˈmɪt]

v. **传送**；传染；传（热、声等）

真题 be transmitted from the past 从过去传递下来（2012 年新题型）

convey [kənˈveɪ]

v. **传达，表达**；运送，输送

真题 Red sneakers or dress T-shirts can convey status. 红色运动鞋或者 T 恤能够彰显身份。（2016 年新题型）

transmission [trænzˈmɪʃn]

n. 传播；（电子信号或信息的）发射；（电台或电视）信息，广播

痛点 其地道搭配为：a live transmission（现场直播）。

transfer [trænsˈfɜːr]

v. **（使）转移**；（使）调动；转移（感情）；转让；转会；换乘　n. **转移**；（运动员）转会；换乘

真题 The results may transfer to other parts of Asia. 研究结果可能会适用于亚洲其他地区。（2021 年阅读）

□ exposure			
义联词	□ expose	□ correspondent	□ reporter □ press

exposure [ɪkˈspəʊʒər]

n. **曝光时间**；**接触**；**遭受**；**揭露**；暴露；（在电视、报纸等上的）亮相，被报道

痛点 exposure to other cultures，"曝光其他文化"？不，是"接触到其他文化"。

真题 exposure times 曝光次数（2023 年新题型）

expose [ɪkˈspəʊz]

v. **使接触，使体验**；**使面临，使遭受**；暴露；揭露

词组 expose sb. to... 使某人接触……

真题 expose your child to 30,000 words 让你的孩子接触到 3 万个单词（2017 年阅读）

correspondent [ˌkɔːrəˈspɑːndənt]

n. **记者**，通讯员

真题 war correspondent 战地记者（2012 年完形）

reporter [rɪˈpɔːrtər]

n. **记者**；通讯员

真题 a reporter in Parliament 议会记者（2017 年新题型）

press [pres]

v. 催促；压，挤；把……压平；把……榨汁

n. **新闻界，新闻工作者**；出版社，印刷所

痛点 local press，"本地的挤压"？不，是"当地媒体"。

词组 press on (with sth.) 坚决继续进行，匆忙

前进，加紧

真题 Dickens and his publishers simply pressed on with a new artist. Dickens 和他的出版商立即启用一位新的艺术家，就接着继续工作了。（2017 年新题型）

□ edit

义联词	□ edition	□ editorial

edit [ˈedɪt]

v. **编辑，校订**；剪辑

真题 Moral awareness matters in editing a newspaper. 道德意识在编辑报纸时很重要。（2015 年阅读）

---

edition [ɪˈdɪʃn]

n. **版本；版次**；一辑

真题 print edition 印刷版（2016 年阅读）

editorial [ˌedɪˈtɔːriəl]

n. **社论，评论**　*adj.* 编辑的，主笔的；社论的

痛点 难记？ editor（编辑做的东西）+-ial（词尾）→社论。

真题 "Readers must have confidence in the conclusions published in our journal," writes McNutt in an editorial. McNutt 在一篇评论文章中写道，"读者需要对我们发表的研究结论有信心。"（2015 年阅读）

□ novel

义联词	□ chapter	□ episode	□ fiction	□ biography
	□ plot	□ script	□ version	□ release
	□ volume	□ draft	□ context	□ masterpiece
	□ quote	□ submit		

novel [ˈnɑːvl]

熟义 *n.* **（长篇）小说**

痛点 a novel idea，"小说的想法"？不，是"新颖的想法"。注意其抽象名词的拼写：novelty（新颖；新奇的事物）。

真题 comic novel 喜剧小说（2017 年新题型）

僻义 *adj.* **新颖的，与众不同的**

真题 truly novel discovery 真正新奇的发现（2012 年阅读）

---

chapter [ˈtʃæptər]

n. 章，回；（人生或历史的）一段时期

痛点 open a new chapter,"打开了新的章节"？也可以表示抽象的"开启新的篇章"。

---

episode [ˈepɪsəʊd]

n.**（人生的）一段经历，（小说的）片段**；（电视连续剧或无线电广播剧的）一集

真题 give an episode of the information war 为信息战提供一段插曲（2003 年阅读）

---

fiction [ˈfɪkʃn]

n. **小说**；**虚构的事**

痛点 sci-fi movie 的全称就是 science fiction movie（科幻电影）。

真题 science fiction writers 科幻作家（2013 年阅读）

---

biography [baɪˈɑːɡrəfi]

n. **传记，传记作品**

痛点 biography 指写别人的传记，但是 autobiography 只能指自传。

真题 a fascinating biography 一部很棒的传记（2022 年翻译）

---

plot [plɑːt]

熟义 n. **情节**；阴谋 v. 绘制；设计情节

痛点 如何区别"情节"和"阴谋"？如果 plot 后面接 to do sth.，就是表示"阴谋"了。

真题 complex plots 复杂的情节（2017 年新题型）

僻义 v. **密谋** secretly plan to do sth. harmful or illegal

真题 Theresa May's enemies are currently plotting. Theresa May 的反对者们正在密谋。（2018 年阅读）

---

script [skrɪpt]

v. **写脚本**；写剧本 n. 剧本，广播稿，讲稿；笔迹；脚本（程序）

痛点 常见的 script 的合成词有：transcript（文字本；学生成绩报告单）/manuscript（手稿）。

真题 Hagel says we have designed jobs in the U.S. that tend to be "tightly scripted" and "highly standardized" ones. Hagel 表示，在美国，我们对工作的设计往往是"有严格计划"和"高度标准化"的。（2014 年阅读）

---

version [ˈvɜːrʒn]

n. **版本**；（不同角度的）说法

真题 several entire versions 几个完整的版本（2008 年新题型）

---

release [rɪˈliːs]

v. **发布**；**释放**；**排放** n. **获释，释放**；**发行**

词组 be on general release 公开发行

真题 The publishers can make a profit before being placed on general release. 这样在正式发行之前，出版商可以赚上一笔。（2020 年阅读）

---

volume [ˈvɑːljəm]

n. **（书籍的）卷，册**；**量，额**；**音量**；**容量**；**体积**

词组 speak volumes about... 充分表明……

真题 His attempts speak volumes about British society. 他的努力充分说明了英国社会的特点。（2022 年翻译）

---

draft [dræft]

n. **草稿，草案**；汇票 v. 起草，草拟

真题 Remember that your initial draft is only that. 记住你的初稿只是那样。（2008 年新题型）

---

context [ˈkɑːntekst]

n. **环境，背景**；**上下文，语境**

痛点 be taken out of context,"从上下文中取

出来"？不，是"断章取义"。

真题 social contexts 社会环境（2012 年新题型）

masterpiece [ˈmæstərpiːs]

n. **杰作，代表作**

真题 They have only covered masterpieces. 它们只覆盖了最杰出的作品。（2011 年阅读）

quote [kwəʊt]

v. **引用**；举例说明；开价；（股票、黄金或外汇）报价；（企业的股份）上市 *n.* **引语**；报价

痛点 它做名词时经常和 quotation 替换。

真题 He quotes a giant of classical economics,

Alfred Marshall. 他引用古典经济学泰斗 Alfred Marshall 的话。（2019 年阅读）

submit [səbˈmɪt]

熟义 *v.* **提交**；顺从

痛点 submit to threats，"提交威胁"？不，是"屈服于威胁"。

真题 submit the results of their research to a journal 将研究成果投给杂志（2008 年阅读）

僻义 *v.* **认为，主张**

真题 No one, he submits, could have written it. 在他看来，谁也写不出这样的作品。（2008 年翻译）

□ **alter**

义联词	□ **modify**	□ **revise**

alter [ˈɔːltər]

v. **更改，改变**；修改

痛点 其高频搭配为：Nothing can alter the fact that...。写作中要表示强调时，可以不再局限于强调句型或者 indeed 等手段，还可以是 Nothing can alter the fact that...（什么也改变不了这个事实……）。

真题 I altered my training program. 我改变了我的锻炼计划。（2019 年完形）

modify [ˈmɑːdɪfaɪ]

v. **调整，稍作修改**；缓和，使温和；（语法）修饰

真题 modify the content 修改内容（2012 年新题型）

---

revise [rɪˈvaɪz]

v. **修改**；修订；复习

痛点 revise for an exam，"为了考试而修改"？不，是"复习备考"。

真题 We revise each other's reasoning. 我们一起修改相互的推理。（2012 年阅读）

□ **adapt**

义联词	□ **adjust**	□ **accommodate**	□ **orient**

adapt [əˈdæpt]

v. **使适应，调整**；改编，改写

痛点 当表达"适应某物"的时候，adapt 后到底要不要加 oneself？其实和 adjust 一样，adapt (oneself) to sth.，oneself 加不加都行。adapt 和 adjust 的区别体现在：adapt 还有"改编，改写"的意思。

词组 adapt to… 适应……

真题 To help freshmen adapt to college learning. 帮助新生适应大学学习。（2019 年阅读）

adjust [əˈdʒʌst]

v. **适应**；调整，调节

词组 adjust (oneself) to sth./doing sth. 适应某物 / 某事

真题 adjust to college 适应大学生活（2017 年阅读）

accommodate [əˈkɑːmədeɪt]

v. **适应**，顺应；容纳，为……提供住宿；考虑到，顾及

痛点 accommodate the needs，"给需求提供住宿"？不，这里等于 take the needs into account（考虑到、顾及需求）；另外，在 accommodate the change/new schedule 的搭配里，这个词转身变成了"适应，顺应"。

真题 accommodate such changes 适应这种变化（2003 年完形）

orient [ˈɔːrient]

v. **朝向**，确定方向；适应，熟悉

痛点 orient yourself，"朝向自己"？不，是"适应，熟悉"。

真题 the profit-oriented scientists 以利益为导向的科学家（2014 年阅读）

□ **journal**

| 义联词 | □ **column** | □ **headline** | □ **title** | □ **copyright** |

---

journal [ˈdʒɜːnl]

n. **杂志，期刊**；日志

痛点 keep a journal，"保持杂志"？不，是"记日志"。

真题 submit the results of their research to a journal 将他们的研究成果投给杂志（2008 年阅读）

column [ˈkɑːləm]

n. **（报刊的）专栏**；（书、报纸印刷页上的）栏；柱形物；纵行（数字或字）

真题 write a weekly column 写每周专栏文章（2019 年翻译）

headline [ˈhedlaɪn]

n. (*pl.*) **头条新闻**；（报纸的）大字标题

痛点 make the headlines，"做一个头条"？不，是"成为重要新闻"。

真题 Most Americans rely on social media to check daily headlines. 多数美国人依靠社交媒体查看每日的头条新闻。（2018 年阅读）

title [ˈtaɪtl]

n. **标题；称号**；职称；（竞赛、体育比赛的）冠军 *v.* (给书、乐曲等) 加标题

痛点 world titles，"世界标题"？不，是"世界冠军"。

真题 a suitable title for this text 这篇文章合适的标题（2012 年阅读）

---

copyright [ˈkɑːpiraɪt]

n. 版权

□ dedicate			
义联词 □ contribute	□ contribution	□ devote	□ donate
形联词 □ delicate			

dedicate [ˈdedɪkeɪt]

熟义 *v.* 把……奉献给
真题 A businessman is expected to dedicate his energies to an exploration of rules of conduct in business. 商人应致力于探索商业行为规则。（2006 年翻译）
僻义 *v.*（在书、音乐或作品的前部）题献词
真题 a new publication dedicated to the near future 一本献给不久的将来的新书（2013 年阅读）

contribute [kənˈtrɪbjuːt]

v. 贡献；是……的原因之一；捐献，捐赠；撰稿
痛点 它不一定只修饰正面的词，如：contribute to the problem 表示"导致问题"，而不是"为问题作出贡献"。
词组 contribute to 有助于
真题 Housing can contribute to economic growth. 住房有助于经济增长。（2014 年阅读）

contribution [ˌkɑːntrɪˈbjuːʃn]

熟义 *n.* 贡献；捐款；（书、杂志、广播、讨论等部分内容的）一则，稿件
真题 unique value contribution 独特的价值贡

献（2011 年翻译）
僻义 *n.*（给雇主或政府用作医疗保险、养老金等津贴的）定期缴款
真题 national insurance contributions 国家社保缴款（2014 年阅读）

devote [dɪˈvəʊt]

v. 把……奉献给；把……用于；作……专用
痛点 be devoted to sth., "被贡献给某事"？不，是"致力于某事"。
真题 If your work is your "passion," you'll be more likely to devote yourself to it. 如果你的工作是你的"激情"所在，你就更可能全情投入。（2015 年阅读）

donate [ˈdəʊneɪt]

v. 捐赠；献血，捐献器官
痛点 注意"捐赠者"不是 donator，而是 donor！
真题 donate to the good causes it helps 为它所支持的事业贡献力量（2016 年阅读）

delicate [ˈdelɪkət]

adj. 微妙的；巧妙的；需要技巧的；脆弱的，易碎的

痛点 其地道搭配为：infringement/breach of copyright（侵犯版权）。
真题 Copyright rested with the journal publisher. 版权归杂志出版商所有。（2008 年阅读）

痛点 a delicate child，"微妙的孩子"？不，是"体弱的孩子"。

真题 In its early days the U.S. was confronted with delicate situations. 美国在建国初期面临着微妙的局势。（2008 年阅读）

□ **series**

义联词	□ **serial**	□ **sequence**

---

series [ˈsɪriːz]

n. **系列**，连续；系列节目；系列比赛

词组 a series of... 一系列的……

真题 a series of experiments 一系列的实验（2010 年完形）

serial [ˈsɪriəl]

adj. 连续的；顺序排列的　　*n.* 连续剧；连载

痛点 其地道搭配为：a television serial（电视连续剧）。

sequence [ˈsiːkwəns]

n. **一系列**；**序列**；连续；次序；（电影中表现同一主题或场面的）一组镜头

真题 a sequence of images 一系列的图像（2014 年新题型）

□ **analyse/-yze**

义联词	□ **analysis**	□ **analytic(al)**	□ **statistics**	□ **data**
形联词	□ **analogy**			

---

analyse/-yze [ˈænəlaɪz]

v. **分析**

痛点 其英式英语是 analyse，美式英语是 analyze。考研英语出现 analyse 还是 analyze 取决于选取的文章来源。其地道搭配为：analyse a problem/data/sample。

真题 Professional scientists are expected to know how to analyze data. 专业的科学家应该懂得如何分析数据。（2015 年阅读）

analysis [əˈnæləsɪs]

n. **分析**

痛点 in the final/last analysis，"在那最后的分析中"？其实可以对应中文里的两个成语："归根结底、总而言之"，是写作结尾段的黄金短语！

真题 the analysis of big data 大数据分析（2023 年翻译）

analytic(al) [ˌænəˈlɪtɪk(l)]

adj. **分析的**

痛点 其地道搭配为：analytical approach/capability/thinking（分析方法/能力/思维）。

真题 analytical skills 分析技巧（2007 年阅读）

statistics [stə'tɪstɪks]

n. 统计学；统计数据

真题 the application of statistics 统计学的应用（2015 年阅读）

data ['deɪtə]

n. 数据，资料

真题 climate prediction data 气候预测数据（2022 年阅读）

analogy [ə'nælədʒi]

n. 类比，比拟；类推

痛点 难记？按那（ana）逻辑（logy）可以进行类比（analogy）。因为其涉及到两者类比或者某物和另一物类比，所以其介词搭配一般为：analogy between A and B 和 analogy with sth.；表达"打比喻"时是使用动词 hit？不，是 draw/make an analogy。

真题 The ants analogy is used to illustrate the relationship between digital giants and their users. 蚂蚁的类比是用来说明数字巨头们与其用户之间的关系。（2018 年阅读）

□ qualify			
义联词　□ qualification	□ competent	□ entitle	□ qualitative

qualify ['kwɑːlɪfaɪ]

v. 取得资格（或学历）；配得上；使具备资格；使有权（做某事）；获得参赛资格

例句 She hopes to qualify (as a lawyer) at the end of the year. 她希望在年底获得（律师）资格。

qualification [ˌkwɑːlɪfɪ'keɪʃn]

n. 资格；获得资格；资历

真题 embark on a professional qualification 开始获得专业资格的学习（2011 年新题型）

competent ['kɑːmpɪtənt]

adj. 合格的；足以胜任的

痛点 表达"能胜任工作"可以是 be competent to do the work 或者 be competent in one's work。

真题 do a competent job 工作称职（2007 年翻译）

entitle [ɪn'taɪtl]

v. 使有权利，使有资格；给（书、电影、画作等）命名

词组 be entitled to… 使有权……

真题 They are entitled to continuance. 它们有继续生存的权利。（2010 年翻译）

qualitative ['kwɑːlɪteɪtɪv]

adj. 质量的，定性的，性质的

痛点 它从名词 quality 而来。

□ innovation			
义联词　□ devise	□ patent	□ pioneer	□ imitate
□ imitation	□ conservative		

innovation [ˌɪnəˈveɪʃn]

n. 创新，革新，创造

真题 academic innovation 学术创新（2021 年翻译）

----

devise [dɪˈvaɪz]

v. 发明，设计

真题 devise cunning tools 设计巧妙的工具（2002 年阅读）

----

patent [ˈpætnt]

n. 专利　*v.* 获得专利权　*adj.* 有专利的，受专利保护的

痛点 难记？如果专利（patent）有问题，赔（pa）疼（ten）他（t）！

真题 patent holder 专利持有方（2010 年阅读）

----

pioneer [ˌpaɪəˈnɪr]

n. 先驱，倡导者　*v.* 开拓，开创

痛点 其形容词为 pioneering（开拓性的，先驱性的），如：pioneering work（开拓性的工作）。

真题 a pioneer of education reform 教育改革的先驱（2004 年阅读）

imitate [ˈɪmɪteɪt]

v. 模仿

真题 We unconsciously imitate the behavior we see every day. 我们无意识地模仿每天所看到的行为。（2021 年阅读）

----

imitation [ˌɪmɪˈteɪʃn]

n. 模仿，效仿；仿制品，赝品

痛点 难记？ imi（其前后有两个相同的 i，模仿）+tat（其前后有两个相同的 t，模仿）+-ion（名词词尾）→模仿，效仿。它和形容词的地道搭配为：accurate/passable/perfect/cheap imitation（精准的/过得去的/完美的/低劣的模仿）；它和介词的地道搭配为：in imitation of/do imitation of（模仿）。

真题 our imitation of behaviors 我们对行为的模仿（2012 年阅读）

----

conservative [kənˈsɜːrvətɪv]

adj. 保守的；保守党的　*n.* 保守党党员

真题 conservative view 保守的看法（2017 年阅读）

Word List 5

☐ **identify**

义联词	☐ **identification**	☐ **distinguish**	☐ **distinction**	☐ **recognise/-ize**
	☐ **recognition**			

形联词	☐ **identity**	☐ **density**		

identify [aɪˈdentɪfaɪ]

v. **认同**；**识别**；**发现**；**确认，鉴定**

痛点 "UFO" 的 "U" 代表 "unidentified（身份不明的）"。

词组 identify with… 认同……

真题 identify with children 认同孩子们（2004年阅读）

identification [aɪˌdentɪfɪˈkeɪʃn]

n. 鉴定，辨认

痛点 identification card 和 identity card 都可以表示 "身份证"。

distinguish [dɪˈstɪŋgwɪʃ]

v. **辨别，区分**；使有别于；看清，认出；使著名

痛点 distinguished guests，"被分辨的客人"？不，是 "尊贵的客人"。

词组 distinguish…from… 区分……和……

真题 distinguish a friendly rat from a hostile one 区分友好的老鼠和有敌意的老鼠（2020年阅读）

distinction [dɪˈstɪŋkʃn]

n. **区别**；**荣誉，优等评分**；优秀

痛点 literary distinction，"文学的不同"？不，是 "文学上的卓越"。

词组 make a distinction 区别

真题 It is worth making an important distinction. 有必要进行一个重要的区分。（2015年阅读）

recognise/-ize [ˈrekəgnaɪz]

v. **赞赏，公认**；**辨别出**；**意识到**；（正式）认可；正式感谢

词组 be recognized as sth. 公认为某事/某物

真题 The noncommercial tree species are recognized as members of the native forest community. 不具备经济价值的树种被看成是当地林区的成员。（2010年翻译）

recognition [ˌrekəgˈnɪʃn]

n. **认出**；**承认**；赞誉

痛点 in recognition of his success，"认出他成功了"？不，是 "赞誉他的成功"。

真题 visual recognition 视觉识别（2014年阅读）

identity [aɪˈdentəti]

n. **身份**；**特征**；相同，一致

痛点 an identity of interests，"利益的身份"？

不，是"利益一致"。

真题 our identity as "citizens" 我们作为"公民"的身份（2019 年阅读）

density [ˈdensəti]

n. **密度**，密集

真题 density of the rural population 农村人口密度（2014 年新题型）

□ conscious			
义联词 □ aware	□ perceive	□ ignorant	□ ignorance
□ cognitive			

conscious [ˈkɑːnʃəs]

adj. **意识到的**；神志清醒的；慎重的

痛点 其地道搭配为：be conscious of this problem（意识到了这个问题）。

词组 be conscious of... 意识到……

真题 This forces users to be more conscious of their role in passing along information. 这迫使用户更加意识到他们在传递信息上的作用。（2018 年阅读）

aware [əˈwer]

adj. **意识到的**；知道的，察觉的

痛点 注意它不用作定语修饰名词。其地道搭配为：be aware of/be aware that...（意识到……）。

真题 Teachers need to be aware of the emotional changes that young adults experience. 教师们需要了解青少年们经历的情感变化。（2003 年完形）

perceive [pərˈsiːv]

v. **感知到**；将……视为，认为

痛点 其名词是 perception（知觉，感知）；注意其形容词 perceptive（理解力强的，感觉的）和 perceptible（可察觉到的，可感知的）

的区别。

真题 people who perceived greater social support 感受到更多社会支持的人（2017 年完形）

ignorant [ˈɪɡnərənt]

adj. **无知的**；**不了解的**

真题 You can call their views stupid, or joke about how ignorant they are. 你可能称他们的观点是愚蠢的，或讥笑他们有多么无知。（2019 年新题型）

ignorance [ˈɪɡnərəns]

n. **无知**

痛点 其搭配介词 of 和 about 都行，表示对某事的无知。

真题 ignorance about medical science 对医学的无知（2003 年阅读）

cognitive [ˈkɑːɡnətɪv]

adj. **认知的**，感知的

痛点 难记？通过 recognize（认识）来辅助记忆。

真题 cognitive exercises 认知训练（2007 年阅读）

□ annoy

义联词	□ bother	□ troublesome	□ upset	□ embarrass

annoy [əˈnɔɪ]

v. **使困扰**；使恼怒

痛点 其地道搭配为：It annoys sb. when…（当……的时候，某人感到不快。）；It annoys sb. to do sth.（做某事令某人感到不快。）。如果要对表达"感到不快的"程度进行加深，它搭配的副词是 really 和 intensely：really annoy sb./annoy sb. intensely。

真题 The question of GDP and its usefulness has annoyed policymakers for over half a century. GDP 及其有效性问题已经困扰决策者半个多世纪了。（2017 年阅读）

bother [ˈbɑːðər]

v. **烦扰**；**费心**　*n.* 麻烦；令人烦恼的情况（或事物、人）

痛点 其地道搭配为：be bothered with sth.（被某事所烦扰）/bother doing sth.（费心做某事）/bother sb.（烦扰某人）。

真题 This "brain drain" has long bothered policymakers in poor countries. 这种"人才流失"长期烦扰着贫穷国家的决策者们。（2012 年翻译）

troublesome [ˈtrʌblsəm]

adj. 令人烦恼的，讨厌的

upset

熟义 [ʌpˈset] *v.* **使……不高兴，使……烦恼**；**打乱**；打翻　[ʌpˈset] *adj.* **不高兴的**；肠胃不适的 [ˈʌpset] *n.* 混乱；烦闷；苦恼

真题 It upsets profit-making journal publishers. 它让那些盈利的杂志出版商很不悦。（2008 年阅读）

僻义 [ʌpˈset] *v.* **意外击败（强对手）** to do better (than a strong opponent) and win unexpectedly

真题 If it is trying to upset Google, it has chosen an indirect method. 如果是想打败谷歌，那它选择的方法也太不直截了当了。（2013 年阅读）

embarrass [ɪmˈbærəs]

v. **（尤指在社交场合）使尴尬**；使为难

真题 Not a single person reported having been embarrassed. 没有人说感到不自在。（2015 年完形）

□ disgust

义联词	□ awful	□ nasty	□ foul	□ scent

disgust [dɪsˈgʌst]

v. **使厌恶**，使反感，使作呕　*n.* 厌恶，憎恶，反感

真题 disgusting insects 令人讨厌的昆虫（2018 年完形）

awful [ˈɔːfl]

熟义 *adj.* 很坏的；糟糕的，令人不快的；可怕的

痛点 an awful lot，"很坏的多"？不，是"非常多"。an awful lot 不一定形容负面的东西，也可以形容正面的事物，如：feel an awful lot better today（今天感觉好多了）。

僻义 *adj.* 很多的

真题 There's an awful lot of serious stuff to deal with. 有一大堆严肃的事情要处理。（2016 年新题型）

nasty [ˈnæsti]

adj. **极差的，令人厌恶的；不友好的，恶意的；无礼的，污秽的**

痛点 它是高频词，常用来形容各种不好的人和事物。

真题 Accepting favors is nasty. 收受好处是令人厌恶的行为。（2017 年阅读）

foul [faʊl]

adj. 恶臭的；令人不愉快的；下流的

痛点 难记？发呕（foul）→令人发呕的→恶臭的；令人不愉快的。in a foul mood，"情绪发臭"？不，是"情绪很糟糕"。

scent [sent]

n. **气味**；香味；（动物留下的）臭迹；香水

v. 嗅到，察觉出

痛点 其含义不一定是香味，中性的气味或者贬义的臭味也能用它来表示。

真题 put a scent on it 给它涂上一种气味（2020 年阅读）

□ embrace			
义联词 □ **hug**	□ **beloved**	□ **affection**	□ **spoil**
□ **mistress**	□ **intimate**		

embrace [ɪmˈbreɪs]

熟义 *n./v.* 拥抱

真题 a warm embrace 一个温暖的拥抱（2017 年完形）

僻义 *v.* **欣然接受，信奉** to enthusiastically accept an idea, etc.

真题 embrace surprise and challenge 欣然接受惊喜和挑战（2022 年阅读）

hug [hʌg]

n. **拥抱** *v.* 拥抱；抱住

真题 Could a hug a day keep the doctor away? 一天一个拥抱可以让你远离医生吗？（2017 年

完形）

beloved [bɪˈlʌvɪd]

adj. 钟爱的 *n.* 心爱的人

痛点 难记？ be（被）+love（爱）+d（的）→被爱的。它可以作名词，表示"心爱的人"，如：her beloved。

affection [əˈfekʃn]

n. 喜爱，钟爱；感情

痛点 它和 affection（假装，做作）长得很像，但是它俩含义不同，注意区分。其地道搭配为：have affection for/toward sb.，hold sb.

in affection，give/show sb. affection。

spoil [spɔɪl]

v. 宠坏；溺爱；破坏；糟蹋

痛点 这个词一定是贬义么？换成自己就不是了：spoil yourself 就是"善待自己、犒劳自己"。

mistress ['mɪstrəs]

n. 情妇；女教师；（尤指旧时雇用仆人的）女主人

痛点 因为它表示"女教师"时一般是英式英语里称呼私立学校的女教师，而且比较过时了，所以要避免用它来形容自己的老师噢。

intimate ['ɪntɪmət]

熟义 *adj.* 亲密的，密切的

僻义 *adj.* **宁静怡人的** quiet and pleasant

真题 intimate shops catering to a knowledgeable elite 迎合知识精英的宁静怡人的小店（2006年阅读）

□ **despair**

义联词　□ **desperate**　　□ **promising**

---

despair [dɪ'speɪ]

n. **绝望**　*v.* **绝望**，失去信心

痛点 其地道搭配为：I despair of him.（我对他都绝望了。）。

词组 be in despair 感到绝望
　　　 despair at… 对……感到绝望

真题 Consumers say they're not in despair. 消费者说他们并不感到绝望。（2004年阅读）

desperate ['despərət]

熟义 *adj.* **（因绝望而）不顾一切的，拼命的；绝望的**；极度渴望的

痛点 desperate 不是失掉了所有希望的绝望，而是还有一丝希望，去铤而走险、不顾一切的状态。desperate efforts，"绝望的努力"，

不努力了？不，是"竭尽全力"。

真题 Both figures seem to rise unstoppably despite increasingly desperate efforts to change them. 尽管人们已经使尽全力来改变现状，但是这两个数据看上去似乎没有停止上升的趋势。（2020年阅读）

僻义 *adj.* **强烈的**

真题 a desperate appeal from some biologists 一些生物学家的强烈呼吁（2016年阅读）

---

promising ['prɑːmɪsɪŋ]

adj. **有希望的，有前途的**

真题 select the more promising candidates 挑选出更有前途的求职者（2021年新题型）

□ **grave**			
义联词	□ **tomb**	□ **memorial**	□ **grief** □ **mourn**
	□ **funeral**		
形联词	□ **gravity**		

grave [greɪv]

熟义 *n.* **坟墓**

痛点 grave concern，"坟墓关注"？不，是"深切关注"。

真题 Some 10 million smokers went to early graves. 大约有 1000 万烟民早早就进了坟墓。（2005 年阅读）

僻义 *adj.* **严峻的** very serious, important, and worrying

真题 The situation is still grave. 形势依旧很严峻。（2021 年阅读）

tomb [tuːm]

n. **坟墓，冢**

真题 He located the tomb in 1922. 他在 1922 年确定了古墓位置。（2014 年新题型）

memorial [məˈmɔːriəl]

adj. **纪念的，悼念的** *n.* 纪念碑；纪念品

真题 Shakespeare Memorial Theatre 莎士比亚纪念剧院（2006 年阅读）

grief [griːf]

n. 悲伤，悲痛；悲伤的事

痛点 注意其动词的变形：grieve（悲伤）。

mourn [mɔːrn]

v. **（因失去……而）哀悼，忧伤**

痛点 难记？其发音"默 n"就定下了它的基调（哀悼、悲伤的时候会沉默）。

真题 When our time of mourning is over, we press forward. 哀悼过后，我们奋力前行。（2015 年新题型）

funeral [ˈfjuːnərəl]

n. **葬礼**

痛点 难记？葬礼（funeral）意味着快乐的（fun）时代（era）终止了（l 像是一堵墙，把两个世界隔开）。

真题 *Funeral March*《葬礼进行曲》（2014 年翻译）

gravity [ˈɡrævəti]

n. 重力，地球引力

□ **insult**			
义联词	□ **humiliate**	□ **dignity**	□ **ego**

insult

[ˈɪnsʌlt] *n.* **侮辱**，辱骂，冒犯　[ɪnˈsʌlt] *v.* 侮辱，辱骂，冒犯

痛点 它作名词的时候后面的介词用 to，如：an insult to our intelligence（这是对我们智商的侮辱）。

真题 Emma Marris's article is an insult to the thousands of people. Emma Marris 的文章是对成千上万人的侮辱。（2022 年新题型）

---

humiliate [hjuːˈmɪlieɪt]

v. **羞辱**；使蒙羞；使丢脸

真题 They are feeling humiliated. 他们觉得受到了羞辱。（2004 年阅读）

---

dignity [ˈdɪgnəti]

n. **尊严**

真题 loss of dignity 丧失尊严（2021 年阅读）

---

ego [ˈiːgəʊ]

n. 自我；自尊心；自我价值感

□ **mock**		
义联词　□ **grin**	□ **beam**	

mock [mɑːk]

v. **嘲笑，讥笑**；不尊重　*adj.* 假装的；仿制的；模拟的，演习的　*n.* 模拟考试

痛点 mock surprise，"嘲笑惊讶"？不，这里 mock 是形容词，表示"假装的"，所以 mock surprise 是"故作惊讶"。

真题 The other working boys mocked him as "the young gentleman." 其他干活的男孩都嘲笑他是"年轻的绅士"。（2017 年新题型）

---

grin [grɪn]

n. **露齿的笑**　*v.* 露齿而笑

真题 hold a fixed grin 保持固定的笑容（2021 年阅读）

---

beam [biːm]

v. **面露喜色**；照射；发射　*n.*（建筑物的）梁；束，柱；笑容

真题 beaming celebrities 满面春光的名人（2006 年阅读）

□ **preference**		
义联词　□ **prejudice**	□ **bias**	□ **partial**

preference [ˈprefrəns]

n. **偏爱**；偏爱的事物

痛点 难记？借助 prefer（更喜欢）辅助记忆。

真题 trends and preferences 趋势和偏好（2023 年翻译）

prejudice [ˈpredʒudɪs]

n. **偏见，成见**　*v.* 使形成偏见

痛点 难记？预先（pre）判断（judice）→预先判断，有失偏颇→偏见。

真题 A gender prejudice shows up. 性别偏见出现了。（2016 年完形）

bias [ˈbaɪəs]

n. **偏见**；偏心，偏袒　*v.* **使有偏见**；使偏心，使偏袒

痛点 "偏见"在中文里是贬义，而 bias 褒义贬义都有可能，如：be biased towards… 表示的就是"倾向于对……的偏爱"。

真题 personal biases 个人偏见（2023 年阅读）

partial [ˈpɑːrʃl]

adj. **部分的**；偏爱的；偏袒的

痛点 它可以用作褒义的词"偏爱的"，也可以是贬义的"偏袒的"。

真题 partial collapse of a cooling tower 冷却塔的部分垮塌（2012 年阅读）

□ **groan**		
义联词　□ **sigh**	□ **gasp**	

groan [grəʊn]

v. **抱怨**；呻吟，叹息

真题 They're all groaning about soaring health budgets. 他们都在抱怨医疗预算的不断飙升。（2005 年新题型）

sigh [saɪ]

v. 叹气，叹息

痛点 注意将它和 sign（迹象、标志）的拼写区分开来。

gasp [gæsp]

n. 喘气，倒抽气　*v.* 气喘吁吁地说

痛点 难记？气（gas）都跑（p）出来→气喘吁吁。

□ **glow**		
义联词　□ **faint**	□ **reflect**	□ **reflection/-xion**

glow [gləʊ]

n. **微弱稳定的光，暗淡的光**；满脸通红；喜悦

v. 发微弱稳定的光；发热；喜形于色

痛点 难记？阁（g）楼（low）发出暗淡的光（glow）。

真题 the glow of light pollution 光污染的亮处（2019 年完形）

faint [feɪnt]

adj. 微弱的；**不热情的**；不清楚的；昏眩的
真题 faint praise 轻描淡写的表扬（2011 年阅读）

---

reflect [rɪˈflekt]

v. **认真思考**；**显示**；映出（影像）；反射（声、光、热等）
词组 reflect on 认真思考，沉思
真题 reflect on what kind of company he wanted to run 认真思考他想管理什么样的公司（2011 年阅读）

reflection/-xion [rɪˈflekʃn]

n. **审慎的思考**；**反映**；映照出的影像；（声、光、热等的）反射
痛点 time for reflection，"反射的时间"？不，是"思考的时间"。
真题 rely on intuition instead of reflection 依靠直觉而非思考（2021 年阅读）

□ **envy**		
义联词	□ **jealous**	
形联词	□ **entry**	

envy [ˈenvi]

n. **嫉妒，羡慕** *v.* 嫉妒，羡慕
词组 be the envy of sb./sth. 成为某人/某物美慕（或忌妒）的对象
真题 The UK's GDP has been the envy of the Western world. 英国的 GDP 一直让西方世界的其他国家美慕。（2017 年阅读）

jealous [ˈdʒeləs]

adj. **嫉妒的**，吃醋的
痛点 a jealous wife，"一个嫉妒的妻子"？不，是"一个好吃醋的妻子"。

真题 Monkeys, like humans, tend to be jealous of each other. 猴子和人类一样，也倾向于相互嫉妒。（2005 年阅读）

entry [ˈentri]

n. **加入（指权利、机会）**；进入（指行动）；参赛作品；条目，词条
痛点 submit entries，"提交进入"？不，是"提交参赛作品"。
词组 entry to 加入（指权利、机会）
真题 entry to higher education 接受高等教育（2021 年翻译）

□ **impatient**		
义联词	□ **impulse**	□ **temper**

impatient [ɪmˈpeɪʃnt]

adj. **不耐烦的，急躁的**

痛点 be impatient for change，"对变化不耐烦"？不，是"急于求变"。

真题 They are getting impatient. 他们变得不耐烦了。（2004 年阅读）

impulse [ˈɪmpʌls]

n. **冲动，一时的念头**；推动力，刺激；脉冲

痛点 impulse shopping 和中文的表达结构一样，是"冲动购物"。

真题 the impulse to influence others 突然想影响别人（2010 年阅读）

temper [ˈtempər]

熟义 *n.* 脾气；怒气；情绪

僻义 *v.* **使缓和**

真题 Shoppers temper their spending. 消费者减少开支。（2004 年阅读）

□ **depress**

义联词	□ **sorrow**	□ **tragedy**	□ **tragic**	□ **doom**
	□ **misery**	□ **miserable**	□ **distress**	□ **torture**
	□ **unfortunately**	□ **relief**	□ **relieve**	□ **anxiety**
	□ **fuss**			

---

depress [dɪˈpres]

v. **使抑郁**；使萧条；降低（价格）

痛点 难记？de（向下）+press（按）→让人抑郁，使萧条。

真题 If you are depressed, you won't be self-enhancing. 如果你情绪低落，你也不会去进行自我提升。（2014 年阅读）

sorrow [ˈsɑːrəʊ]

n. 悲痛，悲伤

tragedy [ˈtrædʒədi]

n. **惨事，灾难**；悲剧，悲剧作品

真题 Are there tragedies? 有悲剧发生吗？（2022 年新题型）

tragic [ˈtrædʒɪk]

adj. **悲惨的**；悲剧的

真题 tragic reminder 提醒人们的悲剧（2017

年阅读）

doom [duːm]

n. **厄运，劫数** *v.* 使……注定失败

痛点 be doomed to 的后面可不接好事儿，不要用它表达"缘分天注定"之类的浪漫！

词组 gloom and doom 悲观失望，前景暗淡

真题 warning of gloom and doom 前景暗淡的警告（2002 年阅读）

misery [ˈmɪzəri]

n. **痛苦，悲惨**；穷困，悲惨的生活；不幸的事，痛苦的事

真题 Modern times have seen so much misery. 现代社会目睹了许多痛苦。（2006 年阅读）

miserable [ˈmɪzrəbl]

adj. **痛苦的**

真题 Children make parents either happy or miserable. 孩子给父母带来的或是幸福或是痛苦。

（2011 年阅读）

distress [dɪ'stres]

v. **使苦恼，使忧虑**　*n.* 忧虑，痛苦；贫困，窘迫

真题 The child becomes increasingly distressed as she tries to capture her mother's attention. 当孩子试图吸引她的母亲的注意力时，她就变得越来越苦恼。（2017 年阅读）

torture ['tɔːrtʃər]

n. 拷问；折磨　*v.* 拷打；使痛苦

unfortunately [ʌn'fɔːrtʃənətli]

adv. **不幸地**，遗憾地，可惜地

真题 Unfortunately, life is not a bed of roses. 不幸的是，生活并非一帆风顺。（2015 年新题型）

relief [rɪ'liːf]

n. **宽慰，解脱**；税款减免；（焦虑、痛苦等的）减轻；救援物品

真题 inexpressible relief 无以言表的宽慰（2015 年翻译）

relieve [rɪ'liːv]

熟义 *v.* **减轻，缓和（不快或痛苦）**；减轻（问题的严重性）

真题 On July 29th they were relieved. 在 7 月 29 日，他们暂时松了一口气。（2012 年阅读）

辨义 *v.* **调剂，使有趣**

真题 Boredom can be relieved after retirement. 退休后可以解闷。（2022 年阅读）

anxiety [æŋ'zaɪəti]

n. **担心，焦虑**；渴望

痛点 the anxiety for the war to end，"对战争的结束感到焦虑"？完全相反！是"渴望战争的结束"。

真题 a misplaced anxiety 无谓的担心（2021 年翻译）

fuss [fʌs]

v. **过分关心（枝节小事）**；（为小事）烦恼

n. 大惊小怪；（为小事）大发牢骚

痛点 其地道搭配为：make a fuss about sth.（为某事大发牢骚）。

词组 fuss over 过分关心

真题 spend more time fussing over what to wear 花费更多的时间去选择穿什么（2016 年新题型）

□ **stern**

义联词	□ **tight**	□ **tough**	□ **severe**	□ **tender**

stern [stɜːrn]

adj. **严格的**；严厉的；严峻的　*n.* 船尾

真题 a stern test 一个严格的考试（2014 年阅读）

tight [taɪt]

adj. **严格的**；**牢固的**；**不宽裕的**；紧身的；拉紧的　*adv.* 牢固地，紧紧地

痛点 其地道搭配为：tight budget/race（预算紧张/势均力敌的竞赛）。

词组 keep a tight hold on sth. 对某事严加控

制（或约束）

真题 They tend to keep a tighter hold on their purse. 他们会更加注意紧缩开支。（2010 年新题型）

tough [tʌf]

adj. **艰苦的**；**严厉的**；健壮的；彪悍的；嚼不烂的

痛点 tough guy，"严格的男人"？不，是"硬汉"。

真题 help you overcome tough times 帮你渡过难关（2015 年新题型）

severe [sɪˈvɪr]

adj. **严厉的**；严重的

真题 severe punishment 严厉的惩罚（2016 年阅读）

tender [ˈtendər]

adj. 和善的；嫩的；纤弱的　*n.* 投标　*v.* 投标

痛点 a competitive tender，"一个有竞争力的温柔"？不，是"一个有竞争力的投标"。

□ tense		
义联词　□ **tension**	□ **nerve**	□ **tremble**
形联词　□ **dense**		

tense [tens]

n. **时态**　*adj.* 紧张的；绷紧的　*v.* 拉紧，绷紧

真题 in the present tense 用现在时态（2022 年阅读）

tension [ˈtenʃn]

n. **紧张局势**；**矛盾**；**（情绪上的）紧张，烦躁**；紧张气氛；拉伸

真题 international trade tensions 国际贸易的紧张局势（2020 年阅读）

nerve [nɜːrv]

n. **神经**；神经质，神经紧张；勇气，胆量

痛点 Nerves are on edge.，"神经在边缘。"？不，是"精神紧张。"；lose my nerve，"失去我的神经"？不，是"我失去勇气"。

真题 The human brain's roughly one hundred billion nerve cells are much more talented. 人脑的大约一千亿个神经细胞更具天赋。（2002 年阅读）

tremble [ˈtrembl]

v. **焦虑**；颤抖，哆嗦；轻轻摇晃　*n.* 颤抖

痛点 tremble to think，"颤抖地想"？不，是"焦虑地想"。

真题 He might tremble at the thought of what he is about to do. 一想到他自己即将要做的事情，他就可能焦虑。（2008 年完形）

dense [dens]

adj. **稠密的，密度大的**

真题 dense forest 茂密的森林（2019 年完形）

□ **drain**

| 义联词 | □ **weary** | □ **exhaust** | □ **tire** |

drain [dreɪn]

n. **耗竭，消耗**；下水道；排水管 *v.* 排空，(使)流光；使 (精力、金钱等) 耗尽

痛点 "排水，放水"的抽象名词是 drainage，注意其词尾的拼写哦。

真题 brain drain 人才流失（2012 年翻译）

weary ['wɪri]

adj. 疲劳的，疲倦的

痛点 难记？因为 wear 可以表示"磨损"，所

以 weary 表示磨损之后"疲劳的"状态。

exhaust [ɪgˈzɔːst]

v. **耗尽，用完**；使筋疲力尽 *n.* 废气；排气管

真题 exhaust unprecedented management efforts 消耗前所未有的管理投入（2017 年阅读）

tire ['taɪər]

v. **(使) 疲劳** *n.* 轮胎

真题 I often feel tired. 我常常感到疲惫。（2017 年完形）

□ **satisfaction**

| 义联词 | □ **satisfactory** | □ **desirable** | □ **ideal** |

satisfaction [ˌsætɪsˈfækʃn]

n. **满足，满意，欣慰**

真题 obtain lasting satisfaction from money spent 从花钱中得到持久的满足感（2014 年阅读）

satisfactory [ˌsætɪsˈfæktəri]

adj. **令人满意的，够好的，可以的**

痛点 同样翻译成"令人满意的"，satisfying 表示的令人满意的程度更高，是让人感到高兴、有成就感的满意，而 satisfactory 只是表示可以满足需求的令人满意。

desirable [dɪˈzaɪərəbl]

adj. **可取的，值得拥有的**

真题 a desirable mental state for busy people 对于忙碌者而言理想的精神状态（2018 年阅读）

ideal [aɪˈdiːəl]

adj. **理想的**；完美的；最合适的 *n.* **理想；完美典范**

真题 an ideal place for stress measurement 一个测试压力的理想场所（2015 年阅读）

□ **stun**

| 义联词 | □ **startle** | □ **astonish** |

stun [stʌn]

v. **使震惊**；使昏迷；给（某人）以深刻印象

痛点 其形容词为 stunning（极有魅力的，绝妙的）。

真题 It's a stunning move. 这一举动实在是令人震惊。（2012 年阅读）

----

startle [ˈstɑːrtl]

v. 使惊吓，使吃惊

----

astonish [əˈstɑːnɪʃ]

v. **使十分惊讶**

真题 The power and ambition of the giants of the digital economy is astonishing. 数字经济时代巨头们的威力和野心令人震惊。（2018 年阅读）

□ **chill**			
义联词 □ **thermal**	□ **greenhouse**	□ **shade**	□ **melt**
形联词 □ **thrill**			

chill [tʃɪl]

v. **变冰冷**；使冷却；使恐惧　　*n.* 寒冷，寒意；害怕的感觉

痛点 a chill of fear，"害怕的冷"？不，是"一阵害怕"。

示例 a chill in the air 一阵寒气

----

thermal [ˈθɜːrml]

adj. 热的；保暖的；温暖的

----

greenhouse [ˈɡriːnhaʊs]

n. **温室**；暖房

真题 greenhouse gases 温室气体（2022 年阅读）

----

shade [ʃeɪd]

n. **阴凉处**；背阴；灯罩；色度

痛点 eyeshade，"眼影"？不，是"遮光眼罩"。"眼影"是 eye shadow；另外 shade 还可以表示"色度"。

真题 Forests give us shade. 森林给我们带来了阴凉。（2019 年阅读）

----

melt [melt]

v. **（使）熔化，融化**；（使）软化，变得温柔；消失

痛点 Anger melted into pity.，"愤怒融化成同情。"？不，是"怒气渐渐消失，变成了同情。"。

真题 They melt into sludge. 它们会逐渐融化成烂泥。（2022 年阅读）

----

thrill [θrɪl]

n. **兴奋，激动**　　*v.* 使非常激动

痛点 thriller，"激动的人"？不，是"惊险小说、电影"。

真题 thrill of taking risks 冒险的刺激（2006 年新题型）

□ fearful			
义联词 □ scare	□ fright	□ frighten	□ horror
□ horrible	□ terrify	□ ghost	□ terror
□ panic	□ dread		

fearful [ˈfɪrfl]

adj. **担心的**；可怕的

痛点 其后如果接 of，则 of 后接的是所害怕的东西，如：fearful of an attack（害怕遭到袭击）；其后如果接 for，则表示"为某人而担忧"，如：fearful for their kids（为他们的孩子们担忧）。

真题 A judge fearful of appearing too soft on crime might be more likely to send someone to prison. 一个担心对犯罪行为过于宽容的法官更有可能判某个人入狱。（2013 年完形）

scare [sker]

n. **恐慌**，恐惧；惊吓　*v.* **使害怕**，**受惊吓**，恐惧

痛点 难记? 死（s）神 care 谁，谁就恐慌、害怕。它可以作不及物动词，如：She doesn't care easily.（她不轻易害怕。）。

真题 health scares 健康方面的恐慌（2019 年翻译）

fright [fraɪt]

n. 惊吓；恐怖的经历

痛点 give me a fright，"给我一个恐怖的经历"? 不，是"把我吓一大跳"。

frighten [ˈfraɪtn]

v. **使害怕**；使惊吓

真题 Legislators are getting frightened about a short term collapse at the USPS. 立法者对美国邮政系统的短期崩溃感到恐惧。（2018 年阅读）

horror [ˈhɔːrər]

n. **震惊**，恐惧；恐怖性

真题 To the horror of some, the French Second Empire style design was selected. 让一些人感到震惊的是，法国第二帝国风格的设计被选中了。（2018 年新题型）

horrible [ˈhɔːrəbl]

adj. 可怕的；恐怖的；令人恐惧的；糟糕的；十分讨厌的

terrify [ˈterɪfaɪ]

v. **使恐惧**，**使十分害怕**

真题 It is financially terrifying. 这事儿在经济上也令人发怵。（2014 年阅读）

ghost [ɡəʊst]

n. 鬼，幽灵；（尤指可怕事物的）记忆

terror [ˈterər]

n. **恐惧**；可怕的人或物；恐怖行动

词组 strike terror into... 令……胆战心惊

真题 Its campaign struck terror into many local Conservative parties. 它发起的运动让许多地方性保守党感到恐惧。（2016 年阅读）

panic [ˈpænɪk]

n. **惊恐**，恐慌　*v.* **（使）惊慌失措**

痛点 No panic! Don't panic! 前面一句是 panic 作名词，后面一句是 panic 作动词。记住这两句例句，就把 panic 的词性记住了！

真题 We wake up in a panic. 我们从恐慌中醒来。（2005 年阅读）

dread [dred]

v. 非常害怕　n. 恐惧

痛点 它和 dead 长得很像，也都是表达程度深的、负面的词。

□ **overlook**	
义联词　□ **neglect**	
形联词　□ **outlook**	

overlook [ˌəʊvərˈlʊk]

v. 忽略，忽视；俯视

痛点 注意它和 oversee 在语义上的区别。overlook 表示"忽略，忽视"，而 oversee 表示的是"监督，监视"。

真题 Other factors should not be overlooked. 不应忽视其他因素。（2017 年阅读）

neglect [nɪˈglekt]

n. 忽视　v. 疏于照顾；忽视；疏忽

词组 neglect of sth. 忽视某事

真题 colleges' neglect of GPAs 大学对绩点的忽视（2019 年阅读）

outlook [ˈaʊtlʊk]

n. 前景，可能性；观点；景色

痛点 outlook on life，"人生的前景"？不，是"人生观"。

真题 *Economic Outlook*《经济展望报告》（2002 年阅读）

□ **tolerate**			
义联词　□ **tolerant**	□ **tolerance**	□ **bear**	□ **endure**
□ **bore**	□ **burden**		

tolerate [ˈtɑːləreɪt]

v. 忍受；容许；（对药物）有耐受性

真题 tolerate time-consuming security procedures 忍受耗时的安检流程（2017 年阅读）

tolerant [ˈtɑːlərənt]

adj. 宽容的；能耐……的

真题 socially tolerant 具有社会容忍度（2012 年阅读）

tolerance [ˈtɑːlərəns]

n. 忍受，宽容；忍耐力；公差

真题 legal tolerance 法律宽容（2013 年阅读）

---

bear [ber]

v. **承受，忍受，应付**；承担责任；生（孩子）
n. 熊

痛点 它作为动词表示"忍受"时，往往用于否定句和疑问句中。

词组 bring sth. to bear (on sb./sth.) 把……用于（某人 / 某事）

真题 bring their learning to bear on the great challenges of the day 善用他们的学识去应对当今时代的巨大挑战（2014 年阅读）

---

endure [ɪnˈdʊr]

熟义 v. **忍受**

痛点 Success will endure.，"成功将会忍受。"？不，是"成功将会持续。"。

真题 endure the relativity poor infrastructure 忍受相对较差的基础设施（2021 年阅读）

辨义 v. **持续**

真题 Many species have endured for millions of years. 许多物种都生存了数百万年。（2013 年阅读）

---

bore [bɔ:r]

v. 使厌烦，使厌倦

痛点 bore 本身是动词，表示"使厌烦"，它也是 bear 的过去式，如：bore the burden（承担责任）。

---

burden [ˈbɜ:rdn]

n. **负担**；**重担** v.（使）担负（沉重或艰难的任务、职责等）

痛点 其派生词为：burdensome（负担沉重的）/ overburdened（不堪重负的）。

真题 a significant extra burden 巨大的额外负担（2021 年阅读）

Word List 6

☐ **addition**

义联词	☐ **expand**	☐ **expansion**	☐ **inject**	☐ **additional**

addition [əˈdɪʃn]

n. **增加**，添加；增加物；加法

痛点 *它和动词 add 之后都接介词 to；在写作中常用到的、比 what is more 更正式、更书面的短语是什么呢？是 in addition（此外）。*

词组 in addition 此外

　　in addition to... 除……以外（还）

真题 In addition, AI looks at résumés in greater numbers than humans would be able to. 此外，人工智能看简历比人快得多。（2021 年新题型）

expand [ɪkˈspænd]

v. **扩大**，增加；**扩展**，发展（业务）；详述

真题 expand user traffic 扩大用户流量（2011年阅读）

expansion [ɪkˈspænʃn]

n. **扩展，扩张**，膨胀

真题 limit Big Tech's expansion 限制科技巨头的扩张（2021 年阅读）

inject [ɪnˈdʒekt]

v. **添加**；**注入**；（给……）投入（资金）；给……注射

痛点 inject more capital，"注射更多资本"？不，是"注入更多资金"。

真题 inject the latest climate prediction 增添最新气候预测数据（2022 年阅读）

additional [əˈdɪʃənl]

adj. **额外的，更多的**，另外的，附加的

真题 additional language capabilities 额外的语言能力（2017 年翻译）

☐ **extend**

义联词	☐ **extension**	☐ **stretch**	☐ **prolong**
形联词	☐ **exceed**	☐ **tendency**	

extend [ɪkˈstend]

v. **扩大（范围或影响）；延伸（距离）；延长（时间）；适用于**；努力，尽力

真题 The Vermont case will offer a test of how far those powers extend. 佛蒙特州案件将成为检验那些权力究竟能有多大的一个案例。

（2012 年阅读）

extension [ɪkˈstenʃn]

n. 延期；**扩大**，延伸；（电话的）分机，分机号码

真题 acquire an extension of its business license 使营业执照得到延期（2012 年阅读）

stretch [stretʃ]

v. **延伸**；**伸展**；**延续**；拉长；有弹性；伸长（胳膊、腿）　*n.* **（连续的）一段时间**；一片；伸展；弹性

真题 stretching grasslands 广阔草地（2016 年阅读）

prolong [prəˈlɔːŋ]

v. 延长

真题 It only prolonged the fight. 这只会延长战斗。（2021 年阅读）

exceed [ɪkˈsiːd]

v. **超过（数量）**；超越（法律、命令等）的限制

真题 Its expenses have exceeded revenue. 它的支出超过了收入。（2018 年阅读）

tendency [ˈtendənsi]

n. **倾向**；**趋势**

词组 have a tendency to do sth. 倾向于做某事

真题 Today we have a tendency to label obesity as a disgrace. 如今，我们倾向于将肥胖视为一种耻辱。（2014 年完形）

□ **rocket**

义联词	□ **surge**	□ **upgrade**	□ **elevate**	□ **elevator**
	□ **heighten**	□ **upward**		

---

rocket [ˈrɑːkɪt]

v. **猛增**；迅速上升　*n.* 火箭

痛点 rocketing prices，"火箭的价格"？不，是"飞涨的价格"。

真题 Costs have rocketed and ticket prices have stayed low. 成本猛增，票价却一直很低。（2006 年阅读）

surge [sɜːrdʒ]

v. 涌动；使强烈地感到；急剧上升　*n.*（强烈感情的）突发；（数量的）急剧上升；奔涌向前

upgrade [ˈʌpɡreɪd]

v. 升级，改进　*n.* **升级**，**提升**

真题 upgrade the design of their vehicles 升级他们的汽车设计（2020 年阅读）

elevate [ˈelɪveɪt]

v. **提升**，提拔；举起；使情绪高昂

痛点 其地道搭配为：elevate one's spirits（使某人精神振奋）。

真题 elevate notions of beauty 提升审美观（2016 年阅读）

elevator [ˈelɪveɪtər]

n. 电梯；（飞行器的）升降舵

痛点 "电梯"在美式英语中是 elevator，在英

式英语中是 lift。

heighten ['haɪtn]

v. 提高，加强
真题 heighten the value of... 提高……的价值
（2016 年阅读）

upward ['ʌpwəd]

adj. **上涨的，**上升的，增长的；向上的，朝上的　*adv.* 向上；增涨
真题 For factory owners, it all adds up to stiff competition for workers — and upward pressure on wages. 对工厂主们来说，这一切都加剧了对工人的激烈争夺以及工资上涨的压力。（2017 年新题型）

□ numerous			
义联词　□ plentiful	□ considerable	□ substantial	□ amount

numerous ['nu:mərəs]

adj. **许多的，众多的**
真题 numerous factors 众多因素（2013 年完形）

plentiful ['plentɪfl]

adj. 丰富的，充足的，大量的
痛点 其含义相当于 plenty of。

considerable [kən'sɪdərəbl]

adj. **相当大的，相当多的**
痛点 它不仅仅可以修饰正面的词，还可以修饰负面的词，如：considerable damage（相当严重的损坏）。
真题 generate considerable profits 产生可观的

利润（2021 年阅读）

substantial [səb'stænʃl]

adj. **大量的；**大而坚固的
痛点 其地道搭配为：a substantial change（重大变化）。
真题 the substantial sums they are now paying to travel 他们正在承担的高额旅行费用（2021 年阅读）

amount [ə'maʊnt]

n. **数量，数额；金额**　*v.* 总计；等同于，相当于
词组 a large amount of... 大量的……
真题 a large amount of personal data 大量的个人数据（2013 年完形）

□ decline			
义联词　□ decrease	□ diminish	□ reduce	□ reduction
□ shrink	□ descent	□ descend	
形联词　□ deadline			

87

decline [dɪˈklaɪn]

熟义 *n.* **衰退，下降，减少** *v.* **下降，衰退**

痛点 decline an invitation，"减少一个邀请"？不，是"拒绝邀请"。

真题 global economic decline 全球性经济衰退（2002 年阅读）

僻义 *v.* **谢绝，婉言拒绝**

真题 Microsoft declined to comment. 微软拒绝评论。（2021 年阅读）

decrease

[dɪˈkriːs] *v.* **减少，降低** [ˈdiːkriːs] *n.* **减少，降低**

真题 a decrease in marketing personnel 营销人才数量减少（2023 年翻译）

diminish [dɪˈmɪnɪʃ]

v. **减少**，减小，减弱，降低

痛点 难记？ de-（加强意义）+ mini（迷你）+-ish（动词后缀，使）→使变得迷你→减少、降低。

真题 Technology is diminishing man's job opportunities. 技术正在减少人类的工作机会。（2014 年阅读）

reduce [rɪˈduːs]

v. **减少，缩小（尺寸、数量、价格等）**

真题 reduce inequality 减少不平等现象（2021 年阅读）

reduction [rɪˈdʌkʃn]

n. **减少**；减价，折扣；（照片、地图、图片等的）缩图

真题 a severe reduction in revenue 收入大幅减少（2023 年阅读）

shrink [ʃrɪŋk]

v. **减少，缩小**；收缩，缩水；退缩

真题 the shrinking demand for postal service 邮政服务需求的减少（2018 年阅读）

descent [dɪˈsent]

n. 下降，下倾；斜坡；血统，祖籍

痛点 注意这个词以 t 结尾是名词，以 d 结尾是动词。

descend [dɪˈsend]

v. **下降**，下来；下倾

痛点 The road descends.，"路下降。"？不，是"这条路向下延伸。"。

真题 Priestly explains how the deep blue color of the assistant's sweater descended over the years from fashion shows to department stores. Priestly 解释这些年来助理毛衣的深蓝色如何从时装展走下神坛，进入了百货商店。（2013 年阅读）

deadline [ˈdedlaɪn]

n. **最后期限，截止日期**

痛点 虽然很多人对"ddl"、"死线"都熟，但要注意其动词搭配：set/meet/miss deadlines（设定/赶上/错过截止日期）。

真题 Make sure homework deadlines are met. 确保作业能按时完成。（2007 年新题型）

□ **minority**

义联词	□ **minor**	□ **margin**	□ **marginal**	□ **majority**
	□ **mostly**	□ **largely**	□ **bulk**	□ **minimum**
	□ **maximum**			

minority [maɪˈnɔːrəti]

n. **少数，少数派**；少数民族；未成年

真题 a tiny minority of special individuals 极小一部分特殊个体（2010 年阅读）

minor [ˈmaɪnər]

adj. **较小的，次要的**　*n.* 未成年人；辅修课程

痛点 其地道搭配为：minors（未成年人）/ minor changes（微小的变动）。

真题 The costs of even a minor slipup can be significant. 稍有不慎就会付出非常惨重的代价。（2020 年阅读）

margin [ˈmɑːrdʒɪn]

n. **边缘**；页边空白；差数，差额

痛点 by a narrow margin，"通过一个窄的边缘"？不，是"以微小的差额"。

真题 words degraded to the margin 边缘化的词语（2015 年阅读）

marginal [ˈmɑːrdʒɪnl]

adj. **非主体的**；微不足道的，不重要的；以相差无几的票数获胜（或失败）的；写在页边空白处的

痛点 其动词是 marginalize（使显得不重要，使边缘化）。

真题 This makes it harder for the marginal manager to gain employment. 这使得能力一般的经理更难得到岗位。（2022 年阅读）

majority [məˈdʒɔːrəti]

n. **大部分，大多数**；多数票

真题 The majority were willing to cooperate with the tester. 大多数人都愿意配合测试人员。（2018 年完形）

mostly [ˈməʊstli]

adv. **主要地，一般地**

真题 These are mostly students who had no opportunity as children to travel to wilderness areas. 其中大部分学生在童年时期都没机会去野外。（2022 年新题型）

largely [ˈlɑːrdʒli]

adv. **很大程度上，**主要地

痛点 可以和 to a great extent 进行替换。

真题 The bill proved largely popular. 该法案受到广泛欢迎。（2023 年新题型）

bulk [bʌlk]

n. **主体**；（大）体积

痛点 其地道搭配为：the bulk of（大部分）/ in bulk（量大而折价出售的）。

真题 the vast bulk of calorie intake 大部分的卡路里摄入（2021 年阅读）

minimum [ˈmɪnɪməm]

adj. **最小的，最低限度的**　*n.* **最小值，最低限度**

真题 A higher minimum wage will force businesses to employ fewer people for less time. 提高最低工资将会迫使企业裁员并削减其工作时间。（2019年新题型）

maximum [ˈmæksɪməm]

adj. **最多的，最大极限的** *n.* 最大量，最大限度

真题 the maximum sustainable yield 最大化的可持续产量（2006年阅读）

□ approximate			
义联词 □ evaluate	□ estimate	□ assess	□ weigh
□ reckon			
形联词 □ appropriate			

---

approximate

[əˈprɑːksɪmət] *adj.* **大约的** [əˈprɑːksɪmeɪt] *v.* 接近

痛点 在中文里，"大约的"往往作定语修饰名词，不会充当表语，但 approximate 经常用作表语，如："The expense is only approximate."和"The cost will approximate 1,000 *yuan*."，后一句 will 之后是少了一个 be 动词么？不，这里的 approximate 是动词，表示"接近"。

示例 an approximate cost 约计成本

---

evaluate [ɪˈvæljueɪt]

v. **评价，评估**

真题 We need to learn how to evaluate them properly. 我们需要了解如何恰当地评估这些论点。（2019年新题型）

---

estimate [ˈestɪmeɪt]

v. **估计，估算** *n.*（**数量、成本等的**）**估计，估价**

痛点 其常见合成词：underestimate（低估）/overestimate（高估）。

词组 it is estimated (that)… 据估计……

真题 It has been estimated that this generation will work for 17 different employers. 据估计，这代人将会为17个不同的雇主工作。（2022年阅读）

---

assess [əˈses]

v. **评估；估算**

痛点 其地道搭配为：assess sb./sth. as…，如：assess the chance as high（评估这个可能性很高），assess sth. at…，如：assess the damage at 100 *yuan*（估算损失为100元）。

真题 assess risk 评估风险（2021年新题型）

---

weigh [weɪ]

熟义 *v.* **权衡，斟酌，认真考虑；称重量；重量为**

词组 weigh (up) sth. (against sth.) 认真考虑/权衡/斟酌某事

真题 weigh up their options 权衡他们的选择（2022年阅读）

僻义 *v.* **对……有影响，有分量**

词组 weigh in（在讨论、辩论等中）发表有分量的意见，发挥作用

真题 A federal appeals court weighed in again. 联邦上诉法庭再次介入。（2021年阅读）

reckon [ˈrekən]

v. 认为；被普遍认为是；料想；估算

痛点 当它表示"认为"的时候属于非正式表达，在书面表达中慎用。

appropriate

[əˈprəʊpriət] *adj.* **合适的，恰当的** [əˈprəʊprieɪt]
v. 盗用，侵吞；拨款

痛点 拼写很像它的近义词 proper（合适的）；做动词的时候，表示的一定是负面的"盗用，侵吞"么？不一定！ be appropriated for research 就可以表达中性的"拨（款）进行研究"，其搭配是 appropriate sth. for sth.（给某事拨（款））。

真题 in appropriate forms 以恰当的形式（2023年翻译）

□ **accurate**

义联词　□ **accuracy**　　□ **precise**　　□ **precision**

---

accurate [ˈækjərət]

adj. **精确的，准确的；正确无误的**

真题 This process is faster and more accurate. 整个过程不仅更快，而且更加精准。（2021年新题型）

accuracy [ˈækjərəsi]

n. **准确性，精确度，精准性**

痛点 with accuracy=accurately（精确地）。

真题 Accuracy dropped dramatically. 准确性急剧下降。（2021年阅读）

precise [prɪˈsaɪs]

adj. **精准的；（强调时间或方式等）就，恰好；细致的**

痛点 难记？提前（pre）切好的（cise）→精确的。

precision [prɪˈsɪʒn]

n. **精确，准确**

真题 There's a kind of false precision. 不见得有那么精准。（2009年阅读）

□ **exclude**

义联词　□ **exclusive**　　□ **exception**

---

exclude [ɪkˈskluːd]

v. **把……排除在外**；排除（某种可能性）

真题 You are now not wanted; you are now excluded from the work environment. 现在，你不再被需要，你被排除在工作环境之外了。（2014年阅读）

exclusive [ɪkˈskluːsɪv]

adj. **独有的，独享的；互相排斥的**；不包括……的；豪华的　*n.* 独家新闻

痛点 an exclusive hotel,"一家独有的酒店"? 不,是"一家奢华的酒店"。
真题 exclusive rights 独家权利（2010 年阅读）

---

exception [ɪkˈsepʃn]

n. 例外，一般情况以外的人（或事物）

痛点 注意其形容词 exceptional 并不只是表示"例外的"，还表示"优秀的，杰出的"。
词组 with the exception of… 除……之外
真题 with the exception of some advanced courses 除了一些高等课程之外（2012 年阅读）

□ joint			
义联词　□ **collective**	□ **mutual**	□ **individual**	□ **respective**
□ **independence**			

---

joint [dʒɔɪnt]

adj. 共同的，联合的　　*n.* 关节
真题 the joint effort of modern researchers 现代科研人员的共同努力（2014 年阅读）

---

collective [kəˈlektɪv]

adj. 共同的，集体的　　*n.* 集体企业
痛点 难记？ collect（收集在一起）+-ive（形容词后缀，……的）→就是集体的→集体的。
真题 our collective future 我们共同的未来（2012 年完形）

---

mutual [ˈmjuːtʃuəl]

adj. 相互的；共有的
痛点 mutual friend,"彼此是朋友"? 不，是"共同好友"。
真题 This mutual gaze is a major part of the attachment between mother and child. 这种相互对视是母亲和孩子之间依恋的重要组成部分。（2020 年新题型）

---

individual [ˌɪndɪˈvɪdʒuəl]

adj. 个人的；单独的，个别的；独特的　　*n.* 个人
真题 individual drivers 个体司机（2020 年阅读）

---

respective [rɪˈspektɪv]

adj. 分别的，各自的
痛点 注意别将它和 respectable（体面的、值得尊敬的）混淆。

---

independence [ˌɪndɪˈpendəns]

n. 独立；自立
真题 help homeless people toward independence 帮助无家可归者走向独立（2006 年完形）

□ integrate			
义联词　□ **integrity**	□ **integral**	□ **merge**	□ **incorporate**
□ **comprise**			

integrate [ˈɪntɪɡreɪt]

v. **结合；使融入；使合并，成为一体**

词组 integrate A with B 把 A 和 B 结合起来

integrate A into B 把 A 融入到 B 中

真题 The idea is to force social scientists to integrate their work with other categories. 这种想法是为了促使社会科学家把他们的研究同其他领域结合起来。（2013 年新题型）

integrity [ɪnˈteɡrəti]

n. **正直；诚实；完整**

痛点 territorial integrity，"领土正直"？不，是"领土完整"。

真题 dearth of integrity 缺乏正直（2015 年阅读）

integral [ˈɪntɪɡrəl]

adj. 构成整体所必需的，不可或缺的

痛点 当表达"成为某物的一部分"时只会用 become a part of sth.？可以替换为 become an integral part of sth.（成为某事／某物不可或缺的一部分），让表达更有力度！

merge [mɜːrdʒ]

v. 合并，合为一体；相融，渐渐消失在某物中

incorporate [ɪnˈkɔːrpəreɪt]

v. **包含；吸收；使并入**

词组 incorporate…into… 将……包括在……内

真题 try to incorporate some measure of quality as well as quantity into the assessment of an applicant's papers 试着在评估申请人的论文时加入一些质量和数量的衡量标准（2019 年翻译）

comprise [kəmˈpraɪz]

v. **包含；组成**

痛点 "A 包含 B"只能用"A comprises B"么？不，也可以用"A is comprised of B"，两者表示的意思一样。比如"这个小组由 3 名成员组成"可以表达成"The group comprises 3 members."和"The group is comprised of 3 members."都是对的。

真题 comprising artists Mark Boyle and Joan Hills and their children 包括艺术家 Mark Boyle、Joan Hills 和他们的孩子（2014 年新题型）

□ unity		
义联词	□ uniform	□ split

unity [ˈjuːnəti]

n. **统一；一致**；团结；和谐，协调

真题 national unity 国家统一（2015 年阅读）

uniform [ˈjuːnɪfɔːrm]

n. **制服**；校服　*adj.* 统一的；相同的；一致的

痛点 难记？唯一的（uni）形状（form）→统一的服装，大家都一样→制服，校服；统一的，相同的。

真题 a standard work uniform 标准的工装（2016 年新题型）

split [splɪt]

熟义 *v.* **分开，使分开（成为几个部分）；分裂**

真题 Splitting kids, or adults, into ever-tinier

categories has proved a sure-fire way to boost profits. 事实证明，把孩子或成年人分成更小的类别是提高利润的有效方法。（2012年阅读）

辨义 *v.* **分摊**

真题 Time can be evenly split for reading and business. 时间可以平均分摊到阅读和工作上去。（2016 年阅读）

□ **gather**

义联词	□ cluster	□ bunch	□ herd	□ gang
	□ mob			

---

gather [ˈgæðər]

v. **收集**；聚集；猜想

真题 gather information 收集信息（2004 年阅读）

cluster [ˈklʌstər]

n. 簇；群　*v.* 聚集

痛点 其地道搭配为：a cluster of spectators（一群旁观者）/cluster together（聚集在一起）。

bunch [bʌntʃ]

n. **一群，伙**；串，束，扎　*v.* （使）变紧；（使）成皱褶

痛点 难记？绑起（bunch），成为一束、一扎→束，扎。其地道搭配为：a bunch (of sth.)（大量，大批）。

真题 a bunch of celebrities 一群明星（2019 年阅读）

herd [hɜːrd]

n. **人群**；兽群，牧群

痛点 herd 不仅可以指动物，还可以指人群；common herd，"共同的牧群"？不，是"普通百姓"。

真题 Habit rules the unreflecting herd. 常规习惯支配着不思考的群体。（2009 年阅读）

gang [gæŋ]

n. 一帮，一伙

痛点 难记？特别杠（gang）的人在一起杠（gang）！→一帮，一伙

mob [mɑːb]

n. 暴民；一群，一帮　*v.* 围攻；（人群）围聚，围拢

痛点 注意不要把它和 mop（拖把）混淆。

□ **overall**

义联词	□ comprehensive	□ gross	□ thorough
形联词	□ overlap		

overall [ˌəʊvərˈɔːl]

adj. **全面的；总体的** *adv.* **全部；总体上**

痛点 它可以单独修饰一句话，如：Overall, … （总体上，……）。

真题 overall performance 总体表现（2022 年阅读）

comprehensive [ˌkɑːmprɪˈhensɪv]

adj. **全部的；综合性的**

痛点 注意不要把它和 comprehensible（可理解的）混淆；其名词是 comprehensiveness（综合性）。

真题 comprehensive records 综合记录（2015 年阅读）

gross [ɡrəʊs]

adj. **总的**；严重的；粗俗的

痛点 我们经常听到的 GDP 的全称就是 Gross Domestic Product（国内生产总值）。

真题 gross revenue 总营收额（2020 年阅读）

thorough [ˈθɜːrəʊ]

adj. **彻底的，完全的**；仔细周到的

痛点 不要弄混它和介词 through 的拼写；She is thorough.，"她很彻底。"? 不，是"她做事情仔细周到。"。

overlap [ˌəʊvərˈlæp]

v. **部分重叠，交叠** *n.* **重叠，重叠部分**

真题 overlapping database building 交叉数据库的建立（2009 年阅读）

□ section			
义联词 □ fraction	□ fragment	□ division	□ component
□ segment	□ portion	□ proportion	

section [ˈsekʃn]

n. **部分**，部件，区；地区，地段；段

真题 They recreated random sections of the British landscape. 他们随机地再造了英国的风景。（2014 年新题型）

fraction [ˈfrækʃn]

n. **小部分，少量**；分数

真题 This year's rise maybe a fraction lower than last year's. 今年的涨幅可能略低于去年。（2002 年阅读）

fragment

熟义 [ˈfræɡmənt] *n.* **碎片，片段**

真题 small fragments of pottery 陶器的小碎片（2014 年新题型）

僻义 [fræɡˈment] *v.* **（使）碎裂，破裂，分裂**

真题 Norms have evolved and fragmented. 标准已经演变，且支离破碎了。（2016 年新题型）

division [dɪˈvɪʒn]

n. **分开，分配**；除法；分歧；部门；（足球赛的）级

痛点 social division，"社会分离"? "社会部门"? 不，是"社会分化"。

词组 division of labor 劳动分工

真题 Division of labor at home is seldom clear-cut. 家庭分工明确的情况很少。（2015 年阅读）

component [kəmˈpəʊnənt]

n. **组成部分，成分** *adj.* 组成的

痛点 它可以作名词也可以作形容词，于是 component parts 和 components 都可以用。

真题 multiple components 多个组成成分（2021 年完形）

segment [ˈseɡmənt]

v. **划分**，分割 *n.* **部分**，份，片，段；瓣

真题 segment a market 细分市场（2012 年阅读）

portion [ˈpɔːrʃn]

n. **部分**；一份 *v.* 把……分成若干份（或部分）

真题 It should account for a significant portion of the grade. 这应该占成绩的很大一部分。（2012 年阅读）

proportion [prəˈpɔːrʃn]

n. **比例，倍数关系；正确的比例**；份额

真题 maintain a certain proportion of women 维持一定比例的女性成员（2013 年阅读）

□ variable			
义联词 □ **variance**	□ **variation**	□ **variety**	□ **vary**
形联词 □ **via**			

variable [ˈveriəbl]

n. **可变因素，变量** *adj.* **多变的**，易变的，变化无常的；可变的

真题 the most important variable 最重要的变量（2012 年阅读）

variance [ˈveriəns]

n. 变化幅度，差额；分歧；（统计）方差

痛点 其地道搭配为：at variance with…（和……有分歧）。

variation [ˌveriˈeɪʃn]

n. **变化**，变更，变异；**差别；变体**

痛点 其地道搭配为：virus variation（病毒变异）。

真题 variations in detail 细节上的区别（2020 年新题型）

variety [vəˈraɪəti]

n. **多样性；（同一事物的）不同种类，多种式样；** 变化；变种，品种

痛点 a variety of 相当于是 various。

真题 a variety of small clubs 各种小型俱乐部（2003 年完形）

vary [ˈveri]

v. **不同；改变；使多样化**

真题 Although the figure may vary, analysts do agree on another matter. 尽管数字可能不一样，分析家们对另一个问题的意见倒是很一致。（2006 年完形）

via [ˈvaɪə]

prep. **凭借，通过**；经由，经过

真题 This argument has attracted a lot of attention

via the success of the book *Race Against the Machine.*《与机器赛跑》一书的成功使得这

个观点受到广泛关注。（2014 年阅读）

□ **classify**				
义联词	□ **category**	□ **race**	□ **racial**	□ **brand**
形联词	□ **classic**			

classify [ˈklæsɪfaɪ]

v. 把……分类

痛点 其地道搭配为：be classified into several categories（被分成几类）。

词组 classify...into... 将……分类为……

真题 classify consumers into smaller groups 将消费者细分为更小的群体（2012 年阅读）

category [ˈkætəgɔ:ri]

n. 种类

痛点 fall into a category，"掉入一个种类"？不，是"属于一类"。

真题 We divide newcomers into two categories: legal or illegal, good or bad. 我们把新来者分为两类：合法的和非法的，好的和坏的。（2013 年阅读）

race [reɪs]

n. 赛跑；种族；种，属，类 *v.* 参加比赛；让……参加速度比赛

痛点 the race for the presidency，"总统职位赛跑"？不，是"总统竞选"。

真题 Park run is not a race but a time trial. 公

园跑不是赛跑，而是计时跑。（2017 年阅读）

racial [ˈreɪʃl]

adj. 种族间的，人种的

brand [brænd]

熟义 *n.* **品牌**，类型 *v.* 给……打上烙印

痛点 其地道搭配为：brand sb. (as) a liar/cheat（把某人称为说谎者 / 骗子）。

真题 These brands have hijacked fashion cycles. 这些品牌绑架了时尚周期。（2013 年阅读）

僻义 *v.* **丑化（某人）** to describe sb. as a bad or unpleasant type of person, especially unfairly

真题 We brand them as aliens to be kicked out. 我们把他们列为应该遣返的外来者。（2013 年阅读）

classic [ˈklæsɪk]

adj. **典型的**；经典的；最优秀的 *n.*（书、电影或歌曲的）经典作品

痛点 a classic goal，"一个典型的目标"？不，是"一个最佳进球"。

真题 a classic case 一个典型的例子（2005 年阅读）

□ **scale**			
义联词　□ **dimension**	□ **range**	□ **scope**	□ **span**
□ **spectrum**	□ **extent**		

scale [skeɪl]

n. **规模，程度；衡量尺度；秤；** 范围；等级；比例尺；鳞；音阶　*v.* 攀登；改变……的大小

真题 gigantic scale 巨大的规模（2010 年新题型）

dimension [daɪˈmenʃn]

n. **维度；范围；** 尺寸；方面

痛点 dimensions of the kitchen，"厨房的维度"？不，是"厨房的尺寸"。

真题 a personality dimension 个性维度（2020年新题型）

range [reɪndʒ]

n. **一系列；（变动的）范围；** 射程；山脉　*v.*（在一定范围内）变化；（从……到……）之间的各类事物

词组 a wide range of 各种各样的

真题 study expert performers in a wide range of pursuits　对有突出表现的人进行广泛的研究（2007 年阅读）

scope [skəʊp]

n. **范围；** 机会

真题 narrow the scope of protections for patent holders 缩小对专利持有者的保护范围（2010 年阅读）

span [spæn]

n. **持续时间；一段时间；范围；**（桥或拱的）跨距　*v.* 持续，贯穿；横跨，跨越

痛点 其地道搭配为：time/attention span（期限 / 注意力持续时间）。

真题 life spans 寿命（2022 年阅读）

spectrum [ˈspektrəm]

熟义 *n.* **谱，** 光谱；频谱；范围，幅度，系列

痛点 其地道搭配为：a broad spectrum of interests（广泛的兴趣范围）。

真题 autistic spectrum symptoms 自闭症谱系症状（2020 年新题型）

僻义 *n.* **派别**

真题 political spectrum 政治派别（2016 年阅读）

extent [ɪkˈstent]

n. **程度，** 范围，规模

真题 To some extent the housing sector must shoulder the blame. 在某种程度上，房地产行业必须承担责任。（2014 年阅读）

□ **standard**	
义联词　□ **criterion**	□ **threshold**

98

standard [ˈstændərd]

n. 水平，标准，规格，规范 *adj.* 标准的
真题 living standards 生活水平（2018 年阅读）

criterion [kraɪˈtɪriən]

n. 标准，准则，原则
痛点 其复数形式不是 criterions，是 criteria。
真题 Choose one criterion and you may well sacrifice others. 选择其中一个标准，你可能

就要舍弃其他标准。（2021 年完形）

threshold [ˈθreʃhəʊld]

n. 界，起始点；门口；开端
痛点 "笑点低" 怎么说？ a low laughter threshold。
真题 high-income threshold 高收入门槛（2022 年阅读）

□ comparison			
义联词 □ comparable	□ comparative	□ contrast	

comparison [kəmˈpærɪsn]

n. 比较
痛点 其搭配介词 by 和 in 都可以，如：by/in comparison with that person（和那个人比起来）。
真题 sample comparison 样本比较（2009 年阅读）

comparable [ˈkɑːmpərəbl]

adj. 类似的；可比的
痛点 其搭配介词的时候用 to 或者 with。
词组 be comparable to… 可比作……的，类似……的
真题 Exploring one's phone contents is comparable to going through one's wallet. 搜查一个人的手机内容正如翻查一个人的钱包。（2015 年

阅读）

comparative [kəmˈpærətɪv]

adj. 比较的；相对而言的
痛点 其副词为 comparatively（相对地），如：comparatively speaking（相对而言，比较而言）。
真题 comparative study of linguistic traits 语言特征的比较研究（2012 年翻译）

contrast [ˈkɑːntræst]

n. 明显的差异，对比；明显不同的人（或事物）
词组 in contrast to 相比之下
真题 in contrast to France's actions 相比于法国的行动（2016 年阅读）

□ annual		
义联词 □ event	□ yearly	□ anniversary

annual [ˈænjuəl]

adj. **一年一次的，年度的** *n.* 年鉴，年刊；一年生植物

痛点 high-school annual，"中学年度"？不，是"中学年鉴，中学年刊"，相当于 high-school yearbook，是每年由校方组织编纂的册子，以纪念学校在过去一年里的活动、事件和成就，类似于毕业纪念册；hardy annuals，"耐寒的年度"？不，指的是"一年生耐寒植物"。

真题 an annual event 一年一度的盛事（2020年阅读）

event [ɪˈvent]

n. **（尤指重大或不寻常的）事件**；公开活动；比赛项目

痛点 It is a great event!，"这是一次伟大的事件！"？不，是"活动真不错！"

词组 in the event of... 如果……发生，万一……

真题 Even in the event of a fire, fewer trees are consumed. 即使发生火灾，也只会烧毁较少量的树木。（2019年阅读）

yearly [ˈjɪrli]

adv. **一年一度地** *adj.* 每年的

痛点 它看上去只是副词，其实也可以当形容词，如：yearly income（年收入），相当于 annual income。

anniversary [ˌænɪˈvɜːrsəri]

n. 周年纪念日

痛点 难记？anni-（一年）+vers（转）+-ary → 一年转了一次 → 周年纪念日；其地道搭配为：celebrate/commemorate/honor the anniversary（庆祝周年纪念日）。

□ **minute**

义联词	□ **meantime**	□ **lately**	□ **duration**	□ **weekday**
	□ **decade**	□ **era**	□ **contemporary**	

---

minute [ˈmɪnɪt]

n. **分钟**；一会儿；会议记录 *v.* 将（某事）写进会议记录 *adj.* 微小的；细致入微的

痛点 the minutes 只能表示"那几分钟"？不，还有可能表示"会议记录"；a minute examination，"一分钟的考试"？不，是"细致的检查"。

真题 Ten minutes of activity per day is a good start. 每天运动十分钟是一个好的开始。（2022年新题型）

meantime [ˈmiːntaɪm]

n. **其间，同时**

词组 in the meantime 其间，同时

真题 The writer of the check can earn interest in the meantime. 支票的开具者可以在此期间赚取利息。（2013年完形）

lately [ˈleɪtli]

adv. **最近**，不久前

痛点 这个词和"迟"就没啥关系。

真题 Researchers lately have begun to extend that forecast by decades. 研究人员最近已经开始将这一预测往后延长几十年。（2002年阅读）

duration [djuˈreɪʃn]

n. **持续时间，期间**

真题 This effect held steady for the study's duration of several weeks. 这种影响在持续几周的研究期间保持稳定。（2022 年阅读）

weekday [ˈwiːkdeɪ]

n. 周工作日（指星期一至星期五的任何一天）

痛点 注意它不是指一周（week）的任何一天（day），而是指星期一至星期五的任何一天！

decade [ˈdekeɪd]

n. **十年**

真题 over the past few decades 在过去的几十年间（2019 年阅读）

era [ˈɪrə]

n. **时代，纪元**

真题 It was time for a new era. 一个新时代开始了。（2020 年翻译）

contemporary [kənˈtempəreri]

adj. **当代的**；同时代的

痛点 难记？共同出现（con）的、暂时的（temporary），组成了"当代的，同时代的"。

真题 in contemporary culture 在当代文化中（2015 年完形）

Word List 7

□ whisper			
义联词	□ **murmur**	□ **whistle**	□ **pitch**	□ **exclaim**
	□ **buzz**	□ **bark**	□ **roar**	□ **bang**
	□ **noisy**	□ **echo**		
形联词	□ **whip**			

whisper [ˈwɪspər]

v. **小声说，低语**　*n.* 私语声；低声说话的声音

真题 whispered message 悄悄话（2012 年阅读）

murmur [ˈmɜːrmər]

v. 低语；连续发出低沉的声音；（私下）发怨言
n. 喃喃声；咕哝

whistle [ˈwɪsl]

n. 口哨；口哨声；汽笛声　*v.* 吹口哨

pitch [pɪtʃ]

n. 球场；强度；高度；音高；沥青　*v.* 投掷；猛然倒下；把……定于特定程度

痛点 其名词词义很多，可以把它们串起来记。脑补一个场景：在沥青球场上放着高强度的音乐，很高的音高。

exclaim [ɪkˈskleɪm]

v. **（因兴奋、震惊等）呼喊**；惊叫

痛点 难记？向外（ex）声称（claim），呼喊。其可以是及物动词也可以是不及物动词。

真题 The tester would ask, "What's in here?" before looking into the container, smiling, and exclaiming, "Wow!" 测试人员会问 "这里有什

么"，然后看着容器，微笑着大声叫道 "哇！"（2018 年完形）

buzz [bʌz]

n. **嗡嗡声；嘈杂的谈话声**；（愉快、兴奋的）强烈情感　*v.* 发出嗡嗡声；兴奋

痛点 buzzword，表示 "嗡嗡声" 的词？不，是 "流行语"。

真题 attract considerable buzz in Silicon Valley 在硅谷引起了相当大的轰动（2021 年阅读）

bark [bɑːrk]

v. 狗吠；厉声质问，发令　*n.* 狗吠；树皮

痛点 难记？罢课（bark）去学狗叫；bark out an order，"狗叫出一个命令"？不，是指人 "厉声发令"。

roar [rɔːr]

v. 吼叫，咆哮；轰鸣；大声喊出　*n.* 呐喊声；吼叫声，咆哮声；轰鸣

痛点 难记？朝着对方咆哮：弱（roar）！

bang [bæŋ]

n. 巨响；猛击　*v.* 猛击，猛撞；砰地敲
adv. 正好，恰好　*exclaim.* （表示枪声等巨响）砰

痛点 bang for your buck，指的是"钱花得合算，所付出的努力值得"。bang 指的是 excitement，buck 指的是 money；其地道搭配为：get/give/offer sb. good/great bang for the buck（对某人来说，这钱花得很值）。

真题 bang for your buck 物有所值（2014 年阅读）

noisy [ˈnɔɪzi]

adj. 喧闹的；嘈杂的

echo [ˈekəʊ]

n. 回声；反响　*v.* 发出回声；模仿；重复

痛点 find an echo，"找到回声"？不，是"引起共鸣"。

whip [wɪp]

n. **党鞭，政党纪律委员**；鞭子　*v.* 鞭打；驱使；搅打成糊状

真题 What political journalist, what party whip, would not want to know the makeup of the WhatsApp groups? 哪个政治记者或者党鞭不想知道 WhatsApp 群里都有谁呢？（2018 年阅读）

□ **grip**

义联词	□ **grasp**	□ **grab**

grip [grɪp]

熟义 *n.* **控制**；理解；握紧，抓牢　*v.* 紧握；吸引注意

词组 in the grips of… 受制于……

真题 Our country's educational system is in the grips of some people. 我国的教育制度被一些人牢牢控制。（2004 年阅读）

僻义 *v.* **对……产生强有力的影响** to affect sb./sth. very strongly

真题 Winter grips the northern hemisphere. 严冬对北半球产生巨大的影响。（2022 年阅读）

grasp [græsp]

v. **抓紧，抓住**；**理解**　*n.* **理解**；紧握

真题 grasp the opportunity 抓住机会（2013 年新题型）

grab [græb]

v. **抓住**；吸引；吃；喝；取

痛点 要表达"抓住机会"只会用 seize？还可以用 grab the opportunity。

真题 He grabs his food. 他抓起了食物。（2002 年阅读）

□ **pad**

形联词	□ **pat**	□ **bat**	□ **tap**

Chapter I　核心词汇

pad [pæd]

n. **软垫**；便笺本；爪垫 *v.*（用软材料）填塞
痛点 pad 并不等于平板电脑噢。
示例 cleansing pads 清洗棉

pat [pæt]

n. 轻拍 *v.* 轻拍 *adj.* 过于简单的；不自然的

bat [bæt]

n. 球拍；球棒；蝙蝠 *v.* 用球板、球棒击球
痛点 难记？国内 IT 三大厂（BAT）大家都熟，BAT 的员工们都爱用球拍（bat）。

tap [tæp]

v. **开发，发掘**；轻敲；轻轻叩击 *n.* 水龙头；旋塞；轻击
真题 tap reflective thinking 开发思辨能力（2021 年阅读）

□ shatter			
义联词 □ crack	□ crush	□ crash	□ smash
□ rip	□ collapse	□ destruction	□ destructive
形联词 □ scatter			

---

shatter [ˈʃætər]

v. **打破**；使粉碎，砸碎；使破灭；使震惊
痛点 其地道搭配为：shatter confidence/illusion（使信心粉碎 / 使幻想破灭）。
真题 shatter the image of 19th-century prudery 打破 19 世纪一本正经的形象（2021 年阅读）

crack [kræk]

v. **裂开**；破裂；砸碎 *n.* 裂缝；缝隙
痛点 其地道搭配为：get cracking on/about doing…（立即着手做……）；crack down on…（严厉打击……）。
真题 Some plastic materials crack and frizzle. 有些塑料会裂开和卷曲。（2022 年阅读）

crush [krʌʃ]

v. 压碎，碾碎；摧毁，压垮
痛点 其地道搭配为：soul-crushing（令人崩溃的）。

crash [kræʃ]

熟义 *n.* **坠毁**；撞击；碰撞 *v.* 撞击；碰撞；（机器、系统的）崩溃
真题 the crash of Egypt Air Flight 804 埃及航空 804 航班的坠毁（2017 年阅读）
僻义 *n.* **急剧下降**
真题 The crash was a major reason. 这次锐减是主要原因。（2016 年阅读）

smash [smæʃ]

v. 粉碎；狠打；破灭，失败；猛撞 *n.* 破碎；猛撞；轰动的演出，巨大的成功

rip [rɪp]

v. **扯破，撕坏** *n.* 裂口，裂缝
词组 let rip 不受约束地做某事

真题 Development should be planned, not let rip. 开发应有规划，不应放任自流。（2016年阅读）

collapse [kəˈlæps]

n.（如机构、生意或行动）崩溃，突然失败

v. 崩溃；瓦解；倒塌

痛点 "精神上崩溃"怎么说？ mental collapse。

真题 the collapse of operations 运营崩溃（2021年阅读）

destruction [dɪˈstrʌkʃn]

n. 破坏；摧毁；毁灭

真题 There is no radical innovation without creative destruction. 没有创造性的破坏就没有根本性的创新。（2013年新题型）

destructive [dɪˈstrʌktɪv]

adj. 毁灭性的，破坏性的

真题 Too much happiness can be destructive. 太多的快乐也可能是破坏性的。（2019年阅读）

scatter [ˈskætər]

v. 撒，散播；散开；分散；驱散

痛点 难记？撕（s）开（ca）它（tter）→散开。

□ **remove**

义联词	□ **removal**	□ **rid**	□ **dismiss**	□ **wipe**
	□ **remainder**	□ **strip**		

---

remove [rɪˈmuːv]

v. 移开；排除（污渍、不愉快的事物等）；解除（职务等）；脱去（衣服等）

词组 be farther/further/furthest removed from sth. 与某物/某事迥然不同

真题 We are even farther removed from the unfocused newspaper reviews published in England. 我们和那些英国出版的特定目标的报刊评论迥然不同。（2010年阅读）

removal [rɪˈmuːvl]

n. 去除；消除；免职；搬迁

真题 removal of all electronic devices 没收所有电子产品（2015年阅读）

rid [rɪd]

adj. 去掉的；摆脱了的　*v.* 使去掉；使摆脱

词组 get rid of... 去除……；摆脱……

真题 get rid of bad teachers and promote good ones 开除不合格的教师，提拔优秀的教师（2012年阅读）

dismiss [dɪsˈmɪs]

熟义 *v.* 解雇；摒弃；不予考虑；驳回；解散

痛点 当面试的时候听到"You are dismissed."，不是说"你被摒弃了。"，而是"你可以走了。"，别伤心！

真题 dismiss under-performing managers 解雇表现不佳的经理（2022年阅读）

僻义 *v.* 对……不屑一顾 to decide that sb. or sth. is not important enough and not worth considering

词组 dismiss...as... 把……不屑一顾地视为……

真题 He dismissed wind power as an unreliable energy source. 他对风能不屑一顾，觉得是不稳定的能源。（2022年阅读）

wipe [waɪp]

v. <喻>**彻底去除**；擦拭，擦去；抹掉

词组 feel wiped out 感到筋疲力尽，疲惫不堪
真题 feel wiped out after a session 一场训练后感到筋疲力尽（2022年新题型）

---

remainder [rɪ'meɪndər]

n. 其他人员，剩余物；余数；廉价出售的图书
痛点 它可以指人、物和时间，其中物可以专

指"廉价出售的图书"。

---

strip [strɪp]

v. **剥夺**；脱掉衣服；除去；从（某处）拿走所有东西　　*n.* 条带；狭长地带
真题 strip oneself of a defining constituent of humanity 剥夺了自身作为人类的一种重要的能力（2012年新题型）

□ **rush**		
义联词　　□ **dash**		□ **snap**

rush [rʌʃ]

熟义 *v.* **仓促行事**；冲；急速流动　　*n.* 冲；匆忙；急流
痛点 难记？直接入（ru）室（sh），真是仓促行事（rush）。
词组 rush to do... 匆忙做……
　　rush through sth./rush sth. through 仓促处理某事
真题 rush to hire 仓促招人（2017年阅读）
僻义 *n.* **高峰期**
真题 a new gold rush 新一轮的淘金热（2004

年阅读）

---

dash [dæʃ]

n. 猛冲；匆忙；少量；破折号　　*v.* 猛冲；猛撞
痛点 难记？出大（da）事（sh）了，猛冲（dash）吧!

---

snap [snæp]

adj. **仓促的**；突然的　　*v.* 断裂；拍照；（使啪地）打开，关上；厉声说　　*n.* 吧嗒声；快照
真题 snap decisions 仓促的决定（2013年阅读）

□ **polish**		
义联词　　□ **rub**	□ **wax**	□ **rubber**

polish ['pɑːlɪʃ]

熟义 *v.* **擦亮**　　*n.* 鞋油
痛点 如果P是大写，很可能就和波兰人（语）相关。

真题 polish nails 美甲（2004年阅读）
僻义 *v.* **修改，润色**
真题 He gave the polished work to the world. 他呈现给世人润色打磨后的作品。（2019年翻译）

rub [rʌb]

v. 擦，摩擦

痛点 其地道搭配为：rub your hands in delight（高兴得搓手）。

wax [wæks]

n. 蜡

rubber [ˈrʌbər]

n. 橡胶；合成橡胶；橡皮

□ **cast**

义联词 □ **toss**

cast [kæst]

熟义 *v.* **抛，扔**

痛点 cast doubt on…，"把怀疑抛到……身上"？简单理解成"质疑……"就行；cast 作名词时相当于 mould（铸模），在考研真题中也出现过哦！

词组 cast doubt on… 质疑……

真题 History has never cast doubt on them. 历史从未怀疑过他们。（2014 年阅读）

僻义 *n.* **铸造品**

真题 Almost all of the interior detail is of cast iron. 几乎所有内部细节都由铸铁构成。（2018 年新题型）

toss [tɔːs]

v. **抛，掷**；甩（头，以表示恼怒或不耐烦）；（使）摇摆；掷硬币决定 *n.* 掷钱币来决定；猛仰头（尤指表示恼怒或不耐烦）

真题 toss her own token at the researcher 把自己的东西扔向研究员（2005 年阅读）

□ **leap**

| 义联词 | □ **bounce** | □ **skip** | □ **hop** | □ **hip** |
| 形联词 | □ **heap** | | | |

leap [liːp]

v. **跳跃**；突然做（某事）；骤增 *n.* 跳跃；剧增

痛点 a leap in profits，"利润跳水"？不，是"利润剧增"。

示例 leap out of the water 跳出水面

bounce [baʊns]

v.（使）弹起；跳动 *n.* 弹跳；弹性

痛点 He bounced back.，"他弹了回来。"？不，一般用来表示"他振作了起来。"。

skip [skɪp]

v. **跳过**；略过；蹦蹦跳跳地走

痛点 其地道搭配为：skip class/breakfast（逃

课 / 不吃早饭 ）。

真题 know what questions to skip 知道哪些问题可以跳过（2007 年阅读）

---

hop [hɑːp]

v. 单足蹦跳；突然快速去某处

---

hip [hɪp]

n. 臀部，髋部

痛点 hip-hop 原意就是用髋部（hip）单脚跳（hop）！

---

heap [hiːp]

n. 一堆，大量

痛点 其地道搭配为：heaps of time/a heap of things（很多时间 / 一大堆事 ）。

□ **wake**		
义联词　□ **waken**	□ **twinkle**	□ **dizzy**

wake [weɪk]

熟义 v. **醒来**；唤醒；激起，唤起

真题 We wake up in a panic. 我们从恐慌中醒来。（2005 年阅读）

僻义 n. ＜喻＞结果，后果

词组 in the wake of sth./sb. 在某事 / 某人之后；紧随某事 / 某人之后

真题 The Federal Circuit's action comes in the wake of a series of recent decisions by the Supreme Court. 联邦巡回法院的这一行动是在联邦最高法院最近做出一系列决定之后所采取的。（2010 年阅读）

---

waken ['weɪkən]

v. 醒来；使醒来；激起，唤起

痛点 其地道搭配为：waken a memory（唤起记忆 ）。

---

twinkle ['twɪŋkl]

n.（眼睛的）闪亮；欣喜的神情；闪烁　v. 闪烁；（眼睛因高兴或兴奋）闪光，发亮

---

dizzy ['dɪzi]

adj. **使人头昏眼花的**；眩晕的

真题 The variety of plastic objects at risk is dizzying. 存在风险的塑料制品种类繁多，令人眼花缭乱。（2022 年阅读）

□ **pierce**		
义联词　□ **stab**	□ **penetrate**	
形联词　□ **peer**		

pierce [pɪrs]

v. 刺破，穿透

示例 have your ears pierced 扎耳洞

---

stab [stæb]

n. 刺，戳　*v.* 刺，戳

痛点 make a stab at…，"去戳……"？不，是"尝试去做……"。

---

penetrate [ˈpenətreɪt]

v. 进入；渗入；看透；洞察，了解

痛点 penetrate mystery，"渗透秘密"？不，是"揭穿秘密"。

---

peer [pɪr]

熟义 *n.* **同龄人，同辈，同等地位的人**；贵族

真题 peer pressure 同辈压力（2016 年阅读）

僻义 *v.* **仔细看，端详**

真题 Managers peer into IT systems. 经理们仔细审视 IT 系统。（2007 年阅读）

□ **stare**			
义联词　□ **gaze**	□ **glance**	□ **glare**	□ **browse**
□ **monitor**	□ **observation**	□ **observe**	□ **surveillance**
□ **scan**			

---

stare [ster]

n. **凝视**；盯着看　*v.* **凝视**；盯着看

真题 a blank stare 茫然的凝视（2021 年阅读）

---

gaze [geɪz]

n. **凝视，注视**　*v.* **凝视，注视**

真题 This mutual gaze is a major part of the attachment between mother and child. 这种相互对视是母子之间依恋的一个重要部分。（2020 年新题型）

---

glance [glæns]

n. **一瞥**；扫视　*v.* 浏览

词组 at first glance 乍一看

真题 At first glance this might seem like a strength. 乍一看这似乎是个优点。（2013 年完形）

---

glare [gler]

v. 怒目而视；发出刺眼的光　*n.* 刺眼的强光；怒瞪

痛点 the glare of the sun，"太阳的怒目而视"？不，是"刺眼的阳光"。

---

browse [braʊz]

v. 浏览；随便看看

痛点 其地道搭配为：browse through sth.（浏览、翻阅某物）/Internet browser（浏览器）。

---

monitor [ˈmɑːnɪtər]

v. **监视，检查**　*n.* 显示屏，监视器；班长

真题 monitors public education 监察公立教育（2023 年阅读）

---

observation [ˌɑːbzərˈveɪʃn]

n. **观察**；评论

真题 the observation of children's nature 对儿童天性的观察（2012 年阅读）

---

observe [əbˈzɜːrv]

v. **观察；评论**；遵守（规则、法律等）

痛点 observe the traffic rules，"观察交通规则"？不，是"遵守交通规则"。

真题 Facts are waiting to be observed. 事实有待观察。（2012 年阅读）

surveillance [sɜ:rˈveɪləns]

n. 监视

痛点 这个词不是一般意义上的"监督"，它往往和犯罪有关。

真题 That misses the way the surveillance economy works. 这便偏离了监控经济的运作方式。（2018

年阅读）

scan [skæn]

v. 浏览；扫视；扫描　*n.* 扫描检查

真题 scan one's correspondences 浏览一个人的通信记录（2015 年阅读）

□ recall

| 义联词 | □ remind | □ impression |

recall [rɪˈkɔːl]

v. 回忆起；使想到；召回；收回（残损货品等）

n. 召回令；记忆力

痛点 have total recall，"全部召回"？不，是"记得所有细节"。

真题 I can recall the day my grandfather died. 我还记得祖父去世的那天。（2013 年翻译）

remind [rɪˈmaɪnd]

v. 使想起，提醒

真题 The action will remind you of the joy the activity brought you. 这个动作会让你回想起这项活动给你带来的快乐。（2022 年新题型）

impression [ɪmˈpreʃn]

n. 印象

真题 the reliability of first impressions 第一印象的可靠性（2021 年阅读）

□ pursue

| 义联词 | □ pursuit | □ chase |

pursue [pərˈsuː]

v. 追求；继续探讨（或追究、从事）；追逐

真题 pursue carefree reading 追求无忧虑的阅读（2016 年阅读）

pursuit [pərˈsuːt]

n. 追求；追赶

词组 in pursuit of 追寻，追求

真题 It is in pursuit of quality service. 追求优质服务。（2021 年阅读）

chase [tʃeɪs]

v. 追赶；努力获得；追求　*n.* 追赶；争取

痛点 chase jobs，"追赶工作机会"？不，是"努力获得工作机会"。

义联词	□ **intrigue**	□ **tempt**	□ **capture**	□ **absorb**
	□ **distract**			

appeal [əˈpiːl]

熟义 *v.* **吸引**；上诉；呼吁；启发　*n.* **吸引力**；呼吁；启发

痛点 难记？用 App 辟谣（peal），呼吁；其高频派生词为 appealing（有吸引力的）；作名词时其地道搭配为：lodge（英）/ file（美）an appeal（上诉），注意其英式用法和美式用法的区别；launch an appeal，能表示"提起上诉"，还可以表示"发起呼吁"。

词组 appeal to… 对……有吸引力；呼吁

真题 Degrees will no longer appeal to them. 学位不再对他们产生吸引力。（2022 年阅读）

辨义 *n.* **上诉**

真题 federal appeals court 联邦上诉法院（2021 年阅读）

intrigue [ɪnˈtriːg]

v. 激起……的好奇心；迷住；密谋　*n.* 阴谋，诡计

痛点 难记？in 表示"进入"，trig 通 trick（计谋），引人进入计谋→密谋。通过 trigger（引发）来记也行：引发某人进入（in）→激起好奇心。其经常以 intriguing 的形式出现，表示"引人入胜的，神秘的"。

tempt [tempt]

v. 引诱；鼓动

痛点 难记？临时（temp）偷（t）的东西，吸引力太强，引起了兴趣。其地道搭配为：tempt sb. into sth./into doing sth.（引诱某人做某事）；tempt fate，"引诱命运"？不，是

"玩命，冒险"；tempt 还能作不及物动词，如：a meal that tempts（诱人的美餐）。

词组 be tempted into… 诱惑，引诱

真题 Writers are likely to be tempted into journalism. 作家可能被诱惑从事新闻工作。（2010 年阅读）

capture [ˈkæptʃər]

熟义 *v.* **捕获**；**俘获**；**攻占**；**引起**

痛点 难记？cap（抓，拿）+-ture（名词后缀）。也可以用谐音辅助记忆：开破车（capture）去攻占、去缴获。其地道搭配为：capture attention/market share/a moment/a town（引起注意 / 争夺市场份额 / 捕捉到一个瞬间 / 攻占城镇）。

真题 Spontaneous smiles were relatively easy to capture. 自然的笑容相对容易捕获。（2021 年阅读）

辨义 *v.* **描绘**

真题 capture the panorama of English society 描绘出了英国社会的全貌（2017 年新题型）

absorb [əbˈzɔːrb]

熟义 *v.* **吸引**；**吸收**；**接受**；**使全神贯注**；理解

痛点 I was absorbed.，"我被吸收了。"？不，是"我被迷住了。"；an absorbing book，"一本吸收得好的书"？不，是"一本引人入胜的书"。

真题 absorb user attention 吸引用户的注意力（2017 年阅读）

辨义 *v.* **承担**　to deal with costs or changes successfully

真题 absorb much more risk 承担更多风险（2007 年阅读）

distract [dɪˈstrækt]

v. 转移（注意力），使分心

痛点 He is distracted/distracting.（他分心了/他让人心烦意乱。）

词组 distract attention 分散注意力

真题 distract children's attention 分散孩子的注意力（2017 年阅读）

□ abandon			
义联词 □ dump	□ surrender	□ ditch	□ sacrifice
□ scrap	□ abolish		
形联词 □ bandage			

---

abandon [əˈbændən]

v. **抛弃**；**放弃**；**离开**；遗弃；停止

痛点 注意别将它和 abundant（大量的；丰盛的）弄混；abandon 作名词时表示"放纵"。

真题 abandoned high positions 放弃了很高的职位（2009 年阅读）

dump [dʌmp]

v. 丢弃，倾倒；丢下，抛弃；倾销　*n.* 垃圾场；邋遢场所

痛点 dump cheap beef，"丢弃便宜的牛肉"？还可以表示"倾销廉价的牛肉"。

surrender [səˈrendər]

v. 投降；（被迫）放弃　*n.* 投降；屈服；放弃

痛点 surrender all claims，"向所有的要求投降"？不，是"放弃一切权利要求"。

ditch [dɪtʃ]

v. **丢弃，摆脱**；（在海上）迫降　*n.* 沟渠

真题 There's plenty of incentive to ditch print. 放弃印刷报纸是有足够理由的。（2016 年阅读）

sacrifice [ˈsækrɪfaɪs]

v. **牺牲**；**舍弃**；献祭　*n.* 牺牲；祭品

真题 sacrifice some of your day-to-day activities 牺牲一些你的日常活动（2022 年完形）

scrap [skræp]

v. **放弃**；**取消**；废弃；抛弃　*n.* 碎片，碎屑；废金属；残羹剩饭；少量，点滴

真题 Both apps, however, were later scrapped. 然而，这两款应用随后都下架了。（2021 年阅读）

abolish [əˈbɑːlɪʃ]

v. **废除**；废止；取消

痛点 其高频宾语搭配为：tax/slavery/subsidy/law/rule/restriction/censorship。

真题 abolish slavery 废除奴隶制（2007 年完形）

bandage [ˈbændɪdʒ]

n. 绷带　*v.* 用绷带包扎

痛点 难记？用绷带（bandage）把肉都给绑得（banda）挤（ge）在一起了。其地道搭配为：bandage sth. up（用绷带包扎）。

□ **recommend**

义联词	□ **resist**	□ **resistance**	□ **propose**	□ **proposal**

recommend [ˌrekəˈmend]

v. **推荐**；**建议**

痛点 其名词是 recommendation。

真题 two highly recommended lifestyle approaches 两种强烈推荐的生活方式（2021 年完形）

resist [rɪˈzɪst]

v. **抵制**；反抗；忍住，抵挡；使不受……的伤害

真题 resist the influence of advertisements 抵制广告的影响（2013 年阅读）

resistance [rɪˈzɪstəns]

n. **反对**；**抵抗**；**抵抗力**

真题 arouse strong resistance 激起强烈的抵抗（2020 年阅读）

propose [prəˈpəʊz]

v. **建议**；打算；求婚

真题 Your boss proposes a new initiative you think won't work. 你的老板提出了一项你认为不可行的新方案。（2021 年新题型）

proposal [prəˈpəʊzl]

n. **提议**；求婚

真题 this positive, hope-filled proposal 这一积极而充满希望的提议（2020 年阅读）

□ **promote**

义联词	□ **foster**	□ **enhance**	□ **assist**	□ **assistance**
	□ **suppress**			

promote [prəˈməʊt]

v. **推广**；**促进**；**促销**；晋升

真题 promote big-name authors' books 推广知名作家的书籍（2023 年阅读）

foster [ˈfɑːstər]

v. **培养**；**促进**；**助长**

痛点 其地道搭配为：foster a child/relations（培养孩子/促进关系）。

真题 foster problem-solving skills 培养问题解决能力（2018 年阅读）

enhance [ɪnˈhæns]

v. **增强**；**提高**

真题 enhance bankers' sense of responsibility 增强银行家的责任感（2019 年阅读）

assist [əˈsɪst]

v. **帮助**；促进

痛点 有困难了怎么办？有一个（a）姐妹（ssist(er)）协助就好多了；其地道搭配为：assist sb. in/with sth.，assist sb. in doing sth.。

词组 assist sb. with sth. 帮助某人某事

真题 Artists do not simply assist scientists with

their communication requirements. 艺术家不只是简单地协助科学家完成他们的传达需求。（2022 年阅读）

assistance [əˈsɪstəns]

n. 帮助，支持

痛点 地道搭配：assistance with sth./in doing sth./to do sth.（帮助做某事），give assistance to sb./be of assistance to sb.（对某人有帮助），with assistance of…（在……的帮助下）。

真题 social assistance programs 社会援助计划（2021 年阅读）

suppress [səˈpres]

v. 压制；抑制；镇压；查禁

痛点 其地道搭配为：suppress evidence/a smile/anger（隐瞒证据/忍住没笑/按捺怒火）。

真题 suppress emotions 压抑情绪（2016 年新题型）

□ **implement**

| 义联词 | □ **impose** | □ **enforce** | □ **execute** |

| 形联词 | □ **supplement** |

---

implement [ˈɪmplɪmənt]

v. 实施；执行；贯彻

真题 implement more policies to support housing 实施更多住房支持政策（2014 年阅读）

impose [ɪmˈpəʊz]

熟义 *v.* 强制实行；施加；强加于

词组 impose… on… 对……强制实行……；把……强加于……

真题 impose a rather unusual rule on the bosses of big banks 对大型银行高管实行一项相当不寻常的规定（2019 年阅读）

僻义 *v.* 征收（税）

真题 impose an entirely new tax on large multinationals 对大型跨国公司征收全新的税种（2020 年阅读）

enforce [ɪnˈfɔːrs]

v. 强行实施；强迫

真题 Local police enforce federal immigration law. 地方警力强行实施联邦移民法。（2013 年阅读）

execute [ˈeksɪkjuːt]

v. 处决，处死；实施，执行

痛点 其地道搭配为：execute a plan/a criminal（实施一项计划/处决一名罪犯）。

supplement [ˈsʌplɪmənt]

n. 补充；（报纸的）副刊；（书籍的）补编；附加费　*v.* 补充

真题 a supplement to the social cure 社会治疗的补充（2012 年阅读）

□ **encounter**

| 义联词 | □ **confront** |

114

encounter [ɪnˈkaʊntər]

v. **遇见；遭遇；邂逅** *n.* **冲突**；相遇；邂逅；遭遇

真题 We have all encountered them, in both our personal and professional lives. 无论是在个人生活还是职业生活中，我们都遇到过这种情况。（2022 年阅读）

confront [kənˈfrʌnt]

v. **面临，遭遇**；解决（问题或困难）；对峙

痛点 其变成名词 confrontation 时，意思就窄了不少，多指"对抗，对峙"。

词组 be confronted with... 面临……

真题 France is confronted with trade sanctions. 法国面临着贸易制裁。（2008 年阅读）

□ react		
义联词　□ **respond**	□ **feedback**	□ **reply**

react [riˈækt]

v. **对……作出反应**；（对食物等）有不良反应；起化学反应

词组 react to...（对……）作出反应

真题 react to trends more quickly 更迅速地对趋势做出反应（2013 年阅读）

respond [rɪˈspɑːnd]

v. **回应，回复；作出反应**；反应灵敏

词组 respond to（对……）作出回应

真题 respond to customers 回应客户（2023 年翻译）

feedback [ˈfiːdbæk]

n. **反馈，反应**

真题 customer feedback 用户反馈（2022 年阅读）

reply [rɪˈplaɪ]

v./n. **回答**

真题 Devoted concertgoers reply that recordings are no substitute for live performance 音乐会的忠实听众说录制演出不能代替现场表演。（2011 年阅读）

□ interfere		
义联词　□ **interference**	□ **intervene**	
形联词　□ **interface**		

interfere [ˌɪntərˈfɪr]

v. **干涉**；干预；介入

痛点 难记？中间（inter），非要（fere），中间非要干涉（interfere）。

示例 interfere in family matters 插手家庭事件

interference [ˌɪntərˈfɪrəns]

n. 干预；干扰；干涉

真题 government interference 政府干预（2020 年阅读）

intervene [ˌɪntərˈviːn]

v. 干预；干涉；介入；干扰

真题 allow the states to intervene 允许各州干预（2021 年阅读）

interface [ˈɪntərfeɪs]

n. **界面**；分界面；接口

痛点 其核心意思是"穿梭于两个面（face）之间"。

真题 user interfaces 用户界面（2022 年阅读）

□ **cultivate**

| 义联词 | □ **rear** | □ **breed** | □ **develop** | □ **instinct** |

---

cultivate [ˈkʌltɪveɪt]

熟义 *v.* **培养**；**培育**；**种植**

真题 Social skills must be cultivated. 必须培养社交技能。（2021 年阅读）

僻义 *v.* **获得（支持）** to try to develop a friendship with sb. or get sb's support

真题 cultivate political support 寻求政治上的支持（2012 年完形）

rear [rɪr]

v. **抚养**；**饲养**；种植　*n.* 后部，背面；屁股　*adj.* 后面的

痛点 其地道搭配为：rear-end collision（追尾）。

真题 We sometimes neglect the happiness from child rearing. 我们有时候忽略了养育孩子带来的幸福。（2011 年阅读）

breed [briːd]

v. **以……方式教育**；培育；繁殖；养育　*n.* 品种；（人的）类型，种类

痛点 a properly bred person，"被合适培育的

人"？不，是"有良好教养的人"，相当于 a well-brought-up person。

真题 properly bred persons 有良好教养的人（2021 年阅读）

develop [dɪˈveləp]

熟义 *v.* **逐渐形成，逐渐养成**；**发展**；**开发**；研制；冲洗（胶片）

真题 develop new habits 培养新习惯（2009 年阅读）

僻义 *v.* **患（病）** to start to have sth. such as an illness

真题 develop the common cold 患上普通感冒（2017 年完形）

instinct [ˈɪnstɪŋkt]

n. **本能**；直觉；天性

痛点 first instinct，"第一个本能"？不，是"本能反应，第一反应"。

真题 Curiosity is often considered a good instinct. 好奇心通常被认为是一种好的本能。（2018 年完形）

□ sustain

| 义联词 | □ **maintain** | □ **maintenance** | □ **persist** |

---

sustain [səˈsteɪn]

v. **保持**；维持（生命、生存）；遭受；支撑

真题 help sustain its high street 维持该镇的主要街道（2020 年阅读）

---

maintain [meɪnˈteɪn]

v. **维持**；**保养**；**坚持认为**；供养；抚养

真题 maintain lean muscle 保持肌肉（2021 年完形）

---

maintenance [ˈmeɪntənəns]

n. **维护，保养**；**维持，保持**；（依法应负担的）

抚养费

真题 Planned maintenance is managed incompetently. 对例行维护的管理不力。（2021 年阅读）

---

persist [pərˈsɪst]

v. **保持，维持**；顽强地坚持

痛点 其地道搭配为：persist in sth./doing sth.，如：He persisted in upsetting her.（他不断地让她难过）。

真题 persist till the time we fall asleep 持续到我们入睡（2005 年阅读）

□ involve

| 义联词 | □ **participate** | □ **participant** | □ **engage** | □ **engagement** |

---

involve [ɪnˈvɑːlv]

熟义 *v.* **参与**；**包含**；**涉及**；牵涉；卷入；使潜心于

痛点 involved 作为形容词可以表示"复杂的"，相当于 complex，如：involved procedure（复杂的流程）。

真题 Both France and the United States are involved in the organization's work. 法国和美国都参与了该组织的工作。（2020 年阅读）

僻义 *v.* **影响**

真题 In men, the immune system did not appear to be involved. 男性的免疫系统似乎不受影响。（2021 年完形）

---

participate [pɑːrˈtɪsɪpeɪt]

v. **参加，参与**

真题 Neither one of them actually participated in any contributions. 他俩都没有真正参与过任何贡献。（2020 年新题型）

---

participant [pɑːrˈtɪsɪpənt]

n. **参与者**

真题 It works for all participants. 适用于所有参与者。（2020 年阅读）

---

engage [ɪnˈɡeɪdʒ]

v. **（使）参与**；**从事**

痛点 engaging smile，"有参与感的笑容"？不，

是"迷人的笑容"。

词组 engage (sb.) in sth.（使某人）参与（某事）

真题 Do your best to engage coworkers in a genuine conversation. 尽力让同事加入一场真诚的对话。（2020 年新题型）

engagement [ɪnˈɡeɪdʒmənt]

n. 参与度；参与；约定；订婚

真题 Digital products are there to promote maximal engagement. 数字产品是为了提升用户最高参与度。（2017 年阅读）

Word List 8

□ **principal**

义联词	□ **significance**	□ **significant**	□ **vital**	□ **critical**
	□ **crucial**	□ **magnitude**	□ **essential**	□ **essence**
	□ **slight**	□ **core**	□ **decisive**	

---

principal [ˈprɪnsəpl]

adj. **最重要的**　*n.*（*BrE*）大学校长；（*NAmE*）校长

痛点 其发音和 principle 一样，注意二者的拼写区别。

真题 The United States is the product of two principal forces. 美国是两股主要力量作用的产物。（2015 年翻译）

---

significance [sɪɡˈnɪfɪkəns]

n. **重要性**；**意义**

真题 the significance of long-term thinking 长线思维的重要性（2019 年阅读）

---

significant [sɪɡˈnɪfɪkənt]

adj. **重要的**；**巨大的**；**显著的**；**重大的**；**有重大意义的**

真题 significant extra burden 巨大的额外负担（2021 年阅读）

---

vital [ˈvaɪtl]

adj. **对……重要的**；**至关重要的**

痛点 它表达重要的程度很深，不能和 important 随意替换。

真题 Pricing is vital to environment-friendly purchasing. 定价对环保型购买很重要。（2013 年阅读）

---

critical [ˈkrɪtɪkl]

adj. **批评的**；**极重要的**；**关键的**；批判性的；挑剔的

痛点 它可以表示负面的批判，也可以表示某事重要性极高，具体含义需要结合其搭配并通过上下文来判断。

词组 be critical of… 批评，挑剔……

真题 Ethics professors are seldom critical of their students. 伦理学教授很少批评他们的学生。（2022 年阅读）

---

crucial [ˈkruːʃl]

adj. **关键性的**；**至关重要的**

真题 at a crucial time 在关键时刻（2004 年阅读）

---

magnitude [ˈmæɡnɪtuːd]

n. **重要性，巨大**

痛点 the magnitude of the problem，"问题的巨大"？不，是"问题的重要性"。

---

essential [ɪˈsenʃl]

adj. **至关重要的**；基本的，根本的　*n.* 必需品；要素

痛点 难记？至关重要的东西，得一（e）伸

119

（ssen）手（tial）就能拿到。

词组 be essential to… 对……很重要

真题 The decision is essential to data security. 该决定对信息安全很重要。（2007 年阅读）

---

essence [ˈesns]

n. **本质，精髓**；香精，精油

词组 in essence 本质上

真题 The Administration was in essence asserting that it didn't want to carry out Congress's immigration wishes. 联邦政府实质上是想说，它不想执行国会在移民问题上的想法。（2013 年阅读）

---

slight [slaɪt]

adj. 轻微的；微小的；微不足道的　*v.* 轻视；怠慢；冷落

---

core [kɔːr]

adj. **核心的**；基础的　*n.* 核心

真题 core skills 核心技能（2021 年阅读）

---

decisive [dɪˈsaɪsɪv]

adj. **决定性的**；果断的；关键的

真题 a decisive moment 一个决定性时刻（2009 年阅读）

□ tremendous			
义联词　□ dramatic	□ enormous	□ giant	□ immense
□ massive			

---

tremendous [trəˈmendəs]

adj. **巨大的**；极好的

真题 It's a tremendous luxury. 这是一种极大的奢侈。（2016 年阅读）

---

dramatic [drəˈmætɪk]

adj. **突然的，巨大的，令人吃惊的**；戏剧性的

真题 dramatic reduction 大幅减少（2017 年阅读）

---

enormous [ɪˈnɔːrməs]

adj. 巨大的

痛点 其表示的是 extremely large，所以表达一般程度的大，不要用这个词哦。

真题 enormous influence 巨大的影响（2012 年阅读）

---

giant [ˈdʒaɪənt]

熟义 *adj.* **巨大的**；伟大的　*n.* 巨人；伟人

真题 a giant observatory 一个巨大天文台（2017 年阅读）

僻义 *n.* **巨头，大公司**

真题 tech giants 科技巨头（2020 年阅读）

---

immense [ɪˈmens]

adj. **巨大的**；极好的

痛点 其地道搭配为：be of immense value/importance（具有重大价值/非常重要）。

真题 immense wealth 巨大的财富（2012 年新题型）

---

massive [ˈmæsɪv]

adj. **巨大的，非常严重的**；巨大的，大而重的

真题 massive media attention 媒体的高度关注（2013 年阅读）

□ exceptional

义联词	□ brilliant	□ splendid	□ glorious	□ magnificent
	□ glory	□ incredible	□ terrific	□ remarkable
	□ striking	□ extraordinary	□ impressive	□ miracle

exceptional [ɪkˈsepʃənl]

adj. **非常好的**；杰出的；例外的

痛点 在写作中想表达"非常好的"时，exceptional 是一个很好的选择！

真题 They did an exceptional job on a particular project. 他们在一个项目上表现得很棒。（2020 年新题型）

brilliant [ˈbrɪliənt]

adj. 杰出的；有才气的；明亮的；灿烂的

痛点 其地道搭配为：a brilliant idea（绝妙的主意）/brilliant young people（才华横溢的年轻人）/brilliant sunshine（明媚的阳光）。

splendid [ˈsplendɪd]

adj. 极佳的；壮丽的；豪华的；辉煌的

glorious [ˈglɔːriəs]

adj. 辉煌的；光荣的；壮丽的；极其令人愉快的

痛点 a glorious trip，"一次辉煌的旅行"？不，是"一次令人愉快的旅行"。

magnificent [mægˈnɪfɪsnt]

adj. **壮丽的，华丽的，宏伟的**

真题 magnificent uniforms 华丽的制服（2015 年阅读）

glory [ˈglɔːri]

n. **辉煌**；**荣耀**；赞颂

真题 restore the glory of former times 恢复昔

日的辉煌（2016 年阅读）

incredible [ɪnˈkredəbl]

adj. **极好的**；极棒的；难以置信的

痛点 incredible pain，"极好的疼痛"？不，是"难以忍受的疼痛"；这个词表示好坏都有可能，具体含义取决于上下文。

真题 incredible learning experience 极好的学习经历（2020 年翻译）

terrific [təˈrɪfɪk]

adj. **极好的**；很大的，异乎寻常的

痛点 同样是 terri 开头，相较于 terrific，terrible（糟糕的）往反的方向走了很远。

真题 look terrific 看起来很不错（2008 年新题型）

remarkable [rɪˈmɑːrkəbl]

adj. **卓越的，非凡的**

真题 a remarkable work 一部巨作（2019 年阅读）

striking [ˈstraɪkɪŋ]

adj. **引人注目的，鲜活的**；妩媚动人的

痛点 其地道搭配为：in striking contrast（鲜明的对照）。

真题 striking characters 鲜活的人物角色（2017 年新题型）

extraordinary [ɪkˈstrɔːrdəneri]

adj. **非常的**；**非凡的**；卓越的

痛点 难记？额外的（extra）普通（ordinary），就是不平凡。

真题 Darwin himself speaks of his intellectual powers with extraordinary modesty. Darwin 非常谦虚地谈到了自己的智力水平。（2008 年翻译）

---

impressive [ɪmˈpresɪv]

adj. 令人印象深刻的

痛点 在中文里，无论好的、坏的事物都有可能令人印象深刻，但是 impressive 往往是正面的印象。

---

miracle [ˈmɪrəkl]

n. 奇迹，奇迹般的人或物

痛点 It would take a miracle to…，"做……产生奇迹"？不，是"做……是天方夜谭"。

□ unique			
义联词 □ universal	□ peculiar	□ weird	□ singular

unique [juˈniːk]

adj. **特殊的**；**独特的**；唯一的；极不寻常的

真题 unique content 特殊内容（2023 年翻译）

universal [ˌjuːnɪˈvɜːrsl]

熟义 *adj.* **普遍的**；广泛适用的；全体的；全世界的

真题 universal existence 普遍的存在（2002 年阅读）

僻义 *n.* **普遍规律**

真题 The structures of the languages are not governed by universals. 语言结构不受普遍规律的影响。（2012 年翻译）

peculiar [pɪˈkjuːliər]

adj. **特殊的，特有的**；奇怪的，怪异的

痛点 它可以表示中性，也可以表示贬义"怪异的"；而 special 常用于表示褒义的"特别的"。

真题 the peculiar part 特殊的一部分（2023 年阅读）

weird [wɪrd]

adj. **古怪的**；**怪异的**；离奇的；诡异的；怪诞的

真题 Many things make people think artists are weird. 许多事情让人们认为艺术家是古怪之人。（2006 年阅读）

singular [ˈsɪŋɡjələr]

adj. **非凡的，奇特的**；单数的；独一无二的

真题 the singular lack of imagination about girls' lives and interests 对女孩的生活和兴趣极度缺乏想象力（2012 年阅读）

义联词	□ specify	□ define	□ definite	□ definition
	□ obscure	□ abstract	□ rough	
形联词	□ aspect			

□ **specific**

specific [spəˈsɪfɪk]

熟义 *adj.* **具体的**；**明确的**；**特定的**；特有的

真题 focus on specific details 关注具体细节（2021 年阅读）

僻义 *n.* **详情**

真题 These unilateral developments differ in their specifics. 这些单边税收举措在细节上各不相同。（2020 年阅读）

specify [ˈspesɪfaɪ]

v. **明确规定**；**指定**；具体说明；详述；详列

真题 specify novel rules 明确全新的规则（2015 年阅读）

define [dɪˈfaɪn]

v. **下定义**；**明确，界定**

真题 Their degree won't define them in the same way. 他们的学位不会以同样的方式定义他们。（2022 年阅读）

definite [ˈdefɪnət]

adj. 肯定的；不会改变的；明显的

痛点 a definite feeling，"肯定的感觉"？不，是"明显的感觉"。

definition [ˌdefɪˈnɪʃn]

n. **定义**；清晰度

真题 strict definition 严格的定义（2013 年阅读）

obscure [əbˈskjʊr]

熟义 *adj.* **费解的，模糊不清的** *v.* **使变糊**；**使费解**

真题 The legal issues in the case are obscure. 此案的法律问题有些含糊不清。（2012 年阅读）

僻义 *adj.* **鲜为人知的** unknown or known by only a few people

真题 obscure magazines 不知名的杂志（2017 年新题型）

abstract [ˈæbstrækt]

adj. **抽象的**；理论上的，不切实际的 *n.* 抽象的东西；理论思考；摘要

痛点 in the abstract，不是"在摘要里"，而是"理论上来说"。

真题 an abstract concept 一个抽象概念（2003 年翻译）

rough [rʌf]

熟义 *adj.* **大致的**；粗略的；粗糙的；困难的；粗暴的；猛烈的

痛点 在书面表达里经常可以用 roughly（大约）来替代 about。

真题 The rough guide to marketing success used to be that you got what you paid for. 过去的市场攻略大概就是花多少钱办多大事。（2011 年阅读）

僻义 *adj.* **强硬的**

真题 take a rough line on political issues 在政治问题上采取强硬立场（2015 年阅读）

aspect [ˈæspekt]

n. **方面**；层面；朝向；样子

痛点 The house has a southern aspect.，"房子有一个南面"？不，是指"房子坐北朝南"，这里的 aspect 指的是朝向；take on a new aspect，"呈现出新的方面"？不，是"呈现出新的样子"。

真题 diverse aspects of culture 文化的各个方面（2009 年新题型）

□ shallow		
义联词　□ **narrow**		□ **profound**
形联词　□ **hollow**		

shallow [ˈʃæləʊ]

adj. **浅的**；肤浅的

痛点 难记？又傻（sha）又（low）的人很肤浅（shallow）。

示例 shallow waters 浅水水域

narrow [ˈnærəʊ]

adj. **勉强的**；**狭义的**；狭窄的；狭隘的　*v.* 使窄小

痛点 narrow escape，"差一点逃离"？不，是"险些出事"。

词组 narrow victory 险胜

真题 narrow victory in the presidential election of 1800 在 1800 年总统大选中获得的微弱优势（2008 年阅读）

profound [prəˈfaʊnd]

adj. **深远的**；知识渊博的；玄奥的

真题 cause profound problems for our personal and social lives 给我们的个人和社会生活带来了深层次的问题（2019 年新题型）

hollow [ˈhɑːləʊ]

adj. 中空的；空心的；空洞的；没有价值的

痛点 难记？嚯（ho）！漏（llow）了→中空的。

□ intense			
义联词　□ **acute**	□ **keen**	□ **intensity**	□ **intensive**
□ **strengthen**			
形联词　□ **intention**			

intense [ɪnˈtens]

adj. **强烈的**；激烈的；热切的

痛点 an intense look，"强烈的外表"？不，是"热切的神情"。

真题 spark intense opposition 激起强烈反对（2020 年阅读）

acute [ə'kju:t]

adj. **强烈的**；严重的；急性的；敏锐的

痛点 想表达"严重的问题"时只想到 severe problem？想表达"激烈的竞争"时只想到 fierce competition？把 acute 用起来！

真题 Powerful memory doesn't make my emotions any more acute. 超强的记忆力并没有让我的情感更加鲜活生动。（2013 年翻译）

keen [ki:n]

adj. **热衷的**；**渴望的**；**热切的**；着迷的；热心的；激烈的；敏锐的

痛点 a keen mind，"热切的头脑"？不，是"敏锐的头脑"。

词组 be keen to do… 热衷于……，渴望……

真题 lawyers were keen to attend conventions 律师热衷于参加会议（2012 年阅读）

intensity [ɪn'tensəti]

n. **强度**；强烈；剧烈

真题 training intensity 锻炼强度（2019 年完形）

intensive [ɪn'tensɪv]

adj. **密集的**；加强的

真题 energy-intensive industries 能源密集型产业（2002 年阅读）

strengthen ['streŋθn]

v. **加强，巩固**

真题 strengthen economic growth 加强经济的发展（2002 年阅读）

intention [ɪn'tenʃn]

n. **目的**，意图，打算

真题 But the intention is not to neglect social science. 但其目的并不是忽视社会科学。（2013 年新题型）

□ violent		
义联词	□ **violence**	□ **fierce**
形联词	□ **violate**	

violent ['vaɪələnt]

adj. **剧烈的**；暴力的；激烈的

痛点 a violent change，"暴力的变化"？不，是"急剧的变化"。

真题 The stress tends to be irregular and violent. 压力往往没有规律且来势汹汹。（2008 年阅读）

violence ['vaɪələns]

n. **暴力**

真题 physical violence 肢体暴力（2008 年阅读）

fierce [fɪrs]

adj. **激烈的**；**凶猛的**

真题 fierce discussions 激烈的讨论（2023 年阅读）

violate ['vaɪəleɪt]

v. **违反**；**侵犯（隐私等）**

痛点 其地道搭配为：violate law/privacy（违法/侵犯隐私）。

真题 violate the Constitution 违反宪法（2013 年阅读）

□ **swift**
义联词　□ **gradual**
形联词　□ **swing**

swift [swɪft]

adj. **迅速的**；敏捷的

示例 a swift decision 迅速做出的决定

gradual [ˈɡrædʒuəl]

adj. **逐渐的**；逐步的

真题 These changes were gradual. 这些变化是渐进的。（2015 年翻译）

swing [swɪŋ]

v. **(使)摆动**；纵身跃向；弧线运动；突然转身；改变（意见、情绪等）　*n.* 改变；摆动；秋千

痛点 注意其过去式和过去分词都是 swung。

真题 swing like you're hitting the ball 像击球一样挥拍（2022 年新题型）

□ **twist**
义联词　□ **rotate**

twist [twɪst]

n. **拐弯处**；**转折**；曲折处；扭动；转动；旋转；拧　*v.* **歪曲，曲解**；使弯曲；扭动；旋转；曲折；蜿蜒；扭伤

痛点 其地道搭配为：twists and turns（迂回曲折）。

真题 Whichever it is, you know every twist and turn like the back of your hand. 不管是哪种情况，你对每一处的拐弯转角都了如指掌。（2015 年翻译）

rotate [ˈrəʊteɪt]

v. 旋转，转动；轮流

痛点 难记？腐烂的（rot）东西吃下去了（ate），感觉世界都在旋转（rotate）。

□ **steady**
义联词　□ **stability**　　　□ **sharp**

steady [ˈstedi]

adj. **稳定的**；稳步的；持续的

真题 Home prices are holding steady in most regions. 多数地区房价一直很稳定。（2004 年阅读）

stability [stəˈbɪləti]

n. 稳定；稳定性

真题 Emotional stability can benefit health. 情绪稳定有利于健康。（2019 年阅读）

------

sharp [ʃɑːrp]

adj. **急剧的**；**尖锐的**；锋利的；清晰的；敏锐的；

急转弯的　*adv.*（时间点后，表示准时）……点整

真题 We see a sharp increase in our traffic. 我们看到流量急剧增加。（2004 年阅读）

□ dynamic		
义联词　□ **motion**		□ **static**

dynamic [daɪˈnæmɪk]

adj. **充满活力的**；动态的；动力的　*n.*（人或事物）相互作用的方式；动力学

痛点 难记？大一（dy）新生拿（na）麦克风（mic）唱歌，充满活力！

真题 the more dynamic elements of the global economy 全球经济中更具活力的因素（2020 年阅读）

------

motion [ˈməʊʃn]

n. **运动，移动**；动作；动议，提议　*v.*（以头或手）做动作，示意

痛点 put forward a motion，"往前移动"？不，是"提出一项动议"。

真题 go through the motions 走过场（2022 年新题型）

------

static [ˈstætɪk]

adj. 静的，静态的；静止的，停滞的　*n.* 静电

□ loosen		
义联词　□ **loose**		□ **fasten**

loosen [ˈluːsn]

v. **放开（手等）**；**放松，变松**；松开（衣服、头发等）

真题 loosen control over immigrant 放松对移民的控制（2013 年阅读）

loose [luːs]

adj. 松动的；未系（或捆）在一起的，零散的；不受约束的

------

fasten [ˈfæsn]

v. 系牢；扎牢；结牢

痛点 难记？飞机汽车开得很快（fast），所以要 fasten your seatbelt（系好你的安全带）。

□ complex

义联词　□ complicate　　□ complicated　　□ readily　　□ concise

complex [ˈkɑ:mpleks]

adj. **复杂的**　*n.*（类型相似的）建筑群

痛点 apartment complexes，"公寓复杂"？不，是"公寓群，住宅群"。

真题 complex cultural behavior 复杂的文化行为（2012 年翻译）

complicate [ˈkɑ:mplɪkeɪt]

v. 使复杂化

痛点 注意其名词 complication 除了表示"让情况更复杂的问题"之外，还可以表示"并发症"。

complicated [ˈkɑ:mplɪkeɪtɪd]

adj. **复杂的，难懂的**

真题 long and complicated process 漫长且复杂的过程（2019 年阅读）

readily [ˈredɪli]

adv. **轻而易举地；欣然地**

真题 readily understand 很容易理解（2014 年新题型）

concise [kənˈsaɪs]

adj. 简明的，简要的

□ raw

义联词　□ pure　　□ crude　　□ virgin　　□ intact

raw [rɔ:]

adj. **未经加工的**；生的；未经分析的；未经训练的；无经验的；寒冷的

痛点 raw data，"生的数据"？不，是"原始数据"。

真题 raw material 原材料（2015 年翻译）

pure [pjʊr]

adj. **纯粹的**；纯净的；不含有害物质的；清晰纯正的；纯真的；纯种的

痛点 by pure chance，"通过纯净的机会"？不，是"纯属偶然"。

真题 The bargain is very pure. 交易非常纯粹。（2015 年阅读）

crude [kru:d]

熟义 *adj.* **天然的**；粗糙的；简陋的；粗俗的

痛点 in crude terms，"用天然的术语"？不，是"简略地说"。

词组 crude oil 原油

真题 Income loss mainly results from fluctuating crude oil prices. 收入损失主要是由原油价格波动造成的。（2002 年阅读）

僻义 *n.* 原油

真题 the price of crude 原油的价格（2002 年阅读）

virgin [ˈvɜ:rdʒɪn]

adj. **原始状态的**；未开发的；处女的　*n.* 处女；新手

真题 virgin forest 原始森林（2015 年翻译）

intact [ɪnˈtækt]

adj. **未经触动的**；完整无缺的；未受损伤的

真题 certain jobs will remain intact after automation 某些工作不受自动化的影响（2014 年阅读）

□ normalisation/-zation			
义联词	□ abnormal		
形联词	□ modernisation/-zation		

normalisation/-zation [ˌnɔːrmələˈzeɪʃn]

n. **正常化**；标准化

例句 Relations between the countries were formally normalized in 1997. 两国关系于 1997 年正式正常化。

abnormal [æbˈnɔːrml]

adj. 不正常的；畸形的

痛点 注意与它形近的名词 anomaly（异常事物，反常现象），注意这两个单词中 ab 和 a 以及 nor 和 no 的拼写。

modernisation/-zation [ˌmɑːdərnəˈzeɪʃn]

n. **现代化**

真题 defer vital modernization 推迟重要的现代化进程（2018 年阅读）

□ alike			
义联词	□ identical	□ resemble	□ likewise	□ diverse
	□ reverse	□ contrary	□ opposite	□ paradox

alike [əˈlaɪk]

adv. **两者都**；同样地；相似地　*adj.* 相似的；相像的

痛点 日常 social 里，自夸和他夸经常会用到这个词，如：Great minds think alike.（英雄所见略同。）。注意这个形容词不能修饰名词，如：alike idea 就是错误的中式英语。

真题 Artists and scientists alike are immersed in discovery and invention. 艺术家和科学家都沉浸在发现和发明中。（2022 年阅读）

identical [aɪˈdentɪkl]

adj. **完全相同的**；非常相似的

痛点 其搭配介词 to 和 with 都行。

词组 be identical with... 与……相同

真题 to be identical with each other 彼此相同（2019 年阅读）

resemble [rɪˈzembl]

v. **看起来像，显得像**

真题 The scientific publishing model resembles the economy of the social internet. 科研出版的模式类似于社交网络的经济模式。（2020 年阅读）

likewise [ˈlaɪkwaɪz]

adv. **同样地**；也，还

痛点 likewise 是比较正式的用法，意思上相当于 similarly。

真题 Likewise, automation should eventually boost productivity. 同样，自动化最终会提高生产效率。（2018 年阅读）

diverse [daɪˈvɜːrs]

adj. **不同的，多种多样的**

痛点 diverse 比 different 还要 different，表达的程度更深。

真题 Young people verify news by referring to diverse sources. 年轻人通过参考不同的来源来核实新闻。（2018 年阅读）

reverse [rɪˈvɜːrs]

v. **扭转**；废除（决定、法律等）；使次序颠倒；交换（位置或功能） *n.* 相反的情况（或事物） *adj.* 相反的

真题 reverse a recent trend 扭转近期的趋势（2021 年阅读）

contrary [ˈkɑːntreri]

adj. **相反的**；（在性质或方向上）截然不同的

词组 on the contrary 恰恰相反

真题 On the contrary, they can help students acquire a sense of commitment. 相反，他们可以帮助学生们获得一种责任感。（2009 年阅读）

opposite [ˈɑːpəzɪt]

adj. **对面的**；**相反的** *n.* **对立的人（或物）**

prep. 与……相对；在……对面

真题 accept reasons on the opposite side 接受反方提出的理由（2019 年新题型）

paradox [ˈpærədɑːks]

n. **矛盾的人或物**；**悖论**

痛点 其形容词是 paradoxical（矛盾的）。

真题 Millennials face the paradox of being the least formal generation yet the most conscious of style and personal branding. 千禧一代面临着矛盾的现实：他们既是穿着最不正式的一代，又是对风格和个人品牌最在意的一代。（2016 年阅读）

□ **fake**

| 义联词 | □ **forge** | □ **disguise** | □ **fable** |
| 形联词 | □ **fade** | | |

fake [feɪk]

adj. **伪造的，假的** *v.* 伪造

真题 fake news 假新闻（2018 年阅读）

forge [fɔːrdʒ]

v. **努力加强**；锻造；伪造

痛点 forge a passport，"制作一个护照"？不，

是"伪造护照"。

真题 forge closer collaborations with western state governments 与西部各州政府建立更紧密的合作关系（2016 年阅读）

disguise [dɪsˈɡaɪz]

v. **伪装**；假扮；掩饰 *n.* 用来伪装的东西；伪

装；掩饰

痛点 其地道搭配为：There's no disguising the fact that...（无法隐瞒的事实是……）。

真题 Dreams were the disguised shadows of our unconscious desires and fears. 梦是我们潜意识里愿望和恐惧伪装成的影子。（2005 年阅读）

---

fable ['feɪbl]

n. 寓言；谎言

---

fade [feɪd]

v. **衰退**；**逐渐消逝**；变淡；变暗

痛点 难记？废（fa）的（de），衰退了。

真题 As the brain fades, we refer to these occurrences as "senior moments." 随着大脑的衰退，我们把这些情况称为"老糊涂的时刻"。（2014 年完形）

□ **short**

| 义联词 | □ **shortage** | □ **deficiency** | □ **poverty** | □ **sufficient** |
| | □ **adequate** | □ **abundant** | □ **enrich** | |

---

short [ʃɔːrt]

熟义 *adj.* **短缺的**；**简短的**；**短暂的**；**短途的**；矮的 *adv.* 缺少，不足；未达到，不及；过早地（终止）

词组 be short of 短缺

真题 The town is not really short of money. 小镇并不是真的缺钱。（2006 年阅读）

僻义 *adj.* **未达到的**

词组 fall short of... 未达到……

真题 The agreement fell short of the latter's expectations. 协议未能达到后者的期望。（2018 年阅读）

---

shortage ['ʃɔːrtɪdʒ]

n. **短缺**；不足；缺乏

真题 worker shortages 劳动力短缺（2017 年新题型）

---

deficiency [dɪ'fɪʃnsi]

n. **缺乏**；缺陷

痛点 iron deficiency，"铁元素的缺陷"？不，是"缺铁"。

真题 Guilt may compensate for an emotional deficiency. 内疚能够弥补情感上的不足。（2019 年阅读）

---

poverty ['pɑːvərti]

n. **贫穷**；短缺

痛点 poverty of color，"颜色穷"？不，是"缺乏色彩"。

真题 break the cycle of poverty 打破贫困循环（2021 年阅读）

---

sufficient [sə'fɪʃnt]

adj. **足够的，充足的**

痛点 其动词形式是 suffice（足够，足以）。

真题 lack sufficient safeguards 没有足够的保障措施（2022 年阅读）

---

adequate ['ædɪkwət]

adj. **足够的**；**充足的**；足够好的，令人满意的

痛点 其地道搭配为：be adequate for sth./to do

sth., 其后接名词动词都行，好用！

真题 This is an adequate amount. 这个数量是足够的。（2013 年新题型）

---

abundant [əˈbʌndənt]

adj. **丰富的**；充裕的

痛点 它是动词 abound 的形容词形式，如想表达"在某方面丰富"，其后接介词 in：be abundant in sth.。

真题 abundant resources 丰富的资源（2013 年阅读）

---

enrich [ɪnˈrɪtʃ]

v. **充实，使丰富**；使富有，使富裕

真题 Social class greatly helps enrich educational experiences. 社会阶层对于丰富教育经历大有帮助。（2015 年阅读）

□ flexible	
义联词	□ stiff

flexible [ˈfleksəbl]

adj. **灵活的**；柔韧的

真题 Be flexible. 要灵活机动。（2008 年新题型）

---

stiff [stɪf]

adj. **激烈的**；不易弯曲的；僵直的；生硬的；严厉的　　*adv.* 极其，非常；僵硬地

真题 stiff competition 激烈的竞争（2017 年新题型）

□ handy		
义联词	□ portable	□ handful

handy [ˈhændi]

adj. **便于使用的**；手边的

词组 come in handy 有用处

真题 This is where supermarkets and their anonymity come in handy. 超市及其匿名购物的特点就派上用场了。（2013 年新题型）

---

portable [ˈpɔːrtəbl]

adj. **便携式的**；手提的

真题 portable camera 便携式相机（2021 年阅读）

---

handful [ˈhændfʊl]

n. **少数人（或物）**；一把；一小撮

痛点 它看上去是形容词，实际上是名词！

真题 a handful of scientists 一些科学家（2014 年阅读）

□ worldwide		
义联词	□ widespread	□ extensive

worldwide [ˌwɜːrldˈwaɪd]

adv. **在全球，全世界**　*adj.* **全球性的，全世界的**

真题 They are already used in dozens of countries worldwide. 它们已被全球数十个国家投入使用。（2021 年阅读）

widespread [ˈwaɪdspred]

adj. **广泛的**；**普遍的**；**大范围的**；分布广的

真题 widespread concern 广泛关注（2015 年阅读）

extensive [ɪkˈstensɪv]

adj. **广泛的**；**广博的**；**大量的**；广阔的

真题 Extensive research helps decision-making. 广泛的研究有助于决策。（2005 年阅读）

□ **spontaneous**

义联词	□ **voluntary**	□ **reluctant**

spontaneous [spɑːnˈteɪniəs]

adj. **自然的**；天真率直的；自发的，无意识的

痛点 其地道搭配为：spontaneous applause/cheer（自发的鼓掌 / 庆祝）。

真题 spontaneous smiles 自然的笑容（2021 年阅读）

voluntary [ˈvɑːlənteri]

adj. **自愿的**；**自发的**；主动的

真题 issued a call to voluntary action 呼吁采取自愿行动（2013 年阅读）

reluctant [rɪˈlʌktənt]

adj. **不情愿的，勉强的**

痛点 reluctance 和 reluctancy 都是它的名词形式。

真题 The UK is reluctant to remold its economic pattern. 英国不愿重塑其经济模式。（2017 年阅读）

□ **present**

义联词	□ **slide**	□ **presence**	□ **absence**

present [ˈpreznt]

adj. **现存的**；在场；存在　*v.* **（以某种方式）展现**；颁发；提交　*n.* **时态**；礼品，礼物

真题 Value the present moment and remember how fortunate you are to be alive. 珍惜当下，记住人生在世是多么幸运。（2015 年新题型）

slide [slaɪd]

v. （使）滑行,（使）滑动　*n.* 滑梯；山崩；岩崩；幻灯片

痛点 Next PPT? No, next slide!

presence [ˈprezns]

n. **在场，在席**；存在，出现

真题 celebrities' outsize presence 明星的频频出席（2010 年阅读）

absence [ˈæbsəns]

n. **没有**；**缺失**；**缺乏**；缺席；不在

痛点 当表示"缺席的场合或者时段"的时候，它是可数名词，如：repeated absences from class；当表示"不存在；缺乏"的时候，它是不可数名词。其地道搭配为：in the absence of, in sb.'s absence。

真题 Happiness is the absence of striving for happiness. 幸福的状态就是不用去努力追求幸福。（2016 年新题型）

□ **transform**

| 义联词 | □ **transition** | □ **translate** | □ **translation** | □ **render** |

---

transform [trænsˈfɔːrm]

v. **使改观，改变**；使改变形态

痛点 难记？变换（trans）形状（form）→变形。所以"变形金刚""变压器""转换器"就是 transformer。

真题 *The Power of Disorder to Transform Our Lives*《混乱：改变我们生活的魔力》（2018 年阅读）

transition [trænˈzɪʃn]

n. **过渡，转变**

痛点 "过渡期"还可以是 transitional period。

真题 They struggled in their transition to college-level courses. 向大学课程过渡时，他们举步维艰。（2019 年阅读）

translate [trænzˈleɪt]

v.（**使**）**转变**；翻译

痛点 translate theory into practice，"把理论翻译成实践"？不，是"把理论转化为实践"。

词组 translate into 转变成

真题 Economic growth is translated into meaningful improvements. 经济增长转化为真正的（生活）改善。（2017 年阅读）

translation [trænzˈleɪʃn]

n. 翻译；译文；转变

痛点 它既可以表示抽象的"翻译"，也可以表示具体的"译文"；其地道搭配为：the translation of theory into practice（从理论到实践的转化）。

render [ˈrendər]

v. **使成为，使处于某状态**；给予；递交；（用不同的语言）表达，翻译

痛点 其地道搭配为：render sth. harmless/ineffective（使处于无害/无效的状态）。

真题 This enjoyment should be rendered another guilty pleasure. 这种愉悦应该成为另一种罪恶的快乐。（2020 年完形）

Word List 9

□ **nickname**	
义联词	□ **surname**
形联词	□ **namely**

nickname [ˈnɪkneɪm]

n. **绰号，外名**　*v.* 给……起绰号
真题 an affectionate nickname 亲切的绰号
（2013 年阅读）

---

surname [ˈsɜːrneɪm]

n. **姓，姓氏**
真题 surnames beginning with letters between A and K 以字母 A 至 K 开头的姓氏（2004 年阅读）

---

namely [ˈneɪmli]

adv. **即，也就是**

□ **phase**			
义联词	□ **infant**	□ **nursery**	□ **youth**	□ **youngster**
	□ **prime**	□ **naive**	□ **grown-up**	□ **mature**
形联词	□ **phrase**			

phase [feɪz]

n. **阶段；时期**
真题 significant phase 重要阶段（2005 年翻译）

---

infant [ˈɪnfənt]

adj. **婴儿的；幼儿的**；初期的　*n.* **婴儿**；幼儿
痛点 其抽象名词是 infancy（婴儿期）；in its infancy，不一定指人的"婴儿期"，还可以引申指"初期，初创期"。
真题 infant wear 婴儿服装（2012 年阅读）

---

nursery [ˈnɜːrsəri]

adj. **幼儿教育的**　*n.* **托儿所，保育室**
痛点 注意它不是指医院里的"护理"。
真题 nursery colours 儿童配色（2012 年阅读）

---

youth [juːθ]

n. **青年人，年轻人**；青年时期；青春
痛点 它既可以指抽象的"青春"，也可以指具体的"年轻人"。当指代后者时经常用 the youth 表示统称。
真题 European national youth teams 欧洲国家青年队（2007 年阅读）

youngster [ˈjʌŋstər]

n. **年轻人；孩子**

真题 multilingual youngsters 会多种语言的年轻人（2017 年翻译）

prime [praɪm]

熟义 n. **盛年，年富力强的时期**　adj. **主要的；**优质的

痛点 prime time，"主要的时间"？不，是"黄金时间"。

词组 in one's prime 在某人鼎盛时期

真题 Hoffa's Teamsters were in their prime in 1960. 1960 年，Hoffa 的"卡车司机联合会"声名鹊起。（2012 年阅读）

僻义 v. **使（某人）做好准备**

真题 The action will prime your muscles for when you can get out there again. 这些动作会为你下次能够再次出门锻炼肌肉做好准备。（2022 年新题型）

naive [naɪˈiːv]

adj. **缺乏经验的，幼稚的**；天真的，率直的

痛点 不管褒义贬义它都可以表示，具体含义要看语境噢。

真题 as naive as it may seem 不论看起来有多么幼稚（2007 年新题型）

grown-up [ˈɡrəʊnˌʌp]

adj. 成长的；成熟的　n. 成年人

痛点 其地道搭配为：grown-up behavior/way（成熟的行为/成年人的方式）。

mature [məˈtʃʊr]

adj. **明白事理的，成熟的**；发育完全的；不再年轻的　v. 成熟；有判断力；使（技能或素质）成熟

痛点 其名词形式是 maturity（成熟）。

真题 These losses make us mature. 这些损失让我们成熟。（2015 年新题型）

phrase [freɪz]

n. **短语，词组，用语**　v.（以某种方式）表达，措辞

痛点 其地道搭配为：wording and phrasing（遣词造句）。

真题 Latin phrase 拉丁短语（2020 年翻译）

□ wedding			
义联词	□ **ceremony**	□ **breakdown**	□ **bride**	□ **pregnant**
	□ **repair**	□ **widow**		

wedding [ˈwedɪŋ]

n. **婚礼**

痛点 难记？我们（we）定（dding）了，要一辈子在一起！

真题 traditional wedding 传统婚礼（2016 年完形）

ceremony [ˈserəməʊni]

n. **典礼，仪式**；礼仪；客套

痛点 stand on ceremony，"站在典礼上"？不，是"讲究客套，拘于礼节"。

真题 Parts of the ceremony involve ritual hair cutting. 仪式通常包括剪发。（2016 年完形）

breakdown [ˈbreɪkdaʊn]

n. （车辆或机器的）故障；（关系的）破裂；分解

痛点 其地道搭配为：nervous breakdown（精神崩溃）/marriage breakdown（婚姻破裂）/ a breakdown in communications（通信中断）。

bride [braɪd]

n. **新娘**

痛点 难记？新娘穿着婚纱，不（b）骑（ride）自行车。其地道搭配为：the bride and groom（新娘新郎），注意表达新郎新娘时中英文顺序是反的。

真题 the bride's and groom's wrists 新娘新郎的手腕（2016 年完形）

pregnant [ˈpregnənt]

adj. **怀孕的**

真题 News about pregnant celebrities is entertaining. 明星怀孕的消息具有娱乐性。（2011 年阅读）

repair [rɪˈper]

v. **补救，纠正**；修理 *n.* 修补

真题 try to repair relations with the unions 努力与工会修复关系（2021 年阅读）

widow [ˈwɪdəʊ]

n. **寡妇**

痛点 难记？从窗户（window）看进去，少了个男人（n）→ widow。

真题 an 84-year-old widow 一位 84 岁的孀妇（2014 年阅读）

□ ancestor			
义联词	□ offspring	□ descendant	□ tribe	□ native
	□ antique	□ evolve	□ evolution	

ancestor [ˈænsestər]

n. **祖先**；原型

痛点 the ancestor of the modern cellphone，"现代手机的祖先"？实际上是"模型"。

真题 The competitive environment pushed our ancestors to achieve that potential. 竞争环境推动我们的祖先实现这种潜能。（2009 年阅读）

offspring [ˈɔːfsprɪŋ]

n. 后代；崽

descendant [dɪˈsendənt]

n. **后代**，后裔，子孙

真题 make evidence-based forecasts about the situations in which our descendants will find themselves 对我们后代的生活环境做出有事实基础的预测（2013 年阅读）

tribe [traɪb]

n. 部落；（尤指同一职业的）一伙（人）；（动物或植物的）群

native [ˈneɪtɪv]

熟义 *adj.* **出生地的**；**当地的**；土著的；原产于某地的 *n.* 出生于某国（或某地）的人；本地人；土著；本地的动物（或植物）

真题 Native American languages are indeed

different. 美洲各地方语言的确各有差异。（2004年翻译）

辨义 *adj.* **天赋的，与生俱来的**

真题 native intelligence 与生俱来的智力（2004年阅读）

---

antique [æn'ti:k]

adj. **古董的**；古老的　*n.* 文物；古董；古玩

痛点 难记？ anti- 代表"反"，que 发音像"科"→反科技→古老的；an antique shop，"一家古老的商店"？ 不，是"一家古玩店"，这里 antique 是作名词。

真题 antique dealers' stores 古董商店（2014年

新题型）

evolve [ɪ'vɑ:lv]

v. **逐渐演变**；**进化**；**演化**

词组 evolve from... 从……逐渐演变成

真题 It evolves from common sense. 由常识演变而来。（2004年阅读）

---

evolution [ˌevə'lu:ʃn]

n. **进化**；**演变，发展**

真题 Human evolution was characterized by a struggle. 人类的进化具有奋斗特色。（2009年新题型）

□ partner		
义联词　□ **mate**	□ **soul**	□ **spiritual**

partner ['pɑ:rtnər]

n. **伙伴，合伙人**；**配偶**；**搭档**　*v.* 做……的搭档

真题 senior partner 资深合伙人（2011年阅读）

---

mate [meɪt]

n. 伙伴；哥儿们，伙计；配偶，配对物；大副　*v.* 成为配偶

痛点 Mate 系列，让手机成为伙伴。

soul [səʊl]

n. **灵魂**；**心灵**；内心

真题 the soul of the human being 人的灵魂（2014年翻译）

---

spiritual ['spɪrɪtʃuəl]

adj. **精神的**；心灵的

真题 spiritual elevation 精神升华（2014年翻译）

□ kidney			
义联词　□ **liver**	□ **breast**	□ **tissue**	□ **throat**
□ **tongue**	□ **chin**	□ **gut**	□ **belly**
□ **thumb**	□ **vein**	□ **pulse**	□ **toe**
□ **limb**			
形联词　□ **kidnap**			

kidney [ˈkɪdni]

n. 肾，肾脏

示例 a kidney infection 肾感染

---

liver [ˈlɪvər]

v. 肝脏；（动物供食用的）肝

---

breast [brest]

n. 乳房；胸部　*v.* 登上……的顶部

痛点 其地道搭配为：chicken breast（鸡胸）/breast cancer（乳腺癌）/a troubled breast（忧虑的心情）。

真题 breast cancer 乳腺癌（2012 年阅读）

---

tissue [ˈtɪʃuː]

n. （人、动植物细胞的）组织；纸巾

真题 feed expanding tissues 给扩张的组织提供养分（2008 年阅读）

---

throat [θrəʊt]

n. 咽喉

痛点 医院里耳鼻喉科的 "E.n.T" 里的 T，就是 throat。

真题 Shippers will have the railway by the throat. 托运商将控制铁路运输。（2003 年阅读）

---

tongue [tʌŋ]

n. 舌头；语言；说话方式

痛点 mother tongue，"妈妈的舌头"？不，是 "母语"。

---

chin [tʃɪn]

n. 颏，下巴

痛点 其地道搭配为：double chin（双下巴）/chin up（振作起来）。

---

gut [gʌt]

熟义 *n.* 直觉；肠道；胆量

痛点 have the guts，"有直觉"？不，"有胆量，有勇气"。

真题 Use of their gut hurt their performance. 运用直觉会有损他们的表现。（2021 年阅读）

辨义 *adj.* 本能的，直觉的 based on feelings instead of thinking in a logical way

真题 gut feelings 直觉（2021 年阅读）

---

belly [ˈbeli]

n. 腹部；肚子

痛点 真题中出现过的 a bellyful of words 是指 "满肚子的话"，带贬义。have had a bellyful of sb./sth. 就是 "受够了某人/某事"。

---

thumb [θʌm]

v. 用拇指摸；示意请求搭便车　*n.* 大拇指

词组 thumb through 快速翻阅

真题 thumb through phone directories 翻阅电话号码簿（2004 年阅读）

---

vein [veɪn]

n. 静脉，血管；叶脉；纹理；风格

痛点 其发音和形容词 vain（徒劳的）一样，注意区分二者的拼写；in a similar vein，"在一个相似的血管里"？不，是 "以类似的风格"。

---

pulse [pʌls]

n. 脉冲；脉搏；强劲的音乐节拍　*v.* 搏动

痛点 注意不要将它和名词 impulse（冲动）弄混。

真题 an array of electrical pulses 电脉冲阵列（2022 年完形）

---

toe [təʊ]

n. 脚趾；（袜、鞋等的）足尖部

limb [lɪm]

n. **肢，臂，腿**；（树的）大枝，主枝

痛点 注意 -limbed 构成形容词，如：long-limbed（四肢修长）。

真题 adjust limbs 调整四肢姿势（2021 年阅读）

kidnap [ˈkɪdnæp]

n. 绑架，诱拐

痛点 难记？小孩（kid）睡觉（nap）时被绑架（kidnap）。

□ **organ**

| 形联词 | □ **organic** | □ **organism** |

organ [ˈɔːrgən]

n. **器官**；风琴

痛点 an electric organ，"电子器官"？不，是"电子琴"。

示例 internal organs 内脏

organic [ɔːrˈɡænɪk]

adj. **有机的**；器官的

真题 organic eggs 有机鸡蛋（2022 年阅读）

organism [ˈɔːrɡənɪzəm]

n. **生物，有机体**；有机组织

真题 individual organism 个体有机体（2008 年阅读）

□ **beard**

| 义联词 | □ **shave** | □ **barber** |

beard [bɪrd]

n. **胡须**

痛点 难记？记"熊（bear）的（d）胡须"就行。

真题 an actor with a beard 一个留着大胡子的演员（2006 年阅读）

shave [ʃeɪv]

v. 刮（脸，胡子） *n.* 刮脸；剃须

barber [ˈbɑːrbər]

n. **（为男子理发、修面的）理发师**；（男子）理发店

痛点 相对于中文的"理发师"，barber 更侧重指给男人理发、修面的理发师。我们经常说的发型师 Tony 可以成为 hair stylist。

真题 Try a hair stylist instead of a barber. 尝试一下发型师而不是理发师的服务。（2016 年新题型）

□ forth

义联词	□ former	□ forehead	□ foresee

forth [fɔːrθ]

adv. **向前**；离去，外出

痛点 set forth，"向前建立"？不，是"出发，阐明"，如：set forth an argument（阐明论点）。

真题 Pairs of opponents hit the ball back and forth. 双方来回击球。（2019 年新题型）

former [ˈfɔːrmər]

adj. **以前的**；（两者中）前者的

痛点 当表示两者中的"前者"时，the 不能省。

真题 the former governor's decisions 前州长的决定（2017 年阅读）

forehead [ˈfɔːrhed]

n. 前额

痛点 难记？前面的（fore）头（head）→前额。注意 h 可以不发音。

foresee [fɔːrˈsiː]

v. **预见**；预料

真题 This phenomenon will continue to restructure our economy in ways we cannot foresee. 这种现象将继续以我们无法预见的方式重组我们的经济。（2014 年阅读）

□ vision

义联词	□ visible	□ visual	□ invisible	□ hearing

vision [ˈvɪʒn]

n. **看法，想法**；**远见**；**愿景**；**前景**；**憧憬**；视野；视力；眼力

真题 our visions of the future 我们对未来的看法（2013 年阅读）

visible [ˈvɪzəbl]

adj. **看得见的，可见的**；**明显的**

真题 voice opinions in more visible ways 用更明显的方式发表意见（2011 年阅读）

visual [ˈvɪʒuəl]

adj. **视觉的**；视力的

真题 visual recognition 视觉识别（2014 年阅读）

invisible [ɪnˈvɪzəbl]

adj. **无形的**；看不见的

真题 The English language teaching sector directly earns nearly £1.3 billion for the UK in invisible exports. 英语语言教育行业的无形出口直接给英国带来近 13 亿英镑的收入。（2017 年翻译）

hearing [ˈhɪrɪŋ]

熟义 *n.* 听力；听觉

僻义 *n.* **听证会，庭审**

痛点 a court hearing，"一个法庭听力"？不，是"庭审"。

真题 public hearings 公众听证会（2012 年阅读）

□ surgery			
义联词 □ **symptom**	□ **syndrome**	□ **therapy**	□ **heal**
□ **cure**	□ **ward**	□ **chronic**	□ **coronavirus**
□ **X-ray**	□ **scar**	□ **dose**	□ **clone**
□ **toxic**	□ **choke**	□ **nurse**	□ **bacteria**
□ **disable**	□ **wholesome**	□ **hormone**	□ **immune**

surgery [ˈsɜːrdʒəri]

n. **外科手术**

真题 dental surgery 牙科手术（2008 年阅读）

symptom [ˈsɪmptəm]

n. **症状；征兆**

真题 serious symptoms 严重的症状（2022 年新题型）

syndrome [ˈsɪndrəʊm]

n. 综合症状；典型表现

痛点 难记？身（syn）肿（drome）是一种综合症。

therapy [ˈθerəpi]

n. **治疗，疗法**

真题 They don't need self help books or therapy. 他们不需要自助书籍或疗法。（2016 年新题型）

heal [hiːl]

v. **使愈合，使康复**；调停，消除

痛点 中文中的"感到好治愈"其实就能直接对应英语中的 feel healed。

真题 Our bodies know how to heal a cut or mend a broken bone. 我们的身体知道如何愈合伤口或修复骨折。（2016 年翻译）

cure [kjʊr]

n.（解决问题、改善糟糕情况等的）**措施，对策**；**治疗；疗法** *v.* **治好（疾病）；解决（问题）**

痛点 a cure for poverty，"治疗贫穷"？不，是"贫穷问题的对策"；cure 作动词时，可以直接接人、疾病或问题，如：cure her/the illness/the problem（治疗她/治疗疾病/解决问题）。

真题 one cure for labor shortage 一个针对劳动力短缺的解决方案（2019 年阅读）

ward [wɔːrd]

n. 病房；病室

痛点 难记？在病房，保持卧（war）的（d）姿势。

chronic [ˈkrɑːnɪk]

adj. **慢性的，长期患病的；长期的**

痛点 chronic problem，"慢性问题"？不，是"长期的问题"。

真题 Chronic Illness Requires a Quick Cure. 慢病要速治。（2018 年阅读）

coronavirus [kəˈrəʊnəvaɪrəs]

n. 冠状病毒

痛点 难记？冠状物（corona）病毒（virus），即冠状病毒，现常用 COVID-19 表示。

X-ray [ˈeks reɪ]

n. X 射线，X 光；X 光检查

scar [skɑ:r]

n. 伤痕；创痕

dose [dəʊs]

n. **（药的）一剂**；一份，一点

痛点 a dose of flu，"一剂流感"？不，是"一场流感"。dose 不一定只表示开药。

真题 extra doses of chemicals 更大剂量的化学物质（2002 年阅读）

clone [kləʊn]

n. 克隆（无性繁殖出来的有机体群） *v.* 以无性繁殖技术复制

痛点 音译"克隆"。

toxic ['tɑ:ksɪk]

adj. **有毒的**；有毒的（高水平债务或高风险投资）

真题 toxic pollution 有毒污染（2020 年阅读）

choke [tʃəʊk]

v. 窒息；使哽咽；堵塞 *n.* 窒息；哽咽声

痛点 其地道搭配为：choke up（哽咽）/choke off demand（制约了需求）。

nurse [nɜ:rs]

n. **护士**；保姆 *v.* 护理，照料；调治，调养

痛点 nurse her hurt pride，"护理她受挫的自尊"？不，是"调整恢复她受挫的自尊"。

真题 a nurses' convention 护士大会（2002 年阅读）

bacteria [bæk'tɪriə]

n. 细菌

痛点 这个单词本身就是复数，其单数形式是 bacterium；其形容词派生词为 bacterial，如：bacterial infections（细菌感染）。

disable [dɪs'eɪbl]

v. 使无能，使伤残

wholesome ['həʊlsəm]

adj. 有益健康的；有益身心的

痛点 看上去它只是整体（whole）和部分（some）的中性组合，实际上是褒义词。

hormone ['hɔ:rməʊn]

n. **荷尔蒙**；**激素**

真题 reduce the stress hormones in our bodies 减少我们体内的压力激素（2016 年新题型）

immune [ɪ'mju:n]

adj. **免疫的**；**不受影响的**

痛点 immune to criticism，"对批评免疫"？不，是"不受批评影响"。

真题 the immune system of the body 身体的免疫系统（2016 年翻译）

□ recovery			
义联词 □ refresh	□ restore	□ revive	□ decay

recovery [rɪ'kʌvəri]

n. **恢复**；**复苏**

真题 painless recovery 无痛康复（2002 年阅读）

refresh [rɪ'freʃ]

v. **刷新，更新**；使恢复精力；提醒

痛点 refreshment，"刷新"？不，是"饮料，点心"。

真题 Are you looking to refresh your image? 你是想换一个全新的形象吗？（2016 年新题型）

restore [rɪ'stɔːr]

v. **恢复；使复原；修复**

真题 restore public trust 恢复公众信任（2019 年阅读）

revive [rɪ'vaɪv]

v. **（使）复苏；重新使用；重新上演**

痛点 re（重新）+viv（生命）→重新获得生命→复苏。它可以作及物动词也可以作不及物动词。

真题 revive its fading business dynamism 重振其日渐衰退的商业活力（2018 年阅读）

decay [dɪ'keɪ]

n. **衰落**；腐烂 *v.* **腐烂**；衰落

痛点 如果要表达形容词"衰败的"怎么办？用 decaying 就行。

真题 beginning, growth, blossoming, and decay of many kinds of plays 多种戏剧的起始、发展、兴盛及衰落（2018 年翻译）

□ **species**

义联词	□ **squirrel**	□ **bull**	□ **rabbit**	□ **whale**
	□ **seal**	□ **shepherd**	□ **pigeon**	□ **circus**
	□ **creature**	□ **camel**	□ **crab**	□ **shell**
	□ **dinosaur**	□ **dragon**	□ **worm**	□ **pest**
	□ **conservation**			

species ['spiːʃiːz]

熟义 *n.* **物种**

痛点 其单复数形式同形，所以可以说 a species 或者 many species。

真题 protect each species in its natural habitat 保护每一种生活在自然栖息地的动物（2022 年新题型）

僻义 *n.* **（具有相同特征的）一类人**

真题 Guilt can help hold a cooperative species together. 内疚感有助于团结一群有合作精神的人。（2019 年阅读）

squirrel ['skwɜːrəl]

n. 松鼠

bull [bʊl]

n. 公牛；雄兽；（股票市场上）买空的人

痛点 bull's eye，"公牛的眼睛"？也可以指"靶心，事物的关键"。

rabbit ['ræbɪt]

n. 兔子，野兔

whale [weɪl]

n. 鲸

seal [si:l]

n. **印章**；印；图章；封条；海豹　*v.* 封；密封

痛点 它的释义比较多，可以想象这样的画面来辅助记忆：海豹（seal）图案的印章（seal）印在封条（seal）上，封条把门封（seal）上。

真题 tiny engraved seals 小的雕刻印章（2014年新题型）

shepherd [ˈʃepərd]

n. 牧羊人，羊倌　*v.* 带领，引导

痛点 难记？ shep 很像 sheep（羊）+herd（牧群）→牧羊人。

pigeon [ˈpɪdʒɪn]

n. 鸽子

circus [ˈsɜːrkəs]

n. 马戏团；马戏表演；热闹场面

痛点 难记？马戏团太残忍了，蛇（cir）可（cu）死（s）；media circus，"媒体马戏团"？不，是"媒体关注的焦点"。

creature [ˈkriːtʃər]

n. **动物**；**生物**；人；创造物

痛点 a lovely creature，"一个可爱的生物"？不，是"一个可爱的人"。

真题 They are good-natured, co-operative creatures. 它们是性情温和、喜欢合作的动物。（2005年阅读）

camel [ˈkæml]

n. 骆驼

痛点 难记？骆驼（camel）是楷（ca）模（mel）。

crab [kræb]

熟义 *n.* 蟹，螃蟹

shell [ʃel]

v. 剥……的壳；炮击　*n.* 壳；贝壳；外壳；框架；炮弹

词组 shell out...for... 为……支付（钱）

真题 shell out $30 for a paternity testing kit (PTK) 花30美元买一个亲子鉴定套盒（2009年阅读）

dinosaur [ˈdaɪnəsɔːr]

n. 恐龙

dragon [ˈdræɡən]

n. 龙

痛点 dragon 在国外的形象可没有"龙"在中国的形象那么正面。

worm [wɜːrm]

n. **蠕虫**

真题 cover crops that draw worms for the chickens to eat 覆盖作物吸引蠕虫作为鸡饲料（2022年阅读）

pest [pest]

n. 害虫；有害的小动物；讨厌的人（或物）

conservation [ˌkɑːnsərˈveɪʃn]

熟义 *n.* **（动植物、森林等的）保护**；文物保护

真题 The zoo claimed to be operating for conservation purposes. 动物园声称是出于保护动物的目的而经营的。（2022年新题型）

僻义 *n.* **防止流失，节约**

真题 energy conservation 节能（2002年阅读）

□ **bloom**			
义联词	□ **cherry**	□ **botany**	□ **bud**	□ **tropical**
	□ **trunk**	□ **root**	□ **tobacco**	□ **timber**
形联词	□ **broom**	□ **boom**		

bloom [bluːm]

v. **开花** *n.* 花；健康有精神的面貌

痛点 其地道搭配为：in full bloom（鲜花盛开）。

例句 Most roses will begin to bloom from late May. 大多数玫瑰从五月末开始开花。

cherry [ˈtʃeri]

n. **樱桃**；樱桃树

痛点 cherries 发音类似 "车厘子"。

真题 cherry-tree chopping George 砍樱桃树的乔治（2008 年阅读）

botany [ˈbɑːtəni]

n. 植物学

痛点 biology 是生物学，包括 botany（植物学）和 zoology（动物学）。

bud [bʌd]

v. **萌发，发芽** *n.* 芽；苞；半开的花

痛点 a budding writer，"一个发芽的作家"？不，是 "一位文坛新秀"。

真题 a budding economic recovery 初露端倪的经济复苏（2017 年阅读）

tropical [ˈtrɑːpɪkl]

adj. **热带的**

真题 tropical forest 热带森林（2021 年阅读）

trunk [trʌŋk]

n. 树干；行李箱；象鼻

root [ruːt]

v. **（思想、观念等）植根；生根；扎根；根源在于** *n.* **根；（指某人或家族的）根；根源；基础**；起源

词组 be rooted in... 根植于……；根源在于，由……产生

take root（植物）生根；（思想、观念等）植根；深入人心

真题 The drive to discover is deeply rooted in humans. 探索的需求深植于人类本能之中。（2018 年完形）

tobacco [təˈbækəʊ]

n. **烟叶，烟草**

真题 coffee, tobacco 咖啡、烟草（2012 年完形）

timber [ˈtɪmbər]

n. **木材**；树木；大木料

真题 timber crops 木材（2010 年翻译）

broom [bruːm]

n. 扫帚

痛点 难记？b 字母长得像一把扫帚，一把扫帚打扫房间（room）。

boom [buːm]

n. **繁荣**；流行，风靡 *v.* **迅速发展**；轰鸣

痛点 考研英语真题里出现过的 baby boomer 是指 "生育高峰期出生的人"。

真题 an economic boom 经济腾飞（2017 年阅读）

□ nest		
义联词	□ **hatch**	□ **turkey**

nest [nest]

n. **鸟巢，鸟窝**；巢穴；藏匿处　*v.* 筑巢，巢居

真题 Birds make nests. 鸟儿建巢。（2012 年新题型）

hatch [hætʃ]

v.（使）孵化；密谋　*n.* 舱口

痛点 其地道搭配为：hatch eggs/hatch up a deal/ an escape hatch（孵卵 / 密谋一项交易 / 紧急舱口）。

turkey [ˈtɜːrki]

n. 火鸡；火鸡肉

痛点 土耳其改名成了 Türkiye，不再是大写的 Turkey 了。

□ wheat			
义联词	□ **peasant**	□ **irrigate**	□ **straw** □ **hay**
	□ **weed**		

wheat [wiːt]

n. 小麦

真题 Production of wheat has been mechanized. 小麦生产已经实现了机械化。（2019 年阅读）

peasant [ˈpeznt]

n. 农民；没教养的人

痛点 这个词反应了对旧时农民的偏见，要慎用。

irrigate [ˈɪrɪɡeɪt]

v. 灌溉；冲洗

痛点 注意不要将其和 irritate（激怒）混淆。

straw [strɔː]

n. **吸管**；禾秆；稻草

痛点 在国外点饮料要吸管时可别再说 tube 了！

真题 plastic straws 塑料吸管（2019 年阅读）

hay [heɪ]

n. 干草

痛点 难记？想象一个画面：一堆干草在嘿（hay）嘿（hay）地笑。

weed [wiːd]

n. 杂草

痛点 难记？喂（wee）的（d）都是杂草。

Word List 10

□ chemist

义联词
□ laboratory/lab　□ compound　　□ microscope　□ atom
□ particle　　　　□ specimen　　□ dissolve　　□ sample
□ refine　　　　　□ acid

chemist [ˈkemɪst]

n. 化学家；药剂师

痛点 at the chemist's，"在化学家那儿"？不，是"在药房"。

真题 polymer chemist 聚合物化学家（2022 年阅读）

laboratory/lab [ˈlæbrətɔːri]/[læb]

n. 实验室

真题 run the labs 掌管实验室（2009 年完形）

compound [ˈkɑːmpaʊnd]

熟义 n. 化合物　　adj. 复合的　　v. 由……构成

真题 The compound is likely to cause cancer. 这种化合物有可能会致癌。（2020 年完形）

僻义 v. 使恶化，加重

真题 The shortage is compounded. 短缺加剧。（2019 年阅读）

microscope [ˈmaɪkrəskəʊp]

n. 显微镜

atom [ˈætəm]

n. 原子

痛点 难记？一只（a）汤姆猫（tom），碎成了原子（atom）；not an atom of truth，"没有真相的原子"？不，是"没有丝毫的真实性"，和原子本身关系不大。

particle [ˈpɑːrtɪkl]

n. 粒子；微粒；小品词

痛点 not a particle of evidence，"没有微粒的证据"？不，是"没有丝毫的证据"。

specimen [ˈspesɪmən]

n. 样本，标本，样品

dissolve [dɪˈzɑːlv]

v. 溶解；解散，终止；使消失

痛点 它可以做及物动词，如：dissolve the tablet in water（把药片溶于水中），也可以做不及物动词，如：sugar dissolves in water（糖溶于水）。

sample [ˈsæmpl]

n. 样本　　v. 品尝；体验；抽样检验

真题 sample comparison 样本比较（2009 年阅读）

refine [rɪˈfaɪn]

v. 精炼，提纯；改进，使完善

acid [ˈæsɪd]

n. 酸 *adj.* 酸的

痛点 名词形容词都是它；同样是名词，acid 指的是具体的酸，而 acidity 指的是酸性、酸度。

□ **element**

义联词	□ **tin**	□ **mercury**	□ **carbon**	□ **hydrogen**
	□ **oxygen**	□ **dioxide**		

---

element [ˈelɪmənt]

n. **要素；元素；因素**
真题 important elements 重要元素（2007 年阅读）

---

tin [tɪn]

n. **锡**；罐头；白铁桶
真题 tin-roofed house 小铁皮屋（2014 年阅读）

---

mercury [ˈmɜːrkjəri]

n. 水银，汞
痛点 大写 M，就变成了水星。

---

carbon [ˈkɑːrbən]

n. **碳**
痛点 其地道搭配为：carbon emission（碳排放），carbon-absorbing capacity（吸碳能力）。
真题 carbon dioxide 二氧化碳（2021 年阅读）

---

hydrogen [ˈhaɪdrədʒən]

n. 氢；氢气

---

oxygen [ˈɑːksɪdʒən]

n. **氧气**
真题 oxygen consumption 氧气消耗（2011 年完形）

---

dioxide [daɪˈɑːksaɪd]

n. **二氧化物**
真题 carbon dioxide emissions 二氧化碳排放（2021 年阅读）

□ **metal**

义联词	□ **steel**	□ **silver**	□ **brass**

---

metal [ˈmetl]

n. **金属**
痛点 注意不要将它和 medal（奖章）弄混。
真题 metal detectors 金属探测器（2014 年新题型）

---

steel [stiːl]

n. **钢铁**；钢制品 *adj.* 钢制的
痛点 它和动词 steal（偷）发音一样，注意区分二者的拼写。
真题 steel workers 钢铁工人（2007 年阅读）

---

silver [ˈsɪlvər]

v. 镀银　　*adj.* 银（白）色的　　*n.* 银；银器；银币

痛点 silver lining，"银色的内衬"？不，是"一线希望"。

真题 a silvered copperplate 一块镀银的铜板

（2021 年阅读）

brass [bræs]

n. 黄铜；黄铜器；铜管乐器

痛点 其地道搭配为：as bold as brass（厚颜无耻的，胆大妄为的）。

□ **historic**

义联词　□ **historical**　　□ **historian**

---

historic [hɪˈstɔːrɪk]

adj. 有历史意义的；过去的；历史上著名的

痛点 和 historical（历史的）比起来，historic 强调的是重要性和历史意义。

真题 The building has been the scene of many historic events. 这栋大楼见证了很多重大历史事件的发生。（2018 年新题型）

historical [hɪˈstɔːrɪkl]

adj. 有关历史的

真题 put historical prejudices to one side 抛开历史偏见（2014 年阅读）

historian [hɪˈstɔːriən]

adj. 历史学家

真题 a historian of childhood consumerism 研究儿童消费主义的历史学家（2012 年阅读）

□ **mathematical**

义联词	□ **numerical**	□ **calculate**	□ **ratio**	□ **equation**
	□ **equivalent**	□ **figure**	□ **graph**	□ **chart**
	□ **millimetre/-ter**	□ **litre/-ter**	□ **multiply**	□ **multiple**
	□ **triple**	□ **acre**	□ **compute**	□ **index**

---

mathematical [ˌmæθəˈmætɪkl]

adj. 数学的

真题 Music might be mathematical. 音乐也许带有数学的味道。（2014 年翻译）

numerical [nuːˈmerɪkl]

adj. 数字的；用数字表示的；数值的

痛点 和 number 形和义都很像。

真题 figure out numerical patterns 找出数字规律（2007 年阅读）

calculate [ˈkælkjuleɪt]

熟义 *v.* 计算

痛点 难记？等他开口（calcu）就迟（late）了！

赶紧自己计算（calculate）！表示"推测"时，后面可以直接接 that 从句。

真题 calculate a student's overall GPA 计算学生的总绩点（2019 年阅读）

辨义 *v.* **推测** to guess sth. by using all the information you can find

真题 The researchers calculated that the stress-reducing effects of hugging explained about 32 percent of that beneficial effect. 研究人员推测，就拥抱可以减少压力的效果而言，拥抱的减压效果大概占了 32%。（2017 年完形）

ratio [ˈreɪʃiəʊ]

n. 比率，比例

痛点 它只能表示两者之间的关系。

equation [ɪˈkweɪʒn]

熟义 *n.* **方程，等式**；等同看待

痛点 the equation of wealth with happiness，"财富和幸福的方程"？不，是"把财富和幸福等同看待"。

真题 a single generative equation 单一的生成等式（2012 年翻译）

辨义 *n.* **（多种因素的）平衡，综合体**

真题 the rest of the equation 剩下的平衡因素（2017 年阅读）

equivalent [ɪˈkwɪvələnt]

adj. **（价值、数量、意义、重要性等）相等的** *n.* **相等的东西，对应词**

词组 be equivalent to 等同于

真题 Admitting you regret having children is equivalent to admitting you support kitten-killing. 承认后悔有孩子等于承认支持杀害小猫。（2011 年阅读）

figure [ˈfɪgjər]

熟义 *v.* **弄明白**；认为；计算 *n.* **数字，数据**；**雕像**；图形；算术

词组 figure (sth.) out 弄明白

真题 Taking a gap year to figure things out initially can help prevent stress and save money later on. 选择间隔年来初步确定方向，有助于减轻压力并为今后省钱。（2017 年阅读）

辨义 *n.* **人物**

真题 respected public figure 受人尊重的公众人物（2015 年阅读）

graph [græf]

n. **图表**；曲线图

真题 choose words or graphs similar to the given ones 根据提示选出相似的单词或图表（2007 年阅读）

chart [tʃɑːrt]

n. 图表；（歌曲）排行榜 *v.* 记录，跟踪；绘制地图

痛点 其地道搭配为：chart the history（记载历史）/chart the coast（绘制海岸图）。

millimetre/-ter [ˈmɪlimiːtər]

n. 毫米

litre/-ter [ˈliːtər]

n. 升

multiply [ˈmʌltɪplaɪ]

v. **乘，乘以**；成倍增加；繁殖，增殖

痛点 注意 be multiplied by 后面加倍数。

真题 multiply by 100 乘以 100（2007 年阅读）

multiple [ˈmʌltɪpl]

adj. **多种多样的，数量多的** *n.* 倍数

真题 multiple cameras 各种类型的照相机

（2023 年新题型）

triple [ˈtrɪpl]

v. **使增至三倍**　*adj.* 三部分的；三倍的

真题 The oil prices also almost tripled. 油价也涨了近两倍。（2002 年阅读）

acre [ˈeɪkər]

n. **英亩**

痛点 其和 acne（粉刺）长得像，注意别混淆。

真题 35,000 acres of forest 3.5 万英亩森林（2019 年阅读）

compute [kəmˈpjuːt]

v. **计算**

痛点 不一定是用电脑来计算啊，如：compute the final results（计算最终结果）也可以是笔算。

真题 cloud computing 云计算（2015 年阅读）

index [ˈɪndeks]

n. **指数**；指标索引

真题 the official Consumer Price Index 官方消费者价格指数（2021 年阅读）

□ **sphere**

义联词	□ **diameter**	□ **radius**	□ **triangle**	□ **linear**
	□ **curve**	□ **straight**	□ **dot**	□ **parallel**

---

sphere [sfɪr]

n. **领域**；界；范围；球，球体

真题 some spheres of modern life 现代生活的一些领域（2008 年阅读）

diameter [daɪˈæmɪtər]

n. 直径

radius [ˈreɪdɪəs]

n. 半径

triangle [ˈtraɪæŋgl]

n. 三角形；三角铁；三角关系；三角板

linear [ˈlɪnɪər]

adj. 直线的，线状的；（进展）直线式的；长度的；线性的

痛点 难记？line（线）+-ar（形容词后缀，又……

性质的）→直线的，线状的。

curve [kɜːrv]

n. 曲线，弯，弯曲处　*v.* 弯曲

痛点 steep learning curve，"陡的学习曲线"？不，是"学习进展很快，强化速成"。

真题 It's a tough learning curve. 这是一个艰难的学习过程。（2022 年完形）

straight [streɪt]

adv. **径直**；笔直地；平正地；坦率地　*adj.* **坦诚的**；**连续的**；直的；正中目标的；简单明了的

真题 Few of us just walk straight into the woods without a phone. 很少有人不带手机直接走进树林。（2019 年完形）

dot [dɑːt]

熟义 *n.* **点**；**圆点**

痛点 ".com" 的英语是 dotcom，指代 "网络公司"。

真题 connect the dots 连点成线（2012 年阅读）

僻义 v. **遍布于** to be spread across an area far apart

真题 Wind turbines dot the fields. 遍地都是风力涡轮发电机。（2018 年阅读）

----

parallel [ˈpærəlel]

熟义 adj. **平行的**；**相似的** adv. **并行的**
v. **与……相似**

痛点 难记？很少有同时出现三个 l 字母的单词，并且相互平行着。

真题 parallel pathways 平行路径（2009 年阅读）

僻义 n. **极其相似的人/事/物**

真题 There are upsetting parallels today. 这种令人不安的事情如今又发生了。（2005 年阅读）

□ philosophy			
义联词 □ **philosopher**	□ **psychology**	□ **sociology**	□ **discipline**
□ **humanity**	□ **physicist**	□ **politician**	

philosophy [fəˈlɑːsəfi]

n. **哲学**

真题 philosophy classes 哲学课（2022 年阅读）

philosopher [fəˈlɑːsəfər]

n. **哲学家**

真题 ancient Greek philosopher Aristotle 古希腊哲学家亚里士多德（2011 年完形）

psychology [saɪˈkɑːlədʒi]

n. **心理学**；心理特征

痛点 很多人都是由于不发音的 p 而对这个词的音、形产生了识别问题。

真题 a psychology professor 一位心理学教授（2019 年阅读）

sociology [ˌsəʊsiˈɑːlədʒi]

n. **社会学**

真题 Social science disciplines include geography, economics, political science, psychology, and sociology. 社会科学中的学科包括地理学、经济学、政治学、心理学和社会学。（2003 年翻译）

discipline [ˈdɪsəplɪn]

n. **学科**；**自律**；纪律；训练

痛点 self-discipline，"自我学科"？不，是 "自律"。

真题 a field-study oriented discipline 一门以实地研究为导向的学科（2003 年翻译）

humanity [hjuːˈmænəti]

n. **人类，人**；**人性**；人文学科；人道；仁慈

痛点 the humanities，"人类的复数"？不，是 "人文学科"。

真题 humanity's view of the cosmos 人类的宇宙观（2017 年阅读）

physicist [ˈfɪzɪsɪst]

n. **物理学家**

真题 Physicists are among today's birds of passage. 如今的"候鸟"中就有物理学家。（2013 年阅读）

politician [ˌpɑːləˈtɪʃn]

n. **政客；政治家**

真题 French politicians 法国政客（2020 年阅读）

□ poetry		
义联词 □ **poem**	□ **verse**	□ **poet**

poetry [ˈpəʊətri]

n. **诗歌**

真题 a line of poetry 一行诗（2008 年翻译）

poem [ˈpəʊəm]

n. **诗**

verse [vɜːrs]

n. 诗，诗句

poet [ˈpəʊət]

n. **诗人**

真题 the best poet 最优秀的诗人（2007 年阅读）

□ melody			
义联词 □ **rhythm**	□ **musician**	□ **album**	□ **instrumental**
□ **orchestra**	□ **compose**	□ **score**	□ **solo**
□ **ballet**	□ **tune**		
形联词 □ **melon**			

melody [ˈmelədi]

n. 曲调，（尤指）主旋律；（旋律简洁的）乐曲，歌曲

示例 a haunting melody 萦绕心头的旋律

rhythm [ˈrɪðəm]

n. **节奏**；韵律；律动

真题 Our factories hum to the rhythm of robot assembly arms. 工厂在机器人组装臂的节奏中呈现出一片繁忙景象。（2002 年阅读）

musician [mjuˈzɪʃn]

n. **音乐家，乐师**

真题 the great classical musicians of the 20th century 20 世纪伟大的古典音乐家（2011 年阅读）

album [ˈælbəm]

n. 相册；音乐专辑；集邮簿

痛点 中文中的"册/集/辑/簿"都可以用它来表示；专辑 album 对应的是单曲 single。

instrumental [ˌɪnstrəˈmentl]

adj. 起重要作用的，有帮助的；用乐器演奏的

痛点 表示"起重要作用的"时其后面的介词

是 in，如：instrumental in putting an end to the disaster（在终止灾难方面起重要作用）。

---

orchestra [ˈɔːrkɪstrə]

n. 管弦乐队

真题 Sydney Symphony Orchestra 悉尼交响乐团（2022 年阅读）

---

compose [kəmˈpəʊz]

v. 撰稿；作曲；构成

痛点 compose yourself，"构成你自己"？不，"使自己镇定下来"。

真题 compose a perfectly correct draft 写出完美无缺的稿子（2008 年新题型）

---

score [skɔːr]

熟义 *n.* 得分，分数；二十；刻痕 *v.* 得分；记分；刻出记号

真题 test scores 测试成绩（2007 年阅读）

僻义 *n.* 乐谱，总谱

真题 They reimagined the 300-year-old score. 他

们重新构想了这首 300 岁的乐曲。（2022 年阅读）

---

solo [ˈsəʊləʊ]

n. 独奏，独唱，独舞 *adv.* 以独力，单独地 *adj.* 单独的，单独进行的

---

ballet [bæˈleɪ]

n. 芭蕾舞；芭蕾舞剧

痛点 注意最后的 t 不发音，整体的发音参考"芭蕾"。

真题 Expert performers in ballet are nearly always made, not born. 芭蕾舞专业演员几乎都是后天培养的，而非天生的。（2007 年阅读）

---

tune [tuːn]

n. 歌曲；曲调

痛点 难记？和 iTunes 一起记。

---

melon [ˈmelən]

n. 瓜

□ **architecture**

义联词	□ **architect**	□ **erect**	□ **castle**	□ **tower**
	□ **chamber**	□ **temple**	□ **skyscraper**	□ **terminal**
	□ **lobby**	□ **basement**	□ **cottage**	□ **landscape**
	□ **pyramid**	□ **lounge**	□ **landlord**	□ **landlady**

---

architecture [ˈɑːrkɪtektʃər]

熟义 *n.* 建筑风格；建筑学；建筑物

痛点 不仅可以表示"建筑学"，还可以表示"建筑设计、建筑风格"，其具体含义要根据上下文来进行判断。

真题 one of the best examples of French Second Empire architecture 法国第二帝国建筑风格

的最佳代表之一（2018 年新题型）

僻义 *n.* 体系结构

真题 the genetic architecture of the individual organism 有机体个体的基因构造（2008 年阅读）

---

architect [ˈɑːrkɪtekt]

n. 建筑师；缔造者

痛点 architect of the revolution，"革命的建筑师"？不，是"革命的发动者"；the architect of one's own fate，"自身命运的建筑师"？不，是"自身命运的缔造者"。

真题 Supervising Architect 监理建筑师（2018 年新题型）

---

erect [ɪˈrekt]

v. 建立，建造；使竖立 *adj.* 竖直的，垂直的

真题 a building to be erected on the other side of the White House 白宫对面建的一座建筑（2018 年新题型）

---

castle [ˈkæsl]

n. 城堡；（国际象棋）车

真题 visit the Castle and the Palace 参观城堡和皇宫（2006 年阅读）

---

tower [ˈtaʊər]

n. 塔；发射塔；高柜 *v.* 高于，优于

真题 a cooling tower 一个冷却塔（2012 年阅读）

---

chamber [ˈtʃeɪmbər]

n. 房间；会议室；议院

痛点 the Lower/Upper Chamber，"下/上房间"？不，是"下/上议院"。

真题 adjoining chambers 相邻的屋子（2005 年阅读）

---

temple [ˈtempl]

n. 庙宇，寺院；太阳穴

---

skyscraper [ˈskaɪskreɪpər]

n. 摩天楼

真题 The best lawyers made skyscrapers-full of money, tempting ever more students to pile into law schools. 最优秀的律师们赚得盆满钵盈，从而吸引更多的学生涌入法学院。（2014 年阅读）

---

terminal [ˈtɜːrmɪnl]

n. 终端；航站楼；终点站 *adj.* 晚期的；患绝症的；可挽回的；末端的

痛点 T1 航站楼的 T 就是 Terminal。

真题 automated teller terminals 自动柜员终端机（2002 年阅读）

---

lobby [ˈlɑːbi]

n. 游说团体；大厅 *v.* 游说

真题 lobby talk 游说之辞（2016 年阅读）

---

basement [ˈbeɪsmənt]

n. 建筑物的底部，地下室，地窖

痛点 其地道搭配为：basement apartment（地下室公寓）。

---

cottage [ˈkɑːtɪdʒ]

n. 乡村小屋；村舍

痛点 难记？靠（co）他（tta）哥（ge）给建了个乡村小屋（cottage）。

真题 Anne Hathaway's Cottage 安妮·哈瑟维的小屋（2006 年阅读）

---

landscape [ˈlændskeɪp]

n. （陆上，尤指乡村的）风景，景色；地貌；地域，地区；地理环境；风景画 *v.* 对……做景观美化

真题 landscape photographer 风景摄影师（2023 年新题型）

---

pyramid [ˈpɪrəmɪd]

n. 金字塔式的组织（或系统）；金字塔；棱锥体

真题 Even after the advent of widespread social media, a pyramid of production remains. 即使

在广为使用的社交媒体到来之后，金字塔式的制造模式仍然保留下来。（2012 年新题型）

lounge [laʊndʒ]

n. **（旅馆、俱乐部等的）休息室**；（机场等的）等候室

痛点 难记？在机场候机室浪迹（lounge）天涯。
真题 cocktail lounge 酒吧间（2006 年阅读）

landlord [ˈlændlɔːrd]

n. 房东；地主；（酒吧或招待所的）店主
痛点 现在的房东，即使不拥有 land，也叫 landlord。

landlady [ˈlændleɪdi]

n. 女房东；女地主

□ statue			
义联词 □ **carve**	□ **craft**		□ **sculpture**
形联词 □ **status**			

statue [ˈstætʃuː]

n. **雕像，雕塑，塑像**
示例 a bronze statue 一座青铜雕像

carve [kɑːrv]

熟义 *v.* **雕刻**
痛点 注意别将其和 curve（曲线）、cave（山洞）混淆。
真题 carved wood 木雕（2018 年新题型）
僻义 *v.* **划分** to divide a land, etc. into separate parts to share it
真题 The new land was carved into 13 states. 这片新的区域被划分成 13 个州。（2008 年阅读）

craft [kræft]

熟义 *n.* **手艺**；手工；技巧
痛点 其地道搭配为：a carefully crafted speech（精心准备的讲话）。

真题 It took Beaumont decades to perfect her craft. Beaumont 花了几十年时间才练就了一把好手艺。（2013 年阅读）
僻义 *v.* **精心制作** to make sth. in a skilled way, especially with your hands
真题 craft to-do lists 制订待办事项清单（2018 年阅读）

sculpture [ˈskʌlptʃər]

n. **雕像**
真题 avant-garde sculptures 前卫的雕塑（2022 年阅读）

status [ˈsteɪtəs]

n. **状况**；**地位**；**身份**；情形
词组 status quo 现状
真题 the status quo they depend on 他们所依赖的现状（2018 年阅读）

□ cement			
义联词 □ **clay**	□ **brick**	□ **concrete**	□ **glue**

cement [sɪˈment]

n. **水泥**；粘合剂　*v.* 黏结

痛点 cement relationship，"黏上关系"？不，是"加强关系"。

示例 a cement floor 水泥地板

clay [kleɪ]

n. 黏土

痛点 难记？和黏土（clay）打交道，可（c）累（lay）了。

brick [brɪk]

n. **砖块**；积木　*adj.* 用砖做的

痛点 难记？砖（brick）碎（break）了；bricks and mortar，"砖和泥浆"？不，是"房产"。

真题 a square of brick-strewn waste ground 一

片砖块散落的废弃地（2014 年新题型）

concrete [ˈkɑːnkriːt]

熟义 *n.* **混凝土**　*adj.* 混凝土的；明确具体的

痛点 其地道搭配为：concrete evidence/suggestion（确凿的证据/具体的建议）。

真题 Every year concrete consumes more of countryside. 混凝土建筑每年都在蚕食更多的乡村空间。（2016 年阅读）

僻义 *adj.* **实质的**

真题 concrete benefits 实质的好处（2017 年阅读）

glue [gluː]

n. **粘合剂，胶水**　*v.* 胶合

真题 social glue 社会粘合剂（2019 年阅读）

☐ **frame**

义联词　☐ **framework**　☐ **fracture**

---

frame [freɪm]

熟义 *n.* **骨架**；框架；构架；支架

痛点 其地道搭配为：frame a question（提出一个问题）。

真题 A small frame may have high body fat but a normal BMI. 一些骨架小的人可能体脂率高而 BMI 却正常。（2014 年完形）

僻义 *v.* **（以某种方式）表达**

真题 The dearth of moral purpose frames the fact of such widespread phone hacking. 道德目的的缺失体现在如此广泛的电话窃听事件

上。（2015 年阅读）

framework [ˈfreɪmwɜːrk]

n. **框架；构架**

真题 That framework has contributed mightily to our broken immigration system. 这个框架在很大程度上导致了我们的移民体系漏洞百出。（2013 年阅读）

fracture [ˈfræktʃər]

n. 骨折；断裂　*v.* 折断

□ **sketch**

义联词	□ **outline**	□ **brush**	□ **depict**	□ **portray**
	□ **gallery**	□ **graphic**	□ **portrait**	□ **exhibit**
	□ **display**			

sketch [sketʃ]

n. **随笔**；素描，速写；略图；梗概　*v.*（给……）画素描，画速写；概述

痛点 a biographical sketch，"传记素描"？不，是"生平简介"。

真题 Dickens submitted short sketches to obscure magazines. Dickens 在一些不知名的杂志上投了些短篇随笔。（2017 年新题型）

outline [ˈaʊtlaɪn]

n. **提纲**；轮廓线　*v.* **概述**；勾勒……的外形

真题 Plenty of good writers don't use outlines at all. 许多优秀作家根本不用提纲。（2008 年新题型）

brush [brʌʃ]

n. **灌木丛**；**刷子**；轻擦；小冲突　*v.*（**用刷子**）**刷净**；（用刷子或手）拂，擦掉

痛点 考研真题中出现过合成词 paintbrush（画笔）。

真题 clear brush in parts of the forest 清除森林某些片区的灌木丛（2019 年阅读）

depict [dɪˈpɪkt]

v. **描绘**；**描述**

痛点 考研英语（一）大作文开头段高频词：As is depicted in the cartoon...（正如漫画中所描绘的……）。

真题 Artificial intelligence(AI) is typically depicted as something sinister. 人工智能（AI）通常被描绘成邪恶的东西。（2021 年新题型）

portray [pɔːrˈtreɪ]

熟义 *v.* **描写，描绘**

真题 They portray an idealised version of themselves. 他们描绘了一个理想化的自己。（2014 年阅读）

僻义 *v.* **扮演，饰演**

真题 Some of the soldiers portrayed themselves in the film. 一些士兵在影片中扮演了自己。（2012 年完形）

gallery [ˈɡæləri]

n. **画廊，美术馆**

真题 on the gallery floor 在画廊的地板上（2014 年新题型）

graphic [ˈɡræfɪk]

adj. 绘画的；书画的；图样的；形象的

portrait [ˈpɔːrtrət]

n. **肖像**；**半身画像**；**半身照**

痛点 另外一个名词 portraiture 是指"画像技法"。

真题 casual portraits 休闲肖像（2023 年新题型）

exhibit [ɪɡˈzɪbɪt]

v. **展览**；**表现**；**显示（感情、品质或能力）**；**提出**　*n.* **展览品**；展览

痛点 注意它做名词时既能表示 exhibited item（展品），也能表示 exhibition（展览），是一个表意能力很强大的词！

真题 outdated plastic exhibits 过时的塑料展品（2022 年阅读）

---

display [dɪˈspleɪ]

熟义 *n.* **展览**；**（计算机）显示**；表现 *v.* **显示**；展览；（计算机）显示

词组 on display 陈列，展出

真题 On display here are various fantasy elements. 这里展示的是各种奇幻的元素。（2013 年翻译）

辨义 *n.* **表演**

真题 Zoo displays can be sad and cruel. 动物园表演既可悲又残忍。（2022 年新题型）

□ inner			
义联词 □ **interior**	□ **internal**	□ **insert**	□ **external**

inner [ˈɪnər]

adj. **内心的**；内部的；向内的

真题 inner voice 内心的声音（2016 年翻译）

---

interior [ɪnˈtɪriər]

adj. **内部的**；内地的 *n.* 内部

痛点 其反义词是 exterior（外部的，外部）。

真题 Almost all of the interior detail is of cast iron or plaster. 几乎所有内部装饰都由铸铁或石膏构成。（2018 年新题型）

---

internal [ɪnˈtɜːrnl]

adj. **内部的**；里面的

真题 This will help to grow your internal network. 这能帮你拓展内部人脉。（2020 年新题型）

---

insert [ɪnˈsɜːrt]

v. 插入；嵌入

---

external [ɪkˈstɜːrnl]

adj. **外部的**；**外界的**；对外的

真题 external factors 外界因素（2013 年完形）

□ outer			
义联词 □ **output**	□ **input**	□ **outing**	□ **outward**
□ **outskirts**	□ **outbreak**		

outer [ˈaʊtər]

adj. **外边的**；外表的

真题 outer circumstances 外部环境（2011 年翻译）

---

output [ˈaʊtpʊt]

n. **产量**；输出端 *v.* 输出

真题 hourly output 每小时生产量（2010 年完形）

input ['ɪnpʊt]

v. **输入**；投入　*n.* 输入；投入

真题 input from past driving experiences 过往驾驶经验的输入（2019 年阅读）

outing ['aʊtɪŋ]

n.（集体）出外游玩（或学习等）；远足

痛点 其地道搭配为：a family outing（全家远足）。

outward ['aʊtwərd]

adv. **向外（移动）地**　*adj.* 外表的；向外的

痛点 其不一定只表示"向外的"，还可以表示"表面的"，如：outward signs（表面的迹象）。

真题 When you start conversation from there and then move outwards. 当你们从这个话题开始聊，然后向外拓展其他话题。（2018 年新题型）

outskirts ['aʊtskɜːrts]

n.（市镇的）边缘地带；市郊

outbreak ['aʊtbreɪk]

n.（暴力、疾病等坏事的）爆发，突然发生

痛点 "爆发"的动词就是 break out，如：the outbreak of the war → The war breaks out.。

□ **midst**

义联词　□ **medium**　　□ **medieval**

---

midst [mɪdst]

n. **中部，中间**

词组 in the midst of 当某事发生时；在某人做某事时

真题 in the midst of turbulence 在动荡之中（2013 年翻译）

medium ['miːdiəm]

n.（传播信息的）**媒介**；（文艺创作中使用的）材料；手段，方法；介质，培养基　*adj.* **中等**的，中号的

真题 The most powerful mass medium was the church. 最强大的大众传媒是教堂。（2006 年阅读）

medieval [ˌmediˈiːvl]

adj. **中世纪的，中古的**

真题 The gap between the Medieval and modern periods had been bridged. 中世纪和现代社会之间的隔阂已被打破。（2020 年翻译）

Word List 11

□ **dominate**

义联词	□ **dominant**	□ **monopoly**	□ **dictate**

dominate [ˈdɑːmɪneɪt]

v. **支配，控制，主导**；具有最重要（或明显）的特色；俯视，高耸于

真题 dominate the market 主导市场（2021 年阅读）

dominant [ˈdɑːmɪnənt]

adj. **首要的，占支配地位的，占优势的**

真题 The Administration is dominant over immigration issues.（联邦）政府在移民问题上占主导地位。（2013 年阅读）

monopoly [məˈnɑːpəli]

n. **垄断，被垄断的商品（或服务）**；独占，专利

真题 Tech multinationals' monopoly should be prevented. 应防止跨国科技公司的垄断。（2020 年阅读）

dictate [ˈdɪkteɪt]

v. **支配，决定，影响**；命令，规定；口授

痛点 虽然它是"听写"（dictation）的动词，但是意思不止是"听写"哦！

真题 As we grow up, we learn to control our emotions so they are manageable and don't dictate our behaviours. 随着我们的成长，我们学会了控制自己的情绪，使情绪可控，从而不会支配我们的行为。（2016 年新题型）

□ **retail**

义联词	□ **bid**	□ **cart**	□ **purchase**	□ **booth**
	□ **hook**	□ **outlet**	□ **merchandise**	□ **bargain**
	□ **discount**	□ **rent**	□ **budget**	□ **commercial**
	□ **commerce**	□ **commodity**	□ **cover**	□ **merchant**
	□ **stall**	□ **dealer**	□ **credit**	□ **item**
形联词	□ **retain**			

retail [ˈriːteɪl]

n. **零售** *adv.* **以零售方式** *v.* 零售；以……价格销售

真题 retail trade groups 零售贸易团体（2019 年阅读）

bid [bɪd]

v. **出价，喊价（尤指拍卖中）**；投标；努力争取　*n.* **出价**；投标；**努力争取**

痛点 竞标？必（bi）得（d）! 其地道搭配为：bid for sth.（出价买某物）；bid to do sth.（力求、试图做某事）。

真题 Frenzied over bidding quiets. 疯狂竞价平息了。（2004 年阅读）

cart [kɑ:rt]

n. **手推车**；运货马车

痛点 难记？汽车（car）特（t）别版——手推车（cart）。

真题 We accumulate the 50 percent of stuff in our cart that we never intended buying. 我们把本来没打算买的那一半东西堆进了购物车里。（2017 年完形）

purchase [ˈpɜ:rtʃəs]

n. **购买**；购买的东西　*v.* **购买**

真题 They usually collect sales tax on online purchases. 他们通常对网上购物征收销售税。（2019 年阅读）

booth [bu:θ]

n. **岗亭**；电话亭，投票间；售货棚，摊位

痛点 其地道搭配为：voting/phone booth（投票间 / 电话亭）。

真题 an animal rights booth 动物权益（宣传）亭（2003 年阅读）

hook [hʊk]

v. **钩住**，挂住　*n.* **鱼钩**，钩子，挂钩

痛点 a sales hook, "一个销售钩"？不，是"一个营销诱饵"。

真题 A lot of fish were lost to sharks after they had been hooked. 许多被钩住的鱼被鲨鱼吃掉了。（2006 年阅读）

outlet [ˈaʊtlet]

n. **零售店**；**折扣品经销店**；出口；（感情、思想、精力的）发泄途径

痛点 "奥特莱斯"品牌折扣店大家应该熟悉，其实就是 outlets 的音译。

真题 Gap outlets "Gap" 服饰零售店（2004 年阅读）

merchandise [ˈmɜ:rtʃəndaɪs]

n. 商品；相关商品，指定商品　*v.* 推销，（运用广告等进行）销售

痛点 其地道搭配为：merchandise a product（推销一款产品）。

bargain [ˈbɑ:rgən]

熟义 *v.* **讨价还价，商讨条件**　*n.* **便宜货**

痛点 bargain bin 是"便宜货垃圾箱"？不是，是"廉价商品处理区"。

真题 poor bargaining skill 拙劣的砍价技巧（2013 年阅读）

僻义 *n.* **协议，交易**

真题 The bargain is very pure. 交易非常明了。（2015 年阅读）

discount [ˈdɪskaʊnt]

v. **对……打折**；低估　*n.* 打折

痛点 discount the possibility, "对可能性打折？"不，是"低估可能性"。

真题 do not discount what is learned in a zoo visit 不会减少参观动物园的收获（2022 年新题型）

rent [rent]

n. **租金**　*v.* 租借；将……租给

痛点 它和 rental 一样，都可以表示"租金"；此外，rental 还能表示"租赁；租用的房屋或设备"等。

真题 pay the rent 付租金（2008 年阅读）

budget [ˈbʌdʒɪt]

n. 预算　*v.* 谨慎花钱；制定预算　*adj.* 廉价的

痛点 难记？巴结他（budget），就能有预算。其地道搭配为：have budgeted to the limit（预算已达到了极限）。

真题 annual budget 年度预算（2017 年阅读）

commercial [kəˈmɜːrʃl]

熟义 *adj.* 商业的；贸易的

痛点 其动词形式为 commercialize（商业化），如：commercialize music（把音乐商业化）。

真题 commercial interests 商业利益（2021 年阅读）

僻义 *n.*（电台或电视播放的）广告

真题 television commercials 电视广告（2011 年阅读）

commerce [ˈkɑːmɜːrs]

n. 商务；商业；贸易

真题 e-commerce 电子商务（2010 年新题型）

commodity [kəˈmɑːdəti]

n. 商品；有用的东西

痛点 Water is a precious commodity.，"水是宝贵的商品。"？不，是"水是宝贵的东西。"。

真题 commodity prices 商品价格（2002 年阅读）

cover [ˈkʌvər]

v. 足够支付；覆盖；遮盖；包括；走过（一段距离）；占（一片面积）　*n.* 盖子，套子

真题 They make their product free to readers by charging their writers fees to cover the costs of preparing an article. 他们通过向作者收取费用来抵消准备一篇文章的成本，从而为读者免费提供产品。（2020 年阅读）

merchant [ˈmɜːrtʃənt]

n. 商人，批发商

痛点 难记？商人摸钱（merchant）。

stall [stɔːl]

n. 货摊，摊位　*v.* 熄火；拖延，推迟

痛点 其地道搭配为：stall for time（拖延时间）。

dealer [ˈdiːlər]

n. 交易商；毒贩；发牌者

真题 antique dealer 古董商（2014 年新题型）

credit [ˈkredɪt]

熟义 *n.* 认可；称赞；信用；（从银行借的）借款；贷款；学分

真题 Once a discovery claim becomes public, the discoverer receives intellectual credit. 一旦一项发现公开化，发现者就会获得智识上的认可。（2012 年阅读）

僻义 *n.* 退税，抵免

真题 the earned income tax credit 所得税抵免（2018 年阅读）

item [ˈaɪtəm]

n. 一件商品（或物品）；一项；一条

真题 on-trend items at dirt-cheap prices 超低价格的流行商品（2013 年阅读）

retain [rɪˈteɪn]

v. 保留，保持；继续容纳

真题 retain people's interest in liberal education 保持人们对通识教育的兴趣（2014 年阅读）

	□ **fund**			
义联词	□ **foundation**	□ **finance**	□ **financial**	□ **fiscal**
	□ **revenue**	□ **investment**	□ **capital**	□ **debt**
	□ **owe**	□ **loan**	□ **monetary**	□ **pound**
	□ **penny**	□ **coin**	□ **deposit**	□ **millionaire**
	□ **insurance**	□ **inflation**		
形联词	□ **fundamental**			

fund [fʌnd]

n. **专项资金**；**基金**　*v.* **拨款给**

痛点 注意啦！fund 是指"基金"，foundation 是指"基金会"。其地道搭配为：a privately funded program（私人资助项目）。

真题 advertising funds 广告资金（2021 年新题型）

foundation [faʊnˈdeɪʃn]

n. **基金会**；**基础**；地基

真题 Nobel Foundation 诺贝尔基金会（2014 年阅读）

finance [ˈfaɪnæns]

v. **资助**　*n.* **资金**；**金融**；**财务**

真题 finance their staff's college education 资助他们的员工接受大学教育（2021 年阅读）

financial [faɪˈnænʃl]

adj. **金融的**；**财政的**；**财务的**

真题 financial institutions 金融机构（2019 年阅读）

fiscal [ˈfɪskl]

adj. **财政年度的**；财政的；国库的

真题 It reported a net loss of $5.6 billion for fiscal 2016. 报告称 2016 财年净亏 56 亿美元。（2018 年阅读）

revenue [ˈrevənuː]

n. **收益，财政收入**

痛点 它和 income 同样是指"收入"，但 income 主要指"个人或家庭收入"。

真题 a reduction of revenue 收入下降（2021 年阅读）

investment [ɪnˈvestmənt]

n. **投资**；（时间、精力的）投入

真题 The correlation between happiness and investment was particularly strong for younger firms. 在一些比较年轻的公司中，幸福感与投资的关联度格外高。（2016 年完形）

capital [ˈkæpɪtl]

n. **资本**；首都；大写字母　*adj.* 大写字母的

痛点 capital income，"首都收入"？"首要收入"？不，是"资本收入"。

真题 return on capital investment 资本投资收益（2018 年阅读）

debt [det]

n. **借款**；**负债情况**；人情债

真题 pay the debt 还贷款（2008 年阅读）

owe [əʊ]

v. 归因于；欠（债、情）

词组 owe sth. to sb./sth. 把某事／归因于／归功于某人／某事／某物

真题 High achievers owe their success mostly to nurture. 成功人士把他们的成功主要归功于培养。（2007 年阅读）

loan [ləʊn]

n. **贷款**；借出 *v.* 借出（尤指钱）；出借（贵重物品给博物馆等）

痛点 give him the loan of my car，"把我的车的贷款给他"？不，是"把我的车借给他"。

真题 Housing loans today are easy to obtain. 如今的住房贷款很容易获得。（2016 年阅读）

monetary [ˈmɑːnɪteri]

adj. **钱的，货币的**

痛点 monetary policy，"钱政策"？不，是"货币政策"。

真题 They will supply the articles without monetary reward. 他们会不计酬劳地提供这些文章。（2020 年阅读）

pound [paʊnd]

n. **英镑**；**磅** *v.* 强烈打击，猛击；心怦怦跳

痛点 它既可以是货币单位"镑"，也可以是重量单位"磅"，注意中文的写法噢。

真题 multibillion-pound infrastructure projects 数十亿英镑的基础设施项目（2014 年阅读）

penny [ˈpeni]

n. 便士，分

coin [kɔɪn]

熟义 *n.* 硬币（尤指在形状上像硬币的东西）；金属货币

真题 chocolate coins 巧克力硬币（2019 年阅读）

僻义 *v.* 创造（新词语）to invent a new word or expression or use one for the first time

真题 First coined in 2010, "dark patterns" is a catch-all term. "暗模式"一词首次出现于 2010 年，是一个笼统的术语。（2022 年阅读）

deposit [dɪˈpɑːzɪt]

n. 定金；押金；保证金；存款 *v.* 放置；将（钱）存入银行

痛点 "存钱"怎么说？deposit money；"存款"怎么说？deposits。

millionaire [ˌmɪljəˈner]

n. 富豪，百万富翁

痛点 可以将它和 billionaire（亿万富翁）一起记。

insurance [ɪnˈʃʊrəns]

n. **保险**；保险费；保障措施

真题 insurance companies 保险公司（2021 年新题型）

inflation [ɪnˈfleɪʃn]

n. **通货膨胀**；**通胀率**；**膨胀**

真题 global inflation 全球通货膨胀（2002 年阅读）

fundamental [ˌfʌndəˈmentl]

adj. **根本的**；**基本的**

真题 fundamental questions 基本问题（2019 年阅读）

□ layman		
义联词	□ salesman/saleswoman	□ postman/mailman
	□ spokesman/spokeswoman/spokesperson	
形联词	□ layer	

layman [ˈleɪmən]

n. 门外汉，外行

痛点 为了弱化性别，越来越多的场合使用其替代词 layperson。

示例 professionals and laymen 内行和外行

salesman/saleswoman

[ˈseɪlzmən]/[ˈseɪlzwʊmən] *n.* 售货员；推销员

postman/mailman [ˈpəʊstmən]/[ˈmeɪlmæn]

n. 邮递员；邮差

spokesman/spokeswoman/spokesperson

[ˈspəʊksmən]/[ˈspəʊkswʊmən]/[ˈspəʊkspɜːrsn]

n. 发言人

layer [ˈleɪər]

n. 层；表层；层次；阶层 *v.* 把……分层堆放

□ stock	
义联词	□ storage □ inventory
形联词	□ stor(e)y

stock [stɑːk]

n. 库存；股票；股份；存量 *v.* 储藏；备有

痛点 out of stock，"在股票之外"？不，是"没有库存了"。

真题 overall levels of stock 总体库存水平（2023 年阅读）

storage [ˈstɔːrɪdʒ]

n. 储存；贮藏（空间）

真题 battery storage 电池容量（2018 年阅读）

inventory [ˈɪnvəntɔːri]

n.（商店的）库存；存货清单；详细目录

痛点 其地道搭配为：inventory control（库存管理）。

真题 Quicker turnarounds mean less wasted inventory. 更快的周转意味着更少的库存浪费。（2013 年阅读）

stor(e)y [ˈstɔːri]

n. 楼层

痛点 其美式拼写为 story，和"故事"一词的拼写一模一样。

□ check

| 义联词 | □ inspect | □ patrol |

check [tʃek]

熟义 *n.* **支票**；**检查**；寄存处　*v.* **检查**；核实

词组 by check 用支票

真题 pay everything by check 用支票支付一切（2008 年阅读）

僻义 *v.* **控制，抑制** to limit the amount of power, often political power

痛点 check your anger，"检查你的愤怒"？不，是"控制你的愤怒"。其地道搭配为：keep/hold the spending in check（控制支出）。

真题 check the power of the Administration 控制（联邦）政府的权力（2013 年阅读）

inspect [ɪnˈspekt]

v. **检查**；查看；审视；视察

痛点 难记？in 是"里面"，spect 是"看"。看到里面，也就是"检查、审视"。

真题 inspect infrastructure and prevent equipment failure 检查基础设施以防止设备故障（2021 年新题型）

patrol [pəˈtrəʊl]

v. **巡逻，巡查**；（威胁性地）逛荡　*n.* 巡逻，巡查；巡逻兵，巡逻队

真题 Much of the state's budget is patrolled by unions. 州预算大部分由工会监管。（2012 年阅读）

□ profit

| 义联词 | □ profitable | □ benefit | □ beneficial | □ adverse |

profit [ˈprɑːfɪt]

n. **利润**　*v.* 获益，得到好处

痛点 profit sb. to do sth.，"有利于某人去做某事"？不，是"做某事对某人有利"。

词组 make profits 盈利

真题 The Dutch giant Elsevier made profits of more than £900m last year. 荷兰出版巨头爱思唯尔去年获得了高达 9 亿英镑的利润。（2020 年阅读）

profitable [ˈprɑːfɪtəbl]

adj. **有利可图的**；有益的

痛点 a profitable afternoon，"有利可图的下午"？不，是"收获颇丰的下午"。

真题 The concept of sustainable development has been defined as profitable. 可持续发展的概念已经被定义为有利可图的模式。（2016 年阅读）

benefit [ˈbenɪfɪt]

v. **使受益**；得益于　*n.* **优势，益处**；福利，奖金

痛点 其地道搭配为：for sb's benefit（为了某人的利益）；be of benefit to…（对……有好处）。

真题 It will benefit other Asian countries. 这将

使亚洲其他国家受益。（2021 年阅读）

beneficial [ˌbenɪˈfɪʃl]

adj. **有益的，有利的**

痛点 其地道搭配为：be beneficial to sb./sth.（对某人 / 某物有好处）；mutually beneficial（互利的、互惠的）。

真题 Early exposure is beneficial. 早点接触（编程）十分有益。（2016 年阅读）

adverse [ədˈvɜːrs]

adj. **不利的，有害的**

痛点 写作文时想表达"不好的影响"，只想到用 bad/negative influence？ adverse influence 用起来！

真题 The influence of transient investment on public companies can be adverse. 短期投资对上市公司的影响可能是不利的。（2019 年阅读）

□ theatre/-ter			
义联词 □ **perform**	□ **performance**	□ **tour**	□ **comic**
□ **entertain**	□ **studio**		

theatre/-ter [ˈθiːətər]

n. **剧场；戏剧；**戏剧工作

真题 outside the theatre 剧院外面（2006 年阅读）

perform [pərˈfɔːrm]

v. **做，履行；演出，表演；表现，运转**

真题 perform brain and bone surgery 做脑外科和骨外科手术（2002 年阅读）

performance [pərˈfɔːrməns]

n. **演出，表演；表现，效果；做，履行**

真题 live performance 现场演出（2011 年阅读）

tour [tʊr]

n. **旅行；**游览；巡回比赛（或演出等）

v. 在……旅游

痛点 a concert tour，"一场音乐旅行"？ 不，

是"巡回音乐会"。

真题 a special tour 一次特别的旅行（2014 年阅读）

comic [ˈkɑːmɪk]

adj. **喜剧的；**滑稽的 *n.* 连环漫画

真题 comic novel 喜剧小说（2017 年新题型）

entertain [ˌentərˈteɪn]

v. **（使）娱乐；**招待，款待

真题 News about pregnant celebrities is entertaining. 明星怀孕的消息具有娱乐性。（2011 年阅读）

studio [ˈstuːdiəʊ]

n. **演播室；**工作室；电影公司

真题 studio and theatre 演播室和剧场（2012 年新题型）

□ leisure

义联词	□ idle	□ spare	□ wander	□ occupy

leisure [ˈliːʒər]

n. 闲暇，空闲

真题 provide city dwellers with spaces for leisure 给城市居民提供休闲空间（2016 年阅读）

idle [ˈaɪdl]

adj. 空闲的，懒散的；无用的　*v.* 虚度，无所事事

痛点 它和 idol（偶像）的发音一样，可不能认错了啊！其地道搭配为：An idle student idles the days away.（一个懒散的学生成天混时度日。）。

spare [sper]

adj. 空闲的；备用的；多余的　*v.* 留出，抽出；省得；免去；不吝惜（时间、金钱）　*n.* 备用品

真题 spare time 空闲时间（2004 年阅读）

wander [ˈwɑːndər]

v. 徘徊，闲逛，游荡；走神，（思想）开小差

真题 struggle and wander aimlessly 漫无目的地挣扎徘徊（2007 年新题型）

occupy [ˈɑːkjupaɪ]

v. 忙于（做某事）；占据，占用；占领；使用（房屋、建筑）

痛点 它后面接 with sth. 或者 (in) doing sth. 都行，如：occupy himself with computer games（他忙于玩电脑游戏）。

词组 be occupied with 忙于

真题 Our conscious mind is occupied with daily life. 我们的意识被日常生活所占据。（2005 年阅读）

□ spark

义联词	□ provoke	□ arise	□ arouse	□ generate
	□ stir	□ trigger	□ activate	□ stimulate
	□ inspire	□ inspiration	□ curiosity	

spark [spɑːrk]

v. 引发　*n.* 火花，火星；诱因；导火线

真题 spark intense opposition 引发强烈反对（2020 年阅读）

provoke [prəˈvəʊk]

v. 激起；挑衅

痛点 其地道搭配为：thought-provoking（发人深省的）。

真题 provoke a painful technological revolution 引发一场痛苦的技术革命（2014 年阅读）

arise [əˈraɪz]

v. 出现；（由……）引起，（因……）产生；起身

痛点 写作时想表达"由于"，但接名词只想

到 because of/due to？可以考虑动词搭配 arise from/out of，如：Their success arises from diligence.（他们的成功是由于勤奋。）。

真题 Extreme weather conditions may arise. 可能出现极端天气。（2019 年阅读）

arouse [əˈraʊz]

v. 引起（感情、态度）；激起；唤醒

痛点 不是 arise 的过去式！arise 一般作不及物动词，过去式是 arose，而 arouse 是及物动词。其地道搭配为：arouse sb.'s interest/anger/anxiety/curiosity（引起某人的兴趣／愤怒／焦虑／好奇）。

真题 arouse concern 引起关注（2010 年阅读）

generate [ˈdʒenəreɪt]

v. 生成；产生；引起

痛点 "发电"不是 electricity production，而是 power generation。

真题 generate content for social media posts and chat sites 为社交媒体帖子和聊天网站生成内容（2023 年翻译）

stir [stɜːr]

n. 轰动，激动　*v.* 激发，激起

真题 cause quite a stir 引起不小的轰动（2021 年阅读）

trigger [ˈtrɪɡər]

n. 诱因；扳机；触发器　*v.* 触发；起动

痛点 其地道搭配为：trigger an alarm/allergic reaction（触发警报器／引起过敏反应）。

真题 the trigger chemicals 起触发作用的化学

物质（2008 年阅读）

activate [ˈæktɪveɪt]

v. 激发；激活；使开始作用

真题 Curiosity activates creative minds. 好奇心激发创造性思维。（2009 年阅读）

stimulate [ˈstɪmjuleɪt]

v. 刺激

痛点 注意它的名词形式 stimulation（刺激）和 simulation（模拟）的拼写区别。

真题 stimulate demand by driving down prices 通过压低价格来刺激需求（2018 年阅读）

inspire [ɪnˈspaɪər]

v. 激发；激励，鼓舞；赋予灵感；启发

真题 Discoveries today inspire future research. 今天的发现激发未来的研究。（2012 年阅读）

inspiration [ˌɪnspəˈreɪʃn]

n. 灵感；启发灵感的人（或事物）

真题 Today, we want empathy, not inspiration. 今天，我们想要的是共鸣，而不是灵感。（2012 年新题型）

curiosity [ˌkjʊriˈɑːsəti]

n. 好奇；好奇心

词组 arouse curiosity 引起好奇

真题 The solution to the ethical issues has aroused much curiosity. 伦理问题的解决方法已引起了很多好奇。（2019 年阅读）

□ **custom**

义联词　　□ **accustom**　　□ **ritual**

custom [ˈkʌstəm]

n. **习惯，**风俗；惯例；惠顾　*adj.* 定制的

痛点 thank you for your custom，"谢谢你的习惯"？不，是"谢谢您的惠顾"。

真题 religious customs 宗教习惯（2012 年翻译）

accustom [əˈkʌstəm]

v. **使习惯**

痛点 使用 accustom sb./oneself to sth. 这个搭配时，动词的宾语不能省；或者用被动语态也行：be/get accustomed to sth.。

词组 be accustomed to sth./doing sth. 习惯于某事 / 某物 / 某事

真题 These brands have shaken an industry long accustomed to a seasonal pace. 这些品牌动摇了一个长期习惯于季节节奏的行业。（2013 年阅读）

ritual [ˈrɪtʃuəl]

n. **习惯，例行公事；仪式**　*adj.* 例行的，惯常的；**仪式上的**

真题 develop a daily ritual 培养一种每日习惯（2018 年阅读）

□ **strategy**		
义联词　□ **trick**		□ **trap**

strategy [ˈstrætədʒi]

n. **策略；策划；**战略部署

真题 evolutionary strategy 进化策略（2022 年完形）

trick [trɪk]

n. **诀窍；**诡计；引起错觉（或记忆紊乱）的事物　*v.* **欺骗**

真题 None of these tricks will help you understand them. 这些招数都无法帮助你去理解他们。（2019 年新题型）

trap [træp]

熟义 *n.* **陷阱；**困境；圈套　*v.* **使陷入圈套；设陷阱捕捉；**使落入险境

痛点 the unemployment trap，"失业的陷阱"？不，是"失业的困境"。

真题 fall into the trap 落入陷阱（2022 年阅读）

僻义 *v.* **吸收** to keep sth. in a place, especially because it is useful

真题 trap greenhouse gases 吸收温室气体（2022 年阅读）

□ **restrict**		
义联词　□ **confine**		□ **limitation**
形联词　□ **restrain**		

restrict [rɪˈstrɪkt]

v. 限定（数量、范围等）；束缚

真题 restrict teachers' power in education 限制教师在教育中的权力（2012 年阅读）

---

confine [kənˈfaɪn]

v. 禁闭；限制　*n.* 限制

痛点 难记？一起（con）罚款（fine），看来严重到需要禁闭了！

痛点 其地道搭配为：be confined to（被限定在）；The plan is confined to this area.（这个方案仅限于这片区域。）。

真题 get him confined to a treatment center for addictions 把他关进了一个戒瘾中心（2016

年新题型）

---

limitation [ˌlɪmɪˈteɪʃn]

n. 局限；限制；起限制作用的规则

真题 limitations of advertisements 广告的局限性（2012 年阅读）

---

restrain [rɪˈstreɪn]

v. 抑制；控制（自己）

痛点 其地道搭配为：restrain herself from crying out（她忍住没有哭出来）。

真题 He did not feel restrained by the weight of convention. 他没有感受到习俗的束缚。（2014 年翻译）

□ reveal		
义联词 □ **revelation**		□ **withhold**
形联词 □ **relevant**		

---

reveal [rɪˈviːl]

v. 揭露；展现

真题 reveal a strong prejudice 展现出极大的偏见（2016 年阅读）

---

revelation [ˌrevəˈleɪʃn]

n. 被暴露的真相；揭露

真题 astonishing revelations 惊人的发现（2015 年阅读）

---

withhold [wɪðˈhəʊld]

v. 隐瞒，掩饰；抑制，克制；拒绝，不给

痛点 其地道搭配为：withhold payment（拒绝付款）。

真题 withhold immigrants' information 隐瞒移民信息（2013 年阅读）

---

relevant [ˈreləvənt]

adj. 相关的；有价值的，有意义的

痛点 the relevance of the question，"问题的相关度"？不，是"问题的意义"。

真题 the relevant age group enrolled in institutions of higher education 高等教育机构中的相关年龄段（2021 年翻译）

□ inherit			
义联词	□ heir	□ heritage	□ succeed □ succession
	□ successor	□ genetic	
形联词	□ heroic		

inherit [ɪnˈherɪt]

v. **经遗传获得（品质、特征等）；继承**；继任

真题 Y chromosome inherited through men in a father's line 通过父系中的男性遗传下来的 Y 染色体（2009 年阅读）

heir [er]

n. 继承人

heritage [ˈherɪtɪdʒ]

n. **遗产（指国家或社会长期形成的历史、传统和特色）**

真题 cultural heritage 文化遗产（2017 年阅读）

succeed [səkˈsiːd]

v. **达到目的，成功；有成就；继承**；接替

痛点 succeed him，"成就他"？不，是"接替他"。其地道搭配为：succeed in doing sth. （在某件事上取得成功）。

真题 These made him all the more determined to succeed. 这些更坚定了他要成功的决心。（2019 年翻译）

succession [səkˈseʃn]

n. **连续；继任，继承；一连串**；更迭

痛点 其地道搭配为：in succession（连续）。

真题 in quick succession 紧接着，连接地（2023 年新题型）

successor [səkˈsesər]

n. **接替的人或事物**

genetic [dʒəˈnetɪk]

adj. **遗传的，基因的**；遗传学的

真题 genetic information 遗传信息（2009 年阅读）

heroic [həˈrəʊɪk]

adj. **英勇的**；英雄的

真题 heroic animals 英勇的动物（2022 年新题型）

□ possess			
义联词	□ possession	□ property	□ asset □ accumulate

possess [pəˈzes]

v. **具有；拥有**；掌握

痛点 其含义可以是拥有具体的东西，也可以是具有抽象的特质。

真题 No one could have written it without possessing some power of reasoning. 不具备推理能力的

人写不出这样的著作。（2008 年翻译）

possession [pəˈzeʃn]

n. **具有；拥有；个人财产，所有物**

真题 He disclaimed the possession of any great quickness of apprehension or wit. 他不承认自己思维敏捷、智力超群。（2008 年翻译）

property [ˈprɑːpərti]

n. **所有物**；不动产；房屋及院落；性质

痛点 biological property，"生物学不动产"？不，是"生物学特性"。

真题 Each spouse retains whatever property he or she brought into the marriage. 夫妻双方可保留他或她婚前带来的财产。（2016 年完形）

asset [ˈæset]

熟义 *n.* **资产，财产**

痛点 financial assets 是指"金融资产"。但是 asset 作名词当定语就不用加复数了，如：asset management 资产管理。asset 这个词也经常用来形容有价值的人，如：He is an asset to the school.（他是这个学校的一笔财富。），用单数即可。

真题 asset allocation 资产分配（2010 年阅读）

辨义 *n.* **有价值的人（或事物）**

真题 Trust is most valuable of economic assets. 信任是最有价值的经济资产。（2018 年阅读）

accumulate [əˈkjuːmjəleɪt]

v. **堆积**；积累；累积；积攒

痛点 在其后接时间的时候，介词是用 over，如：accumulate over the years/accumulate over time。

真题 We accumulate the 50 percent of stuff in our cart that we never intended buying. 我们把本来根本没打算买的那一半东西堆进了购物车。（2016 年翻译）

□ process		
义联词 □ proceedings	□ procedure	
形联词 □ proceed	□ excess	□ access

process

[ˈprɑːses] *n.* **（为达到某一目标的）过程；（事物发展，尤指自然变化的）过程**；工艺流程；工序 [ˈprɑːses] *v.* **处理；数据处理**；处理（文件、请求等）

痛点 process application，"过程申请"？不，是"审核申请"。

词组 in the process of... 在……的过程中

真题 in the process of journalistic judgment 在新闻判断的过程中（2007 年翻译）

proceedings [prəˈsiːdɪŋz]

n. 正式记录，**公报**；诉讼程序

真题 *the Proceedings of the National Academy of Sciences*（美国）《国家科学院院刊》（2015 年完形）

procedure [prəˈsiːdʒər]

熟义 *n.* **（正常）程序；（商业、法律或政治上的）程序**

真题 procedures for renting out houses *房屋出*

175

租程序（2023 年阅读）

僻义 *n.* **手术**

真题 a 30-minute surgical procedure 一个 30 分钟的外科手术（2003 年阅读）

---

proceed [prəʊˈsiːd]

熟义 *v.* **继续做（或从事、进行）**；行进

痛点 其地道搭配为：proceed with the election（继续进行选举）。

真题 How does your reading proceed? 你的阅读是如何推进的？（2015 年新题型）

僻义 *n.* **筹款，获利**

真题 financed from the proceeds of the emissions-permit auctions 通过拍卖碳排放准许资质来筹款（2019 年阅读）

---

excess [ɪkˈses]

adj. **过量的**；额外的　*n.* 超越；过量，过度

真题 global excess demand 全球需求过剩（2002 年阅读）

---

access [ˈækses]

v. **获得，获取**；**访问**；进入　*n.* 通道，入径；机会，权利

痛点 其地道搭配为：get/have/give/grant/allow/deny access to。

真题 enable researchers to access their own publicly funded research 使科研人员获得他们自己的众筹研究项目（2020 年阅读）

□ advocate

义联词	□ uphold	□ sympathy	□ sympathetic	□ urge

---

advocate [ˈædvəkeɪt]

n. **倡导者，支持者**　*v.* **倡导**，支持

痛点 advocate 是动词"拥护"，所以"拥护者"应该是 advocator？不，其实也是 advocate 它本身。

痛点 其地道搭配为：advocate of/for sb./sth.（某人／某物的拥护者、支持者）。

真题 public-health advocates 公共卫生倡导者（2012 年阅读）

---

uphold [ʌpˈhəʊld]

v. **支持，维护**；维持

痛点 其地道搭配为：uphold standards（维持水准）；uphold traditional values（支持传统价值观）。

---

sympathy [ˈsɪmpəθi]

n. **赞同，支持**；**同情**

词组 in sympathy with 赞同，支持

真题 in sympathy with their point of view 赞同他们的观点（2002 年阅读）

---

sympathetic [ˌsɪmpəˈθetɪk]

adj. **表示同情的**；赞同的

真题 sympathetic to the other child 同情另一个孩子（2006 年阅读）

---

urge [ɜːrdʒ]

v. **呼吁**，竭力主张；**敦促**，催促；要求　*n.* **强烈的欲望，冲动**

痛点 同样翻译成"呼吁"，urge 比 appeal 的

程度要深得多，没有 appeal 那么委婉客气。

真题 urge consumers to cut the use of plastics 敦促消费者减少塑料制品的使用（2019 年阅读）

□ **consistent**

义联词　□ **accord**　　□ **accordance**　　□ **accordingly**　　□ **according to**
　　　　□ **correspond**　　□ **correspondence**

---

consistent [kənˈsɪstənt]

adj. **与……一致的，符合的**；始终如一的；连续的

痛点 其地道搭配为：be consistent with earlier research（和之前的研究保持一致）。

真题 There are a number of consistent themes. 存在许多一致的主题。（2017 年阅读）

---

accord [əˈkɔːrd]

n. 一致，符合；协议　*v.* 与……符合，一致；给予，授予

痛点 其地道搭配为：in accord with…（与……一致）；of one's own accord（主动地）；accord great importance to sth.=accord sth. great importance（给予某物 / 某事重视）。

---

accordance [əˈkɔːrdns]

n. 依照，依据

痛点 它大概率出现在短语 in accordance with（依照）里。

---

accordingly [əˈkɔːrdɪŋli]

adv. **照着**；相应地；因此，所以

痛点 在考研写作里，它是 therefore 不错的同义替换词。注意它一般放于句首，用逗号隔开。

真题 So, adapt your style accordingly to type. 所以，要因人而异地调整你的（交流）风格。（2020 年新题型）

---

according to [əˈkɔːdɪŋ tə]

prep. **根据**；**根据……的说法**；据……报道

痛点 according to him 翻译为"根据他"？应该是"他认为"。

真题 But such an idea is untrue, according to a new opinion article. 但是根据一篇新的观点文章，这种想法不正确。（2022 年完形）

---

correspond [ˌkɔːrəˈspɑːnd]

v. **符合**；相一致；联络，通信

痛点 当 correspond with 后面接人的时候，表示"与之联络、通信"。

词组 correspond to/with sth. 与……相一致，相吻合

真题 a process that corresponds to what philosopher Annette Baier has described 一个与哲学家 Annette Baier 的描述相吻合的过程（2012 年阅读）

---

correspondence [ˌkɔːrəˈspɑːndəns]

n. **通信**；往来信件；相似

真题 records of correspondence 通信记录（2015 年阅读）

Word List 12

□ **personality**			
义联词	□ **charm**	□ **magnetic**	□ **generous**	□ **gently**
形联词	□ **personnel**			

personality [ˌpɜːrsəˈnæləti]

n. **性格**；魅力；名人；特色

真题 complex aspects of personality 性格的复杂方面（2013 年阅读）

charm [tʃɑːrm]

n. 魅力；迷人的特征；魔法，咒语

痛点 work like a charm，"像魅力一样工作"？不，相当于 to be immediately and completely successful（有立竿见影的好效果，十分奏效），如：Flattery works like a charm on him.（拍他马屁非常有效。）。

magnetic [mæɡˈnetɪk]

adj. **磁的，有磁性的**；富有吸引力的，有魅力的

痛点 magnetic personality，"磁的个性"？不，是"富有魅力的个性"。

真题 magnetic-field recording 磁场纪录（2014 年新题型）

generous [ˈdʒenərəs]

adj. **慷慨的**

痛点 注意其名词形式的拼写：generosity。

真题 generous funding 慷慨的资助（2014 年阅读）

gently [ˈdʒentli]

adv. 温柔地；文静地

personnel [ˌpɜːrsəˈnel]

n. **（组织或军队中的）全体人员**；人事部门

痛点 注意别将它和 personal（个人的）混淆。

真题 medical personnel 医务人员（2021 年阅读）

□ **feature**			
义联词	□ **characterise/-ize**	□ **characteristic**	□ **attribute**
形联词	□ **feather**		

feature [ˈfiːtʃər]

熟义 *n.* **特征**；面容的一部分　*v.* **起重要作用**

真题 basic features of the Canadian Constitution 加拿大宪法的基本特征（2007 年翻译）

僻义 *n.*（报章、电视等的）专题节目

词组 News Feature 新闻专栏

真题 a News Feature article in *Nature*《自然》杂志上一篇新闻专栏的文章（2014 年阅读）

characterise/-ize [ˈkærəktəraɪz]

v. 以……为特征；使……具有特点；描述

痛点 characterise him as indecisive，"使他具有优柔寡断的特点"？不，是"把他描述成一个优柔寡断的人"。

真题 Straitford's business is characterized by unpredictability. Straitford 的业务以不可预知性为特征。（2003 年阅读）

characteristic [ˌkærəktəˈrɪstɪk]

熟义 *n.* 特征　　*adj.* 典型的

真题 varied ideas, customs, and national characteristics 不同思想、风俗和民族特点（2015 年翻译）

僻义 *adj.* 特有的，独特的

真题 characteristic confidence 特有的自信（2017 年新题型）

attribute [əˈtrɪbjuːt]

熟义 *n.* 属性；标志；象征

痛点 难记？爱吹不（attribu）？特（te）爱吹！啥牛都吹！这就是他的属性，他的特点。

真题 Over time, the attributes of greatness shifted. 随着时间的推移，伟大的属性发生了变化。（2012 年新题型）

僻义 *v.* 把……归因于 to think that sth. is caused by a particular thing

词组 attribute…to… 把……归因于……

真题 Some experts attribute the stress-reducing benefits of hugging to the release of oxytocin. 一些专家把拥抱减压的益处归功于催产素的释放。（2017 年完形）

feather [ˈfeðər]

n. 羽毛

□ grace			
义联词　□ **graceful**	□ **elegant**	□ **decent**	□ **gorgeous**
□ **(a)esthetic**			

grace [greɪs]

n. **体面，风度**；优美；高雅

痛点 首字母大写，也是一个很优雅的女孩名字：Grace。

真题 It is wise to take such gifts with gratitude and grace. 怀着感恩之心体面地接受这份馈赠是明智的。（2014 年阅读）

graceful [ˈɡreɪsfl]

adj. **优美的**，优雅的；得体的

痛点 graceful in defeat，"失败中优雅"？不，是"输了也要有风度"。

elegant [ˈelɪɡənt]

adj. **优雅的**；精致的；巧妙的

痛点 an elegant solution，"优雅的解决方法"？不，是"巧妙的解决方法"。

真题 elegant atmosphere 优雅的环境（2006 年阅读）

decent ['diːsnt]

adj. **不错的**；得体的；正派的

真题 a decent degree 一个不错的学位（2022 年阅读）

gorgeous ['gɔːrdʒəs]

adj. 非常漂亮的；华丽的

痛点 男女它都可以修饰！

(a)esthetic [esˈθetɪk]

adj. 审美的；美学的；美的；艺术的　*n.* 美感，审美观；美学

痛点 词性容易混淆。它本身既是形容词，也是可数名词，意思是"美感"。表面上的复数形式 aesthetics 其实是不可数名词，意思是"美学"。写作里要形容某物很美、赏心悦目，正式表达除了用 beautiful 之外，还可以用 aesthetically pleasing。

□ sociable

义联词	□ **network**	□ **socialism**	□ **interact**	□ **intercourse**
	□ **lonely**	□ **isolate**		

---

sociable ['səʊʃəbl]

adj. **好交际的**；**社交的**；合群的；友善的

痛点 "他很社会。"是"He is social."？不，应该是"He is sociable."。

真题 To accurately tell whether someone is sociable, we need at least a minute. 要准确判断一个人是否善于交际，我们至少需要一分钟。（2013 年阅读）

network ['netwɜːrk]

n. **网络**；**人际网**；**（互联）网络**；广播网，电视网　*v.* **将……连接成网络**；联播

痛点 networking 作为不可数名词，指人际关系网、人脉。

词组 rail network 铁路网

真题 use the rail network to get to work 乘火车上班（2021 年阅读）

socialism ['səʊʃəlɪzəm]

n. 社会主义

interact [ˌɪntərˈækt]

v. **交流**；**相互交往**；**互动**；**相互作用**；相互影响

真题 interact with strangers 与陌生人交流（2021 年翻译）

intercourse ['ɪntərkɔːrs]

n. 交流；交往；性交

lonely ['ləʊnli]

adj. 孤独的；偏僻的

isolate ['aɪsəleɪt]

熟义 *v.* **脱离**；隔离；孤立

词组 isolate sb. from... 使某人从……中脱离出来；使某人与……隔离开

真题 Keeping outsiders out of a law firm isolates lawyers from the pressure to make money. 不让外行插手律师事务所可以让律师脱离赚钱的压力。（2014 年阅读）

辨义 *v.* 分离（某物质、细胞等）

真题 an isolated DNA molecule 一个分离出来 的 DNA 分子（2012 年阅读）

□ genius	
义联词	□ idiot
形联词	□ genuine

genius [ˈdʒiːniəs]

n. **天才**；天赋

痛点 它和 talent 类似，既可以指天赋，也可以指天才人物。

真题 myth of the lone genius 孤独天才的神话（2014 年阅读）

idiot [ˈɪdiət]

n. 白痴；傻子，笨蛋

genuine [ˈdʒenjuɪn]

adj. **真正的**；可信赖的

痛点 难记？又是基因（gene）里的 gen，又是你（u）里面（in）的，所以是"真正的"。

真题 genuine partnership 真正的伙伴关系（2022 年阅读）

□ positive		
义联词	□ optimistic	□ negative

positive [ˈpɑːzətɪv]

adj. **积极乐观的**；**正面的**；肯定的；阳性的；十足的

真题 Peer pressure can also be a positive force. 同龄人的压力也可以是一种积极的力量。（2012 年阅读）

optimistic [ˌɑːptɪˈmɪstɪk]

adj. **乐观的**

痛点 其地道搭配为：be optimistic about the outcome（对结果保持乐观）。

真题 adopt an optimistic view of the world 对世界持乐观看法（2013 年阅读）

negative [ˈnegətɪv]

adj. **有害的，消极的**；**负面的，缺乏热情的**；否定的；结果为阴性的

词组 negative effects 负面影响

真题 reduce the possible negative effects of curiosity 减少好奇心可能产生的负面影响（2018 年完形）

□ virtue		
义联词	□ merit	□ defect
形联词	□ virtual	

virtue [ˈvɜːrtʃuː]

n. **好处，优点**；美德

真题 the virtue of work 工作的好处（2017 年完形）

merit [ˈmerɪt]

n. **价值，美德**；值得赞扬的特点，功绩；（学校或大学考试或作业的）良好

痛点 在前面加上前缀 de 就变成了反义词 demerit（缺点、短处）。

真题 assess researcher merit 评估研究人员的价值（2019 年翻译）

defect [dɪˈfekt]

n. 缺点　*v.* 叛变；投敌

痛点 其地道搭配为：defect in a system/a speech defect（系统缺陷 / 言语缺陷）；作动词 defect to another country（叛变到他国）。

virtual [ˈvɜːrtʃuəl]

adj. **虚拟的**；实际上的；实质性的；几乎……的

痛点 既表"实"，又表"虚"，这么矛盾？表示"实际上"的时候是指和所描述的非常接近；表示"虚"的时候一般都和网络虚拟有关。

真题 virtual casinos 虚拟赌场（2006 年新题型）

□ sensible		
义联词	□ rational	□ ridiculous	□ absurd
形联词	□ sensitive	□ sensation

sensible [ˈsensəbl]

adj. **明智的**；合理的；能察觉到的；明显的

例句 It wasn't very sensible to go out on your own so late. 这么晚独自外出是不太明智的。

rational [ˈræʃnəl]

adj. **合理的，理性的**；理智的，清醒的

真题 rational argument 合理的论证（2022 年阅读）

ridiculous [rɪˈdɪkjələs]

adj. **荒谬的**；可笑的

痛点 其派生词 ridiculously 的地道搭配为：ridiculously expensive（贵得离谱）。同学们经常说的"离了个大谱"，用这个词就很贴切。

absurd [əbˈsɜːrd]

adj. **荒谬的**

痛点 前面加上 the，表示名词 the absurd，指"荒诞的事物"；"谐音梗"容易被人描述成 absurd humor（荒诞的幽默）；考研英语、英美剧中常见的同义替换形容词是 ridiculous。

真题 something a little absurd 有点荒谬的事情（2017 年阅读）

---

sensitive [ˈsensətɪv]

adj. **敏感的**；灵敏的
痛点 不要将它和 sensible（明智的）混淆。
词组 be sensitive to... 对……敏感

真题 We are extremely sensitive to smells. 我们对气味十分敏感。（2005 年完形）

---

sensation [senˈseɪʃn]

n. 感觉；知觉；轰动；引起轰动的事件
痛点 其形容词形式是 sensational（轰动的；引起哗然的）。

□ **mercy**

| 义联词 | □ **revenge** | □ **hatred** | □ **acknowledge** |

---

mercy [ˈmɜːrsi]

n. **仁慈，宽容**；幸运，恩惠
痛点 at the mercy of the weather，"在天气的仁慈下"？不，是"受制于天气"。
真题 virtue, mercy and justice 美德、仁慈和正义（2012 年新题型）

---

revenge [rɪˈvendʒ]

n. 报复，报仇　*v.* 向（某人）报仇
痛点 难记？反复（re）问（ven）哥（ge）到底是谁做的，一定要报复 ta。

---

hatred [ˈheɪtrɪd]

n. 憎恶，憎恨，仇恨
痛点 它搭配介词 of/for/towards 都行，如：hatred of/for/towards a person（恨一个人）。

---

acknowledge [əkˈnɑːlɪdʒ]

v. **承认**；**公认**；认可；对……表示感谢
痛点 acknowledge your support，"承认你的支持"？不，是"感谢你的支持"；acknowledge a letter，"感谢一封信"或"感谢信"？不，是"确认收到一封信"。
真题 Dr. Worm acknowledges that these figures are conservative. Worm 博士承认这些数字是保守的。（2006 年阅读）

□ **loyal**

| 义联词 | □ **loyalty** | □ **faithful** | □ **betray** | □ **fraud** |
| 形联词 | □ **royal** | | | |

---

loyal [ˈlɔɪəl]

adj. **忠诚的，忠实的**

词组 loyal to... 对……忠诚
真题 keep the adults loyal to their group 让成

年人忠于他们的团体（2009 年翻译）

loyalty [ˈlɔɪəlti]

n. 忠诚，忠实

真题 build up customer loyalty 建立客户忠诚度（2019 年阅读）

faithful [ˈfeɪθfl]

adj. 忠诚的；如实的

痛点 a faithful account，"一个忠诚的账户"？不，是"如实的叙述"。

真题 faithful partners 忠诚的伙伴（2013 年阅读）

betray [bɪˈtreɪ]

v. 揭示；泄露；背叛；出卖

痛点 难记？泄露机密的人就该被（be）锤（tray）；betray humanity，"背叛人性"？不，是"揭示人性"。

真题 betray any common humanity 揭示普遍的人性（2015 年阅读）

fraud [frɔːd]

n. 欺诈，诈骗；骗子

痛点 难记？骗子（fraud）专门去烦（f）弱的（raud）人，实施诈骗（fraud）。

真题 The prevention of this type of fraud is no easy task. 预防此类欺诈并非易事。（2013 年完形）

royal [ˈrɔɪəl]

adj. 皇家的；王室的

真题 the Royal Shakespeare Company 皇家莎士比亚剧团（2006 年阅读）

□ intelligence

义联词　□ artificial　　□ intelligent　　□ intellectual

---

intelligence [ɪnˈtelɪdʒəns]

n. 智能；智慧；智力；情报；情报机关

痛点 intelligence reports，"智力报告"？不，是"情报人员的报告"。

真题 artificial intelligence 人工智能（2002 年阅读）

artificial [ˌɑːrtɪˈfɪʃl]

熟义 adj. 人造的；人工的；人为的

痛点 artificial situation，"人造场面"？不，是指"不自然的场面"，比如面试；artificial emotion，"人造的情感"？不，是"假装的情感"；artificial person，"人造的人"？不，是指"法人"。

真题 artificial light sources 人造光源（2019 年完形）

僻义 adj. 虚假的；伪装的

真题 create an artificial smile 制造假笑（2011 年完形）

intelligent [ɪnˈtelɪdʒənt]

adj. 聪明的；智能的

真题 We think of it simply as a healthy and helpful flow of intelligent thought. 我们认为它只不过就是一种健康有益的心智上的交流。（2016 年翻译）

intellectual [ˌɪntəˈlektʃuəl]

adj. **知识的**；**智力的**；**脑力的**；理智的；有才

智的；智力发达的　*n.* 知识分子

真题 intellectual property 知识产权（2010 年阅读）

□ illusion			
义联词	□ **fantasy**　□ **mystery**	□ **mysterious**	□ **myth**
	□ **tale**　　　□ **legend**		
形联词	□ **illustrate**　□ **illustration**		

---

illusion [ɪˈluːʒn]

n. **幻觉**；**假象**；错觉；幻想中的事物；错误的观念

痛点 难记？病态（ill）的我们（us），总会出现幻觉（illusion）。

真题 create an illusion of happiness 制造出一种幸福的假象（2006 年阅读）

---

fantasy [ˈfæntəsi]

n. **幻想**；**幻象**

真题 various fantasy elements 各种幻想的元素（2013 年翻译）

---

mystery [ˈmɪstəri]

n. **秘密，神秘的事物**

真题 be still a mystery 仍然是个谜（2020 年新题型）

---

mysterious [mɪˈstɪriəs]

adj. 神秘的，难以理解的；陌生的；故弄玄虚的

---

myth [mɪθ]

n. **神话，神话故事**；虚构的东西，荒诞的说法

痛点 popular myth，"受欢迎的神话"？不，是"大家共有的误区"。

真题 the myth of the lone genius 孤独天才的

神话（2014 年阅读）

---

tale [teɪl]

n. **故事**；（精彩但不一定完全真实的）讲述

痛点 都是表示"故事"，tale 的真实性可比 story 要低。

真题 his tale of self-improvement and hard work 他的自我提升和艰苦奋斗的故事（2022 年翻译）

---

legend [ˈledʒənd]

n. **传说**；传奇人物；（地图或书中图表的）图例

痛点 "据传说"怎么表达？Legend has it that…。

---

illustrate [ˈɪləstreɪt]

v. **（用例子、图画等）说明**；解释；表明；给书加插图

痛点 考研英语大作文首段必背高频词！

真题 The author's posts on Twitter illustrated the development of Victorian photography. 作者发的推文说明了维多利亚时代摄影的发展。（2021 年阅读）

---

illustration [ˌɪləˈstreɪʃn]

n. 说明；图解；例证；插图

□ ambition			
义联词 □ ambitious	□ elite	□ enthusiasm	□ passion
□ bold	□ accomplish	□ strive	□ struggle
□ stubborn	□ diligent		

ambition [æmˈbɪʃn]

n. 野心；雄心；抱负

痛点 谐音 "俺必胜"。痛点在于词的属性：当它表达 "野心、雄心、志向" 的时候是不可数名词，但是当它表达具体 "追求的目标、夙愿" 的时候是可数名词；其搭配比较灵活，如：ambition to do sth. 或者 ambition of doing sth. 都行。

真题 the ambition of the giants of the digital economy 数字经济时代巨头们的野心（2018年阅读）

ambitious [æmˈbɪʃəs]

adj. 宏大的；有野心的；雄心勃勃的

痛点 在形容物的时候，可以翻译成 "宏大的、费力的、耗时的"，表达的意思是需要费很大的功夫才能完成；其地道搭配为：ambitious politician/idea/schedule/target/project。

真题 roll out ambitious restrictions 推行声势浩大的限制措施（2020年阅读）

elite

[eɪˈliːt] *n.* 精英；上层人士；掌权人
[ɪˈliːt] *adj.* 出类拔萃的

痛点 难记？屹立（eli）着的精英（elite）。

真题 a knowledgeable elite 知识渊博的精英（2006年阅读）

enthusiasm [ɪnˈθuːziæzəm]

n. 热情，热心

词组 enthusiasm for... 对……的热情

真题 display great enthusiasm for liberal education 展现出对通识教育的极大热情（2014年阅读）

passion [ˈpæʃn]

n. 激情；强烈的感情；热衷的爱好（或活动）

真题 passion for promoting books 推广书籍的热情（2023年阅读）

bold [bəʊld]

adj. 大胆自信的；轮廓突出的；粗体的　*n.* 粗体，黑体

痛点 bold 做名词也相当于 boldface，"大胆的脸"？不，是 "粗体"。

真题 They nudge the self-image of the city into a bolder light. 它们把城市的自我形象推向大胆的一面。（2020年阅读）

accomplish [əˈkɑːmplɪʃ]

v. 完成；实现；取得；达到

痛点 其高频宾语搭配为：aim/end/mission/objective/purpose/task。

真题 an essential factor in accomplishing any work 完成任何工作都需要的基本要素（2018年阅读）

strive [straɪv]

v. 努力，奋斗

186

痛点 strive after greater efficiency，"在更有效率之后奋斗"？不，是"努力变得更有效率"。

真题 strive to develop new cures 努力研发新的治疗方法（2003 年阅读）

---

struggle [ˈstrʌgl]

v. **奋斗，努力；艰难地行进**；斗争；搏斗

n. **斗争**；扭打

痛点 同样表示"努力"，和 strive 相比，struggle 更强调事情的艰难。

真题 struggle to find a job 努力找工作（2016 年阅读）

---

stubborn [ˈstʌbərn]

adj. 固执的；难以去除（或对付）的

痛点 难记？该死大（stu）笨（bborn）蛋，固执的！

---

diligent [ˈdɪlɪdʒənt]

adj. **勤奋的**；孜孜不倦的

真题 Workers tended to be diligent for the first few days of the week. 工人们在一周的头几天往往都很勤奋。（2010 年完形）

□ **apologise/-ize**

义联词	□ **apology**	□ **grateful**	□ **gratitude**

---

apologise/-ize [əˈpɑːlədʒaɪz]

v. **道歉**

痛点 注意该词之后一般不直接接宾语。它的地道搭配为：apologize to sb. for sth./doing sth.。

真题 DeepMind has almost apologised. DeepMind 几乎已经道歉了。（2018 年阅读）

---

apology [əˈpɑːlədʒi]

n. **道歉**

痛点 正式的道歉信中可以用 extend one's apologies，比 feel sorry 有诚意多了！

真题 demand an apology 要求道歉（2023 年阅读）

---

grateful [ˈɡreɪtfl]

adj. **感恩的；感激的**

痛点 其反义词 ungrateful 就是"不领情的、忘恩负义的"。

真题 There are many things to be grateful for. 有很多值得感恩的事。（2015 年新题型）

---

gratitude [ˈɡrætɪtuːd]

n. **感恩；感谢的心情**

痛点 它的地道搭配为：heartfelt gratitude（衷心的感谢）。这个表达在小作文里很好用！

真题 It is wise to take such gifts with gratitude and grace. 怀着感恩之心体面地接受这份馈赠是明智的。（2014 年阅读）

□ **criticise/-ize**

义联词	□ **criticism**	□ **critic**

criticise/-ize [ˈkrɪtɪsaɪz]

n. **批评**；批判；责备

真题 We become defensive when criticised. 当受到批评时，我们会自我防卫。（2014 年阅读）

criticism [ˈkrɪtɪsɪzəm]

v. **批评**；批判；挑剔；指责；评论

真题 receive more criticism 受到更多批评（2012

（下接右栏）年阅读）

critic [ˈkrɪtɪk]

n. **批评者**；挑剔的人；评论家

痛点 critic 不一定是"批评者"，还有可能是"评论家"，评论家也有可能说好的方面。阅读的时候要注意进行上下文判断。

真题 Microsoft's critics 微软的批评者们（2021 年阅读）

□ **object**

义联词	□ **objection**	□ **objective**	□ **oppose**	□ **protest**
	□ **reject**	□ **neutral**	□ **obey**	□ **subject**
	□ **subjective**	□ **compromise**	□ **acceptance**	□ **denial**
	□ **nor**			

object [ˈɑːbdʒɪkt]

n. **物体**；**对象**；目标；宾语　*v.* **反对，不赞成**

痛点 它作动词时后面接介词 to：object to（反对，不赞成）。

真题 plastic objects 塑料制品（2022 年阅读）

objection [əbˈdʒekʃn]

n. **反对，异议**；反对的理由

痛点 其地道搭配为：raise an objection（提出异议）。

真题 the objection to female participation on boards 拒绝女性参与董事会（2020 年阅读）

objective [əbˈdʒektɪv]

adj. **客观的**　*n.* **目标**；目的

痛点 meet objectives，"遇见客观"？不，是"达成目标"。

真题 We aim to be objective. 我们以客观为目标。（2012 年阅读）

oppose [əˈpəʊz]

v. **反对**；对抗；与……角逐

词组 as opposed to... 与……截然相反

真题 Kids need a range of authentic role models as opposed to pop stars. 孩子需要各种各样真正的榜样——而不是流行明星。（2007 年新题型）

protest

[ˈprəʊtest] *n.* **抗议，反对**　[prəˈtest] *v.* （公开）反对

真题 This has resulted in protests from social scientists. 这引发了社会科学家的抗议。（2013 年新题型）

reject [rɪˈdʒekt]

v. **拒绝接受**；不录用；（因质量差）不出售；排

异（移植的器官）*n.* 废品；被拒绝者

痛点 sell cheap rejects，"销售廉价的拒绝"？不，是"销售廉价的次品"。

真题 reject this remarkable claim 驳回这一惊人的主张（2013 年阅读）

neutral [ˈnuːtrəl]

adj. **中性的；中立的**

真题 Pink used to be a neutral colour in symbolising genders. 粉色曾经是象征性别的中性颜色。（2012 年阅读）

obey [əˈbeɪ]

v. **服从，听从**

真题 obey traffic laws 遵守交通法规（2021 年完形）

subject

[ˈsʌbdʒɪkt] *adj.* **可能受……影响的**；取决于；受支配的 [ˈsʌbdʒɪkt] *n.* **主题；学科；受试验者**；主语；臣民 [səbˈdʒekt] *v.* **使臣服**

痛点 be subjected to 和 be subject to 都是表示"可能受……影响的"，前者 subject 是动词，后者是形容词。

词组 subject to... 可能受……影响的

真题 subject to undesirable changes 易受不良变化的影响（2014 年阅读）

subjective [səbˈdʒektɪv]

adj. 主观的；主语的

compromise [ˈkɑːmprəmaɪz]

熟义 *n.* **妥协，让步** *v.* 妥协

痛点 难记？一起（com）承诺（promise）。大家一起做出承诺，就是妥协了。

真题 a sensible compromise 明智的妥协（2020 年阅读）

僻义 *v.* **危害** to risk bringing sb. into danger

真题 The independence of standard-setters is being compromised. 标准制定者的独立性正在受到危害。（2010 年阅读）

acceptance [əkˈseptəns]

n. **接受；认可**；赞同；接纳

痛点 写作中"人们都认为"还可以怎么说？还可以说：This idea has gained broad acceptance among the general public.。

真题 acceptance level 接受程度（2021 年阅读）

denial [dɪˈnaɪəl]

n. 否认；拒绝给予

痛点 其动词形式是 deny，谐音"抵赖"，否认。

nor [nɔːr]

conj. **也不** *adv.* **也不**

痛点 通常和 neither 或者 not 连用。

词组 neither...nor... 既不……也不……

真题 We neither understand nor respect each other. 我们既不理解也不尊重对方。（2019 年新题型）

□ **fame**			
义联词	□ **reputation**	□ **image**	□ **impact**	□ **notable**
	□ **anonymous**			

fame [feɪm]

n. 名声；声誉

痛点 "成名"是 become fame 么？不，是 rise to fame。

真题 the fame of Allen's book Allen 的书的名气（2011 年翻译）

reputation [ˌrepjuˈteɪʃn]

n. 名声，名誉

词组 earn a reputation 赢得声誉

真题 From then on his sketches earned him a modest reputation. 自那以后，他的随笔为他赢得了一定的赞誉。（2017 年新题型）

image [ˈɪmɪdʒ]

n. 形象；图像；印象；影像

痛点 satellite image，"卫星的形象"？不，是"卫星图像"。

真题 improve the city's image 提升城市形象（2017 年阅读）

impact [ˈɪmpækt]

n. 影响力，影响　*v.*（对某事物）有影响

痛点 它既可以搭配介词 on/upon，如：His words greatly impact on her.（他的话深深影响了她。），也可以直接接宾语。

真题 journal impacts 期刊影响力（2019 年翻译）

notable [ˈnəʊtəbl]

adj. 显著的　*n.* 名人

痛点 local notables，"当地的明显的东西"？不，是"地方名流"。

anonymous [əˈnɑːnɪməs]

adj. 不知姓名的；匿名的；特色的

痛点 anonymous countryside，"匿名的乡村"？不，是"没有特色、平淡无奇的乡村"。

真题 an anonymous child 一个不知姓名的孩子（2019 年阅读）

□ overcome			
义联词　□ **hardship**	□ **obstacle**	□ **barrier**	□ **smooth**
形联词　□ **outcome**			

overcome [ˌəʊvərˈkʌm]

v. 克服

真题 Some old truths to help you overcome tough times. 一些古老的真理可以助你渡过难关。（2015 年新题型）

hardship [ˈhɑːrdʃɪp]

n. 艰苦；贫困

obstacle [ˈɑːbstəkl]

n. 障碍；障碍物

真题 an obstacle to social progress 社会进步的障碍（2012 年阅读）

barrier [ˈbæriər]

n. 障碍；屏障

痛点 inner barrier，"里面的障碍物"？也可以指"心理障碍"。

真题 People create inner barriers with a help of exaggerating fears. 人们通过夸大恐惧来制造内心的障碍。（2015 年新题型）

---

smooth [smuːð]

v. **使平稳**；使顺利；使光滑；使平坦　*adj.* 光滑的；平坦的；顺利的；平稳的

真题 smooth the transition 平稳过渡（2018 年阅读）

---

outcome [ˈaʊtkʌm]

n. **结果；效果**

真题 outcomes of using AI 使用 AI 的结果（2023 年翻译）

□ motive		
义联词　□ sake	□ destination	□ motivate

motive [ˈməʊtɪv]

n. **动机，目的**

痛点 如果要表达"积极性，动力"等积极的方面，一般用 motivation，不用 motive。

真题 Such measures have a couple of uplifting motives. 这些举措有一些积极的动机。（2016 年阅读）

---

sake [seɪk]

n. **目的**

痛点 这个词很少单独使用，一般都用于词组 for sth.'s/sb.'s sake 或者 for the sake of...（为了……的目的）。

词组 for the sake of... 为了……的目的
真题 pursue knowledge for the sake of knowledge 为了知识而追求知识（2004 年阅读）

---

destination [ˌdestɪˈneɪʃn]

n. 目的地，终点

---

motivate [ˈməʊtɪveɪt]

v. **成为……的动机；激励，鼓励**

真题 What motivated him was his zeal for "fundamental fairness." 他的动机出于对"基本公平性"的热情。（2014 年阅读）

□ swear			
义联词　□ abuse	□ curse	□ pledge	□ condemn
□ quarrel			
形联词　□ sweat			

swear [swer]

v. **咒骂**；郑重承诺；赌咒发誓地说；（尤指在法庭上）发誓

痛点 swear loudly，"大声发誓"？更有可能是"大骂"！

例句 He fell over and swore loudly. 他摔倒了，大骂了一声。

---

abuse [əˈbjuːs]

n. **滥用**；**虐待** *v.* 虐待；滥用；辱骂

痛点 to abuse the referee 不是"滥用裁判"或者"虐待裁判"，而是"谩骂裁判"，相当于 insult。

真题 drug abuse 药物滥用（2002 年阅读）

---

curse [kɜːrs]

v. **诅咒**，咒骂 *n.* 咒语；骂人话；祸根

---

pledge [pledʒ]

v. **保证**，**许诺**；抵押 *n.* **保证**，**誓言**；抵押

真题 The Government has pledged to change the law. 政府已承诺修改法律。（2021 年阅读）

---

condemn [kənˈdem]

v. **谴责**

真题 It's not a good enough reason to condemn gap years. 这并不是谴责间隔年的充分理由。（2017 年阅读）

---

quarrel [ˈkwɑːrəl]

n. **吵架，口角** *v.* 吵架

真题 A quarrel has illustrated the value to advertisers of such information. 一次争吵证明了这种信息对广告商的价值。（2013 年阅读）

---

sweat [swet]

n. **汗水**；出汗；繁重的工作 *v.* 出汗；渗出水分；艰苦努力；担心焦虑

□ **approve**

义联词	□ **approval**	□ **consent**	□ **grant**

---

approve [əˈpruːv]

v. **批准**；**同意**；赞成；许可

痛点 approve of his idea，of 介词不能省；但是表示"批准"的时候可以直接接宾语：approve a plan。

真题 list of approved drugs 获准药单（2005 年新题型）

---

approval [əˈpruːvl]

n. **批准**；**赞成**；**同意**；**许可**

痛点 sth. meets with one's approval，"某事符合某人的批准"？不，是"某人赞成某事"。approval 不一定是站在决策的角度去批准

一件事，还可以是赞成、赞同，如：nod in approval（点头认同）。

真题 the approval of additional regulations 附加规定的批准（2022 年阅读）

---

consent [kənˈsent]

n. **同意，准许**；赞同

痛点 其地道搭配为：give consent to the plan（同意这个计划）/by mutual consent（双方同意的情况下）。

真题 There are lessons about informed patient consent to learn. 要吸取患者知情同意权的相关经验教训。（2018 年阅读）

grant [grænt]

熟义 *v.* **同意；承认；准予**

词组 take sth. for granted 认为某事／某物是理所当然

真题 He will take his code for granted. 他会认为他的准则是理所当然的。（2006 年阅读）

僻义 *n.* **拨款**

真题 Federal research grants rose four fold. 联邦研究拨款增加了 4 倍。（2011 年新题型）

□ **deserve**

| 义联词 | □ **applaud** | □ **compliment** | □ **praise** | □ **applause** |

---

deserve [dɪˈzɜːrv]

v. 应得；值得；应受

痛点 You deserve it!，有可能是"你活该！"，也有可能是"你值得嘉奖！"，取决于上下文。

词组 deserve praise 值得肯定

真题 Professional statisticians deserve more respect. 专业的统计学家应该得到更多尊重。（2015 年阅读）

---

applaud [əˈplɔːd]

v. 鼓掌；称赞；赞许

痛点 中文里"鼓掌"这个词后面可以直接接人么？如："我鼓掌某人"？不行！但英文里 applaud 可以，如：applaud sb.（为某人鼓掌）。其实也不一定要鼓掌，口头赞赏、赞许也都可以用它，如：applaud sb./sth. (for sth.)。

---

compliment [ˈkɑːmplɪmənt]

n. 赞美 *v.* 称赞

痛点 注意它和 complement（补充）发音一样，但词义完全不同！ compliment 的拼写区分是 i（爱），充满了赞美。

真题 Give compliments, just not too many. 赞美他人，但不要过多。（2020 年新题型）

---

praise [preɪz]

n. 赞美；赞美的话 *v.* 赞扬，表扬

痛点 动词名词都是它，注意不要将它和名词 appraisal（评价）弄混。

真题 praise motivated employees 表扬有积极性的员工（2015 年阅读）

---

applause [əˈplɔːz]

n. 鼓掌；喝彩

痛点 "The audience broke into applause." 意思是"观众碎成了掌声。"？不，是"观众爆发出热烈的掌声。"。

Word List 13

□ sunrise

义联词　□ sunset　　　　□ sunshine

sunrise [ˈsʌnraɪz]

n. **日出**；朝霞

词组 at sunrise 日出时分

例句 get up at sunrise 日出时分起床

sunset [ˈsʌnset]

n. 日落；晚霞；效力消减期　*adj.* 霞红色的；衰落的；定期废止的　*v.* （使）定期届满废止

痛点 不要理解成"set 是建立，建立太阳，所以是日出"，正好相反！

sunshine [ˈsʌnʃaɪn]

n. **阳光**；欢乐幸福

□ pole

义联词　□ polar

形联词　□ pool

pole [pəʊl]

n.（行星）**极，地极**；柱子；杆子；棍

示例 the South and North Pole 南北两极

polar [ˈpəʊlər]

adj. **极地的**；南极（或北极）的；磁极的；完全相反的

痛点 the polar opposite，"极地的相反"？不，是"完全相反"。

pool [puːl]

熟义 *n.* 池塘，水池；备用人员；一摊，一片

真题 small pools of water 一个个小水池（2013年翻译）

僻义 *v.* 集中资源（或材料等）

痛点 pool resources，"水池资源"？不，是"集中资源"。

真题 pool resources 集中资源（2005年新题型）

义联词	□ **hurricane**	□ **lightning**	□ **pour**	□ **moist**
	□ **moisture**	□ **frost**	□ **breeze**	
形联词	□ **nail**			

Chapter I 核心词汇

hail [heɪl]

熟义 *n.* **冰雹**　*v.* 下冰雹；挥手呼叫

痛点 hail a taxi，"下冰雹一辆出租车"？不，是"叫出租车"。

僻义 *v.* **赞扬（或称颂）** to praise publicly

真题 Madrid was hailed as a public health guiding light. 马德里被誉为公共卫生领域的灯塔。（2020 年阅读）

hurricane [ˈhɜːrəkeɪn]

n. 飓风

痛点 难记？飓风（hurricane）很迅速 hurri（hurry），无所不能（can）。

lightning [ˈlaɪtnɪŋ]

n. 闪电　*adj.* 闪电般的，飞快的

痛点 这个单词可不只是一个接口的名称啊。

pour [pɔːr]

熟义 *v.* **倾倒；涌流**

痛点 难记？发音很像中文的"泼"。

真题 pour fumes into the air 向空气中排放烟雾（2005 年阅读）

僻义 *v.* **下大雨**

真题 It never rains but it pours. 不雨则已，一雨倾盆。（2007 年阅读）

moist [mɔɪst]

adj. 湿润的，潮湿的

痛点 humid 往往是指湿热，而 moist 只强调湿润，不一定热。

moisture [ˈmɔɪstʃər]

n. **潮气，水汽，水分**

真题 The remaining trees draw a greater share of the available moisture. 剩余的树木吸收了更多的水分。（2019 年阅读）

frost [frɔːst]

n. 霜　*v.* 结霜

痛点 其地道搭配为：frost up a mirror（镜子蒙上一层霜）。

breeze [briːz]

n. 微风，和风；轻而易举的事

痛点 "It was a breeze.","那是一个微风。"？不，是"这件事情不费吹灰之力。"。

nail [neɪl]

n. **指甲，趾甲**；钉；钉子　*v.*（用钉子）钉牢，固定

痛点 on the nail，"在指甲上"？不，是"立刻、马上"。

真题 the sound of finger nails 指甲声（2018 年完形）

□ noon			
义联词 □ **dawn**	□ **nightmare**	□ **overnight**	□ **eve**
形联词 □ **noun**			

noon [nuːn]

n. **正午，中午**
词组 high noon 正午
示例 the light of high noon 正午的阳光

dawn [dɔːn]

n. **开端；黎明**
痛点 dawn（黎明）和 dust（黄昏）不要弄混。
真题 the dawn of civilization 文明的开端（2017年阅读）

nightmare [ˈnaɪtmer]

n. **噩梦；可怕的事物或经历**
痛点 注意其形容词形式的拼写：nightmarish（噩梦般的）。
真题 persistent nightmares 反复出现的噩梦

（2005 年阅读）

overnight [ˌəʊvərˈnaɪt]

adv. **一夜间，突然**；整夜 *adj.* 一整夜的；一夜间的，突然的
真题 This isn't something you can do overnight. 这不是一夜之间就能做到的。（2022年新题型）

eve [iːv]

n. **前夕，前夜**
真题 the eve of World War II 二战前夕（2010年阅读）

noun [naʊn]

n. 名词

□ horizon	
义联词 □ **horizontal**	□ **vertical**

horizon [həˈraɪzn]

n. **地平线；范围；眼界；视野**
词组 on the horizon 很可能即将发生
真题 A new boom, on the horizon. 新的繁荣，即将到来。（2004年阅读）

horizontal [ˌhɔːrɪˈzɑːntl]

adj. **水平的**；与地面平行的；横的 *n.* 水平线；水平面
痛点 相对应的是 vertical（垂直的）。

vertical [ˈvɜːrtɪkl]

adj. 垂直的；纵向的
痛点 相对应的是 horizontal（水平的）。

□ mount			
义联词	□ peak	□ summit	□ cliff	□ steep
	□ slope			

mount [maʊnt]

n. 山峰　*v.* 安排，组织开展；逐步增加；登上，爬上；骑上，跨上

痛点 mounting 就相当于 growing（不断增长的），作定语修饰名词。

真题 Mount Everest 珠穆朗玛峰（2022 年阅读）

peak [pi:k]

n. 顶峰；高峰；尖形　*v.* 达到高峰　*adj.* 高峰时期的

痛点 可以指各种"峰"，不一定是山峰（mountain peak）。

真题 reach a peak in the Seventies 在七十年代达到巅峰（2014 年新题型）

summit [ˈsʌmɪt]

n. 最高点，峰顶；最高级会议

痛点 其地道搭配为：summit conference（高峰会议）。

真题 the summit of corporate power 企业权力的顶峰（2013 年阅读）

cliff [klɪf]

n. 悬崖，峭壁

痛点 其地道搭配为：the edge/top of the cliff（悬崖的边缘 / 峭壁的顶端）。

真题 The Middle Class on the Cliff 岌岌可危的中产阶级（2007 年阅读）

steep [sti:p]

adj. 急剧的；陡的；陡峭的；突然的；大起大落的

真题 the steep increase in airline travel 航空旅行的急剧增加（2017 年阅读）

slope [sləʊp]

v. 倾斜　*n.* 倾斜；斜面

□ canal			
义联词	□ waterfall	□ basin	□ stream	□ tide

canal [kəˈnæl]

n. 管道；运河

痛点 难记？看那儿（canal）！有运河！birth canal，"出生运河"？不，是"产道"。

真题 birth canal 产道（2008 年阅读）

waterfall [ˈwɔːtəfɔːl]

n. 瀑布

basin [ˈbeɪsn]

n. 盆；洗脸盆；盆地；流域

痛点 the Amazon Basin，"亚马孙河盆地"？不，是"亚马孙河流域"。

stream [stri:m]

v. 用流式传输；流动；一个接一个地移动；飘动 *n.* 流；**(人)流**；小河；一连串

痛点 live streaming，"生活在流动"？不，是"现场直播"。

真题 video-streaming service 视频流媒体服务（2021 年阅读）

tide [taɪd]

n. 潮水；**潮流**；（难以控制的）恶潮

真题 wash in and wash out of a place like the tide 如潮水涨退般冲刷着一个地方（2020 年阅读）

□ alien			
义联词 □ **galaxy**	□ **comet**	□ **satellite**	□ **acquaint**
□ **acquaintance**	□ **random**	□ **orbit**	

alien [ˈeɪliən]

n. **外来者；外国人**；外星人 *adj.* 外国的；外星的；陌生的

痛点 它的名词和形容词同形，记这个例子就行了：aliens from outer space=alien beings from outer space；作形容词时搭配的介词是 to：be alien to our class 不是"外星人来我们班"，而是"和我们班格格不入"。

真题 brand them as aliens to be kicked out 把他们列为应该遣返的外来者（2013 年阅读）

galaxy [ˈɡæləksi]

n. 星系；银河系，银河

痛点 a galaxy of talent，"银河系的才能"？不，是"人才济济"。

comet [ˈkɑːmɪt]

n. 彗星

痛点 难记？它来（come）得特（t）别，拖了个尾巴。

satellite [ˈsætəlaɪt]

n. **人造卫星**；卫星

痛点 难记？这颗卫星（satellite）是沙特（sate）来的（llite）。

真题 Today's vessels can find their prey using satellites and sonar. 如今的渔船可以用卫星和声呐寻找猎物。（2006 年阅读）

acquaint [əˈkweɪnt]

v. **使认识**；使了解；使熟悉

痛点 注意其固定搭配为 acquaint sb./oneself with sth.（使某人熟悉某物），整体的意思和介词的搭配与 become familiar with sth. 一致。

acquaintance [əˈkweɪntəns]

n. **相识之人，熟人**；认识；了解

痛点 当它指"人"时，它是可数名词，如：friends and acquaintances，表示"泛泛之交、点头之交"可以说 a passing/nodding acquaintance。它也可以指抽象的"认识，了解"，如：acquaintance with sb./sth.。

真题 We suddenly can't remember an old acquaintance's name. 我们会突然想不起来一个

老熟人的名字。（2014 年完形）

random [ˈrændəm]

adj. **随机的**，随意的

痛点 some random guy，"一些随机的人"？不，是"某个陌生男人"。

真题 They recreated random sections of the British landscape on gallery walls. 他们随机挑选了一些部分，在画廊的墙壁上重塑了英国的风景。（2014 年新题型）

orbit [ˈɔːrbɪt]

n.（天体等运行的）轨道　*v.* 沿轨道运行

□ **solar**

义联词　□ **panel**　　□ **fuel**

---

solar [ˈsəʊlər]

n. 太阳能　*adj.* 太阳的；太阳能的

真题 The future belongs to renewable sources such as wind and solar. 未来属于风能、太阳能这类可再生能源。（2018 年阅读）

panel [ˈpænl]

熟义 *n.* 面板；控制板，仪表盘

真题 solar panels 太阳能电池板（2018 年阅读）

僻义 *n.* 专家咨询组；讨论小组；陪审团 a small group of people chosen to give advice, make a decision, or discuss sth. in public

真题 The case would be heard by all 12 of the court's judges, rather than a typical panel of three. 这个案件将由法庭 12 个法官全部参与听证，而不是由通常的 3 人陪审团来进行。（2010 年阅读）

fuel [ˈfjuːəl]

熟义 *n.* 燃料；刺激性言行　*v.* 提供燃料

真题 fossil fuel 化石燃料（2018 年阅读）

僻义 *v.* 刺激，加强 to make sth. become stronger or worse

痛点 fuel inflation，"给通货膨胀提供燃料"？不，是"刺激通货膨胀"。

真题 The assisted-suicide debate has been fueled by despair. 关于协助自杀的辩论因绝望而愈演愈烈。（2002 年阅读）

□ **nearby**

义联词　□ **adjacent**　　□ **remote**　　□ **distant**　　□ **neighbo(u)rhood**

---

nearby [ˌnɪrˈbaɪ]

adv. 在附近，不远　*adj.* 附近的，邻近的

真题 build a new house nearby 在附近建一栋新房子（2016 年完形）

adjacent [əˈdʒeɪsnt]

adj. 邻近的，毗连的

痛点 表示"和……毗邻"的时候用介词 to；两个区域往往在共用某条界限或者有某个交点的情况下就用这个词来表示相互之间的位置关系。

remote [rɪˈməʊt]

adj. 遥远的；远亲的；远程的；冷漠的

真题 Children in remote villages around the world are fans of superstars. 世界各地偏远山村的孩子都是超级巨星的粉丝。（2006 年阅读）

distant [ˈdɪstənt]

熟义 *adj.* 遥远的；不同的；远亲的；恍惚的

真题 trace distant ancestors 追踪遥远的祖先（2009 年阅读）

僻义 *adj.* 疏远的

真题 You can take a walk with others and still be socially distant. 你可以和他人一起散步的同时仍保持社交距离。（2022 年新题型）

neighbo(u)rhood [ˈneɪbərhʊd]

熟义 *n.* 街区，（统称）某街区（或城区）的居民

真题 Chat on the phone with a friend while you walk around your neighborhood. 你在家附近散步时，可以和朋友打电话聊天。（2022 年新题型）

僻义 *n.* 所在地，邻近的地方

真题 The theory also seems to explain the sudden popularity of certain neighborhoods. 这个理论似乎还能解释某些地段为什么会突然地变得流行。（2010 年阅读）

□ avenue			
义联词 □ **trail**	□ **highway**	□ **passerby**	□ **tunnel**

avenue [ˈævənu:]

n. 道路，大街；途径

痛点 new avenues of knowledge，"新的知识大街"？不，是"新的知识获取途径"。

真题 Each book opens up new avenues of knowledge. 每本书都开辟出新的知识获取途径。（2018 年翻译）

trail [treɪl]

n. 痕迹；小路；路线；臭迹 *v.*（被）拖；疲惫地走；落后；跟踪

痛点 含义很多，如何记？想象一个场景：跟踪时落后了，拖着身子疲惫地走，沿着小路寻找痕迹。

真题 electronic trail 电子痕迹（2013 年完形）

highway [ˈhaɪweɪ]

n. 公路

passerby [ˌpæsərˈbaɪ]

n. 过路人，行人

痛点 注意其复数形式不是 passerbys，而是 passersby 或者 passers-by。

tunnel [ˈtʌnl]

n. 隧道；（动物的）洞穴通道 *v.* 开凿隧道

□ **circular**

义联词　□ **circulate**

circular [ˈsɜːrkjələr]

adj. **环形的**；绕圈的　*n.* 通知

痛点 难记？circ 为圆环，ular 为形容词词尾；其地道搭配为：a circular table/route（圆桌 / 环形路线）。

真题 the North and South Circular roads 南北环路（2020 年阅读）

circulate [ˈsɜːrkjəleɪt]

v.（液体或气体）环流，循环；传播；传阅

痛点 circulate a document to members，"把文件循环给成员们"？不，是"把文件让成员们传阅"。

□ **vehicle**

义联词　□ **aboard**　　□ **automobile/auto**　□ **brake**　　□ **cab**
　　　　□ **horn**　　　□ **tanker**　　　□ **tractor**　　□ **wag(g)on**
　　　　□ **cruise**　　□ **vessel**　　　□ **wheel**

vehicle [ˈviːəkl]

熟义 *n.* **汽车**；**车辆**；交通工具

痛点 不要想到"车"就只想到 car，car 只是 vehicle（车）的一种！

真题 autonomous vehicles 自动驾驶汽车（2019 年阅读）

僻义 *n.* **工具** sth. that can be used to achieve a particular purpose

真题 vehicles for publicizing "progressive" 宣传"激进"的工具（2014 年阅读）

aboard [əˈbɔːrd]

adv. **上（船、飞机、火车、公共汽车等）**；在（船、飞机、火车、公共汽车）上

痛点 我们对它作副词的用法很熟悉，如：go aboard（上车 / 船 / 飞机），但对它作介词的用法也要多留意，如：aboard a ship/train/plane（在船 / 火车 / 飞机上）。

真题 went back aboard 回到了船上（2006 年新题型）

automobile/auto [ˈɔːtəməbiːl]/[ˈɔːtəʊ]

n. **汽车**

痛点 这是"汽车"的总称，写作中不要想到"汽车"就只想到 car。

真题 a Ferrari automobile 法拉利汽车（2017 年阅读）

brake [breɪk]

n. 刹车，制动器

痛点 其地道搭配为：a brake on the economy/spending（阻碍了经济 / 减缓支出）。

cab [kæb]

n. **出租车**

痛点 难记？它相当于 taxi，开吧（cab），出租车！

真题 cab driver 出租车司机（2018 年新题型）

---

horn [hɔːrn]

n. 角；号角；（车辆的）喇叭

痛点 其地道搭配为：honk the car horn（按响汽车喇叭）。

---

tanker [ˈtæŋkər]

n. 油轮，罐车

---

tractor [ˈtræktər]

n. 拖拉机，牵引车

---

wag(g)on [ˈwægən]

n. 四轮运货马车；（火车的）货车车厢

---

cruise [kruːz]

n. 乘船游览；航行

痛点 cruiser 意思是"巡洋舰；巡逻警车"。

---

vessel [ˈvesl]

熟义 *n.* **船**；轮船；容器

痛点 当它表示"船"的时候一般不指小船，而指大船、轮船。

真题 Sometimes storms blew the vessels far off their course. 有时风暴会把船只吹离航线。（2015 年翻译）

僻义 *n.* **管**

真题 blood vessel 血管（2011 年完形）

---

wheel [wiːl]

n. **轮**；车轮 *v.* 转动；旋转

痛点 behind the wheel，"在轮子后面"？不，是"在方向盘前"。

真题 a plastic box on wheels 装了轮子的塑料盒（2020 年阅读）

□ **facility**

义联词 □ **infrastructure** □ **device**

形联词 □ **faculty**

---

facility [fəˈsɪləti]

n. **设施**；**设备**；（供特定用途的）场所；天赋

痛点 这个词的范围非常广，大到一家中心，小到一个设备，都可以；a facility for languages，"语言设施"？不，是"语言天赋"。

示例 sports facilities 运动设施

---

infrastructure [ˈɪnfrəstrʌktʃər]

n. **基础设施，公共建设**

真题 a huge rise of infrastructure expenditure 基础设施支出的大幅增加（2017 年阅读）

---

device [dɪˈvaɪs]

n. **设备**；仪器；装置；技巧；手法

痛点 a marketing device，"一个市场设备"？不，是"一种营销手段"。

真题 The networked computer is an amazing device. 联网计算机是一种神奇的设备。（2012 年新题型）

faculty [ˈfæklti]

n. **全体教员；系，院**；能力；天赋

痛点 faculty of understanding，"理解的系"？

不，是"理解能力"。

真题 faculty members 教职员工（2021 年翻译）

□ **fare**		
义联词	□ **tip**	□ **commission**
形联词	□ **welfare**	□ **farewell**

---

fare [fer]

n. **（交通工具）费用**

痛点 注意它和 fair 发音一样。

真题 rail passenger fares 铁路客运票价（2021 年阅读）

---

tip [tɪp]

n. **尖端；建议**；小费 *v.* **（使）倾斜**；倒出；给小费

真题 root tips 根尖（2022 年完形）

---

commission [kəˈmɪʃn]

n. **委员会**；佣金；（银行等的）手续费 *v.* 委托；任命

痛点 a 20% commission，"百分之二十的委员会"？不，是"百分之二十的佣金 / 手续费"。

真题 the U.S. Federal Trade Commission 美国联邦贸易委员会（2021 年阅读）

---

welfare [ˈwelfer]

n. **（政府给予的）福利**；（个体或群体的）幸福；福祉

痛点 注意不要将它和 farewell（告别）混淆。

真题 community welfare 社会福利（2019 年阅读）

---

farewell [ˌferˈwel]

n. 告别；欢送会

□ **plane**		
义联词	□ **air**	□ **pilot**
形联词	□ **plain**	

---

plane [pleɪn]

熟义 *n.* 飞机

僻义 *n.* 平面

真题 The struggle took place on many different planes. 斗争发生在许多不同的层面。（2022 年翻译）

air [er]

n. **航空**；**空气**；天空；样子，神态

真题 air travel 航空旅行（2007 年阅读）

pilot ['paɪlət]

n. **驾驶员**；飞行员；领航员　*v.* 驾驶；试点

痛点 pilot program，"飞行员工程"？不，是"试点工程"。

词组 on automatic pilot 习惯性地，机械性地

真题 If you go on automatic pilot, you're fine. 如果按照习惯去做，你就会没事儿。（2021 年阅读）

plain [pleɪn]

adv. **纯粹地，绝对地**　*adj.* 清晰的；相貌平平的；朴素的　*n.* 平原

真题 plain nasty work 纯粹让人厌恶的工作（2002 年阅读）

□ permit

| 义联词 | □ permission | □ license/-ce | □ certificate | □ forbid |
| | □ taboo | | | |

permit [pərˈmɪt]

v. **允许**　*n.* 许可证

痛点 和 permission 一样都可以表示"许可证"。

真题 Governments have permitted such increases. 政府允许了这种上涨。（2021 年阅读）

permission [pərˈmɪʃn]

n. **许可，允许**；许可证

痛点 当它表示"许可证"的时候一般用复数。

真题 necessary permission 必要的许可（2018 年阅读）

license/-ce ['laɪsns]

n. **许可证**　*v.* 批准；许可

词组 business license 营业执照

真题 an extension of its business license 营业执照的延期（2012 年阅读）

certificate [sərˈtɪfɪkət]

n. **证明**；文凭

痛点 其地道搭配为：issue/earn/hold a certificate（开具证明 / 获得证书 / 持有证书）。

真题 birth certificate 出生证（2007 年阅读）

forbid [fərˈbɪd]

v. **禁止**；阻碍

痛点 其过去式的拼写是痛点：forbade。

taboo [təˈbuː]

n. **禁忌**；避讳；标识符　*adj.* 禁忌的，忌讳的

痛点 难记？他（ta）不（boo）！因为禁忌。

□ **flour**			
义联词	□ **mill**	□ **noodle**	□ **pepper**	□ **powder**
形联词	□ **flavo(u)r**	□ **flourish**		

flour [ˈflaʊər]

n. 面粉，粉

痛点 其发音和 flower 一样。

示例 wheat flour 小麦粉

mill [mɪl]

n. 制造厂，工厂；磨坊，碾磨机；磨粉机

v. 磨，碾

真题 a modern textile mill 现代纺织厂（2013 年阅读）

noodle [ˈnuːdl]

n. 面条

pepper [ˈpepər]

熟义 *n.* 胡椒粉；辣椒　*v.*（在食物上）撒胡椒粉

僻义 *v.*（以小物体）频繁击打 to hit repeatedly (with a lot of small objects)

真题 The casino's marketing department continued to pepper him with mailings. 赌场市场部还是不断给他寄邮件。（2006 年新题型）

powder [ˈpaʊdər]

n. 粉；粉末

flavo(u)r [ˈfleɪvər]

n. 味道；特色　*v.* 调味

痛点 这是各种饮料包装上经常出现的高频词。

flourish [ˈflɜːrɪʃ]

v. 繁荣；兴旺

真题 The social sciences are flourishing. 社会科学正在蓬勃发展。（2013 年新题型）

□ **appetite**			
义联词	□ **feast**	□ **reservation**	□ **vinegar**	□ **soda**
	□ **snack**	□ **chip**	□ **hamburger/burger**	□ **nut**
	□ **onion**	□ **toast**	□ **coke**	

appetite [ˈæpɪtaɪt]

n. 食欲；强烈欲望

痛点 "倒胃口"用 down appetite？damage appetite？不，应该是 spoil/take away one's appetite；"吊胃口"用 hang appetite？不，是 whet one's appetite；appetite for knowledge，"对知识的胃口"？不，是"求知欲"。

真题 take away babies' appetite 让婴儿没有食欲（2017 年阅读）

feast [fi:st]

n. 盛宴　*v.* 尽情享用

痛点 难记？吃顿盛宴（feast），肥（fea）死（s）他（t）。

reservation [ˌrezərˈveɪʃn]

n. 预订；保留意见

痛点 without reservation，"没有预约"？不，是"毫无保留"。without a reservation 才是表示"没有预约"，要在 reservation 前加上 a。

vinegar [ˈvɪnɪɡər]

n. 醋

soda [ˈsəʊdə]

n. 碳酸钠，纯碱；汽水，苏打水

snack [snæk]

n. 快餐；小吃；点心

真题 snack machines 快餐机（2010 年新题型）

chip [tʃɪp]

n. 碎片；缺口；芯片；炸薯条　*v.* 削下；弄缺损

痛点 其地道搭配为：chip technology（芯片技术）。

hamburger/burger [ˈhæmbɜːrɡər]/[ˈbɜːrɡər]

n. **汉堡包**

真题 Hamlet Hamburger Bars 哈姆雷特汉堡吧（2006 年阅读）

nut [nʌt]

n. 坚果

痛点 nut 加上 s 只变成 nut 的名词复数？不，还可以变成形容词，表示"发疯的；狂热于……的"。注意，nuts 不能作定语修饰名词。

onion [ˈʌnjən]

n. 洋葱，洋葱类植物

toast [təʊst]

v. **为……干杯**；**烘烤**；烤火　*n.* 烤面包；祝酒

真题 be worth toasting 值得干一杯（2004 年阅读）

coke [kəʊk]

n. 焦炭；可卡因

痛点 只记得叫"可乐"，忘记了它本来的意思"焦炭"？

□ nutrition		
义联词　□ **protein**	□ **vitamin**	□ **mineral**

nutrition [nuˈtrɪʃn]

n. **营养**；营养品

真题 lack of nutrition 缺乏营养（2016 年翻译）

protein [ˈprəʊtiːn]

n. **蛋白质**

真题 Some producers say their eggs have more protein. 一些生产商说他们的鸡蛋中蛋白质的含量更高。（2022 年阅读）

vitamin [ˈvaɪtəmɪn]

n. 维生素

真题 Idleness is as indispensable to the brain as vitamin D is to the body. 赋闲对于大脑就像维生素 D 对于身体一样不可或缺。（2018 年阅读）

---

mineral [ˈmɪnərəl]

n. 矿物，矿物质

□ **pub**		
义联词 □ **inn**	□ **liquor**	□ **champagne**

pub [pʌb]

n. 酒吧，酒馆

痛点 难记？酒吧（pub）是公众（public）去的地方。

词组 go to the pub 去酒吧

示例 go to the pub after work 下班后去酒吧

---

inn [ɪn]

n. （通常指乡村的）小旅馆；小酒馆；小餐厅

---

liquor [ˈlɪkər]

n. 烈性酒；含酒精饮料

痛点 难记？喝了烈酒（liquor），立（li）刻（quor）晕倒。

---

champagne [ʃæmˈpeɪn]

n. 香槟酒

痛点 一起记：冠军（champion）喝香槟（champagne）。

□ **starve**		
义联词 □ **thirst**	□ **thirsty**	

starve [stɑːrv]

v. （使）挨饿，饿死；渴望

词组 starve to death 饿死

真题 protect models from starving themselves to death 保护模特免于节食致死（2016 年阅读）

---

thirst [θɜːrst]

n. 口渴；干渴；渴求，渴望

痛点 注意当它作为"渴求，渴望"的时候是可数名词！如：a thirst for knowledge（对知识的渴求）。

---

thirsty [ˈθɜːrsti]

adj. 口渴的；渴望的；干旱的

□ **consume**		
义联词 □ **consumption**	□ **expenditure**	

consume [kənˈsuːm]

熟义 v. 吃，喝；消耗；使充满强烈感情

痛点 be consumed with guilt，"被内疚消耗"？不，是"充满了内疚"。

真题 14.5 percent of the fruit Americans consumed was imported. 美国人所吃的水果有 14.5% 来自进口。（2019 年阅读）

僻义 v. 烧毁 to destroy sth. completely (by fire)

真题 Even in the event of a fire, fewer trees are consumed. 即使发生火灾，也只会烧毁少量的树木。（2019 年阅读）

consumption [kənˈsʌmpʃn]

n. （食物、能量的）消耗　n. 消费

真题 reduce its consumption of animal foods 减少动物性食品的消耗（2021 年阅读）

expenditure [ɪkˈspendɪtʃər]

n. 支出，花费；经费，费用

真题 infrastructure expenditure 基础设施支出（2017 年阅读）

□ roast			
义联词　□ chef	□ fry	□ steam	□ boil
□ bake	□ dip	□ slice	□ chop
□ squeeze	□ chew	□ swallow	□ digest
□ lick			

---

roast [rəʊst]

adj. 烘烤的，烤制的　n. 户外烧烤野餐；烤肉　v. 炙；烤

痛点 难记？想到烧烤就会想到烤肉（roa），最高级词尾 st，肉都吃顶了。

真题 roast foods 烘烤食品（2020 年完形）

chef [ʃef]

n. （尤指餐馆、饭店等的）主厨

痛点 注意这里 ch 读音的特殊性。

fry [fraɪ]

v. 油煎，油炸

steam [stiːm]

v. 蒸（食物）　n. 蒸汽

真题 some steamed vegetables 一些蒸蔬菜（2020 年完形）

boil [bɔɪl]

v. 沸腾，煮沸；怒火中烧　n. 沸腾，沸点

痛点 其地道搭配为：boil down to...（归结为……）。

真题 boil down an individual's output to simple metrics 将个人发表的东西归结为简单的衡量指标（2019 年翻译）

bake [beɪk]

v. 烤，烘，焙

痛点 其地道搭配为：bake sth. for sb.（为某人烘焙某物）；bake cake/bread/cookie/fish/pie（烤蛋糕／面包／饼干／鱼／派）。

真题 It's like baking a cake. 这就像烤蛋糕。（2022 年阅读）

dip [dɪp]

v. 浸；蘸

真题 "Carry a book with you at all times" can actually work, too—providing you dip in often enough, so that reading becomes the default state. "随身携带一本书"其实也很有效——只要常读，阅读就会成为一种"默认状态"。（2016 年阅读）

slice [slaɪs]

n. **薄片，切片**；**部分**；**一份**　*v.* 切成片，削

真题 slices of cucumber 黄瓜片（2005 年阅读）

chop [tʃɑːp]

v. **切，砍**；削减　*n.* （羊、猪等）排骨；切，砍

痛点 cut trees 和 chop trees 都是表示"砍树"，不过后者强调 cut into pieces。

真题 cherry-tree chopping George 砍樱桃树的 George（2008 年阅读）

squeeze [skwiːz]

v. **压榨**；挤压；捏；挤进；塞入　*n.* **挤压**；压榨；榨出的液体；小量挤出的汁

真题 Oil-importing emerging economies have become more energy-intensive, and so could be more seriously squeezed. 新兴的石油进口国已经变得更加能源密集，因此可能会受到更严重的压榨。（2002 年阅读）

chew [tʃuː]

v. **咀嚼**；咬住，不停地啃

痛点 chew over the issue，"在这个问题上咀嚼"？不，是"仔细考虑这个问题"。

真题 chewing gum 口香糖（2018 年阅读）

swallow [ˈswɑːləʊ]

v. **相信**；吞下；做吞咽动作；吞没；花光（钱）

n. 燕；吞，咽

真题 The justices should not swallow California's argument whole. 法官们不应该全盘相信加州的观点。（2015 年阅读）

digest

[daɪˈdʒest] *v.* 消化；领会　[ˈdaɪdʒest] *n.* 摘要；文摘

痛点 news digest，"新闻消化"？不，是"新闻摘要"。

lick [lɪk]

v. 舔；轻轻触及（某物）；轻松战胜　*n.* 舔；少量

Word List 14

□ **live**

义联词	□ **living room**	□ **dormitory/dorm**	□ **dwell**	□ **dwelling**
	□ **residence**	□ **resident**	□ **tent**	□ **cage**

live

[lɪv] *v*. 居住；生存；生活；继续存在

[laɪv] *adj*. 活的；现场直播的；现场演出的

痛点 live coverage，"活的覆盖"？不，是"实况转播"。

真题 We now live in an age of plastic. 我们如今生活在一个塑料时代。（2022 年阅读）

living room [ˈlɪvɪŋ rʊm]

n. 客厅，起居室

真题 dance around the living room 在客厅跳舞（2016 年新题型）

dormitory/dorm [ˈdɔːrmətɔːri]/[dɔːrm]

n. 宿舍

dwell [dwel]

v. 居住

痛点 名词 dwellers 不能单独使用，要在它的前面加限定词，如：city dwellers（城市居民）/apartment dwellers（公寓住户）。

dwelling [ˈdwelɪŋ]

n. 住宅，公寓

真题 individual dwelling 个人住所（2014 年新题型）

residence [ˈrezɪdəns]

n. 住所；居住

真题 get into one's residence 进入某人的住所（2015 年阅读）

resident [ˈrezɪdənt]

n. 居民；住户

真题 the poorest residents in Indonesia 印尼最贫困的居民（2021 年阅读）

tent [tent]

n. 帐篷

cage [keɪdʒ]

n. 笼子；把（动物）关进笼里

痛点 难记？在一个盖子（c）里面年龄（age）越来越大，出不去；其地道搭配为：caged animals（被关在笼中的动物）。

真题 The researchers trapped the robots in cages. 研究人员将机器人关进笼子里。（2020 年阅读）

□ scissors			
义联词	□ shear	□ sew	□ needle □ pin
	□ weave		

scissors [ˈsɪzərz]

n. 剪刀

痛点 注意"一把剪刀"不是 a scissors，是 a pair of scissors。

词组 nail scissors 指甲剪

示例 a pair of nail scissors 一个指甲剪

shear [ʃɪr]

v. 剪，修剪

痛点 注意其过去分词是 shorn。

sew [səʊ]

v. 缝纫

痛点 难记？缝纫起来嗖嗖（sew）的！

needle [ˈniːdl]

n. 针，缝衣针；编织针；注射针；指针

pin [pɪn]

v. **使不动弹**；别住 *n.* 别针；大头针

词组 pin down 弄明确

真题 It is hard to pin down. 很难明确下来。（2010 年完形）

weave [wiːv]

v. 织，编

痛点 难记？编织技巧太赞了！威（wea）武（ve）！注意其过去式为 wove，过去分词为 woven。

□ luggage		
义联词	□ package	□ sack □ fold
形联词	□ cabbage	

luggage [ˈlʌgɪdʒ]

n. **行李**

痛点 这是英式的习惯用法。它对应的美式用词是 baggage。

例句 Stay there with the luggage. 在那儿看着行李。

package [ˈpækɪdʒ]

n. **一揽子东西、建议等**；包装；软件包 *v.* 将……包装好

痛点 pack 和 package 都既可以作名词，也可以作动词。

真题 a wider package of measures 一系列更广泛的措施（2021 年阅读）

sack [sæk]

n. 麻袋，包；解雇；抢劫 *v.* 解雇；抢劫

fold [fəʊld]

熟义 *v.* **折叠**；包，裹 *n.* 褶痕

211

真题 Folding or cutting paper into different shapes. 把纸折成者剪成不同的形状。（2007 年阅读）

辨义 *n.* 倍

真题 Federal research grants rose four fold between 1960 and 1990. 1960 年至 1990 年，联邦研究拨款增加了 4 倍。（2011 年新题型）

cabbage [ˈkæbɪdʒ]

n. 卷心菜，洋白菜

痛点 cabbage 不是 garbage（垃圾），别扔！

真题 decorated with cabbages 用卷心菜装饰（2022 年阅读）

□ **treasure**

| 义联词 | □ **necklace** | □ **pearl** | □ **crystal** | □ **precious** |
| | □ **costly** | □ **luxury** | □ **worthwhile** | |

---

treasure [ˈtreʒər]

n. 珍宝；金银财宝　*v.* 珍爱，珍视

痛点 作动词相当于 cherish（珍爱）。

真题 a real treasure-house 一座真正的宝库（2015 年翻译）

necklace [ˈnekləs]

n. 项链

pearl [pɜːrl]

n. 珍珠；珠状物；珍品

crystal [ˈkrɪstl]

n. 结晶；晶体；水晶　*adj.* 水晶制的；清澈透明的

痛点 其地道搭配为：ice/salt crystals（冰 / 盐结晶），注意结尾可以加 s。

precious [ˈpreʃəs]

adj. 宝贵的；珍奇的；被珍惜的

真题 a bodily exercise precious to health 对健康有益的体育锻炼（2011 年完形）

costly [ˈkɔːstli]

adj. 昂贵的，价值高的

真题 It can be costly to make up credits. 弥补学分的成本可能会很高。（2017 年阅读）

luxury [ˈlʌkʃəri]

n. 奢侈品；不常有的乐趣；奢侈的享受

痛点 注意它的形容词形式的拼写：luxurious。

真题 In the world of capuchins, grapes are luxury goods. 在卷尾猴的世界里，葡萄是奢侈品。（2005 年阅读）

worthwhile [ˌwɜːrθˈwaɪl]

adj. 有价值的；值得的

痛点 作表语时，它的后面可以接 to do，也可以接 doing，表示"值得做某事"，如：It is worthwhile to carry out the plan.（实施这项计划很有价值。）。

真题 It's a necessary condition for many worthwhile things. 这是许多有价值的事情的必要条件。（2018 年完形）

□ pipe			
义联词　□ pump	□ underground	□ ground	□ tube
形联词　□ pile			

pipe [paɪp]

n. 管道；管子　*v.*（通过管道）传输；排送

真题 underground pipe system 地下管道系统（2012 年阅读）

pump [pʌmp]

n. 抽水机　*v.* 用泵（或泵样器官等）输送；涌出

真题 gas pump prices 汽油零售价格（2002 年阅读）

underground [ˌʌndərˈɡraʊnd]

adj. 地下的；秘密的　*adv.* 秘密地；在地下　*n.*〈英〉地铁

真题 underground pipe system 地下管道系统（2012 年阅读）

ground [ɡraʊnd]

熟义 *n.* 地面；土地；（某种用途的）地域；领域　*v.* 基于；不准出门

词组 middle ground 中间立场，妥协

真题 Surely there must be some middle ground that balances zoos' treatment of animals with their educational potential. 当然，在动物园对待动物的方式与它们的教育潜力之间，一定存在某种中间地带。（2022 新题型）

僻义 *n.* 理由，依据

痛点 on the grounds that，"在地面上"？不，是"理由是……"。

真题 have grounds for complaint 有理由发牢骚（2014 年阅读）

tube [tuːb]

n. 管；管状物；软管；管状器官

痛点 在国外餐厅要吸管可别用这个词，可以用 straw。

pile [paɪl]

熟义 *n.* 堆；摞；垛；沓　*v.* 堆放；叠放

词组 a pile of 一堆

真题 a pile of pens 一堆钢笔（2018 年完形）

僻义 *v.* 蜂拥

真题 Students pile into law schools. 学生涌入法学院。（2014 年阅读）

□ household			
义联词　□ sweep	□ decorate	□ furnish	□ sofa
□ couch	□ cosy/-zy	□ shelf	□ hospitality
□ harmony	□ nephew	□ tutor	

household [ˈhaʊshəʊld]

adj. 家庭的；家用的　*n.* 家庭；一家人

真题 household expenses 家庭开支（2008 年阅读）

sweep [swi:p]

v. **打扫**；猛烈吹过；（迅猛地）推送；步态轻盈地走；挥动　　*n.* 打扫；挥动；绵延弯曲的地带；广泛性；搜索

痛点 注意其过去式和过去分词都是 swept。

真题 The new ways of thinking sweep through Europe. 新的思维方式席卷欧洲。（2020 年翻译）

decorate [ˈdekəreɪt]

v. **装饰**；点缀

真题 Secretary's office decorated with carved wood 装饰着木雕的秘书办公室（2018 年新题型）

furnish [ˈfɜːrnɪʃ]

v. **供应，提供**；布置家具

痛点 其地道搭配为：a fully furnished room（家居配备齐全的房间）。

真题 They furnish valuable examples. 他们提供了有价值的例子。（2012 年新题型）

sofa [ˈsəʊfə]

n. 沙发

couch [kaʊtʃ]

n. **长沙发**，睡椅

痛点 couch potato，"沙发土豆"？不，是"老泡在电视机前的人；电视迷"。

真题 lever sport lovers away from their couches 把体育爱好者从他们的沙发上拉起来（2017 年阅读）

cosy/-zy [ˈkəʊzi]

熟义 *adj.* 温暖舒适的

辨义 *adj.* **密切的**

痛点 cozy relationship，"温暖舒适的关系"？不，是"密切的关系"。

真题 the cozy insider candidates 关系密切的内部候选人（2020 年阅读）

shelf [ʃelf]

n. **架子**，搁板

真题 All I have to do is to go to my CD shelf. 我只需要走到我的 CD 架。（2011 年阅读）

hospitality [ˌhɑːspɪˈtæləti]

n. 好客；殷勤

痛点 其形容词形式是 hospitable（热情好客的），和医院没关系哦；a hospitable climate，"热情好客的气候"？不，是"宜人的气候"。

harmony [ˈhɑːrməni]

熟义 *n.* 和谐

痛点 其地道搭配为：social harmony（社会和谐）/in harmony with the target（和目标相符）。

辨义 *n.* **和声** the way in which different notes of music are played or sung at the same time to make a pleasant sound.

真题 harmony and structure 和声与结构

nephew [ˈnefjuː]

n. 侄子，外甥

痛点 你自己或者你爱人的兄弟姐妹的儿子都可以叫做 nephew，比中文简单不少；对应的是 niece（侄女、外甥女）。

tutor [ˈtuːtər]

n. 家庭教师；导师　　*v.* 辅导；当家庭教师

□ **recycle**

| 义联词 | □ **garbage** | □ **rot** |

recycle [ˌriːˈsaɪkl]

v. **回收利用**；重新使用

真题 Ensuring recycling is at least as easy as trash disposal. 确保垃圾回收至少要像扔垃圾一样简单。（2019 年阅读）

garbage [ˈɡɑːrbɪdʒ]

n.（生活）垃圾；垃圾场

痛点 难记？尴尬（gar）的袋子（bag），是装垃圾（garbage）的。"垃圾分类"一般不用这个词，用 waste sorting。

rot [rɑːt]

v. 烂；腐烂

□ **barrel**

| 义联词 | □ **pot** | □ **bowl** | □ **oven** | □ **refrigerator/fridge** |

barrel [ˈbærəl]

n. **桶**；圆筒；枪管

痛点 难记？bar（长条）、re（反复）、l（立起来），即反复把长条立起来，形成了一个桶。

真题 Oil prices averaged $22 a barrel. 油价平均为每桶 22 美元。（2002 年阅读）

pot [pɑːt]

n. 锅；壶；瓶；罐

bowl [bəʊl]

n. 碗；物体的碗状部分

痛点 难记？用碗（bowl）拼成个保龄球（bowling）。

oven [ˈʌvn]

n. 炉，烤箱

refrigerator/fridge [rɪˈfrɪdʒəreɪtər]/[frɪdʒ]

n. 冰箱

痛点 注意一下两种写法哪种有字母 d，哪种没有。

□ **shower**

| 义联词 | □ **bathe** | □ **lavatory** | □ **laundry** | □ **soap** |
| | □ **towel** | □ **bubble** | | |

shower [ˈʃaʊə]

v. **洗淋浴**；洒落；纷纷降落　*n.* 淋浴；阵雨，暴雨

痛点 be caught in a shower，"被阵雨抓住"？不，是"遇上阵雨"。

真题 have a shower 冲凉（2017 年阅读）

bathe [beɪð]

v. 洗澡；（到海、河等中）游泳消遣　*n.*（在海、河等中的）游泳

痛点 bathe 一般用作动词，对应的名词是 bath；但也可以作名词，如：go for a bathe，意思不是"去洗澡"，而是"去游泳"。

lavatory [ˈlævətɔːri]

n. 卫生间；洗手间；盥洗室

痛点 主要是英式用法。

laundry [ˈlɔːndri]

n. 洗衣店；洗衣房；（待洗、正在洗或刚洗过的）衣物

soap [səʊp]

n. 肥皂

towel [ˈtaʊəl]

n. 毛巾

bubble [ˈbʌbl]

n. **泡沫**；〈喻〉幻想　*v.* **起泡**；冒泡

痛点 stay in their bubble，"待在他们的泡泡里"？不，是"一直待在他们的幻想里"。

真题 Employers wouldn't mind a little fewer bubbles in the job market. 老板们不会在意就业市场少一些泡沫。（2004 年阅读）

□ string		
义联词 □ thread	□ rope	

string [strɪŋ]

熟义 *n.* **一连串**；细绳，线　*v.* 悬挂；用线（或细绳等）串

真题 a string of accidents 一连串的事故（2012 年阅读）

僻义 *n.*（*pl.*）**特定条件（或限制）**

真题 attached strings 附加条件（2005 年新题型）

thread [θred]

n. **线**；贯穿的主线；线状物　*v.* 穿（针）；（使）穿过；穿成串

真题 cotton threads 棉线（2016 年完形）

rope [rəʊp]

v. 用绳捆　*n.* 绳索，线缆

□ chaos			
义联词 □ neat	□ orderly	□ systematic	□ disorder

chaos [ˈkeɪɑːs]

n. **混乱，杂乱**

痛点 难记？吵（chao）死（s）了，一片混乱（chaos）！形容词 chaotic（混乱的）=in chaos。

真题 regular chaos 经常出现的混乱（2021 年阅读）

neat [niːt]

adj. 整洁的；有条理的

orderly [ˈɔːrdərli]

adj. **有秩序的**；整洁的

痛点 它虽然长得像副词，但是只能作形容词，不能作副词。

真题 orderly manner 有序的方式（2003 年翻译）

systematic [ˌsɪstəˈmætɪk]

adj. **系统的，有条理的**

真题 systematic survey methods 系统的调查方法（2014 年新题型）

disorder [dɪsˈɔːrdər]

n. **疾病**；紊乱；**失调**；混乱；杂乱

真题 have serious mental disorders 患有严重的精神疾病（2006 年完形）

□ **clothing**

义联词	□ **pattern**	□ **costume**	□ **outfit**	□ **cap**
	□ **veil**	□ **collar**	□ **sweater**	□ **vest**
	□ **pants**	□ **leather**	□ **boot**	□ **sole**
	□ **closet**	□ **waterproof**	□ **label**	□ **tag**
	□ **purple**	□ **heel**		

---

clothing [ˈkləʊðɪŋ]

n. **衣服**；（尤指某种）服装

痛点 新冠病毒疫情期间"大白"穿的就是 protective clothing（防护服）。

真题 mass-produced clothing 批量生产的衣服（2013 年阅读）

pattern [ˈpætərn]

n. **模式**；**规律**；**结构**；图案 *v.* 形成图案；构成模式

真题 citation patterns 引用模式（2023 年阅读）

costume [ˈkɑːstuːm]

n. 戏装；成套服装

痛点 cosplay 就是 costume play 的缩写。

outfit [ˈaʊtfɪt]

n. 全套服装；一组人；全套装备

痛点 其地道搭配为：a wedding/research/repair outfit（一套结婚礼服 / 一个调查组 / 一套维修工具）。

cap [kæp]

熟义 *v.* **覆盖**；帽子，盖

痛点 其地道搭配为：hills capped with snow

（被雪覆盖的小山）/a bottle cap（瓶盖）/cap on spending（支出上限）。

真题 The building is capped by four skylight domes and two stained glass rotundas. 大楼顶部有着四个天窗穹顶和两个彩色玻璃圆顶。（2018 年阅读）

僻义 n.（资金）最高限额

真题 current cap on the amount that local authorities can borrow against their housing stock debt 目前地方政府可以用住房存量债务进行借贷的最高限额（2014 年阅读）

---

veil [veɪl]

n. 面纱，面罩；遮盖物　v. 掩盖，掩饰

痛点 难记？拿起面纱（veil），围（vei）噢（l）!

---

collar [ˈkɑːlər]

n. 衣领

痛点 其地道搭配为：white/blue-collar workers（白领/蓝领）。

---

sweater [ˈswetər]

n. 毛衣

真题 the deep blue color of the sweater 毛衣的深蓝色（2013 年阅读）

---

vest [vest]

n. 背心

---

pants [pænts]

n. 内裤，短裤

---

leather [ˈleðər]

n. 皮革

痛点 难记？冷的 weather 要穿 leather（皮革）。

---

boot [buːt]

v. 启动（电脑）；猛踢　n. 靴子；后备箱；猛踢

痛点 "重启电脑"怎么说？ reboot a computer！

词组 boot (sth.) up 启动

真题 All I have to do is to boot up my computer. 我只需要打开我的电脑。（2011 年阅读）

---

sole [səʊl]

adj. 唯一的；单独的　n. 脚底，鞋底，袜底

真题 the sole purpose 唯一目的（2016 年阅读）

---

closet [ˈklɑːzɪt]

n. 贮藏室；壁橱

痛点 难记？壁橱，关（close）他（t）!

---

waterproof [ˈwɔːtərpruːf]

adj. 不透水的，防水的

痛点 注意不是"水证据"！

---

label [ˈleɪbl]

熟义 n. 标签　v. 给……贴标签；用标签标明

词组 label sb./sth. (as) sth.（尤指不公正地）把……称为……

真题 Today we have a tendency to label obesity as a disgrace. 如今，我们倾向于将肥胖视为一种耻辱。（2014 年完形）

僻义 n. 品牌

真题 mass-market labels 大众市场品牌（2013 年阅读）

---

tag [tæg]

n. 标签；诨名；标识符　v. 给……加上标签；给……起诨名；加标识符

真题 price tag 价格标签（2017 年阅读）

purple [ˈpɜːrpl]

adj. 紫色的 　*n.* 紫色

heel [hiːl]

n. 脚后跟；鞋后跟

痛点 at his heels，"在他鞋后跟上"？不，是"在他后面紧追不舍"。

□ **cable**

义联词	□ **wire**	□ **semiconductor**	□ **switch**	□ **telegraph**
	□ **capacity**	□ **circuit**	□ **electrician**	□ **electron**
	□ **electronic**	□ **plug**	□ **generator**	

---

cable [ˈkeɪbl]

n. 电缆；钢索

痛点 cable company，"缆绳公司"？不，是"有线电视公司"。

真题 the cable and phone companies 有线电视和电话公司（2021 年阅读）

---

wire [ˈwaɪər]

n. 金属丝；金属线；电线；导线　*v.* 给……安装线路；给（某人）电汇

痛点 其地道搭配为：wire the money to him（把钱电汇给他）。

---

semiconductor [ˈsemikəndʌktər]

n. 半导体

---

switch [swɪtʃ]

v. 转变；对调；调班　*n.* 转变；（电路的）开关

痛点 难记？玩 switch 游戏机，跳舞需要不断转换动作才能跟上；对于不同种类的游戏，其两个手柄可以转换成不同的安装模式；其地道搭配为：switch from A to B（从 A 转变为 B）/switch between A and B（在 A 和 B 之间切换）。

真题 switch to another college 转到其他大学（2017 年阅读）

---

telegraph [ˈtelɪɡræf]

n. 电报　*v.* 打电报

真题 Communications revolution is leading on through the telegraph and the telephone. 通讯革命通过电报和电话继续引领发展。（2002 年完形）

---

capacity [kəˈpæsəti]

n. 容量；能力；生产力

痛点 其地道搭配为：capacity for sth./doing sth.，如：the capacity for making people laugh（让人发笑的能力）。

真题 storage capacity of batteries 电池的存储容量（2018 年阅读）

---

circuit [ˈsɜːrkɪt]

n. 电路；环形路线；巡回赛；巡游

痛点 circuits in the brain，"脑子里的电路"？不，是"脑回路"。

真题 integrated circuit 集成电路（2002 年完形）

---

electrician [ɪˌlekˈtrɪʃn]

n. 电工，电气技师

electron [ɪˈlektrɑːn]

n. 电子

electronic [ɪˌlekˈtrɑːnɪk]

adj. **电子的；电子设备的**

痛点 注意其和 electric 的区别：electric 是用电的，一般不涉及有电子计算的设备，比 electronic 要求低一些。

真题 electronic money 电子货币（2013 年完形）

plug [plʌɡ]

v. 把……塞住；弥补不足 *n.* 插头，插座；塞子

词组 plug into 参与；连接

真题 But you wouldn't know it, plugged into your phone. 但是你不会明白这一点，而是埋头玩手机。（2015 年完形）

generator [ˈdʒenəreɪtər]

n. 发电机；发生器

---

sportsman/sportswoman

[ˈspɔːrtsmən]/[ˈspɔːrtswʊmən]

n. **运动员**

真题 select sportsmen 挑选运动员（2008 年阅读）

marathon [ˈmærəθɑːn]

n. 马拉松长跑；马拉松式的活动（或工作）

coach [kəʊtʃ]

熟义 *n.* **教练**；长途公共汽车

痛点 其地道搭配为：coach him for a competition（训练他备赛）/coach young swimmers（培养年轻游泳运动员）/coach volleyball（执教排球）。

真题 sports coaches 体育教练（2012 年阅读）

僻义 *v.* **指导**

真题 coach lawyers 对律师进行指导（2012 年阅读）

bowling [ˈbəʊlɪŋ]

n. 保龄球运动；（板球）投球

痛点 音译，保龄（bowling）球。

chess [tʃes]

n. **国际象棋，西洋棋**

痛点 如果要强调中国象棋，怎么说？Chinese chess。

词组 chess game 象棋比赛

真题 The discussion will become more like a chess game. 讨论将变得更像一场象棋比赛。（2021 年新题型）

dive [daɪv]

v. 跳水；潜水；俯冲；（价格）暴跌 *n.* 跳水；潜水；俯冲

痛点 Birds dive., 仅仅只可能是"鸟儿扎入水中。"？不，也可以表达"鸟儿俯冲。"；Prices dive.（价格暴跌。），这很形象。

ski [ski:]

v. 滑雪　*n.* 滑雪板

---

stroke [strəʊk]

n. **游泳姿势**；击球（动作）；划水动作；（打、击等的）一下；轻抚；一笔；中风　*v.* 轻抚

痛点 这么多意思怎么记？想象画面：击球的时候划出游泳的动作，中风了。旁边的人轻抚，大笔一挥（开处方）。

真题 favorite swimming stroke 最喜欢的游泳姿势（2022 年新题型）

---

strain [streɪn]

n. **压力**；**拉力**；拉伤；（动、植物的）系

v. **过度使用**；**用力推（或拉）**；损伤；竭力

痛点 写作里想表达"压力"，不要只想到 pressure 和 stress 了！

真题 feel the strain 感到有压力（2008 年阅读）

□ substitute			
义联词　□ alternate	□ alternative	□ replace	□ selection
□ option			

---

substitute [ˈsʌbstɪtuːt]

n. **代替**；替补（运动员）　*v.* 代替

词组 substitute for… ……的代替物

真题 Recordings are no substitute for live performance. 录制演出不能代替现场演出。（2011 年阅读）

---

alternate [ˈɔːltərnət]

adj. 交替的，轮流的；间隔的　*v.* 轮流，交替

痛点 其动词和形容词形式都是它；on alternate days，"每天轮流"？不，是"隔天"；它作动词时的地道搭配为：alternate A and B/alternate with sth./alternate between A and B，或者不接宾语，直接表示主语内容交替。

---

alternative [ɔːlˈtɜːrnətɪv]

n. **可供选择的事物，替代物**　*adj.* **可供替代的，替代性的，别的，其他的**

痛点 其地道搭配为：have no alternative but to do sth.（除了做某事之外别无选择）。

词组 an alternative to… ……的替代物

真题 alternatives to conventional paid media 传统付费媒体之外的其他媒体（2011 年阅读）

---

replace [rɪˈpleɪs]

v. **替代**；**替换**

真题 They cannot replace the excitement of a zoo visit. 它们代替不了去动物园的兴奋之情。（2022 年阅读）

---

selection [sɪˈlekʃn]

n. **选择**；挑选；选拔

真题 natural selection 自然选择（2002 年翻译）

---

option [ˈɑːpʃn]

n. **选择**；选择权；选项

痛点 no option but to，"没有选择，但是"？不，是"只能"。

真题 weigh up their options 权衡他们的选择（2022 年阅读）

Word List 15

□ **initial**

| 义联词 | □ **original** | □ **primitive** |

initial [ɪˈnɪʃl]

adj. **最初的**；开始的；第一的　*n.*（名字的）首字母

痛点 write initials，"写最初的"？不，是"写首字母"。

真题 the initial draft 初稿（2008 年新题型）

-----

original [əˈrɪdʒənl]

adj. **最初的，原始的**；**原件的**；原创性的

n. 原件

痛点 an original idea，"最初的想法"？不，是"独到的见解"。

真题 the original purpose 最初的目的（2019年阅读）

-----

primitive [ˈprɪmətɪv]

adj. **发展水平低的**；原始的；人类或动物发展早期的

真题 the primitive medical practice in the past 过去原始的行医方式（2008 年阅读）

□ **consequence**

| 义联词 | □ **eventually** |
| 形联词 | □ **consequently** |

consequence [ˈkɑːnsɪkwens]

n. **后果，结果**；重要性

痛点 "It's of no consequence." 意思是"这事儿没有后果。"？不，是"这无关紧要。"。

真题 consequences of the merger between PRH and another big publisher PRH 和另一家大出版商合并的后果（2023 年阅读）

-----

eventually [ɪˈventʃuəli]

adv. **终于，最终**

真题 You should eventually see signs of people. 你最终会看到人烟。（2019 年完形）

-----

consequently [ˈkɑːnsɪkwentli]

adv. **因此，所以**

痛点 可替换 as a consequence。

真题 Consequently, laws may be placing those jobs at risk. 因此，法律可能使这些职位面临风险。（2022 年阅读）

□ prior

| 义联词 | □ previous | □ last | □ subsequent | □ ultimate |

prior [ˈpraɪər]

adj. **先前的**；优先的

词组 prior to... 在……前面的

真题 prior to better ways of finding food 在有更好的寻找食物的方法之前（2009 年阅读）

previous [ˈpriːvɪəs]

adj. **先前的，以往的**

真题 in previous eras of drastic technological change 在以前技术急剧变革的时代（2018 年阅读）

last [læst]

v. **持续**；持久 *adj.* 刚过去的，紧接前面的；最后的；（强调）最不可能的，最不适当的

痛点 ever-lasting，"一直都在最后"？不，是"永久的"。

真题 Hard times won't last forever. 困难时期不会永远持续下去。（2015 年新题型）

subsequent [ˈsʌbsɪkwənt]

adj. **随后的，后来的**

痛点 相当于 following。

真题 subsequent courses 后续课程（2019 年阅读）

ultimate [ˈʌltɪmət]

adj. **终极的**；**最终的**；最后的

真题 the ultimate value of every institution 每个机构的终极价值（2009 年翻译）

□ accelerate

| 义联词 | □ velocity | □ pace |
| 形联词 | □ exaggerate |

accelerate [əkˈseləreɪt]

v. **加快，加速**

痛点 高频主语搭配：car。地道宾语搭配：accelerate growth/implementation/innovation/process/rate/recovery。

真题 accelerate the I.T. revolution 加快信息技术革命（2013 年阅读）

velocity [vəˈlɑːsəti]

n. 速度，速率

痛点 物理中表示速度的 V 就是这个词。

pace [peɪs]

n. **速度**；**节奏**；步幅 *v.* 走来走去；调整节奏

词组 keep pace with... 与……步调一致

真题 cannot keep pace with the changing market 无法跟上市场变化的节奏（2018 年阅读）

exaggerate [ɪgˈzædʒəreɪt]

v. **夸张，夸大**

真题 She exaggerates the existing panic. 她夸大了现有的恐慌状况。（2023 年阅读）

□ **explode**

| 义联词 | □ **explosion** | □ **explosive** | □ **blast** | □ **burst** |

---

explode [ɪkˈspləʊd]

v. **突然活跃起来**；突增；激增；爆炸；勃然大怒

痛点 "The competition exploded into life." 意思是 "比赛爆炸成生命。"？不，是 "比赛突然激烈起来。"。

词组 explode into… 突然活跃起来

真题 More recently there were similar doubts about probiotics and plant-based meats, but both have exploded into major supermarket categories. 最近，人们对益生菌和植物性肉类也产生了类似的怀疑，但这两种肉类都迅速成为了超市里主要的类别。（2022 年阅读）

---

explosion [ɪkˈspləʊʒn]

n. **突增**；**猛增**；**激增**；爆炸；爆破

真题 the explosion of creativity 创造力大爆发（2020 年翻译）

---

explosive [ɪkˈspləʊsɪv]

adj. 爆炸的；极易引起争论的　n. 炸药

痛点 其长得像形容词，其实也可以当名词 "炸药"。

---

blast [blæst]

n. 爆炸，冲击波；热闹的聚会；狂欢　v. 炸；轰鸣；狠打

痛点 难记？绷（b）到最后（last），爆炸了。"They had a blast at the party." 意思是 "他们聚会时有爆炸。"？不，是 "他们在聚会上玩得很开心。"。

---

burst [bɜ:rst]

v.（使）爆裂；猛冲；突然出现；爆满；（心中）充满　n. 进发；爆裂

痛点 其地道搭配为：burst into flames（猛烈燃烧起来）/burst into tears（突然大哭起来）/a sudden burst of anger（怒火迸发）。

□ **sum**

| 义联词 | □ **summarise/-ize** | □ **summary** | □ **generalise/-ize** |

---

sum [sʌm]

v. **总结**；作概述　n. **金额**；总和；算术

词组 sum up 总结

真题 to sum up 总的来说（2010 年翻译）

---

summarise/-ize [ˈsʌməraɪz]

v. **总结，概括**

真题 summarize the text 概括文章的主题（2008 年阅读）

---

summary [ˈsʌməri]

n. 总结，概括　adj. 总结性的；草草的

---

generalise/-ize [ˈdʒenrəlaɪz]

v. 概括；归纳；将……类推到（较大的范围）

□ **odds**			
义联词	□ **probability**	□ **necessity**	□ **unlikely**
形联词	□ **odd**		

odds [ɑ:dz]

熟义 *n.* **可能性**；不利条件；赔率

真题 the odds of having a weak elderly parent 有年老体弱的父母的可能性（2007 年阅读）

僻义 *n.* **不一致**

词组 at odds with…（与……）有差异

真题 at odds with its earlier rulings 与先前的裁决不一致（2021 年阅读）

probability [ˌprɑ:bəˈbɪləti]

n. **可能性**；很可能发生的事；概率

痛点 同样表示"可能性"，probability 的程度要比 possibility 深。

真题 increase the probability of a child committing a criminal act 增加儿童犯罪的可能性（2004 年完形）

necessity [nəˈsesəti]

n. **必然，必要**；必需的事物，必需品

痛点 它可以是抽象名词也可以是具体名词，如：basic necessities 就是指基本必需品。

真题 the necessity of easing the housing crisis 缓解住房危机的必要性（2016 年阅读）

unlikely [ʌnˈlaɪkli]

adj. **不大可能的**；未必的；靠不住的

痛点 注意，unlikely 不是"不可能"，只是"不大可能"！

词组 be unlikely to do… 不大可能做……

真题 A good laugh is unlikely to have measurable benefits. 一次开怀大笑不大可能带来明显的好处。（2011 年完形）

odd [ɑ:d]

熟义 *adj.* **古怪的**；奇数的

痛点 the odds，"奇怪的东西"？不，是"可能性、概率"。

真题 odd, low-level IT staff 低水平的奇怪 IT 人员（2007 年阅读）

僻义 *adj.* **不规则的，零散的**

真题 take up odd jobs 打零工（2022 年阅读）

□ **frequency**			
义联词	□ **occasional**	□ **routine**	□ **permanent**

frequency [ˈfri:kwənsi]

n. **频率**；频繁

真题 at an appropriate frequency 以适当的频率（2023 年翻译）

occasional [əˈkeɪʒənl]

adj. **偶尔的**；**不经常的**

Chapter I 核心词汇

真题 occasional activity 偶尔的活动（2022 年完型）

---

routine [ruːˈtiːn]

adj. 日常的；常规的　*n.* 常规；惯例；例行公事

痛点 它作名词经常以词组 daily routine 的形式出现。

真题 simplify routine matters 简化日常事务（2017 年阅读）

---

permanent [ˈpɜːrmənənt]

adj. 永久的；固定的

真题 permanent dependency 永久的依赖（2014 年阅读）

□ **modest**			
义联词　□ **moderate**	□ **humble**	□ **extreme**	□ **excessive**

---

modest [ˈmɑːdɪst]

adj. 些许的，不太大（或贵、重要等）的；谦虚的，谦逊的

痛点 modest increase，"谦虚的上涨"？不，是"小幅上涨"。

真题 A relatively modest intervention could have a big impact. 稍加干预就能产生巨大影响。（2015 年阅读）

---

moderate [ˈmɑːdərət]

熟义 *adj.* 适度的，中等的；适中的，合理的；温和的，不激烈的

真题 moderate expectations for education 对教育期望不高（2012 年阅读）

僻义 *v.* 缓和，使适中 to become or make sth. become less extreme and easier to deal with

真题 moderate the effects of stress 减轻压力带来的影响（2011 年完形）

---

humble [ˈhʌmbl]

adj. 谦逊的；（级别或地位）低下的；普通的；卑微的

痛点 in my humble opinion，看上去表示谦逊，"依拙见"，但实际上不够诚挚。很微妙的一个形容词。

真题 stay humble 保持谦逊（2021 年新题型）

---

extreme [ɪkˈstriːm]

adj. 极端的；极度的；极限的　*n.* 极端；极度；极限

真题 extreme weather conditions 极端天气（2019 年阅读）

---

excessive [ɪkˈsesɪv]

adj. 过度的；多余的；过分的

真题 excessive costs of a legal education 过于高昂的法律教育成本（2014 年阅读）

□ **underlie**	
义联词　□ **underlying**	□ **potential**
形联词　□ **undergo**	

underlie [ˌʌndərˈlaɪ]

v. **构成……的基础（或起因）**；位于或存在于（某物）之下

痛点 注意 underlie 前面的主语是后面宾语的基础，不要弄反。

真题 It underlies power. 它是权力的基础。（2004 年阅读）

underlying [ˌʌndərˈlaɪɪŋ]

adj. **潜在的；隐含的**；根本的；在下面的

真题 underlying sense of anxious urgency 潜在的焦虑紧迫感（2020 年阅读）

potential [pəˈtenʃl]

adj. **潜在的；可能的**   *n.* **潜力；可能性**

真题 potential risks 潜在风险（2013 年阅读）

undergo [ˌʌndərˈgəʊ]

v. **经历**；经受，忍受；接受

痛点 不及物的 go 前面加上 under 变成了及物动词。注意它的过去式是 underwent。

真题 It is a living culture undergoing a renaissance today. 这是一个如今正在走向复兴的鲜活文化。（2017 年阅读）

□ **associate**

义联词	□ **association**	□ **attach**	□ **connection/-xion**	□ **relate**
	□ **combination**	□ **combine**	□ **fuse**	□ **blend**
	□ **mixture**			

associate [əˈsəʊsieɪt]

熟义 *v.* **联系**；联想；交往，（尤指）混在一起；表明支持   *adj.* 非正式的；准的；副的；联合的

痛点 其地道搭配为：associate A with B（把 A 和 B 关联在一起）。associate oneself with sb.'s opinion，"把自己和某人的观点联系在一起"？这里是指表明支持、同意；associate member，"联系成员"？这里的 associate 作形容词，指"非正式成员、准会员"。

真题 We unconsciously associate fast food with speed and impatience. 我们会不自觉地把快餐与速度和急不可耐联系在一起。（2013 年阅读）

僻义 *n.* **同事，伙伴**

真题 get associates to do so for them 让同事们帮他们这样做（2019 年翻译）

association [əˌsəʊsiˈeɪʃn]

n. **协会，社团**；联合，关联

痛点 它不仅仅指具体的协会、社团，还可以指抽象的联合、关联，如：association with sb./sth. 或者 in association with。

真题 National Basketball Association (NBA)（美国）职业篮球联赛（2008 年阅读）

attach [əˈtætʃ]

v. **附上；认为有重要性（或意义、价值、分量等）**；固定；（使）与……有联系

痛点 attach importance/meaning/value/weight to sth. 都是表示"重视"的意思，认为某物/某事很重要。

真题 attach equal importance to different genders 对不同性别同等重视（2012 年阅读）

connection/-xion [kəˈnekʃn]

n. **联系**；接通；远亲

词组 connection with... 与……有关，相关

真题 The structure of language had some connection with the process of thought. 语言结构与思维过程存在某种联系。（2004 年翻译）

relate [rɪˈleɪt]

v. **把……联系起来**；叙述，讲（故事）

词组 relate to... 与……相关

真题 patents related to... genetic tests 基因检测相关的专利（2012 年阅读）

combination [ˌkɑːmbɪˈneɪʃn]

n. **结合**；联合；混合；（密码锁的）号码组合

真题 Their reactions may be a complex combination of instant reflexes and input from past driving experiences. 他们的反应可能是即时反应和过往驾驶经验的一种复杂结合。（2019 年阅读）

combine [kəmˈbaɪn]

v. **结合**；联合；混合

痛点 它可以作不及物动词，如：Several factors combine to improve your English.。

词组 combine...with... 使……和……融合

真题 combine labor and machines 把劳动力与机器结合起来（2018 年阅读）

fuse [fjuːz]

v. **结合，融合** *n.* 保险丝；导火线

真题 fuse girls' identity to appearance 将女孩们的特性与外表联系在一起（2012 年阅读）

blend [blend]

n. 混合物；融合 *v.* 混合；调制

痛点 其地道搭配为：blend A with B/blend A and B（使混合），a blend of（不同事物的混合物）。

mixture [ˈmɪkstʃər]

n. **混合物，结合体**

真题 a chemical mixture 一种化学混合物（2023 年新题型）

□ seek			
义联词 □ **quest**	□ **explore**	□ **probe**	□ **trace**
□ **track**			
形联词 □ **cheek**			

seek [siːk]

v. **寻找**；**寻求**；**试图，设法**；征求，请求；探索

痛点 注意其过去式 sought 和过去分词 sought 都要认识！

词组 seek to do... 试图、设法……

真题 It gives a basis to all organisations which seek to promote the learning and use of English. 给旨在促进英语学习和使用的所有组织机构提供了一个基础。（2017 年翻译）

quest [kwest]

n. **寻找，搜索**

词组 in quest of 探索，寻找

真题 in quest of a windfall 寻求意外之财（2006年新题型）

explore [ɪkˈsplɔːr]

v. **探索；探究**；考察；勘探

真题 explore career paths 探索职业道路（2018年翻译）

probe [prəʊb]

v. **探索**；用探针探查　*n.* 探究；航天探测器；（医生用的）探针

真题 probe social and biological factors 对社会和生物学方面的原因进行探索（2012年阅读）

trace [treɪs]

v. **追踪；追溯**；描摹　*n.* 痕迹；少许；轨迹；追踪

痛点 traces of poison，"毒物的追踪"？不，是"微量毒物"。

真题 trace their demands 追踪他们的需求（2004年阅读）

track [træk]

n. **小道；足迹**；轨道；站台；跑道　*v.* **跟踪，追踪**

词组 keep track of 记录

真题 The program keeps track of your progress. 该程序会记录你的进展。（2014年完形）

cheek [tʃiːk]

n. 面颊，脸颊；厚颜无耻

痛点 get a cheek，"得到脸颊"？不，是"脸皮很厚"。

□ **insight**			
义联词　□ **standpoint**	□ **perspective**	□ **notion**	□ **understanding**
□ **concept**	□ **ideology**		

insight [ˈɪnsaɪt]

n. **见解；领悟**；洞察力

痛点 它往往搭配介词 into，如：insights into life（对生活的领悟）。

真题 The insight that curiosity can drive you to do self-destructive things is a profound one. 好奇心会驱使你做一些自我伤害的事，这是真知灼见。（2018年完形）

standpoint [ˈstændpɔɪnt]

n. 立场，观点

痛点 在写作中可以用它来替换 opinion/view。

perspective [pərˈspektɪv]

熟义 *n.* **观点，角度**；景观

真题 news from different perspectives 来自不同立场的新闻（2018年阅读）

僻义 *n.* **客观判断力，权衡轻重的能力**

真题 It allows us to have perspective on our lives. 它让我们拥有对生活的判断力。（2016年翻译）

notion [ˈnəʊʃn]

n. 概念；理念；看法，想法

真题 notions of beauty 美的概念（2016 年阅读）

understanding [ˌʌndərˈstændɪŋ]

n. 理解，看法；了解；谅解；解释；意见

adj. 通情达理的；善解人意的

痛点 an understanding boss，"一个正在理解中的上司"？不，是"一个通情达理的上司"。

真题 a well-grounded understanding of the legal system 对法律体系的透彻理解（2007 年翻译）

concept [ˈkɑ:nsept]

n. 概念；观念

真题 a flawed concept 有缺陷的概念（2017 年阅读）

ideology [ˌaɪdiˈɑ:lədʒi]

n. 思想观念；思想意识；思想

真题 Happiness is not just an ideal but an ideology. 幸福不仅是一种理想，而且是一种观念。（2006 年阅读）

□ remark			
义联词 □ oral	□ verbal	□ pronounce	□ tone
□ linguistic	□ Latin	□ discourse	□ dispute
□ negotiate	□ persuasion	□ interpret	□ dialect
□ idiom	□ dumb	□ nonsense	□ slogan

---

remark [rɪˈmɑ:rk]

n. 谈论 *v.* 评论

痛点 其形容词形式 remarkable（卓越的，非凡的）不是"可被评论的"噢。

真题 make a light-hearted remark 进行轻松的发言（2002 年阅读）

oral [ˈɔ:rəl]

adj. 口头的；口腔的 *n.* 口试

verbal [ˈvɜ:rbl]

adj. 语言的；文字的；口头的；动词的

真题 verbal fights 语言冲突（2019 年新题型）

pronounce [prəˈnaʊns]

v. 发音；正式宣布（或公布、授予等）

痛点 它的形容词 pronounced 是"被发音的"？不，是"明显的"。

tone [təʊn]

n. 风格；语气；（肌肉）结实度；音质；色调

v. 使更健壮；与……协调

词组 set the tone for... 为……定下基调

真题 It sets the tone for an exhibition. 为展览定下了基调。（2014 年新题型）

linguistic [lɪŋˈgwɪstɪk]

adj. 语言的，语言学的

真题 linguistic traits 语言特征（2012 年翻译）

Latin [ˈlætn]

adj. **拉丁语的**；拉丁语国家的　*n.* 拉丁语

真题 Latin phrase 拉丁短语（2020 年翻译）

discourse [ˈdɪskɔːrs]

n. **语篇**；**话语**；交谈；正式的讨论　*v.* 演说；讲述；讨论

痛点 它既可以表示书面的交谈、讨论，也可以表示口头的交谈、讨论。

真题 uniformity of dress and discourse 着装和言语的统一（2006 年阅读）

dispute [dɪˈspjuːt]

熟义 *n.* **争论，争议**　*v.* 争论

痛点 beyond dispute，"超过争论"？要打架？不，是"不容争辩"。

词组 in dispute 有争议

真题 His reputation as a music critic has long been in dispute. 作为音乐评论家，他的名声长期备受争议。（2014 年阅读）

僻义 *v.* **对……表示异议，反对** to say that sth. is not true or valid

真题 The airlines strongly dispute this. 航空公司强烈反对这一点。（2017 年阅读）

negotiate [nɪˈɡəʊʃieɪt]

v. **谈判，磋商**；**商定，达成协议**

真题 The national agency would negotiate on behalf of all provinces. 这个全国性机构将代表所有省份去谈判。（2005 年新题型）

persuasion [pərˈsweɪʒn]

n. **说服，劝说**；信念，信仰

痛点 其形容词形式是 persuasive（有说服力的）。

真题 ethical persuasion 道德说服（2016 年阅读）

interpret [ɪnˈtɜːrprət]

v. **理解**；诠释；说明；口译

痛点 名词 interpreter 就不是"理解者""说明者"了，而是"口译员"。

真题 Competition law as presently interpreted can hardly protect Facebook users. 根据目前的解释，竞争法很难保护 Facebook 用户。（2018 年阅读）

dialect [ˈdaɪəlekt]

n. **方言**，土语，地方话

真题 There exists no language or dialect in the world that cannot convey complex ideas. 世界上没有不能表达复杂思想的语言或方言。（2005 年阅读）

idiom [ˈɪdiəm]

n. **习语**；惯用语

痛点 难记？傻瓜（idiot）不会说成语（idiom）。

真题 If you are unfamiliar with words or idioms, you guess at their meaning, using clues presented in the context. 如果你不熟悉单词或习语，你可以利用上下文呈现的线索来猜测其词义。（2015 年新题型）

dumb [dʌm]

adj. **愚蠢的**；哑的，不能说话的；一时说不出话的

痛点 a dumb decision，"一个哑的决定"？不，是"一个愚蠢的决定"。

真题 Many people are dumb enough to want children just because Reese and Angelina make it look so glamorous. 会有很多人笨到只因看到 Reese 和 Angelina 让带孩子这件事充满了吸引力而想要孩子。（2011 年阅读）

nonsense [ˈnɑːnsens]

n. **胡言乱语**；**蠢话**；愚蠢的行为

真题 Lots of Americans bought that nonsense.

许多美国人竟然相信这种无稽之谈。（2005 年阅读）

slogan [ˈsləʊgən]

n. **口号**；标语；广告语

真题 If I had to choose a slogan it would be "Unity in our diversity." 如果我必须选一句口号，那就是"异中求同"。（2005 年翻译）

□ **behalf**

义联词　□ **represent**　　□ **representative**　□ **typical**

behalf [bɪˈhæf]

n. **代表**

痛点 其地道搭配为：on behalf of sb./on sb's behalf（代表某人）。

真题 on behalf of shareholders 代表股东（2007 年阅读）

represent [ˌreprɪˈzent]

v. **代表；成为……实例；作为……的象征；展示；作为……的代言人；等于**

真题 represent Lownie's view 代表 Lownie 的观点（2023 年阅读）

representative [ˌreprɪˈzentətɪv]

熟义 *n.* **代表**　*adj.* **有代表性的；代表各类人（或事物）的**

真题 the United States trade representative 美国贸易代表（2020 年阅读）

僻义 *adj.* **由代表组成的，代议制的**

真题 representative government 代议制政府（2017 年阅读）

typical [ˈtɪpɪkl]

adj. **典型的**；有代表性的

真题 a typical competition pattern 一种典型的竞争模式（2018 年阅读）

□ **continual**

义联词　□ **continuous**　　□ **repeatedly**　□ **successive**

continual [kənˈtɪnjuəl]

adj. **接连不断的**；（令人厌烦地）多次重复的

痛点 continual 词尾"藕"，continuous 词尾"丝"，藕断丝连，continual 表示"断断续续的继续、多次重复的"；continuous 表示"持续不断的继续"。

真题 continual internal opposition 内部一直反对（2020 年阅读）

continuous [kənˈtɪnjuəs]

adj. **持续的，不断的**；遍布的；频繁反复的

真题 Its continuous supply is becoming a reality.

它的持续供应正成为现实。（2018 年阅读）

repeatedly [rɪˈpiːtɪdli]

adv. 反复地，再三地

例句 Both men have repeatedly denied the allegations 两个人都再三地否认这些指控。

successive [səkˈsesɪv]

adj. 连续的，接连的

痛点 注意不要将它理解为"成功的"。

真题 successive governments 历届政府（2017 年阅读）

□ **fluent**			
义联词	□ **fluid**	□ **flush**	□ **spray**
形联词	□ **influential**	□ **influenza/flu**	

---

fluent [ˈfluːənt]

adj.（外语）流利的；流畅熟练的

例句 a fluent speaker 讲话流利的人

fluid [ˈfluːɪd]

n. 流体　*adj.* 流动的；易变的

痛点 fluid situation，"流动的局势"？不，是"不稳定的局势"。

真题 fluid intelligence 流体智力（2021 年完形）

flush [flʌʃ]

v. 脸红；冲洗　*n.* 脸红；冲洗

痛点 厕所里能见到的高频词：flush the toilet（冲厕所）；flush with anger，"用愤怒来冲洗"？不，是"发怒得脸通红"。

spray [spreɪ]

v. 喷；喷洒；喷射　*n.* 喷雾；喷雾剂

真题 Researchers sprayed oxytocin into the noses of half the subjects. 研究人员将催产素喷洒进半数受试者的鼻子里。（2018 年完形）

influential [ˌɪnfluˈenʃl]

adj. 有很大影响的；有支配力的　*n.* 有影响力的人

痛点 表示"在某方面有很大影响"，注意用介词 in，后面接名词或者动名词，如：be influential in decision-making（在决策方面很有影响力）。

真题 influential figures 有影响力的人物（2014 年阅读）

influenza/flu [ˌɪnfluˈenzə]/[fluː]

n. 流感

□ **circumstance**			
义联词	□ **scenario**	□ **occasion**	□ **incidence**	□ **occurrence**
	□ **scene**	□ **provided**		

circumstance [ˈsɜːrkəmstæns]

熟义 *n.* 条件，环境，状况

痛点 表达"经济状况"只会用 financial condition？还可以用 financial circumstances 表示，注意要用复数；force of circumstance，"条件的压迫"？不，是"为命运所迫"。

真题 urgent circumstances 紧急的情况（2015 年阅读）

僻义 *n.* （客观）环境，命运

真题 Circumstances determined the life. 环境决定生活。（2011 年翻译）

scenario [səˈnæriəʊ]

n. 设想；方案；剧情概要

痛点 其地道搭配为：the worst-case scenario（最坏的情况）。

occasion [əˈkeɪʒn]

n. 时机；场合

痛点 其形容词形式 occasional 的意思不是"场合的"，而是"偶尔的"，注意词义区别。

真题 on certain occasions 在某些情况下（2015 年阅读）

incidence [ˈɪnsɪdəns]

n. 发生；出现；发生率

真题 increase the incidence of risks 增加风险的发生（2010 年阅读）

occurrence [əˈkɜːrəns]

n. 发生的事件；发生，出现

真题 uncommon occurrence 少见的情况（2013 年完形）

scene [siːn]

熟义 *n.* （事件或故事的）发生地点；场景；场面；情景；景象；事件

词组 behind the scenes 背地里；在幕后

真题 Behind the scenes, they have been taking aim at someone else. 背地里，他们瞄准的却是另外的人。（2010 年阅读）

僻义 *n.* 界；坛；圈子

真题 the European television scene 欧洲的电视界（2005 年翻译）

provided [prəˈvaɪdɪd]

conj. 如果，在……条件下

痛点 provided that 相当于 if。

□ **priority**

义联词　□ **privilege**

---

priority [praɪˈɔːrəti]

n. 优先事项；优先，优先权

痛点 其动词形式是 prioritize（按重要性排列；优先处理）。

词组 give top priority to... 将……视为最优先

真题 give top priority to professional training 优先考虑专业培训（2020 年阅读）

privilege [ˈprɪvəlɪdʒ]

n. 特殊利益；（有钱有势者的）特权；荣幸

v. 给予……特权

真题 indefensible privileges 站不住脚的特权（2015 年阅读）

whereas [ˌwerˈæz]

conj. **然而，但是；尽管**

痛点 表示对比时，whereas 强调事物之间的相反，而 while 强调事物之间的不同。

真题 Some people can smell one type of flower but not another, whereas others are sensitive to the smells of both flowers. 有些人能闻到一种花的味道而闻不到另外一种花的味道，而其他人却对两种花的味道都很敏感。（2005 年完形）

whatsoever [ˌhwɑtsoˈevər]

adv. **任何（用于强调否定陈述）**

痛点 其地道搭配为：do nothing whatsoever（任何事情都没做）。

whereby [werˈbaɪ]

adv. **凭此；借以；由于**

真题 Teaching has traditionally been the method whereby many intellectuals earn their living. 教书从传统上来讲一直是许多知识分子的谋生手段。（2006 年翻译）

regardless [rɪˈɡɑːrdləs]

adv. **不管，不顾**

词组 regardless of 不管，不顾

真题 regardless of transferability 无论适用性如何（2021 年阅读）

spite [spaɪt]

n. **(in spite of) 尽管**

痛点 虽然单独使用有"恶意；怨恨"的意思，但是几乎只存在于词组 in spite of 中。

词组 in spite of... 不管……；尽管……

真题 In spite of "endless talk of difference," American society is an amazing machine for homogenizing people. 尽管"差异性的讨论没完没了"，美国社会仍是一台惊人的同化人的机器。（2006 年阅读）

regarding [rɪˈɡɑːrdɪŋ]

prep. **关于，至于**

真题 a legal case regarding business-method patents 一个关于商业方法专利的法律案件（2010 年阅读）

□ **bare**

义联词　□ **barely**　　□ **mere**　　□ **scarcely**　　□ **naked**

---

bare [ber]

adj. **仅能够，最基本的**；裸露的；光秃秃的
v. 揭开

痛点 bare necessities，"裸露的必需品"？不，是"最基本的必需品"。

真题 It amounts to the bare, bare minimum necessary to keep the Postal Service afloat. 这相当于使邮政局继续运转所必需的最低最低要求。（2018 年阅读）

---

barely ['berli]

adv. **仅仅**；勉强可能；**几乎不**

痛点 barely 到底是"仅仅"还是"几乎不"？一般来说，如果是修饰具体的动作，就可以理解成"几乎不"，如：barely see the road（几乎看不到路）。

真题 in barely more than a decade 仅仅十多年间（2022 年阅读）

---

mere [mɪr]

熟义 *adj.* **仅仅的，只不过**

痛点 它和 only 不同，mere 有最高级，如：by merest accident（极其偶然的机会）。

真题 As a mere 68-year-old, I wish to age as productively as they have. 作为一个年仅 68 岁的老人，我希望我的老年生活能像他们那样有所作为。（2003 年阅读）

僻义 *adj.* **只凭……就足以**

真题 the mere presence of a grape 只要有葡萄（2005 年阅读）

---

scarcely ['skersli]

adv. **几乎不**；简直不；决不；（表示接连发生）刚一……就

痛点 其核心涵义相当于 hardly。

真题 scarcely visible 几乎看不出来（2015 年翻译）

---

naked ['neɪkɪd]

adj. 裸体的；遮蔽的；露骨的

Chapter Ⅱ

进阶词汇

Word List 16

□ **advent**

| 义联词 | □ **forthcoming** | □ **imminent** |

advent [ˈædvent]

n. **（重要事件、人物、发明等的）到来**；基督降临节（圣诞节前的四个星期）

词组 the advent of... ……的到来，出现

真题 the advent of electronic publishing 电子出版的出现（2023 年阅读）

forthcoming [ˌfɔːrθˈkʌmɪŋ]

adj. **即将发生（或出版等）的**；现成，随要随有；乐于提供信息

真题 a paper forthcoming in the journal *Psychological Science* 即将发表在《心理科学》杂志上的一篇文章（2015 年阅读）

imminent [ˈɪmɪnənt]

adj. （通常指不愉快的事）**即将发生的**；迫切的，危急的；迫在眉睫的

□ **defer**

| 义联词 | □ **postpone** | □ **punctual** |
| 形联词 | □ **confer** | |

defer [dɪˈfɜːr]

v. **推迟，延缓**

真题 defer modernization 推迟现代化进程（2018 年阅读）

postpone [pəʊˈspəʊn]

v. **推迟，延迟**

真题 postpone their undergraduate application 推迟他们的本科申请（2022 年阅读）

punctual [ˈpʌŋktʃuəl]

adj. 准时的，守时的

confer [kənˈfɜːr]

v. **授予**；协商

词组 confer sth. on sb. 授予某人某物

真题 confer various human capabilities on machines 将人类的各种能力赋予机器（2002 年阅读）

□ commence			
义联词 □ outset	□ embark	□ expire	□ cease
□ renew	□ culminate	□ preliminary	
形联词 □ commend			

commence [kəˈmens]

v. 开始发生，着手

例句 The meeting is scheduled to commence next week. 会议定于下周开始。

outset [ˈaʊtset]

n. 开始，起始

embark [ɪmˈbɑːrk]

v. 开始，着手；上船，装船

词组 embark on 从事，着手开始

真题 embark on a professional qualification 着手获得专业资格（2011 年新题型）

expire [ɪkˈspaɪər]

v. 到期，失效；届满；逝世，故去

真题 The programme would be set to expire in 2015. 该方案将于 2015 年到期。（2014 年阅读）

cease [siːs]

v. 停止，结束

词组 cease to do sth. 停止做某事

真题 *The New York Times* ceases to publish stories on newsprint. 《纽约时报》停止在纸质报纸上刊登新闻。（2016 年阅读）

renew [rɪˈnuː]

v. 延长……的期限；更新；重新开始；重复强调

真题 renew the affordable housing grants programme 延长经济适用房的资助计划（2014 年阅读）

culminate [ˈkʌlmɪneɪt]

v. 以……告终

preliminary [prɪˈlɪmɪneri]

adj. 起始的；初步的；预备的　*n.* 初步做法；预赛

真题 a preliminary step 第一步（2012 年阅读）

commend [kəˈmend]

v. 把……托付给；举荐；赞扬

□ elapse	
形联词 □ lapse	□ eclipse

elapse [ɪˈlæps]

v. 消逝，流逝

例句 Many years elapsed. 很多年过去了。

lapse [læps]

n. 疏忽；行为失检；流逝；间隔　*v.* （时间）流逝；失效；结束；（逐渐）消失

240

eclipse [ɪ'klɪps]

v. **使黯然失色，使相形见绌**；遮住……的光
n. 日食，月食；丧失，黯然失色

真题 The Church's teachings and ways of thinking were eclipsed by the Renaissance. 教会教义和思维方式被文艺复兴所掩盖。（2020 年翻译）

□ **perish**

义联词	□ **massacre**	□ **assassinate**

---

perish ['perɪʃ]

v. **死亡；毁灭**

真题 We are genetically programmed to disintegrate and perish. 我们从遗传学角度就注定会瓦解和灭亡。（2003 年阅读）

---

massacre ['mæsəkər]

n. **屠杀，残杀**；惨败 *v.* 屠杀，杀戮；使惨败

真题 the massacre of innocents 滥杀无辜（2006 年阅读）

---

assassinate [ə'sæsɪneɪt]

v.（尤为政治目的）暗杀，行刺

□ **grieve**

义联词	□ **cemetery**	**console**

---

grieve [griːv]

v.（**尤指因某人的去世而）悲伤，悲痛**；使伤心，使悲痛

词组 grieve for/over sb./sth. 为某人 / 某事 / 某物而伤心，悲痛

真题 He is really grieving over the loss of something beautiful more than useful. 他伤感的原因与其说是因为失去了有用的东西，不如说是因为失去了美丽的东西。（2005 年阅读）

---

cemetery ['seməteri]

n. 公墓，墓地

---

console

[kən'səʊl] *v.* 抚慰，慰藉　['kɒnsəʊl] *n.* 操纵台

□ **fatigue**

义联词	□ **inertia**	□ **vigorous**

---

fatigue [fə'tiːg]

n. 疲劳，劳累；厌倦 *v.* 使疲劳

真题 in a single moment of fatigue 在感到疲劳的某一个瞬间（2020 年完形）

inertia [ɪˈnɜːrʃə]

n. 缺乏活力，惰性

vigorous [ˈvɪɡərəs]

adj. 充满活力的；强壮的

□ **prosper**

义联词	□ **prosperity**	□ **prosperous**	□ **thrive**	□ **lag**
	□ **recession**			

---

prosper [ˈprɑːspər]

v. **蓬勃发展**；繁荣，兴旺，成功

真题 The professional companies prospered in their permanent theaters. 专业剧团在他们的固定剧场里蓬勃发展。（2018 年翻译）

---

prosperity [prɑːˈsperəti]

n. **繁荣**，兴旺

真题 seek long-term prosperity 寻求长期繁荣（2019 年阅读）

---

prosperous [ˈprɑːspərəs]

adj. 繁荣的，兴旺的

---

thrive [θraɪv]

v. 兴旺发达，繁荣

真题 Websites about dieting would thrive. 有关节食的网站将会蓬勃发展。（2016 年阅读）

lag [læg]

v. **落后**，延迟，发展缓慢　*n.* 时滞；时间间隔

词组 lag behind sb. 落后于某人

真题 lag behind the others due to decreased opportunities 因机会减少而落后于别人（2012 年阅读）

recession [rɪˈseʃn]

n. **经济衰退**；撤回

真题 The great recession may be over. 大衰退或许已经结束。（2012 年阅读）

□ **prevail**

义联词	□ **prevalent**	□ **predominant**	□ **obsolete**

---

prevail [prɪˈveɪl]

v. **盛行，流行，普遍存在**；占上风，获胜

真题 a prevailing trend 一个普遍趋势（2010 年阅读）

prevalent [ˈprevələnt]

adj. **流行的**，普遍的

真题 Though widely prevalent, the concept of dark patterns is still not well understood. 尽管广泛流行，黑暗模式的概念仍然没有得到很好的理解。（2022 年阅读）

predominant [prɪˈdɑːmɪnənt]

adj. 占主导地位的，占优势的；显著的

obsolete [ˌɑːbsəˈliːt]

adj. 淘汰的，废弃的，过时的

□ abrupt

义联词	□ erupt	□ raid	□ vanish	□ clutch

abrupt [əˈbrʌpt]

adj. **突然的**；生硬的，唐突的；陡峭的
真题 abrupt shifts 突兀的转变（2008 年新题型）

erupt [ɪˈrʌpt]

v. **爆发，突然发生**；（火山）爆发，（岩浆）喷出；突然叫喊
真题 Protests have erupted over construction of the Thirty Meter Telescope (TMT).建造"三十米望远镜"引发了抗议活动。（2017 年阅读）

raid [reɪd]

n. **突击检查**；突然袭击；抢劫　*v.* 突然搜捕；偷袭；打劫
真题 federal immigration raids 联邦政府的突击检查（2019 年阅读）

vanish [ˈvænɪʃ]

v. **突然消失**；**绝迹**
真题 feel the oppression vanish 顿觉压抑感消失（2013 年翻译）

clutch [klʌtʃ]

v. 突然抓住，握紧　*n.* 紧紧抓住；一窝雏（或蛋）；离合器踏板

□ intermittent

义联词	□ interval	□ consecutive
形联词	□ interim	

intermittent [ˌɪntərˈmɪtənt]

adj. 间歇的，断断续续的
真题 intermittent showers 阵雨（2016 年阅读）

interval [ˈɪntərvl]

n. 间隔，间隙；幕间休息，中场休息

consecutive [kənˈsekjətɪv]

adj. 连续不断的

interim [ˈɪntərɪm]

adj. **中期的，**临时的；过渡的　*n.* 间歇，过渡时期
真题 set an interim goal 设定一个中期目标（2016 年阅读）

□ **temporary**

义联词	□ **perpetual**	□ **transient**	□ **instant**	□ **instantaneous**
形联词	□ **temporal**			

---

temporary [ˈtempəreri]

adj. 短暂的，临时的

真题 temporary delight 短暂的快乐（2011 年阅读）

---

perpetual [pərˈpetʃuəl]

熟义 *adj.* 永久的，永恒的

僻义 *adj.* 没完没了的 frequently repeated many times in a way that is annoying

真题 perpetual war and disaster 没完没了的战争和灾难（2006 年阅读）

---

transient [ˈtrænʃnt]

adj. 短暂的，转瞬即逝的；临时的，暂住的

n. 过往旅客，临时工

真题 transient investment 短期投资（2019 年阅读）

---

instant [ˈɪnstənt]

adj. 立即的；速溶的，即食的

真题 instant reflexes 瞬间反应（2019 年阅读）

---

instantaneous [ˌɪnstənˈteɪniəs]

adj. 瞬间发生的，瞬间完成的；即刻运行的，即刻供应的

真题 the exposure was almost instantaneous 曝光几乎是瞬间发生的（2021 年阅读）

---

temporal [ˈtempərəl]

adj. 世俗的；表示时间的；太阳穴的

□ **hitherto**

义联词	□ **henceforth**	□ **thereafter**

---

hitherto [ˌhɪðərˈtuː]

adv. 迄今为止，到目前为止，至今

真题 all hitherto existing society 迄今为止所有的现存社会（2012 年新题型）

---

henceforth [ˌhensˈfɔːrθ]

adv. 从今以后，从此以后

---

thereafter [ˌðerˈæftər]

adv. 此后，以后

□ **hence**

义联词	□ **resultant**	□ **thereby**

hence [hens]

熟义 *adv.* 所以，因此，由此

真题 Hence music is metaphysical. 所以音乐是抽象的。（2014 年翻译）

僻义 *adv.* **之后** several days, weeks, etc. from now

真题 thousands of years hence 几千年之后（2013 年阅读）

---

resultant [rɪˈzʌltənt]

adj. 因而发生的

---

thereby [ˌðerˈbaɪ]

adv. 因此

真题 thereby creating an artificial smile 由此就能产生出一个假笑（2011 年完形）

□ **nevertheless**

义联词　□ **nonetheless**　□ **albeit**

---

nevertheless [ˌnevərðəˈles]

adv. 然而，不过，尽管如此

真题 Nevertheless, the affordable housing situation is desperate. 然而，经济适用房的情况让人感到绝望。（2014 年阅读）

---

nonetheless [ˌnʌnðəˈles]

adv. 尽管如此

真题 A unity of objectives that nonetheless respect the varied peculiarities of each country. 尽管目标一致，但也尊重每个国家各自的独特性。（2005 年翻译）

---

albeit [ˌɔːlˈbiːɪt]

conj. 尽管，虽然

真题 Several sculptures have even gone on display again, albeit sometimes beneath protective cases. 几件雕塑甚至已经重新展出了，尽管有时是在保护箱下。（2022 年阅读）

□ **adjective**

义联词　□ **auxiliary**　□ **plural**　□ **alphabet**　□ **vowel**

---

adjective [ˈædʒɪktɪv]

n. 形容词

真题 common adjectives 常用形容词（2020 年阅读）

---

auxiliary [ɔːɡˈzɪliəri]

n. 助动词；辅助人员　*adj.* 辅助的；备用的

---

plural [ˈplʊrəl]

adj. 复数的；多样的　*n.* 复数

---

alphabet [ˈælfəbet]

n. 字母表

真题 the lower half of the alphabet 字母表后半部分（2004 年阅读）

---

vowel [ˈvaʊəl]

n. 元音

□ literary			
义联词	□ **rhetoric**	□ **metaphor**	□ **irony**	□ **satire**
形联词	□ **literacy**	□ **illiterate**		

literary [ˈlɪtəreri]

adj. **文学的**；爱好文学的，从事文学研究的；书面的

真题 the literary field 文学领域（2019 年翻译）

rhetoric [ˈretərɪk]

n. **华而不实的言语**；修辞

真题 the win-win rhetoric 双赢的说辞（2016 年阅读）

metaphor [ˈmetəfər]

n. **暗喻，隐喻**

真题 The "empty bottles" metaphor illustrates that people feel a pressure to make passing time fulfilling. "空瓶"的比喻说明，想要充实地度过每一刻，会让人倍感压力。（2016 年阅读）

irony [ˈaɪrəni]

n. **讽刺**，反语；出乎意料的事情（或结果），具有讽刺意味的事

真题 But this seems to be the irony of office speak. 但这似乎就是办公室语言的讽刺之处。（2015 年阅读）

satire [ˈsætaɪər]

n. **讽刺**，讽刺作品

真题 satire on an extravagant lifestyle 对奢侈生活方式的讽刺（2013 年阅读）

literacy [ˈlɪtərəsi]

n. **有读写能力，识字**

真题 overall literacy 整体的读写能力（2015 年新题型）

illiterate [ɪˈlɪtərət]

adj. **没受教育的**，文盲的；无教养的　*n.* 文盲，（对某个学科）无知的人，外行

真题 illiterate, non-English-speaking Mexican workers 没有受过教育的、不会讲英文的墨西哥工人（2009 年阅读）

□ genre		
义联词	□ **narrative**	□ **prose**
形联词	□ **gene**	

genre [ˈʒɑːnrə]

n. **体裁**；类型

真题 the highly personal, performative genre 高度个性化、富有表现力的体裁（2005 年

阅读）

narrative [ˈnærətɪv]

n.（尤指小说中的）叙述；讲故事；叙事技巧
adj. 叙述的，叙事体的

prose [prəʊz]

n. **散文**

真题 Vicwardian prose 维多利亚 - 爱德华时期的散文（2010 年阅读）

gene [dʒiːn]

n. **基因**

真题 A gene is a product of nature. 基因是自然的产物。（2012 年阅读）

□ epic	
义联词	□ lyric
形联词	□ epoch

epic [ˈepɪk]

n. **史诗，叙事诗**；史诗般的作品　*adj.* **漫长而艰难的，艰苦卓绝的**；史诗般的
真题 Sir Charles Oman's epic *History of the Peninsular War* Charles Oman 爵士的史诗巨作《半岛战争史》（2022 年翻译）

lyric [ˈlɪrɪk]

n. 抒情诗；歌词　*adj.*（诗歌）抒情的；（歌声）柔美的

epoch [ˈepək]

n. **时代，纪元**；世（地质年代，纪下分世）
真题 the economic realities and the social contexts in which each epoch stands 每个时代所处的经济现实和社会背景（2012 年新题型）

□ invoke			
义联词	□ cite	□ evoke	□ rouse	□ incur
	□ induce			

invoke [ɪnˈvəʊk]

v. 提及，援引；唤起，引起；行使，实施（法权）；（计算机）激活（程序）

cite [saɪt]

v. **引用，援引**；传唤；表彰

真题 cite cases 引用案例（2019 年阅读）

evoke [ɪˈvəʊk]

v. **使人想起，唤起，引起**
真题 This film *Towards Avebury* evokes a tradition of English landscape painting. 电影《走向埃夫

247

伯里》使人想起英国风景画的传统。（2014年新题型）

rouse [raʊz]

v. 唤醒；使产生兴趣；激起（某种情感）；激怒

incur [ɪnˈkɜːr]

v. 招致，引起；遭受
真题 incur criticism 招致批评（2011年阅读）

induce [ɪnˈduːs]

v. 引起，导致；引诱，劝使
真题 induce resentment 引起不满（2005年阅读）

□ **extinguish**			
义联词 □ **ignite**	□ **torch**	□ **blaze**	

extinguish [ɪkˈstɪŋgwɪʃ]

v. 扑灭，熄灭；毁灭，使破灭
真题 extinguish the embers 扑灭余火（2003年阅读）

ignite [ɪgˈnaɪt]

v. 点燃；激起

torch [tɔːrtʃ]

n. 手电筒；火炬

blaze [bleɪz]

n. （刻在树上用于指示道路的）记号；烈火；（光或色彩等的）展现；（感情的）迸发　*v.* 熊熊燃烧；闪耀
真题 Trail blazes can lead you to civilization. 路边树木上的划痕可以引导你返回文明社会。（2019年完形）

□ **outrage**			
义联词 □ **agitate**	□ **flare**	□ **furious**	indignation
□ **irritate**	□ **rage**		

outrage [ˈaʊtreɪdʒ]

n. 义愤，愤慨；暴行，骇人听闻的事　*v.* 使震怒，激怒
真题 provoke justified outrage 激起义愤（2012年阅读）

agitate [ˈædʒɪteɪt]

v. 激怒；激烈争论，鼓动；搅动（液体等）

真题 Executives were agitated. 高管们非常愤怒。（2012年阅读）

flare [fler]

v. （短暂）烧旺；突发，加剧；发怒（粗暴）地说　*n.* 摇曳的光；照明弹；喇叭裤

furious [ˈfjʊriəs]

adj. 暴怒的；猛烈的；高速的

indignation [ˌɪndɪɡˈneɪʃn]

n. **愤怒**，愤慨，义愤

真题 human indignation 人类的愤怒（2005 年阅读）

irritate [ˈɪrɪteɪt]

v. **激怒**；使恼怒；刺激

真题 The California measure has irritated private business owners. 加州的举措激怒了私营企业主。（2020 年阅读）

rage [reɪdʒ]

n. **狂怒，盛怒**

真题 Rage Against the Haze 对烟雾表示愤怒（2012 年阅读）

□ propel				
义联词	□ **progressive**	□ **repel**	□ **oppress**	□ **repression**
形联词	□ **prophet**			

propel [prəˈpel]

v. **推进，驱动**；驱使

真题 mechanically propelled vehicles 机动车辆（2014 年阅读）

progressive [prəˈɡresɪv]

adj. **进步的，先进的**；稳步的，逐步的；（动词）进行式的　*n.* **进步人士，改革派人士**

真题 progressive public policy 进步的公共政策（2014 年阅读）

repel [rɪˈpel]

v. 击退；驱除；使厌恶；排斥

oppress [əˈpres]

v. 压迫，压制；压抑，使烦恼

repression [rɪˈpreʃn]

n. 镇压；克制

prophet [ˈprɑːfɪt]

n. 先知；预言家

□ compel		
义联词	□ **pushy**	□ **inflict**
形联词	□ **compile**	

compel [kəmˈpel]

v. **迫使，使必须**；〈文〉驱赶；引起（反应）

词组 compel sb. to do sth. 迫使某人做某事

真题 compel corporate boards to maintain a certain proportion of women 迫使公司董事会保留一定比例的女性成员（2013 年阅读）

pushy [ˈpʊʃi]

adj. **执意强求的**；野心勃勃的；有进取心的

真题 However, their campaign risks coming across as being pushy. 然而，他们的这种（宣传）活动可能会让人觉得咄咄逼人。（2020 年完形）

inflict [ɪnˈflɪkt]

v. 使遭受（不快，痛苦）

compile [kəmˈpaɪl]

v. **搜集（信息，资料）**；编写，编纂；编译

真题 compile the data 搜集数据（2003 年阅读）

□ **momentum**		
义联词 □ **turbine**	□ **typhoon**	

momentum [məʊˈmentəm]

n. **势头，动力**；冲力；动量

词组 gain momentum 获得势头，增加动力

真题 have a chance to gain momentum 有机会获得发展势头（2021 年阅读）

turbine [ˈtɜːrbaɪn]

n. 涡轮机，汽轮机

词组 wind turbines 风力涡轮机

真题 Wind turbines provide enough electricity to power 95 percent of homes. 风力涡轮机为 95% 的家庭提供足够的电力。（2018 年阅读）

typhoon [taɪˈfuːn]

n. 台风

□ **avert**		
义联词 □ **bypass**	□ **precaution**	□ **inevitable**
形联词 □ **await**		

avert [əˈvɜːrt]

v. **防止，避免**；转移目光，背过脸

示例 avert suspicion 避嫌

bypass [ˈbaɪpæs]

v. **绕过，避开**；不请示 *n.* **（给心脏接旁通管的）搭桥术**；旁道管

真题 bypass old roads 绕过老的通道（2009 年阅读）

precaution [prɪˈkɔːʃn]

n. 预防，防备，警惕

inevitable [ɪnˈevɪtəbl]

n. **不可避免的情形，必然发生的事** *adj.* 必然发生的，不可避免的；惯常的

□ **misfortune**

义联词	□ **moan**	□ **mutter**
形联词	□ **mischief**	

---

misfortune [ˌmɪsˈfɔːrtʃən]

n. 不幸，厄运；不幸的事故

示例 great misfortune in his life 他一生中的巨大不幸

moan [məʊn]

v. **抱怨**；呻吟；呼啸 *n.* 抱怨；呻吟声；呼啸声

真题 The banks moan that they have to report

真题 The inevitable happens. 不可避免的事情发生了。（2020 年完形）

await [əˈweɪt]

v. **等候**；期待；将降临到（某人头上）

真题 await trial 等候审判（2015 年阅读）

enormous losses. 这些银行抱怨他们不得不宣布巨大亏损。（2010 年阅读）

mutter [ˈmʌtər]

v. 嘀咕，嘟囔；（私下）抱怨，发牢骚 *n.* 嘟哝

mischief [ˈmɪstʃɪf]

n. 淘气，恶作剧；使坏的念头；伤害，毁损

□ **resistant**

义联词	□ **pushback**	□ **boycott**	□ **refusal**
形联词	□ **restraint**		

---

resistant [rɪˈzɪstənt]

adj. **抵制的**，有抵抗力的；**抗……的**

词组 be resistant to 抵制，抵抗

真题 resistant to assimilation 抵制同化（2006 年阅读）

pushback [ˈpʊʃbæk]

n. **抗拒**；反对；飞机推迟起飞

真题 pushback from broadband providers 来自宽带提供商的抵制（2021 年阅读）

boycott [ˈbɔɪkɑːt]

v. **抵制，拒绝购买** *n.* 抵制

真题 boycott products 抵制产品（2011 年阅读）

refusal [rɪˈfjuːzl]

n. 拒绝

restraint [rɪˈstreɪnt]

n. **限制**；约束；制约因素

真题 reasonable wage restraints 合理的工资限制（2022 年阅读）

☐ **averse**

义联词	☐ **aversion**	☐ **despise**	☐ **resent**	☐ **adore**
	☐ **cherish**			

averse [əˈvɜːrs]

adj. **不喜欢的，不想做的，反对做的**

词组 risk averse 风险厌恶，风险规避

真题 They are quite risk averse. 他们是风险的极度厌恶者。（2020 年阅读）

aversion [əˈvɜːrʒn]

n. **厌恶，憎恶**

词组 aversion to... 厌恶……

真题 This aversion to arguments is common. 厌恶争论很常见。（2019 年新题型）

despise [dɪˈspaɪz]

v. **厌恶，鄙视，看不起**

真题 Animals despise being captives. 动物厌恶

成为"囚徒"。（2022 年新题型）

resent [rɪˈzent]

v. **对……表示愤恨**

真题 Resenting unfairness is also monkeys' nature. 憎恨不公也是猴子的本性。（2005 年阅读）

adore [əˈdɔːr]

v. 爱慕，热爱

cherish [ˈtʃerɪʃ]

v. **珍惜，珍爱**；怀念，抱有（信念，希望）

真题 Cherish the Newspaper Still in Your Hand 珍惜手中尚存的报纸（2016 年阅读）

☐ **dwarf**

义联词	☐ **gigantic**

形联词	☐ **scarf**

dwarf [dwɔːrf]

v. **使相形见绌**；使显得矮小   *n.* 小矮人；侏儒
adj. 矮小的

真题 Print ad sales still dwarf their online counterparts. 纸质报纸的广告销售依然胜于其线上的对手。（2016 年阅读）

gigantic [dʒaɪˈɡæntɪk]

adj. **巨大的**，庞大的

真题 have gigantic consequences 产生巨大的影响（2018 年阅读）

scarf [skɑ:rf]

n. 围巾，头巾

Word List 17

□ **sentiment**

义联词	□ **sniff**	□ **sneeze**	□ **spit**	□ **yawn**
	□ **wink**	□ **wrinkle**	□ **pale**	□ **pant**
	□ **shrug**	□ **blush**		

sentiment [ˈsentɪmənt]

n. **观点，情绪**；伤感

真题 endorse this sentiment 支持该观点（2016
年阅读）

sniff [snɪf]

v. 抽鼻子；嗅，闻；抱怨　*n.* 抽鼻子声

sneeze [sni:z]

v. 打喷嚏　*n.* 喷嚏

spit [spɪt]

v. 吐；啐唾沫　*n.* 唾沫

yawn [jɔːn]

v. 打哈欠　*n.* 打哈欠；乏味的事情

wink [wɪŋk]

v. 眨一只眼（表示友好或高兴等）；使眼色；
闪烁　*n.* 眨一只眼；眼色

wrinkle [ˈrɪŋkl]

n. 皱纹，褶皱　*v.*（使脸上）起皱纹；皱起

pale [peɪl]

adj.（人，面色）苍白的；（颜色）浅的，淡的
v. 变苍白

pant [pænt]

n. 气喘；喘息

shrug [ʃrʌg]

v./n. 耸肩

blush [blʌʃ]

v. 脸红；羞愧；呈现红色　*n.*（因难堪、羞愧）
面部泛起的红晕；〈古〉一见，一瞥

□ **recreation**

义联词	□ **rejoice**	□ **relish**	□ **agony**	□ **anguish**
	□ **plague**	□ **torment**		

recreation [ˌriːkriˈeɪʃn]

n. **娱乐，消遣**；娱乐活动

真题 They've focused on opportunities for recreation. 他们关注娱乐的机会。（2019 年阅读）

rejoice [rɪˈdʒɔɪs]

v. 感到高兴，充满喜悦

relish [ˈrelɪʃ]

v. 享受，从……获得乐趣　*n.* 享受，滋味

agony [ˈæɡəni]

n. **（精神或肉体的）极度痛苦**

真题 physical agony 肉体上的痛苦（2002 年阅读）

anguish [ˈæŋɡwɪʃ]

n. 极度痛苦　*v.* 使痛苦，使苦恼

plague [pleɪɡ]

v. **给……造成长时间的痛苦，困扰**　*n.* 瘟疫；鼠疫；灾难

真题 plague our existence 困扰我们的生活（2014 年翻译）

torment

[ˈtɔːrment] *n.* 痛苦，折磨　[tɔːrˈment] *v.* 折磨，使痛苦；纠缠

□ **temperament**

义联词　□ **disposition**　　□ **cunning**　　□ **trait**　　□ **open-mindedness**　□ **mo(u)ld**

---

temperament [ˈtemprəmənt]

n. **气质，性格**

真题 nice in both appearance and temperament 外表和性情都很好（2005 年阅读）

disposition [ˌdɪspəˈzɪʃn]

n. **性格，性情**；倾向，意向；安排；（财产、金钱的）处置

真题 our acts upon their disposition 我们的行为对他们性格的影响（2009 年翻译）

cunning [ˈkʌnɪŋ]

adj. 狡猾的；巧妙的　*n.* 狡猾，诡诈

真题 a cunning personality 狡猾的性格（2015 年新题型）

trait [treɪt]

n. **特征，特性，特点**

真题 traits of character 性格特征（2002 年翻译）

open-mindedness [ˌəʊpən ˈmaɪndɪdnəs]

n. **心胸开阔**；无偏见

真题 It takes a while to judge complex aspects of personality, like neuroticism or open-mindedness. 要判断性格的复杂方面，比如神经过敏或心胸开阔，则需要一段时间。（2013 年阅读）

mo(u)ld [məʊld]

n. 模具；（独特）类型，风格；霉，霉菌　*v.* 浇铸；将……塑造成；吻合

255

□ flatter

| 义联词 | □ hypocrisy | □ cater | □ earnest |

---

flatter [ˈflætər]

v. **奉承，讨好；自命不凡**

词组 be/feel flattered 被奉承得高兴，感到荣幸

真题 be flattered to receive your attention 因为得到你的关注而感到高兴（2021 年翻译）

---

hypocrisy [hɪˈpɑːkrəsi]

n. 伪善，虚伪

cater [ˈkeɪtər]

v. **迎合**；（为社交活动）提供饮食，承办餐宴

词组 cater to 迎合，满足需要

真题 His style caters largely to modern specialists. 他的风格很大程度上迎合了现代专家的口味。（2010 年阅读）

---

earnest [ˈɜːrnɪst]

adj. 非常认真的；真诚的

□ cannon

| 义联词 | □ militant | □ pistol | □ rifle |

---

cannon [ˈkænən]

n. 大炮；（飞机上的）自动机关炮　*v.* 猛撞

---

militant [ˈmɪlɪtənt]

adj. 动武的；好战的

pistol [ˈpɪstl]

n. 手枪

---

rifle [ˈraɪfl]

n. 步枪

□ zeal

| 义联词 | □ enthusiastic | □ indifferent |

---

zeal [ziːl]

n. **热情**；激情

真题 I'm experiencing increased zeal for working out. 我变得越来越热衷于健身了。（2019 年完形）

---

enthusiastic [ɪnˌθuːziˈæstɪk]

adj. **热情的，热烈的**；满腔热忱的

词组 be enthusiastic about doing… 热衷于做……，对做……热心

真题 They are enthusiastic about recommending their favorite products. 他们热衷于推荐自己喜欢

的产品。（2011 年阅读）

---

indifferent [ɪnˈdɪfrənt]

adj. **漠不关心的**；冷淡的；一般的，不很好的

词组 be indifferent to sb./sth. 对某人 / 某事漠不

关心；对某人 / 某事不感兴趣

真题 a workplace that's indifferent to your life and its meaning 一个对你的生活及其意义漠不关心的职场（2015 年阅读）

☐ **superb**

义联词	☐ **marvel(l)ous**	☐ **fabulous**

---

superb [suːˈpɜːrb]

adj. **极好的，卓越的**

真题 There is the Royal Shakespeare Company (RSC), which presents superb productions of the play. 皇家莎士比亚剧院（简称 RSC）会呈现这部剧的精彩作品。（2006 年阅读）

---

marvel(l)ous [ˈmɑːrvələs]

adj. 极好的，非凡的

fabulous [ˈfæbjələs]

adj. **绝妙的，极好的**；巨大的；寓言中的，神话似的

真题 create a fabulous machine 创造一台绝妙的机器（2012 年新题型）

☐ **worship**

义联词	☐ **esteem**	☐ **salute**

---

worship [ˈwɜːrʃɪp]

v./n. **崇拜**；爱慕

真题 a volcano worshiped by some Hawaiians 一座受一些夏威夷人崇拜的火山（2017 年阅读）

esteem [ɪˈstiːm]

n. **尊敬，尊重**；好评 *v.* 尊重，敬重；以为

词组 self-esteem 自尊

真题 high self-esteem 强烈的自尊心（2014 年阅读）

---

salute [səˈluːt]

v. 向……敬礼；致敬 *n.* 敬礼；致意

☐ **fascinate**

义联词	☐ **immerse**	☐ **indulge**	☐ **obsession**	☐ **addict**
	☐ **heroin**	☐ **cigar**		

fascinate [ˈfæsɪneɪt]

v. 对……着迷，深深吸引

真题 We humans seem to be fascinated by robots. 我们人类似乎会对机器人着迷。（2020 年阅读）

immerse [ɪˈmɜːrs]

v. （使）沉浸在；专心于；使浸没

词组 sb. be immersed in sth. 某人沉浸在某事中

真题 Artists and scientists alike are immersed in discovery and invention. 艺术家和科学家都沉浸在发现和发明当中。（2022 年阅读）

indulge [ɪnˈdʌldʒ]

v. 纵容；沉迷，沉溺；迁就；满足（欲望、兴趣等）；参与（尤指违法活动）

真题 The British welfare system indulges job seekers' laziness. 英国的福利制度纵容了求职者的懒惰。（2014 年阅读）

obsession [əbˈseʃn]

n. 痴迷，着魔；困扰；使人痴迷的人（或物）

词组 obsession with... 痴迷于……，对……着魔

真题 obsession with high fashion 痴迷于高端时尚（2013 年阅读）

addict [ˈædɪkt]

v. 使上瘾 *n.* 瘾君子；对……着迷的人

词组 be addicted to... 对……上瘾

真题 adults who are addicted to drugs 吸毒成瘾的成年人（2006 年完形）

heroin [ˈherəʊɪn]

n. 吗啡；海洛因；白面儿

真题 For Williams, those activities become what he calls "electronic heroin." 对于 Williams 来说，那些活动成了他所谓的"电子吗啡"。（2006 年新题型）

cigar [sɪˈɡɑːr]

n. 雪茄烟

真题 Pickwick cigars 匹克威克雪茄烟（2017 年新题型）

□ **fluctuate**

义联词　□ **vibrate**　　□ **drastic**　　□ **stationary**

fluctuate [ˈflʌktʃueɪt]

v. 波动，起伏不定

真题 Intelligence can fluctuate according to mental effort. 智力会根据脑力活动而起伏变动。（2014 年完形）

vibrate [ˈvaɪbreɪt]

v. 振动；颤动

drastic [ˈdræstɪk]

adj. 急剧的；严厉的；猛烈的

词组 drastic changes 剧烈的变化

真题 drastic changes in economy and population structure 经济和人口结构的剧变（2016 年阅读）

stationary [ˈsteɪʃəneri]

adj. 静止的；稳定的

☐ **sober**

| 义联词 | ☐ **bewilder** | ☐ **perplex** |

sober [ˈsəʊbər]

adj. **冷静的**；未醉；素净的

真题 the sobering aspect of Allen's book Allen 的著作中令人清醒的一面（2011 年翻译）

bewilder [bɪˈwɪldər]

v. **使迷惑，使糊涂**；〈古〉使迷路

真题 the bewildering variety of human courtship rituals 人类各种令人眼花缭乱的求爱方式（2012 年翻译）

perplex [pərˈpleks]

v. **使困惑和忧虑**

真题 perplexing behavior 令人困惑的行为（2010 年完形）

☐ **turbulent**

| 义联词 | ☐ **riot** | ☐ **turmoil** | ☐ **rebel** | ☐ **rebellion** |

turbulent [ˈtɜːrbjələnt]

adj. **动荡的，混乱的**；汹涌的，猛烈的；混乱而难以控制的

真题 a turbulent business environment 动荡的商业环境（2011 年阅读）

riot [ˈraɪət]

n. 暴乱，骚乱；极度丰富 *v.* 发生骚乱

turmoil [ˈtɜːrmɔɪl]

n. 混乱；焦虑

rebel [ˈrebl]

n. 反叛分子；叛逆者 *v.* 造反，反抗

rebellion [rɪˈbeljən]

n. 叛乱；反抗；叛逆

☐ **meditate**

| 义联词 | ☐ **meditation** | ☐ **ponder** | ☐ **thoughtful** | ☐ **intuition** |
| 形联词 | ☐ **mediate** | | | |

meditate [ˈmedɪteɪt]

v. 冥想；沉思；考虑，暗自谋划

meditation [ˌmedɪˈteɪʃn]

n. 冥想；沉思；感想，沉思录

ponder [ˈpɑːndər]

v. 沉思；琢磨

真题 seek to ponder 力图思考（2004 年阅读）

thoughtful [ˈθɔːtfl]

adj. 深思的；体贴的；深思熟虑的

真题 Humans are thoughtful and creative. 人类善于思考，还富有创造力。（2003 年翻译）

intuition [ˌɪntuˈɪʃn]

n. 直觉；由直觉获知的信息

真题 rely on intuition instead of reflection 依靠直觉而非思考（2021 年阅读）

mediate [ˈmiːdieɪt]

v. 调解，斡旋；为解决分歧找到（方法）；影响……的发生

□ **slack**

义联词	□ **conscientious**
形联词	□ **stack**

---

slack [slæk]

adj. 萧条的；懈怠的；松弛的　n. 松弛部分

真题 The book market is rather slack. 图书市场相当萧条。（2023 年阅读）

conscientious [ˌkɑːnʃiˈenʃəs]

adj. 勤勉认真的，一丝不苟的

stack [stæk]

n. 堆，垛；大量　v. 堆放一叠

□ **shiver**

义联词	□ **quiver**
形联词	□ **sheer**

---

shiver [ˈʃɪvər]

v. 颤抖，哆嗦　n. 战栗，颤抖

例句 Don't stand outside shivering. 别站在外面冻得打哆嗦了。

quiver [ˈkwɪvər]

v. 颤抖　n. 哆嗦

sheer [ʃɪr]

adj. 用来强调事物的大小、程度或数量；完全的；陡峭的

真题 the sheer volume of available choice 数量庞大的选择（2016 年翻译）

□ intimidate

| 义联词 | □ menace | □ appal(l) | □ timid | □ coward |

intimidate [ɪnˈtɪmɪdeɪt]

v. **使害怕**；恐吓，威胁

真题 The stress on success was intimidating for newcomers. 成功的压力让新来者望而生畏。（2017 年阅读）

menace [ˈmenəs]

n. 威胁；危险的人（或物）；烦人的人（或物）；恐吓，勒索　v. 威胁到

appal(l) [əˈpɔːl]

v. 使大为震惊；使惊骇

timid [ˈtɪmɪd]

adj. 羞怯的，胆小的

coward [ˈkaʊərd]

n. 胆小鬼，懦夫

□ awe

| 义联词 | □ formidable |
| 形联词 | □ ax(e) |

awe [ɔː]

n. 敬畏；惊叹；〈古〉使人敬畏的力量　v. 使敬畏；使惊奇

例句 He speaks of her with awe. 他说起她时充满敬畏。

formidable [ˈfɔːrmɪdəbl]

adj. **令人敬畏的**；难对付的

真题 a formidable conductor 令人敬畏的指挥家（2011 年阅读）

ax(e) [æks]

n. 斧子；（遭）解雇；倒闭，被停业　v. 用斧砍；解雇；精简（机构等）；大量削减（经费等）

□ gracious

| 义联词 | □ amiable | □ cordial | □ hostile |
| 形联词 | □ spacious |

gracious [ˈɡreɪʃəs]

adj. **和蔼的**；仁慈宽厚的；优美的；富贵安逸的　*int.*（表示惊异）天哪！

示例 a gracious lady 好心的女士

amiable [ˈeɪmiəbl]

adj. 和蔼可亲的，亲切友好的

cordial [ˈkɔːrdʒəl]

adj. 热情友好的，和蔼可亲的　*n.* 甜果汁饮料

hostile [ˈhɑːstl]

adj. **有敌意的，敌对的**；强烈反对的；有阻碍的；敌方的

真题 distinguish a friendly rat from a hostile one 区分友好的老鼠和有敌意的老鼠（2020 年阅读）

spacious [ˈspeɪʃəs]

adj. 宽敞的

□ **vicious**			
义联词　□ **brutal**	□ **harsh**	□ **ruthless**	□ **savage**

vicious [ˈvɪʃəs]

adj. **恶劣的**；**残酷的**；凶猛的

真题 the vicious rivalry among big pharmas 大药企之间的恶性竞争（2018 年阅读）

brutal [ˈbruːtl]

adj. **残暴的**；兽性的；残酷的；令人不快的

真题 the most brutal enemies 最残暴的敌人（2012 年完形）

harsh [hɑːrʃ]

adj. **严酷的**；**刺耳的**；严厉的；（环境）恶劣的

真题 the harsh reality 严酷的现实（2007 年阅读）

ruthless [ˈruːθləs]

adj. 残酷无情的

savage [ˈsævɪdʒ]

adj. 残暴的；猛烈抨击的；未开化的　*n.* 野蛮人；凶狠残暴的人　*v.* 凶狠地攻击（或伤害）

□ **abound**			
义联词　□ **ample**	□ **suffice**	□ **scarce**	□ **void**
□ **vacuum**	□ **bald**	□ **drought**	□ **deplete**
□ **desolate**			

abound [əˈbaʊnd]

v. 大量存在，富于

真题 Opportunities abound. 机会大量存在。（2011年阅读）

ample [ˈæmpl]

adj. 足够的，丰裕的；硕大的；丰满的

suffice [səˈfaɪs]

v. 足够

scarce [skers]

adj. 缺乏的，稀少的

真题 Leisure time is relatively scarce for most workers. 大多数上班族都相对难得享受休闲时光。（2017年完形）

void [vɔɪd]

n. 空间；空白；空虚　*adj.* 缺乏的；无效的　*v.* 使无效，宣布……作废（律）

vacuum [ˈvækjuːm]

n. 真空；清扫　*v.* 用吸尘器清扫

真题 live in a political vacuum 生活在政治真空中（2010年阅读）

bald [bɔːld]

adj. 秃顶的；无茸毛的，光秃的；不加赘述的，简单的

drought [draʊt]

n. 干旱，旱灾；长期缺乏

真题 Drought has killed over 100 million trees. 干旱已经毁掉了1亿多棵树。（2019年阅读）

deplete [dɪˈpliːt]

v. 大量减少；耗尽，使枯竭

desolate [ˈdesələt]

adj. 荒无人烟的；孤独凄凉的　*v.* 使荒凉；使感到凄凉

□ barren			
义联词	□ **fertile**	□ **fertility**	□ **fertiliser/-zer**
形联词	□ **barn**		

barren [ˈbærən]

adj. 贫瘠的，不毛的；不结果实的；无效果的；不孕的　*n.* 不毛之地

示例 a barren desert 不毛的沙漠

fertile [ˈfɜːrtl]

adj. 肥沃的，富饶的；能生育的；可结果的；促进的；点子多的

fertility [fərˈtɪləti]

n. 肥沃，富饶；可繁殖性，生育能力

词组 the soil fertility 土壤肥力

真题 build up soil fertility 增强土壤肥力（2010年翻译）

fertiliser/-zer [ˈfɜːrtəlaɪzər]

n. 肥料

词组 artificial fertilizers 人造肥料

真题 from genetically engineered crops to artificial fertilizers 从转基因作物到人造肥料（2013 年新题型）

barn [bɑːrn]

n. 谷仓；畜棚；车库；简陋的大建筑物

□ **flock**

义联词	□ **swarm**	□ **batch**

flock [flɑːk]

n. **羊群，群**；信众；大量；小块软填料；短绒，绒屑　*v.* 蜂拥

示例 a flock of reporters 一大群记者

---

swarm [swɔːrm]

n. 一大群（蜜蜂等昆虫）；一大批（向同方向移动的人）　*v.* 成群地来回移动；成群地飞来飞去

---

batch [bætʃ]

n. 一批生产的量；（一）批　*v.* 分批处理

□ **quantity**

义联词	□ **quantitative**	□ **quantify**	□ **quota**

quantity [ˈkwɑːntəti]

n. **数目；数量；大量**

真题 exact quantities 准确的数目（2013 年新题型）

---

quantitative [ˈkwɑːntəteɪtɪv]

adj. **数量的，量化的**

真题 quantitative metrics 量化指标（2019 年翻译）

---

quantify [ˈkwɑːntɪfaɪ]

v. 以数量表述，量化

---

quota [ˈkwəʊtə]

n. **配额**；定额；最低票数

真题 government quotas 政府配额（2020 年阅读）

□ **amass**

义联词	□ **aggregate**	□ **cumulative**

amass [əˈmæs]

v. （尤指大量）积累，积聚

真题 amass oceans of research 积累大量研究
（资料）（2014 年阅读）

---

aggregate [ˈægrɪgət]

n. **合计，总数** *v.* 总计达；使聚集 *adj.* 总计的
真题 aggregation of bits 数据的聚合（2018 年
阅读）

---

cumulative [ˈkjuːmjəleɪtɪv]

adj. 累积的，渐增的；累计的

□ **swamp**

义联词	□ **overflow**	□ **overwhelm**	□ **spill**	□ **innumerable**

swamp [swɑːmp]

v. **使疲于应对**；**淹没** *n.* 沼泽
真题 Those differences are swamped by how well
each person "encodes" the information. 这些差
异会被每个人对信息"编码"能力的好坏所
淹没。（2007 年阅读）

---

overflow [ˌəʊvərˈfləʊ]

v. 溢出；挤满了人；扩展出界 *n.* 容纳不下的
人或物；溢出的液体；溢流管

---

overwhelm [ˌəʊvərˈwelm]

v. **压垮，使应接不暇**；**击败，征服**；淹没，漫过
真题 feel overwhelmed with the amount of
information the brain absorbs 因为大脑吸收的
信息量而感到应接不暇（2013 年翻译）

---

spill [spɪl]

v. 溢出；涌出 *n.* 洒出（的量）

---

innumerable [ɪˈnuːmərəbl]

adj. 不可胜数的

□ **infinite**

义联词	□ **utmost**	□ **everlasting**	□ **eternal**

infinite [ˈɪnfɪnət]

adj. **无限的，无穷尽的**；（数量或程度上）无穷
大的；非限定的 *n.* 无穷大；无穷尽的事物
真题 an infinite conveyor belt 一条无限长的
传送带（2016 年阅读）

---

utmost [ˈʌtməʊst]

---

n. **极限** *adj.* 最大的；极度的
词组 do one's utmost 竭力，尽全力
真题 Colleges do their utmost to keep students
in school. 高校极尽所能地留住学生。（2019
年阅读）

---

everlasting [ˌevərˈlæstɪŋ]

---

adj. **永恒的，经久不变的**；冗长的；重复太多的
真题 the everlasting political embodiment 永恒的政治化身（2015 年阅读）

eternal [ɪˈtɜːrnl]

adj. 永恒的，不朽的；没完没了的

□ **soak**

义联词	□ **submerge**	□ **saturate**

soak [səʊk]

v. **浸泡**；使湿透
词组 soak up 吸收
真题 soak up a good share of the carbon dioxide 吸收大量的二氧化碳（2019 年阅读）

submerge [səbˈmɜːrdʒ]

v. 淹没；掩盖（思想、感情等）

saturate [ˈsætʃəreɪt]

v. **使充满**；使湿透
词组 be saturated with... 充满……
真题 Longlines would have been more saturated with fish. 延绳钓本会捕到更多的鱼。（2006 年阅读）

□ **refrain**

义联词	□ **constrain**	□ **curb**	□ **rein**

refrain [rɪˈfreɪn]

v. **抑制，克制** *n.* 经常重复的评价（或抱怨）；副歌
词组 refrain from 克制，避免
真题 refrain from a sweeping ruling 避免一刀切的裁决（2015 年阅读）

constrain [kənˈstreɪn]

v. **抑制**；限定，约束；强制
真题 constrain the cost of drugs 抑制药品成本（2005 年新题型）

curb [kɜːrb]

v. **控制，抑制**；限定 *n.* **起限制作用的事物**
真题 curb single-use plastics 限制一次性塑料制品（2019 年阅读）

rein [reɪn]

v. **严格控制** *n.* 缰绳；控制
真题 Guilt can rein in their nastier impulses. 内疚心理能使他们克制一些更卑劣的冲动想法。（2019 年阅读）

□ **dew**

义联词	□ **reservoir**	□ **drip**

dew [duː]

n. 露滴，露水

reservoir [ˈrezərvwɑːr]

n. 水库，蓄水池；（大量）储藏

drip [drɪp]

n. 水滴；滴水声；滴注器；怯懦讨厌的人

v. 滴下；滴水；含有；充满

Word List 18

□ **physics**

义联词	□ **watt**	□ **voltage**	□ **bulb**	□ **insulate**
	□ **magnet**	□ **nuclear**	□ **nucleus**	

physics [ˈfɪzɪks]

n. 物理学

真题 Fundamental Physics Prize 基础物理学奖（2014 年阅读）

watt [wɑːt]

n. 瓦，瓦特（电的功率单位）

voltage [ˈvəʊltɪdʒ]

n. 电压

bulb [bʌlb]

n. 电灯泡；鳞茎；鳞茎状物（如温度计的球部）

词组 light bulb 电灯泡

真题 the electric light bulb 电灯泡（2019 年阅读）

insulate [ˈɪnsəleɪt]

v. 使绝缘，使隔热，使隔音；隔离，使隔绝

magnet [ˈmægnət]

n. 磁铁，吸铁石；有吸引力的人或事物；磁性物体

nuclear [ˈnuːkliər]

adj. 核能的，原子能的；核武器的；原子核的

真题 a nuclear power plant 核电站（2012 年阅读）

nucleus [ˈnuːkliəs]

n. 原子核；细胞核；核心

□ **geometry**

义联词	□ **arithmetic**	□ **decimal**	□ **symmetry**	□ **oval**
	□ **cylinder**	□ **axis**		

geometry [dʒiˈɑːmətri]

n. 几何学；几何图形；几何结构

真题 They can also learn geometry by assembling a bicycle. 他们通过组装自行车也能学到几何知识。（2018 年阅读）

arithmetic [əˈrɪθmətɪk]

n. 算术；四则运算　　*adj.* 与算术有关的

decimal [ˈdesɪml]

adj. 十进位的；小数的

symmetry [ˈsɪmətri]

n. 对称；相似，相仿

oval [ˈəʊvl]

adj. 椭圆的，卵形的　　*n.* 圆形，卵形

cylinder [ˈsɪlɪndər]

n. 圆柱；（用作容器的）圆筒状物；气缸

axis [ˈæksɪs]

n. 轴，坐标轴；对称中心线；轴心（国与国之间的协议或联盟）

□ **ray**			
义联词　□ **rainbow**	□ **radiate**	□ **radiant**	□ **radioactive**
□ **infrared**			
形联词　□ **tray**	□ **array**		

ray [reɪ]

n. **光线，射线**

示例 the sun's rays 太阳的光线

rainbow [ˈreɪnbəʊ]

n. **彩虹**

真题 Pink is such a tiny slice of the rainbow. 粉红色只是彩虹色谱上的一小部分而已。（2012年阅读）

radiate [ˈreɪdieɪt]

v. （使品质或情感）显出；辐射；自中心辐射出

radiant [ˈreɪdiənt]

adj. 容光焕发的；光芒四射的；辐射的

radioactive [ˌreɪdiəʊˈæktɪv]

adj. 放射性的

infrared [ˌɪnfrəˈred]

adj. 红外线的　　*n.* 红外线，红外辐射

tray [treɪ]

n. 托盘，碟；浅塑料盒

array [əˈreɪ]

n. **大量，大堆**；数组，阵列　　*v.* 布置，排列；配置（兵力）

词组 an array of 一排，大量

真题 an array of electrical pulses 一系列电脉冲（2022年完形）

□ molecule

义联词	□ oxide	□ ozone	□ nitrogen

molecule [ˈmɑːlɪkjuːl]

n. 分子

真题 an isolated DNA molecule 一个分离出来的 DNA 分子（2012 年阅读）

oxide [ˈɑːksaɪd]

n. 氧化物

ozone [ˈəʊzəʊn]

n. 臭氧；海边的清新空气

nitrogen [ˈnaɪtrədʒən]

n. 氮（气）

□ evaporate

义联词	□ vapo(u)r	□ volatile	□ humid	□ humidity

evaporate [ɪˈvæpəreɪt]

v.（逐渐）消失，衰减；蒸发，挥发

真题 The job security has largely evaporated. 工作稳定性在很大程度上已经消失。（2018 年阅读）

vapo(u)r [ˈveɪpər]

n. 蒸气；潮气；雾气

volatile [ˈvɑːlətl]

adj. 易变的；易恶化的；易挥发的

humid [ˈhjuːmɪd]

adj. 潮湿的；湿热的；湿气重的

humidity [hjuːˈmɪdəti]

n. 湿度，潮湿，湿气

□ astronomy

义联词	□ telescope	□ lunar

astronomy [əˈstrɑːnəmi]

n. 天文学

真题 the importance of astronomy 天文学的重要性（2017 年阅读）

telescope [ˈtelɪskəʊp]

n. 望远镜

真题 the world's most powerful telescope 世界上最强大的望远镜（2017 年阅读）

lunar [ˈluːnər]

adj. 月亮的，月球的；阴历的

□ **specialise/-ize**			
义联词 □ **specialist**	□ **expertise**	□ **speciality/specialty**	□ **proficiency**
□ **amateur**			
形联词 □ **specification**			

specialise/-ize [ˈspeʃəlaɪz]

v. **专门研究（或从事）**

真题 Other scientists perform the specialised work of peer review. 其他科学家也会进行专业的同行评审。（2020 年阅读）

specialist [ˈspeʃəlɪst]

n. **专家**　*adj.* 专家的；专业的

真题 a specialist in fire ecology and management 火灾生态学和管理专家（2017 年阅读）

expertise [ˌeksp3ːrˈtiːz]

n. 专业知识；专门技能

speciality/specialty [ˌspeʃiˈæləti]/[ˈspeʃəlti]

n. **专长**；特产

真题 academic speciality 学术专长（2005 年阅读）

proficiency [prəˈfɪʃnsi]

n. 熟练，精通；水平，能力

amateur [ˈæmətər]

adj. **业余爱好的**；业余的　*n.* 业余爱好者，业余运动员；外行

真题 follow the amateur tradition 遵循业余爱好的传统（2010 年阅读）

specification [ˌspesɪfɪˈkeɪʃn]

n. 规格，规范，说明书

□ **renowned**			
义联词 □ **eminent**	□ **celebrity**	□ **prominent**	□ **salient**
□ **illustrious**	□ **prestige**	□ **notorious**	

renowned [rɪˈnaʊnd]

adj. **著名的**；有名望的

真题 several world-renowned scientists 几名世界著名的科学家（2008 年完形）

eminent [ˈemɪnənt]

adj. **卓越的，显赫的**；非凡的，杰出的

真题 eminent scholars 有名望的学者（2006 年翻译）

celebrity [səˈlebrəti]

n. **名人，名流**；名望

真题 celebrity magazines 名人杂志（2011 年阅读）

prominent [ˈprɑːmɪnənt]

adj. **著名的**；**杰出的**；**突出的**；突起的，凸出的
真题 prominent critics 著名的评论家（2010 年阅读）

---

salient [ˈseɪliənt]

adj. 显著的，突出的

---

illustrious [ɪˈlʌstriəs]

adj. **卓越的**；（人）著名的；杰出的；德高望重的
真题 illustrious thoughts 卓越的思想（2006 年

翻译）

---

prestige [preˈstiːʒ]

n. **声望，威望**
真题 His affair with a slave stained his prestige. 他和奴隶的风流韵事玷污了他的声望。（2008 年阅读）

---

notorious [nəʊˈtɔːriəs]

adj. **臭名昭著的，声名狼藉的**
真题 his notorious bad taste in ties 他对领带的臭名昭著的糟糕品位（2002 年阅读）

□ vocation		
义联词 □ technician	□ librarian	

vocation [vəʊˈkeɪʃn]

n. **（认为特别适合自己的）职业**；使命感
真题 reshape Donovan's vocation 改变 Donovan 的职业（2003 年阅读）

---

technician [tekˈnɪʃn]

n. **技师**；（艺术、体育等的）技巧精湛者
真题 auto technician 汽车技师（2016 年阅读）

---

librarian [laɪˈbreriən]

n. 图书管理员；（西方的）图书馆馆长

□ speculate		
义联词 □ presume	□ presumably	□ underestimate

speculate [ˈspekjuleɪt]

v. **推测**；做投机买卖
真题 People have speculated for centuries about a future without work. 几个世纪以来，人们一直在思考未来无须工作的情形。（2017 年

完形）

---

presume [prɪˈzuːm]

v. 推测，设想；冒昧；擅自；认定，推定

---

presumably [prɪˈzuːməbli]

adv. 大概，据推测

underestimate [ˌʌndərˈestɪmeɪt]

v. 低估；对……估计不足　　*n.* 低估；轻视

真题 She underestimates the educational value of zoos. 她低估了动物园的教育价值。（2022年新题型）

Chapter II 进阶词汇

□ **infer**

| 义联词 | □ **inference** | □ **deduce** |

infer [ɪnˈfɜːr]

v. 推断；推论

真题 It can be inferred from Paragraph 5 that progress in today's astronomy is fulfilling the dreams of ancient Hawaiians. 从第五段可以推断，如今，天文学的发展正在实现古代夏威夷人的梦想。（2017年阅读）

inference [ˈɪnfərəns]

n. 推断，推理；推断结果，结论；推论

真题 make further inferences 做进一步的推断（2015年新题型）

---

deduce [dɪˈduːs]

v. 推断，演绎

真题 deduce numerical sequences 推断数字序列（2007年阅读）

□ **periodical**

| 义联词 | □ **subscribe** | □ **buzzword** |

periodical [ˌpɪriˈɑːdɪkl]

n. （尤指内容严肃或学术性的）期刊　　*adj.* 定期的

真题 The newspaper became the dominant pre-electronic medium in the company of the periodical. 在电子媒体时代之前，报纸期刊是主流媒体。（2002年完形）

subscribe [səbˈskraɪb]

v. 订阅；定期交纳（会员费）；预订

词组 subscribe to 订阅

真题 subscribe to the journal 订阅这本杂志（2008年阅读）

---

buzzword [ˈbʌzwɜːrd]

n. （报刊等的）时髦术语，流行行话

真题 "Reskilling" sounds like a buzzword. "学习新技能"听起来像是个时髦词。（2021年阅读）

□ instal(l)ment

| 义联词 | □ instal(l) | □ installation | mortgage |

instal(l)ment [ɪnˈstɔːlmənt]

n.（报刊上连载故事的）一集，一部分；分期付款；安装；就职

真题 write a story in monthly installments 以每月连载的形式来写故事（2017 年新题型）

instal(l) [ɪnˈstɔːl]

v. 安装；设置；使就职；安顿，安置

installation [ˌɪnstəˈleɪʃn]

n. 装置；设施；安装；就任，就职

真题 Installation Art 装置艺术（2014 年新题型）

mortgage [ˈmɔːrɡɪdʒ]

n. 按揭贷款；按揭 *v.*（向银行等）抵押（房产）

真题 mortgage payments 按揭贷款付款（2016 年新题型）

□ packet

义联词	□ parcel	□ wrap	□ undo	□ unfold
	□ stamp	□ bundle	□ strap	□ ribbon
	□ pickup			
形联词	□ racket			

packet [ˈpækɪt]

熟义 *n.* 小包装纸袋；小件包裹

僻义 *n.* 一笔巨款

真题 bankers' fat pay packets 银行家的巨额工资（2012 年阅读）

parcel [ˈpɑːrsl]

n. 包裹 *v.* 打包；捆起

词组 part and parcel of 重要部分

真题 The study of law is part and parcel of a general education. 法律学习是普通教育的一个重要组成部分。（2007 年翻译）

wrap [ræp]

v. 包；裹；缠绕 *n.* 包裹（或包装）材料

undo [ʌnˈduː]

v. 消除；解开；打败

真题 undo the effects of such a decrease 消除这一下降造成的影响（2013 年完形）

unfold [ʌnˈfəʊld]

v. 展开，打开；显露，展示

真题 This long story still unfolds. 这一漫长的事件还在展开。（2015 年阅读）

stamp [stæmp]

n. 邮票；图章；戳记；跺脚（声）*v.* 跺（脚）；

在……上盖章

bundle [ˈbʌndl]

n. 捆，扎；包袱；一大笔钱　*v.* 包，捆，扎；把……匆匆忙忙打发走；赠送

strap [stræp]

n. 带子　*v.* 捆扎；用绷带包扎

ribbon [ˈrɪbən]

n. 丝带；带状物

pickup [ˈpɪkʌp]

n. 收取物品；提货　*adj.* 临时拼凑的

racket [ˈrækɪt]

n. **球拍**；喧哗

真题 a club or racket 球杆或球拍（2022 年新题型）

□ chalk			
义联词 □ **stationery**	□ **clip**	□ **staple**	□ **paperback**
形联词 □ **chunk**			

chalk [tʃɔːk]

n. 粉笔；白垩　*v.* 用粉笔写（或画）

词组 chalk sth. up to sth. 把某事归因于某物 / 某事

真题 be chalked up to shoppers signaling their desire to protect the environment 可归因于购物者想要表达他们保护环境的愿望（2022 年阅读）

stationery [ˈsteɪʃəneri]

n. 文具

clip [klɪp]

n. **（电影、电视节目等的）片段**；夹子，别针；修剪　*v.* 从……剪下；修剪；夹住，别住

词组 video clip 视频剪辑，视讯片段

真题 watch 10-second video clips 观看 10 秒钟视频短片（2021 年阅读）

staple [ˈsteɪpl]

n. **订书钉**；主食；主要产品　*adj.* 主要的　*v.* 用订书钉订

真题 single-use plastic staples 一次性塑料订书钉（2019 年阅读）

paperback [ˈpeɪpərbæk]

n. 平装书；简装书

chunk [tʃʌŋk]

n. **大量**；**一部分，大部分**；大块，厚块；话语的组成部分

真题 Russians carry large chunks of memorized poetry in their heads. 俄罗斯人会把大段大段的诗背下来。（2005 年阅读）

□ waist			
义联词	□ wrist	□ elbow	□ palm	□ abdomen
	□ bowel	□ nasal	□ skull	□ skeleton
	□ spine	□ rib	□ thigh	□ ankle
	□ artery			

waist [weɪst]

n. 腰；腰部

真题 wasp-waist physiques 蜂腰体型（2016 年阅读）

wrist [rɪst]

n. 手腕；腕关节

真题 tie cotton threads around the bride's and groom's wrists 在新郎新娘的手腕上系上棉绳（2016 年完形）

elbow [ˈelbəʊ]

n. 肘（部）；（衣服的）肘部；弯处　*v.* 用肘推

palm [pɑːm]

n. 手掌；手心；棕榈树

真题 think of your cellphone in the palm of your hand 想想你手掌中的手机（2012 年新题型）

abdomen [ˈæbdəmən]

n. 腹部

真题 body fat around the abdomen 腹部脂肪（2021 年完形）

bowel [ˈbaʊəl]

n. 肠（道）；内部最深处

nasal [ˈneɪzl]

adj. 鼻的；（嗓音，话语）带鼻音的；（语音学）鼻音的　*n.* 鼻音

skull [skʌl]

n. 颅骨；脑瓜

skeleton [ˈskelɪtn]

n. 骨骼；骨干；梗概

spine [spaɪn]

n. 脊柱；刺毛；书脊

rib [rɪb]

n. 肋骨；排骨

thigh [θaɪ]

n. 大腿

ankle [ˈæŋk(ə)l]

n. 踝关节

artery [ˈɑːrtəri]

n. 动脉；干线

□ **frown**

义联词	□ **brow**	□ **eyebrow**

frown [fraʊn]

v./n. **皱眉，蹙额**

词组 frown on/upon... 不同意，不赞成……

真题 The U.S. Supreme Court frowns on sex-based classifications. 美国最高法院不同意根据性别来分门别类。（2020 年阅读）

brow [braʊ]

n.〈文〉额；眉毛；坡顶

eyebrow [ˈaɪbraʊ]

n. **眉毛**

真题 a raised eyebrow 扬起的眉毛（2002 年阅读）

□ **claw**

义联词	□ **paw**	□ **cling**	□ **clasp**
形联词	□ **climax**		

claw [klɔ:]

n. 爪，螯，钳　*v.* 抓，撕，挠

paw [pɔ:]

v. **（不断地）挠，抓**　*n.* 爪子

例句 The cat pawed at my sleeve. 那只猫抓了我的袖子。

cling [klɪŋ]

v. **紧握，抓紧**；粘住；依恋

词组 cling to 坚持；依附；紧握

真题 cling to phones 紧握着手机（2015 年完形）

clasp [klæsp]

v. 抱紧；攥紧；扣牢　*n.* 紧抱；紧握；扣环

climax [ˈklaɪmæks]

n. 高潮，极点；渐强（而达顶点的）修辞法

v. 达到巅峰

□ **freight**

义联词	□ **lorry**	□ **van**	□ **cargo**	□ **transit**
	□ **shipment**	□ **unload**	□ **locomotive**	□ **porter**
	□ **compartment**	□ **automatic**	□ **steer**	□ **shuttle**
	□ **petrol/gasoline/gasolene**	□ **petroleum**		

freight [freɪt]

n. **货运，货物** *v.* 运送（货物）；使充满（某种心情或口气）

真题 all the freight moved by major rail carriers 主要铁路承运商承担的货运总量（2003 年阅读）

lorry [ˈlɔːri]

n. 运货汽车，卡车

van [væn]

n. 厢式送货车；面包车

cargo [ˈkɑːrɡəʊ]

n.（船或飞机装载的）货物

transit [ˈtrænzɪt]

n. 运输；过境，中转；交通运输系统

shipment [ˈʃɪpmənt]

n. 运输，运送；运输的货物

unload [ˌʌnˈləʊd]

v.（从车、船上）卸下；推卸（责任）

locomotive [ˌləʊkəˈməʊtɪv]

n. 机车；火车头 *adj.* 移动的，运动的

porter [ˈpɔːrtər]

n.（尤指火车站、机场或旅馆）行李员

compartment [kəmˈpɑːrtmənt]

n.（火车上的）隔间；隔层 *v.* 分隔；划分

automatic [ˌɔːtəˈmætɪk]

adj. **自动的**；**无意识的，不假思索的** *n.* 自动换挡汽车

真题 automatic self-defence 自发的自我防卫（2014 年阅读）

steer [stɪr]

v. **引导**；驾驶；行驶

真题 steer their activities in virtuous directions 引导其活动朝健康的方向发展（2012 年阅读）

shuttle [ˈʃʌtl]

n. 来往于两地之间的航班（或班车、火车）*v.* 频繁往来（两地）

petrol/gasoline/gasolene
[ˈpetrəl]/[ˈɡæsəliːn]/[ˈɡæsəliːn]

n. **汽油**

真题 the price of petrol 汽油的价格（2002 年阅读）

petroleum [pəˈtrəʊliəm]

n. 石油

□ aerial			
义联词 □ aviation	□ cosmic	□ spacecraft/spaceship	□ capsule

aerial [ˈeriəl]

adj. **从飞机上的**；空中的　*n.* 天线

词组 aerial photograph 航空照片，航摄像片

真题 use aerial photographs 使用航空拍照（2014年新题型）

---

aviation [ˌeɪviˈeɪʃn]

n. 航空，飞行；航空制造业

---

cosmic [ˈkɑːzmɪk]

adj. 宇宙的；巨大的；极重要的

---

spacecraft/spaceship
[ˈspeɪskræft]/[ˈspeɪsʃɪp]

n. **宇宙飞船**

真题 airplanes or spacecraft 飞机或宇宙飞船
（2014年新题型）

---

capsule [ˈkæpsl]

n. 胶囊；太空舱；荚；囊

□ crane		
义联词　□ **hoist**	□ **heave**	

crane [kreɪn]

n. 起重机；鹤

---

hoist [hɔɪst]

v. 举起，吊起（重物）；升起（旗、帆等）；提

升　*n.* 起重器械；起重机；吊车

---

heave [hiːv]

v. 举起；拖，扔，抛；缓慢发出（声音）　*n.* 举起；起伏，升降

□ scenery		
义联词　□ **hike**	□ **excursion**	□ **footstep**

scenery [ˈsiːnəri]

n. **风景，景色**

真题 the passing scenery 沿途的景色（2015年翻译）

---

hike [haɪk]

n./v. 徒步旅行；远足

---

excursion [ɪkˈskɜːrʒn]

n.（集体）远足，短途旅行；短期涉猎

---

footstep [ˈfʊtstep]

n. 脚步声；足迹

Word List 19

□ hemisphere			
义联词	□ equator	□ plateau	□ ridge	□ volcano
	□ glacier			

hemisphere [ˈhemɪsfɪr]

n. **地球的半球**；大脑半球；（球体的）一半

真题 the northern hemisphere 北半球（2002 年阅读）

equator [ɪˈkweɪtər]

n. 赤道

plateau [plæˈtəʊ]

熟义 *n.* 高原

僻义 *n.* **稳定时期** a period during which the level of something does not change after a period of growth or progress

真题 hit a plateau 达到平稳（2010 年完形）

ridge [rɪdʒ]

n. 山脊；隆起 *v.* 使形成脊状

volcano [vɑːlˈkeɪnəʊ]

n. **火山**

真题 a dormant volcano 一个处于休眠状态的火山（2017 年阅读）

glacier [ˈɡleɪʃər]

n. 冰川，冰河

□ altitude	
义联词	□ latitude
形联词	□ multitude

altitude [ˈæltɪtuːd]

n. 海拔高度；（海拔高的）高处，高地

示例 live at high altitudes 住在高海拔地区

latitude [ˈlætɪtuːd]

n. 纬度；纬度地区；自由度

multitude [ˈmʌltɪtuːd]

n. 大量，众多；群众；人群

□ **cricket**

义联词	□ swan	□ flap	□ drone	□ sting
	□ hound	□ howl	□ antenna	□ hawk
	□ hover	□ owl	□ crow	□ ivory
	□ habitat	□ inhabit	□ inhabitant	□ tame
	□ poultry	□ mammal	□ predator	□ parasite
	□ ecology			

cricket [ˈkrɪkɪt]

n. **蟋蟀，蛐蛐**；板球（运动）

真题 draw worms and crickets for the chickens to eat 吸引蠕虫和蟋蟀当作鸡饲料（2022 年阅读）

swan [swɑːn]

n. 天鹅

flap [flæp]

v. 振（翅）；拍击，摆动；忧虑；激动　*n.* 片状下垂物，封盖；拍打，振（翅）；忧虑；激动

drone [drəʊn]

n. **雄蜂**；嗡嗡声；持续音音管；无人驾驶飞机；（不劳动，依赖他人为生的）寄生虫　*v.* 嗡嗡叫

真题 drone bees 雄蜂（2022 年新题型）

sting [stɪŋ]

v. 刺，蜇；感觉刺痛　*n.* 刺；蜇伤

hound [haʊnd]

n. 猎犬　*v.*（用猎犬）追猎；追踪；纠缠，烦扰

howl [haʊl]

v. 嚎叫，嚎哭；（因疼痛、愤怒、开心等）大声叫喊；（风）怒号；怒吼

antenna [ænˈtenə]

n.〈生〉触角，触须；感觉，直觉；天线

hawk [hɔːk]

v. **兜售，叫卖**　*n.* 鹰，隼；鹰派分子，主战分子

真题 There's a kind of false precision being hawked by people claiming they are doing ancestry testing. 声称自己从事血统测试的那些人兜售的精准度其实并非那么回事儿。（2009 年阅读）

hover [ˈhʌvər]

v. 翱翔，盘旋；徘徊；处于不稳定状态，上下波动　*n.* 翱翔；徘徊

owl [aʊl]

n. 猫头鹰，鸮

crow [krəʊ]

n. 乌鸦；喔喔叫声　*v.* 打鸣；自鸣得意

ivory [ˈaɪvəri]

n. 象牙

habitat [ˈhæbɪtæt]

n. **（动植物的）栖息地，生活环境**

真题 natural habitat 自然栖息地（2022 年新

题型）

inhabit [ɪnˈhæbɪt]

v. **入驻**；居住于，栖居于
真题 inhabit empty office cubicles 入驻空着的办公室隔间（2020 年阅读）

inhabitant [ɪnˈhæbɪtənt]

n. **居民**；栖息动物
真题 the islands' inhabitants 岛上的居民（2017 年阅读）

tame [teɪm]

adj. 驯服的；温顺的；沉闷的　*v.* 驯化，驯服

poultry [ˈpəʊltri]

n.〈集合词〉家禽

mammal [ˈmæml]

n. **哺乳动物**
真题 predatory mammals 食肉类哺乳动物（2010 年翻译）

predator [ˈpredətər]

n. **捕食性动物**；掠夺者
真题 large predators 大型捕食动物（2006 年阅读）

parasite [ˈpærəsaɪt]

n. 寄生生物；寄生虫

ecology [iˈkɑːlədʒi]

n. **生态**；生态学
真题 damage the ecology of western states 破坏西部各州的生态（2017 年阅读）

□ oak			
义联词　□ pine	■ fir	□ lumber	
形联词　□ oath			

oak [əʊk]

n. 橡树，栎树；橡木，栎木

pine [paɪn]

n. 松树，松木

fir [fɜːr]

n. 冷杉；枞木

lumber [ˈlʌmbər]

n. **木材，木料**
真题 abundant fuel and lumber 丰富的燃料和木材（2015 年翻译）

oath [əʊθ]

n. 宣誓，誓言；咒骂，诅咒语

□ pea			
义联词　□ vegetation	□ graze	□ lawn	□ meadow
□ pasture	□ plantation	□ violet	□ vegetarian

pea [piː]

n. 豌豆

真题 frozen peas 冷冻豌豆（2013 年新题型）

vegetation [ˌvedʒəˈteɪʃn]

n. 植物；草木

graze [greɪz]

v. 放牧；（在草地上）吃草；擦伤；擦过，掠过　*n.* 擦破

lawn [lɔːn]

n. 草地，草场

meadow [ˈmedəʊ]

n. 草地；牧场

真题 concreted meadows 用混凝土修筑的草地（2016 年阅读）

pasture [ˈpæstʃər]

n. 牧草地，牧场；生活状况　*v.* 放牧

真题 pasture-raised eggs 牧场饲养的鸡蛋（2022 年阅读）

plantation [plænˈteɪʃn]

n. 种植园；人造林

violet [ˈvaɪələt]

n. 紫罗兰；紫罗兰色

vegetarian [ˌvedʒəˈteriən]

n. 素食者

真题 longtime vegetarian 长期素食主义者（2022 年新题型）

□ **stem**

义联词　□ **blossom**　　□ **spear**　　□ **thorn**　　□ **sprout**

---

stem [stem]

熟义 *n.* 茎，干；词干　*v.* 阻止

真题 electrical signals in plants' stems 植物茎中的电信号（2013 年新题型）

僻义 *v.* 起源于

词组 stem from 起源于

真题 Marketing's impact stems from a broad range of factors. 市场营销的影响力源自广泛的因素。（2011 年阅读）

blossom [ˈblɑːsəm]

v. 繁盛，兴旺；开花；成长　*n.* 花期；花簇

真题 trace the beginning, growth, blossoming, and decay of plays 追溯戏剧的起始、发展、兴盛及衰落（2018 年翻译）

spear [spɪr]

n. 矛；幼芽　*v.* 用尖物刺穿

thorn [θɔːrn]

n. 刺；荆棘

sprout [spraʊt]

v. 发芽；涌现出；长出（某物）

□ **fossil**

| 义联词 | □ **erode** | □ **erosion** |

---

fossil [ˈfɑːsl]

n. 化石；老古董，老顽固

真题 fossil fuels 化石燃料（2019 年阅读）

erode [ɪˈrəʊd]

v. 侵蚀；风化；削弱，逐渐毁坏

---

erosion [ɪˈrəʊʒn]

n. 侵蚀，腐蚀；削弱，逐渐毁坏

□ **pit**

| 义联词 | □ **ore** | □ **seam** | □ **silicon** | □ **sulphur/sulfur** |

---

pit [pɪt]

熟义 *n.* 深洞；深坑；矿井　*v.* 使有坑

僻义 *n.* 剧场

真题 Kyd had written a tragedy that crowded the pit. Kyd 写出了令剧场座无虚席的悲剧。(2018 年翻译）

ore [ɔːr]

n. 矿，矿石，矿砂

---

seam [siːm]

n. 线缝；矿层

silicon [ˈsɪlɪkən]

n. 硅

真题 Silicon Valley 硅谷（2012 年翻译）

sulphur/sulfur [ˈsʌlfər]

n. 硫，硫磺

□ **hedge**

| 义联词 | □ **enclose** | □ **enclosure** | □ **siege** |
| 形联词 | □ **wedge** | | |

---

hedge [hedʒ]

v. **用篱笆围住**；包围，限制；拐弯抹角　*n.* 树篱；防止损失（尤指金钱）的手段

示例 a garden hedged with yew 用紫杉树篱围起来的花园

---

enclose [ɪnˈkləʊz]

v. 把……围起来；围住；附入；随函附上

enclosure [ɪnˈkləʊʒər]

n. **围场，圈用地**；圈地；（信中）附件

真题 No matter how you "enhance" enclosures, these animals do not allow for freedom. 无论如何"改善"围场，这些动物都不能获得自由。（2022 年新题型）

siege [si:dʒ]

n. 包围，围困；封锁

wedge [wedʒ]

n. 楔子；楔形物　*v.* 将……挤入（或塞进、插入）

□ plough/plow		
义联词　□ **sow**	□ **ripe**	□ **reap**

plough/plow [plaʊ]

v. 犁（田）；耕（地）　*n.* 犁
词组 plough through 缓慢推进
真题 plough through lists 费力地坚持看完一条条的清单（2004 年阅读）

sow [səʊ]

v. **播种**；激起
例句 The fields around had been sown with wheat. 周围的地里种上了小麦。

ripe [raɪp]

adj. （水果或庄稼）成熟的；时机成熟的

reap [ri:p]

v. **取得（成果）**；收割（庄稼）
词组 One reaps what one sows. 种瓜得瓜，种豆得豆。
真题 The text tries to convey "one reaps what one sows." 文章试图表达"种瓜得瓜，种豆得豆"。（2007 年阅读）

□ harbo(u)r			
义联词　□ **trench**	□ **peninsula**	□ **cape**	□ **sponge**
□ **pirate**			

harbo(u)r [ˈhɑːrbər]

熟义 *n* 港；港口；港湾；避风港；避难所　*v* 庇护，窝藏；带有，藏有（病菌等）；入港停泊
真题 Pearl Harbor 珍珠港（2018 年新题型）
僻义 *v.* **怀有** to have a feeling or thought in your mind over a long period of time
真题 harbor biases against the obese 对肥胖者怀有偏见（2014 年完形）

trench [trentʃ]

n. **海沟，大洋沟**；沟，渠
真题 the Mariana Trench 马里亚纳海沟（2022 年阅读）

peninsula [pɪˈnɪnsələr]

n. **半岛**

真题 Iberian Peninsula 伊比利亚半岛（2022年翻译）

---

cape [keɪp]

n. 岬角；披风，短斗篷

---

sponge [spʌndʒ]

n. 海绵　*v.* 用湿海绵擦；白要，白吃，揩油

---

pirate [ˈpaɪrət]

n. 海盗；非法盗印者，侵犯版权者　*v.* 盗版

□ **lane**

义联词	□ **pavement**	□ **pave**	□ **intersection**	□ **junction**

lane [leɪn]

n. **车道**；**通道**；赛道，航道；小巷，胡同，里弄
真题 bus lanes 公交专用车道（2021年完形）

---

pavement [ˈpeɪvmənt]

n. 人行道；路面

---

pave [peɪv]

v.（用砖石）铺（地）

真题 pave tennis and netball courts 铺设网球场、无挡板篮球场（2017年阅读）

---

intersection [ˌɪntərˈsekʃn]

n. 十字路口；交点；横断；交叉，相交

---

junction [ˈdʒʌŋkʃn]

n. 联结点，枢纽

□ **aerobic**

义联词	□ **stadium**	□ **fixture**	□ **spectator**	□ **workout**
	□ **lightweight**			

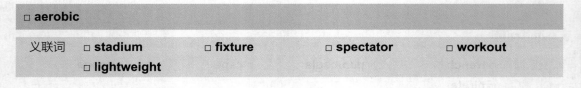

aerobic [eˈrəʊbɪk]

adj. **有氧的，增强心肺功能的**；需氧的，好氧的
词组 aerobic exercise 有氧运动，有氧训练
真题 increase the level of aerobic exercise 提高有氧运动的水平（2021年完形）

---

stadium [ˈsteɪdiəm]

n. 体育场

---

fixture [ˈfɪkstʃər]

n. 体育活动；体育节；固定设施

---

spectator [ˈspekteɪtər]

n. 观众，旁观者

---

workout [ˈwɜːrkaʊt]

n. **锻炼**

真题 right mental workouts 正确的脑力训练
（2014 年完形）

lightweight [ˈlaɪtweɪt]

n. 轻量级拳击手；比通常重量轻的人或东西；无足轻重的人（或事） *adj.* 薄型的；不严肃的

□ **garment**			
义联词	□ **clothe**	□ **trademark**	□ **robe**	□ **sleeve**
	□ **cloak**	□ **gown**	□ **blouse**	□ **tailor**
	□ **slipper**	□ **zip**	□ **velvet**	□ **lace**
	□ **stitch**	□ **stocking**	□ **sock**	□ **stripe**

---

garment [ˈgɑːrmənt]

n.（一件）衣服

真题 unaffordable garments 买不起的衣服（2013 年阅读）

clothe [kləʊð]

v. 给……穿衣；为（某人）提供衣服

trademark [ˈtreɪdmɑːrk]

n. 商标；（人的行为或衣着的）特征

robe [rəʊb]

n. 礼袍　*v.*（给某人）穿上礼袍

sleeve [sliːv]

n. 袖子；唱片套；袖套

cloak [kləʊk]

v. **掩盖，遮盖**　*n.* 披风，斗篷；遮盖物；托辞，幌子

真题 cloak his exit in the usual vague excuses 用和往常一样含糊不清的托词来掩饰他的中途退场（2011 年阅读）

gown [gaʊn]

n. 女式礼服；长袍；（尤指在医院穿的）罩衣；睡衣

blouse [blaʊs]

n.（女式）短上衣，衬衫；宽松上衣

tailor [ˈteɪlər]

n. **裁缝**　*v.* **订做**

真题 a tailor named John Dane 名叫 John Dane 的裁缝（2009 年阅读）

slipper [ˈslɪpər]

n. 拖鞋

zip [zɪp]

n. 拉链；零；毫无　*v.* 拉上拉链；快速移动

velvet [ˈvelvɪt]

n. 天鹅绒，丝绒

lace [leɪs]

n. 花边；鞋带；系带，饰带　*v.* 给……穿好鞋带；由带子系紧；给（饮料等）掺……

stitch [stɪtʃ]

n. 一针；缝法　*v.* 缝补；缝合（伤口）

stocking [ˈstɑːkɪŋ]

n. 长筒袜子

sock [sɑːk]

n. 袜子　*v.* 痛打

stripe [straɪp]

n. 条纹；（军装或警服上表示等级的）条；种类
真题 Stars and Stripes 星条旗（2012 年完形）

□ **ascend**

义联词	□ **aspire**	□ **scramble**	□ **tumble**
形联词	□ **transcend**		

ascend [əˈsend]

v. **登高，升高**；升职；追溯
词组 ascend to… 上升……，达到……
例句 He ascended to the peak of his career. 他达到了职业生涯的巅峰。

aspire [əˈspaɪər]

v. **渴望，有志（成为）**；〈诗，古〉登，高耸
词组 aspire to do… 有志做……
真题 aspire to command themselves 渴望自我掌控（2005 年阅读）

scramble [ˈskræmbl]

v. 攀登；争抢；艰难地（或仓促地）完成　*n.* 艰难行走；争抢

tumble [ˈtʌmbl]

n. 翻滚下来；坍塌；暴跌；打滚；翻跟头

transcend [trænˈsend]

v. 超出，超越

□ **synthetic**

义联词	□ **synthesis**	□ **composite**

synthetic [sɪnˈθetɪk]

adj. **人造的**；综合（型）的
真题 synthetic constructions 人造建筑（2013 年翻译）

synthesis [ˈsɪnθəsɪs]

n. 综合；合成

composite [kəmˈpɑːzət]

adj. 合成的，复合的　*n.* 合成物；复合材料

□ **tug**		
义联词 □ **tow**	□ **haul**	
形联词 □ **tub**		

tug [tʌg]

v. **拖，拉，拽** *n.* 猛拉；拖船；一股强烈的感情

词组 tug sth. 拽/拉扯某物

例句 The kid is tugging her hair. 小孩儿直拽她的头发。

tow [təʊ]

v. 拖，拉 *n.* 牵引

haul [hɔːl]

v. 拖，拉；用力缓慢挪动到；强迫（某人）去某处 *n.* 大批赃物；旅程

tub [tʌb]

n. 盆；桶；食品盒；浴缸

□ **slap**		
义联词 □ **lash**	□ **rod**	

slap [slæp]

v. **掴，掌击**；啪的一声放下 *n.* 掴，拍

示例 slap his face 给他一记耳光

lash [læʃ]

v. 鞭打；猛击，狠打；捆紧；猛烈抨击 *n.* 鞭打；鞭梢；睫毛

rod [rɑːd]

n. 杆，棒；（责打人用的）棍棒

□ **stoop**		
义联词 □ **upright**	□ **curl**	□ **posture**
形联词 □ **stool**		

stoop [stuːp]

v. **俯身**；弓背 *n.* 弯腰，曲背

词组 stoop (down) 俯身，弯腰

示例 stoop down to pick up the money 俯身捡起钱

upright [ˈʌpraɪt]

adj. **挺直的**；**直立的**；诚实的　*n.*（支撑用的）直柱

真题 Humans have been upright for millions of years. 人类已经直立行走了几百万年。（2008年阅读）

缭绕；噘嘴　*n.*（一绺）鬈发；卷状物

posture [ˈpɑːstʃər]

n. **姿势**；看法，态度

真题 upright posture 直立的姿势（2008年阅读）

----

curl [kɜːrl]

v. 卷，（使）鬈曲；蜷缩；（使）呈螺旋状移动；

stool [stuːl]

n. 凳子

□ **nap**
义联词　□ **doze**
形联词　□ **napkin**

nap [næp]

n. **小睡，打盹**；短绒毛；赛马情报　*v.* 小睡，打盹

词组 take/have a nap 打盹儿，小睡一会儿

例句 Grandma often takes a nap after having lunch. 祖母常常在吃完午饭后小睡一会儿。

doze [dəʊz]

v. 打盹儿，小睡　*n.* 瞌睡

napkin [ˈnæpkɪn]

n. 餐巾纸；卫生巾；尿布

□ **peep**	
义联词　□ **glimpse**	□ **skim**
形联词　□ **peel**	

peep [piːp]

v. **窥视**；微露出　*n.* 偷偷一瞥；（使）发出尖细的声音

词组 peep at 偷看，窥视

例句 He was peeping at her through the hole of the door. 他正透过门上的孔偷看她。

glimpse [ɡlɪmps]

n. **一瞥，一看**；短暂的感受（或体验）　*v.* 瞥见；开始领悟

真题 The colonists' first glimpse of the new land was a sight of dense woods. 殖民者们来到新大陆第一眼看到的是茂密的森林。（2015年翻译）

skim [skɪm]

v. **浏览**；撇去；掠过，擦过

真题 skim it for information 为了获取信息而浏览（2015 年新题型）

peel [piːl]

v. 削······的皮，剥······的壳　 n.（某些果蔬的）外皮

□ **bait**			
义联词	□ **lure**	□ **temptation**	□ **elicit**
形联词	□ **bail**		

bait [beɪt]

v. **放诱饵**；激怒；纵犬袭击（野兽）　 n. 鱼饵，诱饵

真题 baited hooks 带诱饵的鱼钩（2006 年阅读）

lure [lʊr]

v. **诱惑**；**引诱**；**吸引**　 n. 吸引力，诱惑物；诱饵，鱼饵

词组 lure sb. to do sth./lure sb. into doing sth. 诱惑某人做某事

真题 lure us to open our wallets 诱使我们去消费（2006 年阅读）

temptation [tempˈteɪʃn]

n. **引诱，诱惑**

真题 We still have the imaginative capacity to rise above temptation. 我们仍然有足够的想象力来摆脱诱惑。（2013 年阅读）

elicit [ɪˈlɪsɪt]

v. 诱出，探出

bail [beɪl]

n. 保释金；保释；三柱门上的横木　 v. 保释；（尤指迅速地）离开;（从船里或某处）往外舀水

Word List 20

banquet [ˈbæŋkwɪt]

n. **宴会**；筵席　*v.* 宴请；参加宴会

真题 the Banquo Banqueting Room 班柯宴会厅（2006 年阅读）

buffet [bəˈfeɪ]

n. 自助餐；（火车）饮食柜台　*v.* 打来打去

brandy [ˈbrændi]

n. 白兰地（酒）

whisk(e)y [ˈwɪski]

n. **威士忌酒**

真题 coffee, tobacco, whiskey 咖啡、烟草、威士忌（2012 年完形）

sip [sɪp]

v. 小口喝　*n.* 一小口的量

steak [steɪk]

n. 牛排；肉排

spoon [spuːn]

n. 匙，勺　*v.* 用匙舀

venue [ˈvenjuː]

n. 聚会地点

banner [ˈbænər]

n. **横幅广告**；信仰　*v.* 在（头版的）通栏大字标题下刊登（新闻报道等）　*adj.* 出色的

grocer [ˈɡrəʊsər]

n. **食品店**，食品杂货店；食品杂货商

例句 A grocer is a shop where foods such as flour, bread, and tinned foods are sold. 食品店是出售面粉、面包和罐头食品等食品的商店。

peanut [ˈpiːnʌt]

n. 花生

cucumber [ˈkjuːkʌmbər]

n. 黄瓜

真题 slices of cucumber 黄瓜片儿（2005 年阅读）

garlic [ˈɡɑːrlɪk]

n. 大蒜

bacon [ˈbeɪkən]

n. 培根；咸猪肉；熏猪肉

真题 six rashers of bacon 6 片培根（2013 年新题型）

sausage [ˈsɔːsɪdʒ]

n. 香肠，腊肠

dairy [ˈderi]

n. 乳制品；乳品场；乳品店　*adj.* 乳品业的，生产乳品的；奶制的

真题 meat and dairy production 肉类和乳制品生产（2021 年阅读）

cereal [ˈsɪriəl]

n. 谷类食物；谷类植物　*adj.* 谷类制成的

puff [pʌf]

n. 一缕，少量；对（香烟等的）猛吸，抽；泡芙，千层酥　*v.* 喘气；使膨胀；吸，抽；冒出

gum [ɡʌm]

n. 口香糖；牙龈，牙床；树脂；黏胶；透明果味糖

真题 chewing gum 口香糖（2018 年阅读）

ingredient [ɪnˈɡriːdiənt]

熟义 *n.* （食品的）原料，成分；食材

真题 mix ingredients properly 恰当地调配原料（2022 年阅读）

僻义 *n.* 因素，要素

真题 a necessary ingredient to a sustained boom 持续繁荣的必要因素（2004 年阅读）

□ **calorie**

义联词　□ **grease**　　□ **carbohydrate**　　□ **fibre/-ber**　　□ **calcium**

---

calorie [ˈkæləri]

n. 热量，卡路里；大卡，千卡

词组 calorie intake 热量摄取

真题 cut calorie intake 减少热量摄入（2021 年阅读）

grease [griːs]

n. 油脂；润滑油　*v.* 用油脂涂，给……加润滑油

carbohydrate [ˌkɑːrbəʊˈhaɪdreɪt]

n. 碳水化合物；淀粉质食物；糖类

fibre/-ber [ˈfaɪbər]

n. 纤维；纤维制品；（食物中的）纤维素

真题 cotton fibres 棉纤维（2012 年阅读）

calcium [ˈkælsiəm]

n. 钙

真题 calcium deficiency 缺钙（2014 年完形）

□ strawberry

义联词	□ orchard	□ peach

strawberry [ˈstrɔːberi]

n. 草莓

真题 strawberry jams 草莓果酱（2021 年阅读）

orchard [ˈɔːrtʃərd]

n. 果园

peach [piːtʃ]

n. 桃子；特别漂亮的东西（或人）

□ crust

义联词	□ loaf	□ crisp

crust [krʌst]

n. **硬外皮**；面包皮；糕饼酥皮；硬表面，硬层

真题 thin-crust pizzas 脆薄的比萨饼（2020 年完形）

loaf [ləʊf]

n. 一条（面包）

crisp [krɪsp]

v. **（使）变脆** *adj.* 酥脆的，脆嫩的；挺括的；凉爽的；清脆悦耳的；简短干脆的 *n.* 薯片

真题 crisp the roast potatoes 把烤土豆弄脆（2020 年完形）

□ stove

义联词	□ furnace
形联词	□ dove

stove [stəʊv]

n. **火炉**；炉具

示例 a gas stove 燃气炉

furnace [ˈfɜːrnɪs]

n. 火炉；熔炉

dove [dʌv]

n. 鸽子；温和派人物（尤指愿意和平与谈判而不愿战争的从政者）

☐ **ornament**

义联词	☐ **mosaic**	☐ **dome**	☐ **plaster**	☐ **porcelain**
	☐ **marble**			

ornament [ˈɔːrnəmənt]

n. **装饰品**；首饰；摆设，点缀；为……增添光彩的人（或事物） *v.* 装饰

真题 The stylish arts criticism was considered an ornament to the publications where it appears. 时髦的艺术评论被视为出版物的装饰品。（2010年阅读）

mosaic [məʊˈzeɪɪk]

n. 镶嵌图案；马赛克

dome [dəʊm]

n. 圆屋顶，穹顶；穹状建筑物；圆顶体育场

plaster [ˈplæstər]

n. **熟石膏**；灰泥；膏药

真题 Almost all of the interior detail is of cast iron or plaster. 几乎所有内部装饰都由铸铁或石膏构成。（2018年新题型）

porcelain [ˈpɔːrsəlɪn]

n. 瓷，瓷器

marble [ˈmɑːrbl]

n. 大理石；玻璃弹子；弹子游戏；智力，理智

☐ **auction**

义联词	☐ **expend**	☐ **coupon**	☐ **token**	☐ **inclusive**
	☐ **frugal**	☐ **extravagant**	☐ **dissipate**	

auction [ˈɔːkʃn]

n./v. **拍卖**

真题 the emissions-permit auctions 排放许可证拍卖（2019年阅读）

expend [ɪkˈspend]

v. 花费，消费；耗费

coupon [ˈkuːpɑːn]

n. **礼券，优惠券**；传单

真题 a coupon for $20 worth of gambling 一张价值20美元的赌博礼券（2006年新题型）

token [ˈtəʊkən]

n. **代币**；礼券；象征 *adj.* 装样子的；象征性的

真题 The researchers spent two years teaching two monkeys to exchange tokens for food. 研究人员花了两年时间教两只猴子用代币交换食物。（2005年阅读）

inclusive [ɪnˈkluːsɪv]

adj. **包容的；广泛的**；包括一切（费用）在内

的，所有数目包括在内的

真题 inclusive, innovative and secure societies 包容、创新、安全的社会（2013 年新题型）

---

frugal [ˈfruːgl]

adj. 节俭的；（饮食）简单且花钱少的

真题 frugal eaters 节俭的食客（2013 年新题型）

---

extravagant [ɪkˈstrævəgənt]

adj. 奢侈的；**过于昂贵的**；铺张浪费的；过分的，不切实际的

真题 an extravagant lifestyle 奢侈的生活方式（2013 年阅读）

---

dissipate [ˈdɪsɪpeɪt]

v. （使）消散，消失；挥霍，浪费

□ **rally**

义联词	□ **converge**	□ **assembly**

---

rally [ˈræli]

v. **召集**；恢复　*n.* 公众集会；公路汽车赛

真题 The unions have rallied thousands of supporters. 工会动员了成千上万的支持者。（2012 年阅读）

---

converge [kənˈvɜːrdʒ]

v. **汇集，集中**；相交，会合；十分相似，相同

词组 converge on... 集中于……

真题 converge on one key point 在一个关键问题上看法一致（2016 年阅读）

---

assembly [əˈsembli]

n. **装配，组装**；集会；集会者；立法机构，议会；（计算机）汇编

真题 robot assembly 机器人组装（2002 年阅读）

□ **disperse**

义联词	□ **diffuse**	□ **rumo(u)r**	□ **evacuate**
形联词	□ **displace**		

---

disperse [dɪˈspɜːrs]

v. **疏散，（使）分散**；散布，传播

例句 The fog dispersed. 雾消散了。

---

diffuse [dɪˈfjuːs]

熟义 *v.* **传播，散布**；弥漫，渗透　*adj.* **扩散的**；难解的；啰嗦的

真题 diffuse throughout the world 在全球传播（2009 年新题型）

僻义 *v.* **平息（不良情绪或局面）** to make an emotion, especially a negative emotion, become weaken and lose its power to affect people

真题 find ways to diffuse stress 找到方法来缓

解压力（2009 年新题型）

rumo(u)r [ˈruːmər]

v. **谣传**　n. 谣言

真题 It was rumoured that smoking caused cancer for years. 吸烟致癌的说法流传了多年。（2020 年完形）

evacuate [ɪˈvækjueɪt]

v. 撤离，疏散；搬出，撤空；排泄

displace [dɪsˈpleɪs]

v. **替代，置换**；迫使……离开家园；挪开；撤职；〈航〉排（水）

词组 be displaced by... 被……替代

真题 Their jobs were displaced by mechanized looms. 他们的工作被机械织布机替代。（2018 年阅读）

□ sibling		
义联词　□ kin		□ niece

sibling [ˈsɪblɪŋ]

n. **兄弟姐妹**

示例 the sibling rivalry 手足之争

kin [kɪn]

n. 家属；亲戚；血缘关系；家族

niece [niːs]

n. 侄女；甥女

□ legacy		
义联词　□ estate		□ artefact/artifact

legacy [ˈlegəsi]

n. **由先人留传下来的东西**；**遗产**；遗赠物；遗留问题；后遗症

真题 a legacy product 一个老品牌产品（2016 年阅读）

estate [ɪˈsteɪt]

n. **个人财产**；遗产；大片私有土地；庄园；住宅区；工业区

词组 real estate 房地产，不动产

真题 real estate agents 房产中介（2013 年阅读）

artefact/artifact [ˈɑːrtɪfækt]

n. **手工艺品（尤指有历史或文化价值的）**

真题 Certain artifacts are especially vulnerable. 一些手工艺品特别脆弱。（2022 年阅读）

☐ **embryo**

义联词	☐ **cradle**	☐ **adolescent**	☐ **juvenile**	☐ **maiden**
	☐ **lad**			

形联词	☐ **embody**

embryo [ˈembriəʊ]

n. **胚，人类胚胎**；萌芽状态的事物
示例 clone human embryos 克隆人类胚胎

cradle [ˈkreɪdl]

n. 摇篮；发祥地；吊篮；听筒架 *v.* 轻轻抱着

adolescent [ˌædəˈlesnt]

n. **青少年** *adj.* 青春期的，青少年的
真题 children and adolescents 儿童和青少年
（2008 年阅读）

juvenile [ˈdʒuːvənaɪl]

adj. 青少年的，未成年的；幼稚的，不成熟的

n. 青少年，未成年人

maiden [ˈmeɪdn]

n. 少女，未婚女子；未得分的一轮投球 *adj.* 初次的

lad [læd]

n. 男孩，小伙子

embody [ɪmˈbɑːdi]

v. **体现，代表**；包含，收录
真题 "embody" a spirit of national unity "体现"
一种民族团结的精神（2015 年阅读）

☐ **correlate**

义联词	☐ **relativity**	☐ **counterpart**	☐ **implication**

correlate [ˈkɔːrəleɪt]

v. **相互关联影响**；显示……之间的紧密联系
词组 correlate with... 在……之间建立联系
真题 The economic growth can be correlated with environmental degradation. 经济增长可能与环境恶化相关。（2021 年阅读）

relativity [ˌreləˈtɪvəti]

n. 相对论；相关性

counterpart [ˈkaʊntərpɑːrt]

n. **对应的人或物；对手；职位（或作用）相当的人（或事物）**
真题 The U.S. factories achieved about 95 percent of the productivity of their Japanese counterparts. 美国工厂的生产力大约是与之相对应日本工厂的 95%。（2009 年阅读）

implication [ˌɪmplɪˈkeɪʃn]

n. 含意；暗示；可能的影响（或意义、作用、结果）；暗指；牵连

真题 the implications of new and rapidly changing technologies 日新月异的技术带来的影响（2015 年阅读）

□ knit		
义联词　□ fabric	□ linen	□ canvas
形联词　□ kit	□ knot	□ knob

knit [nɪt]

n. 针织，针织物；编织的衣物　*v.* 编织；织平针；使紧凑；（骨头）愈合

真题 a knit miniskirt 一件针织超短裙（2013 年阅读）

fabric [ˈfæbrɪk]

熟义 *n.* 织物，布料；建筑物结构

僻义 *n.* （社会、机构等的）结构

真题 reshape our social fabric 重塑我们的社会结构（2012 年阅读）

linen [ˈlɪnɪn]

n. 日用织品；亚麻织品，亚麻布　*adj.* 亚麻的，亚麻布制的

canvas [ˈkænvəs]

n. 帆布；帆布画布

kit [kɪt]

n. 成套工具；成套设备；配套元件；工具箱

真题 a paternity testing kit 一个亲子鉴定套盒（2009 年阅读）

knot [nɑːt]

n. （用绳子等打的）结；发髻；节疤；痉挛；（肌肉上的）硬结　*v.* 打结

knob [nɑːb]

n. 球形把手；旋钮；球形突出物；小块（黄油等）

□ textile	
形联词　□ texture	□ tile

textile [ˈtekstaɪl]

n. 纺织品；纺织业

真题 a modern textile mill 一家现代纺织厂（2013 年阅读）

texture [ˈtekstʃər]

n. 质地；口感；神韵

tile [taɪl]

n. 瓷砖；瓦片　*v.* 贴瓷砖

真题 black and white tiled corridors 黑白瓷砖走廊（2018 年新题型）

□ **rug**

义联词	□ **carpet**	□ **mat**

形联词	□ **rag**

rug [rʌg]

n. **地毯**；（盖腿的）厚毯子

示例 a sheepskin rug 羊皮毯

---

carpet [ˈkɑːrpɪt]

n. **地毯**；覆盖地面的一层厚东西　*v.* 厚厚地铺上

真题 walk around on the carpets 在地毯上走来

走去（2022 年阅读）

mat [mæt]

n. 垫子；小地毯；衬垫；团，簇，丛

---

rag [ræg]

n. 抹布　*v.* 嘲笑

□ **perfume**

义联词	□ **spicy**	□ **fragrant**

perfume [pərˈfjuːm]

n. **香水**　*v.* 使香气弥漫

示例 a bottle of perfume 一瓶香水

---

spicy [ˈspaɪsi]

adj. 加有香料的；粗俗的

---

fragrant [ˈfreɪgrənt]

adj. 芳香的

□ **sour**

义联词	□ **rotten**	□ **stale**

形联词	□ **sore**

sour [ˈsaʊər]

adj. **酸的**；酸臭的；阴郁的　*v.* 恶化；使变酸腐

示例 a sour flavour 酸味

---

rotten [ˈrɑːtn]

adj. 腐烂的；糟糕的；腐败的

stale [steɪl]

adj. 不新鲜的；污浊的；陈腐的

---

sore [sɔːr]

adj. 疼痛的；气恼的

□ utter			
义联词	□ eloquent	□ mandarin	□ mute □ wholly
	□ complement		

utter [ˈʌtər]

adj. 完全的，彻底的 *v.* **发出，说**

词组 not utter a word 一言不发

例句 She did not utter a word. 她一言不发。

eloquent [ˈeləkwənt]

adj. 雄辩的，口才流利的；传神的

mandarin [ˈmændərɪn]

n. **（中文）普通话**；柑橘；橘树；高级官员，政界要员

真题 demand for educational resources in languages, such as Spanish, Arabic or Mandarin grows 对西班牙语、阿拉伯语、（中文）普通话等语言教育资源的需求在增长（2017 年翻译）

mute [mjuːt]

v. **减弱，缓解**；消音；减音 *adj.* 缄默的；哑的 *n.* 哑巴；弱音器

真题 have a more muted effect on pump prices than in the past 对油品价格的影响相较过去有所减轻（2002 年阅读）

wholly [ˈhəʊlli]

adv. **完全地**；整体地

真题 rely almost wholly on advertising 几乎完全依赖广告业务（2013 年阅读）

complement

[ˈkɑːmplɪment] *v.* **补充**；使更具吸引力

[ˈkɑːmplɪmənt] *n.* 补足语；补充物；足额

真题 to complement each other 彼此互补（2019 年阅读）

□ hum			
义联词	□ chorus	□ conductor	□ vocal □ tempo
	□ violin	□ rehearse	
形联词	□ hut		

hum [hʌm]

v. 哼曲子；发出嗡嗡声；活跃，繁忙

词组 hum sth. 哼……

示例 hum a tune 哼首曲子

chorus [ˈkɔːrəs]

n. 合唱团；副歌 *v.* 合唱

conductor [kənˈdʌktər]

n. **合唱队指挥**；售票员；列车长；导体

真题 a great conductor 一位伟大的指挥家（2011 年阅读）

vocal [ˈvəʊkl]

熟义 *adj.* 嗓音的，发声的　*n.* （乐曲中的）歌唱部分

辨义 *adj.* **直言不讳的**

真题 vocal group of Hawaiians 敢于直言的夏威夷人（2017 年阅读）

tempo [ˈtempəʊ]

n. 节奏；（运动或活动的）速度

violin [ˌvaɪəˈlɪn]

n. 小提琴

rehearse [rɪˈhɜːrs]

v. 排练，排演；默诵，默默地练习

hut [hʌt]

n. 小屋，棚屋；临时工棚

□ **jolly**

义联词　□ **giggle**　　□ **tease**　　□ **sob**　　□ **weep**
　　　　□ **hysterical**

---

jolly [ˈdʒɒli]

adj. **快乐的**；惬意的；明亮好看的　*adv.* 很，非常　*v.* 使愉快；鼓励（某人）　*n.* 游玩

真题 The average American spends a whopping two months a year watching television, and is hardly jollier for it. 普通美国人一年当中花在看电视上的时间多达两个月，却并没有因此而变得更快乐。（2014 年阅读）

giggle [ˈgɪgl]

n. 咯咯笑，傻笑

tease [tiːz]

熟义 *v.* 取笑；逗弄（动物）；挑逗　*n.* 取笑者；戏弄

辨义 *v.* **梳理**

真题 It is really important to tease out what is the human connection with fire today. 厘清如今人类与火之间的关系非常重要。（2017 阅读）

sob [sɑːb]

v. 抽泣；哭诉

weep [wiːp]

熟义 *v.* 哭泣；流泪　*n.* 哭泣

辨义 *v.* **流出，渗出（液体）**

真题 Some plastic materials "weep" out additives. 有些塑料材料会"渗出"添加剂。（2022 年阅读）

hysterical [hɪˈsterɪkl]

adj. 歇斯底里般的；极其可笑的

□ **optional**

义联词　□ **opt**

形联词　□ **optical**

optional [ˈɑːpʃənl]

adj. **可选择的**；选修的

真题 It is said that in California death is optional. 据说在加利福尼亚，死亡是可以选择的。（2003 年阅读）

opt [ɑːpt]

v. **选择，挑选**

词组 opt out (of sth.) 决定退出，选择不参与

真题 listen to reasons why they shouldn't opt out 听取他们不应该退出的理由（2022 年阅读）

optical [ˈɑːptɪkl]

adj. 视力的；光学的；有助于视力的；光（读取）存储的

□ premium			
义联词	□ **optimum**	□ **flagship**	□ **coarse**
形联词	□ **premise**		

premium [ˈpriːmiəm]

adj. **优质的**；高昂的　*n.* 保险费；额外费用，加付款

真题 premium offering 优质产品（2022 年阅读）

optimum [ˈɑːptɪməm]

adj. 最佳的，最适宜的；最佳结果的；最好条件的

flagship [ˈflæɡʃɪp]

n. **王牌，最佳服务项目**；最重要产品；主建筑物；旗舰

真题 The Foundation has a mechanical clock as its flagship project. 该基金会的王牌项目是一个机械钟。（2013 年阅读）

coarse [kɔːrs]

adj. 粗糙的，粗制滥造的；大颗粒的；粗劣的，粗俗的

premise [ˈpremɪs]

n. **前提；假设**

真题 a basic premise of democratic society 民主社会的基本前提（2017 年阅读）

□ likelihood			
义联词	□ **latent**	□ **prospective**	□ **bound**

likelihood [ˈlaɪklihʊd]

n. **可能性**

真题 The greater the potential consumers, the higher the likelihood of a better price. 潜在消费者越多，获得更好价格的可能性就越大。（2005 年新题型）

latent ['leɪtnt]

adj. 潜在的，潜伏的，不易察觉的

prospective [prəˈspektɪv]

adj. 潜在的，即将发生的；预期的，未来的

bound [baʊnd]

adj. **一定会，很可能会；准备前往；受约束的；因……受阻的** *v.* 跳跃着跑；形成……的边界 *n.* 蹦跳

词组 be bound to do sth. 一定会做某事

真题 Someone is bound to point out that it amounts to the bare minimum. 肯定有人会指出这是最低要求了。（2018 年阅读）

□ **endurance**		
义联词 □ **durable**	□ **persevere**	

---

endurance [ɪnˈdʊrəns]

n. **忍耐力；耐久性，耐用度**

真题 build endurance 培养耐力（2022 年新题型）

durable ['dʊrəbl]

adj. **耐用的；持久的**

真题 Plastics are too durable. 塑料制品太过耐用了。（2022 年阅读）

persevere [ˌpɜːrsəˈvɪr]

v. 坚持不懈

□ **precede**			
义联词 □ **precedent**	□ **preceding**	□ **predecessor**	□ **fore**
形联词 □ **recede**			

---

precede [prɪˈsiːd]

v. **（某事件）先于（另一事件）而发生，先于；比……更重要，比……（级别）更高**

真题 Such a slowdown usually precedes a boom. 繁荣之前通常会出现这种放缓现象。（2004 年阅读）

precedent ['presɪdənt]

n. **先例**；范例；〈法〉判例；惯例 *adj.* 在先的，前面的

真题 The Vermont case will offer a precedent-setting test of how far those powers extend. 佛蒙特州的案例将提供一个先例，检验那些权力能有多大。（2012 年阅读）

preceding [prɪˈsiːdɪŋ]

adj. **先前的，前面的**

真题 during the preceding twenty or thirty years 在前二三十年里（2008 年翻译）

predecessor [ˈpredəsesər]

n. **前辈**；**前任**；原有事物，前身

真题 learn from predecessors 向前辈学习（2022年阅读）

fore [fɔːr]

adj. 在前部的，在头部的　*v.* 在（或向）船头；在（或向）飞行器头部

recede [rɪˈsiːd]

v. 渐渐远去；逐渐减弱；变秃

Word List 21

□ **abide**

义联词	□ **adhere**	□ **comply**	□ **conform**	□ **obedience**
	□ **obedient**	□ **breach**	□ **deviate**	

---

abide [əˈbaɪd]

v. 遵守；容忍

词组 abide by 遵守

真题 abide by regulations 遵守法规（2012 年阅读）

---

adhere [ədˈhɪr]

v. 遵守，坚持；黏附

词组 adhere to 遵循（法律、规章、指示、信念等）

真题 adhere to the rule 遵循规律（2011 年阅读）

---

comply [kəmˈplaɪ]

v. 遵从，服从；符合特定标准

词组 comply with 遵守，照做

真题 comply with state sales tax laws 遵守各州的销售税法（2019 年阅读）

---

conform [kənˈfɔːrm]

v. 顺应，随潮流；遵从，服从；相吻合

---

obedience [əˈbiːdiəns]

n. 顺从，忠顺

---

obedient [əˈbiːdiənt]

adj. 服从的，顺从的

---

breach [briːtʃ]

v. 违背；中断；在……上打开缺口 *n.* 违背，违犯；缺口；中断

---

deviate [ˈdiːvieɪt]

v. 偏离，背离；违背

□ **alliance**

义联词	□ **ally**	□ **unify**	□ **federation**	□ **coalition**
	□ **collaborate**	□ **solidarity**	□ **solitary**	□ **alienate**
	□ **align**			

---

alliance [əˈlaɪəns]

n. 联盟；结盟团体

词组 be in alliance with... 与……联盟

真题 establish alliance with the public playhouses 建立与公共剧场的联盟（2018 年翻译）

---

ally [ˈælaɪ]

n. 同盟国；盟友；（一战中的）协约国；（二战中的）同盟国

unify ['ju:nɪfaɪ]

v. **统一**；使成一体

真题 Los Angeles Unified 洛杉矶联合学区（2012年阅读）

federation [ˌfedə'reɪʃn]

n. 联邦；联合会；同盟，联盟

coalition [ˌkəʊə'lɪʃn]

n. **联合政府**；**联盟，联合体**；联合，结合

真题 retain a large part of the coalition's spending plans 保留联合政府的大部分开支计划（2014年阅读）

collaborate [kə'læbəreɪt]

v. **协作**；通敌，勾结

词组 collaborate with... 与……合作

真题 collaborate with artists 与艺术家合作（2022年阅读）

solidarity [ˌsɑ:lɪ'dærəti]

n. **团结一致**

真题 reinforce social solidarity 促进社会团结（2009年新题型）

solitary ['sɑ:ləteri]

adj. 独自的；喜欢独处的；单个的

alienate ['eɪliəneɪt]

v. 使疏远，离间；让渡

align [ə'laɪn]

v. **使一致**；使对齐（成一直线）

词组 align (sth.) with sth. 与……保持一致

真题 align with experts' opinions 与专家的意见一致（2021年阅读）

□ colony		
义联词 □ **colonial**		□ **assimilate**
形联词 □ **colonel**		

---

colony ['kɑ:ləni]

n. **殖民地**；殖民地定居者群体；聚居人群；职工城；群落

真题 By 1854 slavery had been abolished everywhere except Spain's remaining colonies. 到1854年，除西班牙还剩一些殖民地外，各地的奴隶制都已被废除。（2007年完形）

colonial [kə'ləʊniəl]

adj. **英属殖民地时期的**；殖民的；殖民国家的　*n.* 殖民地居民

真题 Colonial America was a projection of Europe. 殖民地时期的美国成为了欧洲的投影。（2015年翻译）

assimilate [ə'sɪməleɪt]

v. **使同化，融入**；使接受，透彻理解；吸收，消化

真题 The peoples became assimilated and lost their native languages. 这些民族已被同化并失去了自己的本族语言。（2004 年翻译）

colonel [ˈkɜːrnl]

n. 上校

□ **metric**

| 义联词 | □ **gallon** | □ **pint** | □ **ounce** |

metric [ˈmetrɪk]

n. **衡量标准，度规**；诗韵　*adj.* 用公制测量的；公制的；用诗体写的
真题 simple quantitative metrics 简单的量化标准（2019 年翻译）

gallon [ˈgælən]

n. 加仑

pint [paɪnt]

n. 品脱（液量单位，约等于半升）

ounce [aʊns]

n. 盎司；少许，丝毫

□ **provision**

| 义联词 | □ **stipulate** | □ **clause** | □ **parameter** |

provision [prəˈvɪʒn]

n. **条款，规定**；**提供**；给养，口粮；准备
真题 international tax provisions 国际税收条款（2020 年阅读）

stipulate [ˈstɪpjuleɪt]

v. 规定，明确要求

clause [klɔːz]

n. 条款；从句，分句
真题 a clause that counted a slave as three fifths of a man 一则把五分之三人口算作奴隶的条款（2008 年阅读）

parameter [pəˈræmɪtər]

n. 规范，范围；参数

□ **norm**

| 义联词 | □ **wrongdoing** | □ **vulgar** |

norm [nɔːrm]

n. **规范**；**准则**；**常态**；**标准**；定量
真题 social and moral norms 社会道德规范（2019年阅读）

wrongdoing [ˈrɔːŋduːɪŋ]

n. 坏事；不道德的行为

vulgar [ˈvʌlɡər]

adj. 粗野的，下流的；庸俗的，粗俗的

□ bind			
义联词 □ bond	□ mingle	□ coherent	□ cohesive
□ conjunction	□ detach		
形联词 □ grind			

bind [baɪnd]

v. **约束**；**结合**；系，捆绑；装订；缝牢……的边　*n.* 窘境
真题 legally binding provisions 具有法律约束力的条款（2013年阅读）

bond [bɑːnd]

v. **增强信任关系**；**使牢固结合**　*n.* 结合；纽带；债券；镣铐；羁绊
词组 bond (with sb.) 增强（与某人的）信任关系，建立（与某人的）互信关系
真题 They may have bonded more with the social robot. 它们可能和社交机器人建立了更亲密的关系。（2017年完形）

mingle [ˈmɪŋɡl]

v. 使混合；使联结；相交往，混杂其中

coherent [kəʊˈhɪrənt]

adj. **紧密地结合着的**；连贯的，有条理的；能表述清楚的

真题 craft coherent curricula 精心设计的系列课程（2014年阅读）

cohesive [kəʊˈhiːsɪv]

adj. 使凝结的；结成一个整体的

conjunction [kənˈdʒʌŋkʃn]

n. 结合；连接词；（恒星、行星等的）合
词组 in conjunction with… 与……一起
真题 The scores were used in conjunction with an applicant's score on GMAT. 得分和申请者的 GMAT 成绩会合在一起。（2013年完形）

detach [dɪˈtætʃ]

v. **离开**；摆脱；拆卸，使脱离；派遣，分派
词组 detach from 远离，脱离
真题 detach from the societies 远离社会（2011年新题型）

grind [ɡraɪnd]

v. 把……碾碎，磨成粉；把……磨锋利；用力挤压；摩擦　*n.* 苦差事；刺耳的摩擦声

□ **convention**

义联词	□ **convene**	□ **preside**	□ **zoom**	□ **delegate**
	□ **contingent**	□ **memorandum/memo**		

convention [kənˈvenʃn]

熟义 *n.* **习俗，惯例；会议，大会**；公约

真题 They mirror 19th-century social conventions. 它们反映了 19 世纪的社会习俗。（2021 年阅读）

僻义 *n.* **（文学、艺术或戏剧的）传统手法，传统风格**

真题 He freed music from hither to prevailing conventions of harmony and structure. 他从此打破了主流的传统和声和结构，使音乐变得自由。（2014 年翻译）

convene [kənˈviːn]

v. 召集，召开；集合

preside [prɪˈzaɪd]

v. 主持；担任；主管，掌管

zoom [zuːm]

n. 一款在线视频会议软件　*v.* **使用视频会议软件 Zoom 与人交流**；快速移动；（指价格、费用等）急剧增长

真题 FaceTime or Zoom with a relative 和亲戚用 FaceTime 或 Zoom 聊天（2022 年新题型）

delegate

[ˈdelɪɡət] *n.* 会议代表；代表团成员

[ˈdelɪɡeɪt] *v.* 委派……为代表；授（权）

contingent [kənˈtɪndʒənt]

adj. **依情况而定的**　*n.* 代表团；分遣队

词组 contingent on... 视……而定的，取决于……的

真题 be made contingent on a child's opinions 听从孩子的想法（2019 年新题型）

memorandum/memo

[ˌmeməˈrændəm]/[ˈmeməʊ]

n. 内部备忘录；协议备忘录；建议书；报告

□ **consensus**

义联词	□ **agreeable**	□ **controversy**	□ **controversial**	□ **contradict**
	□ **reconcile**			

consensus [kənˈsensəs]

n. **共识**

词组 reach a consensus 达成共识

真题 scientific consensus on climate change 关于气候变化的科学共识（2023 年阅读）

agreeable [əˈɡriːəbl]

adj. 宜人的；欣然同意的；适合的

---

controversy [ˈkɑːntrəvɜːrsi]

n. 争论，论战

词组 cause/arouse controversy 引起争论
真题 cause the controversy over the counter-culture 引起对反文化思潮的争论（2005 年阅读）

---

controversial [ˌkɑːntrəˈvɜːrʃl]

adj. 引起争论的，有争议的

真题 The measures are politically controversial. 这些措施会引发政治争议。（2002 年完形）

---

contradict [ˌkɑːntrəˈdɪkt]

v. 相矛盾；驳斥

真题 contradict both the federal and state policies 与联邦政策和州政策都相矛盾（2013 年阅读）

---

reconcile [ˈrekənsaɪl]

v. 使和谐一致；使和好如初；妥协

□ **discard**

| 义联词 | □ **omit** | □ **retention** |

discard [dɪˈskɑːrd]

v. 摒弃，丢弃；垫（牌） *n.* 被抛弃的人（或物）；垫出的牌

真题 discard this lame argument 摒弃这一站不住脚的观点（2015 年阅读）

---

omit [əˈmɪt]

v. 删除；遗漏；不做；未能做

---

retention [rɪˈtenʃn]

n. 保留，保持；（液体、热量等的）保持

真题 metrics such as graduation rates and student retention 毕业率及学生留级率等指标（2019 年阅读）

□ **emit**

| 义联词 | □ **eject** | □ **embed** |

emit [iˈmɪt]

v. 排放，散发；发射，发出

真题 emit more carbon 排放更多的碳（2019 年阅读）

---

eject [ɪˈdʒekt]

v. 驱逐；喷射，排出；弹出

---

embed [ɪmˈbed]

v. 把……嵌（植）入；派遣（战地记者、摄影记者等）

词组 embed sth. in... 把某物嵌入……中
真题 embed it in a worldwide system 将它植入到一个全球性系统中（2012 年新题型）

□ **eradicate**

义联词　□ **eliminate**　□ **extinct**　□ **erase**

eradicate [ɪˈrædɪkeɪt]

v. 消灭，根除，杜绝

真题 eradicate hunger 消除饥饿（2013 年新题型）

eliminate [ɪˈlɪmɪneɪt]

v. 消灭，干掉；去除，清除；排除；（比赛中）淘汰

真题 eliminate potential competitors 除掉潜在的竞争对手（2021 年阅读）

extinct [ɪkˈstɪŋkt]

adj. 灭绝的，绝种的；绝迹的，消亡了的；不再活跃的，死的

词组 to become extinct 绝种

真题 The large animals suddenly became extinct. 这些大型动物突然灭绝了。（2006 年阅读）

erase [ɪˈreɪs]

v. 抹去，清洗；清除；擦掉

真题 ensure that phone data is not erased 确保不会删除手机中的数据（2015 年阅读）

□ **withstand**

义联词　□ **undertake**　□ **liability**　□ **liable**

withstand [wɪðˈstænd]

v. 承受；经受住

真题 withstand repeated strain imposed by oversize limbs 承受四肢太长带来的持续压力（2008 年阅读）

undertake [ˌʌndərˈteɪk]

v. 承担；负责；承诺

liability [ˌlaɪəˈbɪləti]

n. 责任，义务；债务；惹麻烦的人（或事）

liable [ˈlaɪəbl]

adj.（在法律上）有偿付责任的，负有……责任的；可能……的

□ **necessitate**

义联词　□ **entail**　□ **imperative**　□ **indispensable**　□ **spur**
　　　　□ **incentive**　□ **impetus**　□ **facilitate**

necessitate [nə'sesɪteɪt]

v. 需要，使成为必要

真题 necessitate the demolition of the State Department building 需要拆除国务院大楼（2018 年新题型）

entail [ɪn'teɪl]

v. 使成为必要；需要；牵涉

词组 entail doing sth. 使做某事成为必要

真题 entail reducing our dependence on the North American market 必须减少我们对北美市场的依赖（2005 年翻译）

imperative [ɪm'perətɪv]

n. 必要的事；祈使语气 *adj.* 重要紧急的；表示权威的；祈使的

真题 an imperative of human existence 人类生存的必要条件（2014 年翻译）

indispensable [ˌɪndɪ'spensəbl]

adj. 必不可少的，必需的

词组 be indispensable to sb./sth. 对于某人或某物来说是必不可少的，必需的

真题 Personal search agents are indispensable to job hunters. 个人搜索代理对找工作的人来说是必不可少的。（2004 年阅读）

spur [spɜːr]

v. 刺激，激励；促进 *n.* 马刺；刺激

真题 They have been spurred by DNA evidence. DNA 的相关证据激励了他们。（2008 年阅读）

incentive [ɪn'sentɪv]

n. 激励；动机；刺激 *adj.* 激励的

真题 tax incentives 税收激励（2014 年阅读）

impetus ['ɪmpɪtəs]

n. 推动，促进，刺激；推动力；促进因素；惯性

facilitate [fə'sɪlɪteɪt]

v. 促进，有助于；使便利

真题 facilitate health care reform 促进医疗改革（2021 年阅读）

□ attorney

义联词	□ judicial	□ jurisdiction	□ jury

attorney [ə'tɜːrni]

n. 律师；代理人

词组 Attorney General 总检察长，首席检察官

真题 a real estate attorney 房产律师（2019 年新题型）

judicial [dʒuˈdɪʃl]

adj. 司法的；法庭的；明断的；公正的

jurisdiction [ˌdʒʊərɪsˈdɪkʃn]

n. 司法权；审判权；管辖权；管辖范围

jury ['dʒʊəri]

n. 陪审团；评奖团

□ **prosecute**

| 义联词 | □ **plaintiff** | □ **penalty** | □ **sanction** | □ **magistrate** |
| | □ **compact** | | | |

---

prosecute [ˈprɑ:sɪkju:t]

v. **起诉**；**指控**；控告；检举；继续从事（或参与）
真题 prosecuted firms 被起诉的公司（2016年阅读）

plaintiff [ˈpleɪntɪf]

n. 原告

penalty [ˈpenəlti]

n. **处罚，惩罚**；罚金
真题 the lack of legal penalty 缺少法律惩罚（2007年阅读）

sanction [ˈsæŋkʃn]

n. **制裁**；（正式）许可；约束　*v.* 批准；实施制裁
词组 sanctions against… 对……制裁
真题 trade sanctions against France 对法国进行贸易制裁（2020年阅读）

magistrate [ˈmædʒɪstreɪt]

n. 地方执法官

compact

[ˈkɑ:mpækt] *n.* **契约，合同**　*adj.* 紧凑的；袖珍的；（体格）结实的
[kəmˈpækt] *v.* 把……压实
真题 the basic compact 基本契约（2017年阅读）

□ **sin**

| 义联词 | □ **smuggle** | □ **sneak** | □ **assault** | □ **confess** |
| | □ **bribe** | □ **redeem** | □ **gamble** | |

---

sin [sɪn]

n. **罪恶**；罪过
示例 commit a sin 犯罪

smuggle [ˈsmʌgl]

v. 走私，偷运

sneak [sni:k]

v. **偷带**；偷偷地走；偷走（不重要的或小的东西）；打小报告

真题 sneak weapons 偷带武器（2017年阅读）

assault [əˈsɔ:lt]

n. **攻击，袭击**；侵犯人身罪；冲击；抨击　*v.* 袭击，侵犯人身；使（感官）难受
真题 A stroller is assaulted. 一位流浪汉受到了攻击。（2014年新题型）

confess [kənˈfes]

v. **供认，坦白**；承认；忏悔（罪过）；聆听（某

人）的忏悔

bribe [braɪb]

v. 贿赂，向……贿赂　　*n.* 贿赂

真题 bribe foreign officials 贿赂国外官员（2016年阅读）

redeem [rɪˈdiːm]

v. 弥补；挽回影响；救赎；偿清

gamble [ˈgæmbl]

v. 赌博；赌，以……为赌注　　*n.* 赌博；投机，冒险

真题 He had never gambled before the casino sent him a coupon. 在赌场寄给他优惠券之前，他从未参加过赌博。（2006年新题型）

□ **constituent**

义联词　□ **constitute**　　□ **ballot**

---

constituent [kənˈstɪtʃuənt]

n. 选民，选举人；构成要素　　*adj.* 构成的

真题 Public officials will hear from their constituents. 官员听取选民意见。（2017年阅读）

constitute [ˈkɑːnstɪtuːt]

v. 构成，组成；被看作是……；设立

真题 constitute the majority of the population 构成人口的大多数（2006年阅读）

ballot [ˈbælət]

n. 选票；投票表决；无记名投票　　*v.* 投票选举，无记名投票

□ **audit**

义联词　□ **censorship**　　□ **scrutiny**　　□ **supervise**

---

audit [ˈɔːdɪt]

n. 审计，稽核；审查　　*v.* 审计；旁听（大学课程）

真题 One accounting firm uses an AI system during an audit. 一家会计事务所审计时使用 AI 系统。（2021年新题型）

censorship [ˈsensərʃɪp]

n. 审查；审查制度

scrutiny [ˈskruːtəni]

n. 仔细检查，认真彻底的审查

真题 the papers that need scrutiny 需要审查的论文（2015年阅读）

supervise [ˈsuːpərvaɪz]

v. 监督，管理

真题 supervise start-ups' operations 监督初创公司的运营（2021年阅读）

□ captive			
义联词 □ **detain**	□ **custody**	□ **liberate**	□ **discharge**

captive [ˈkæptɪv]

n. **囚徒，俘虏** *adj.* **受控制的，无权选择的；** 被监禁的；被迷住的

真题 Animals despise being captives. 动物讨厌成为"囚徒"。（2022 年新题型）

detain [dɪˈteɪn]

v. 拘留，扣押；耽搁，阻留

custody [ˈkʌstədi]

n. 监护，监护权；监禁，拘留；保管，保护

liberate [ˈlɪbəreɪt]

v. **解放**；释放

真题 the people they liberated 他们解放的人民（2012 年完形）

discharge [dɪsˈtʃɑːrdʒ]

v. 释放，允许离开；解雇；使退伍；流出，排出；开火，发射；放（电）；履行

□ census		
义联词 □ **questionnaire**	□ **demographic**	

census [ˈsensəs]

n. **人口普查**；（官方的）统计

真题 the 1990 Census 1990 年人口普查（2006 年阅读）

questionnaire [ˌkwestʃəˈner]

n. 调查表，问卷

demographic [ˌdeməˈɡræfɪk]

n. **人口统计数据**；特定年龄段的人口 *adj.* 人口统计学的；人口的

真题 Demographics are working against the middle class family. 人口统计数据对中产阶级家庭不利。（2007 年阅读）

□ warrant			
义联词 □ **mandate**	□ **franchise**	□ **charter**	
形联词 □ **warranty**			

warrant [ˈwɔːrənt]

n. **授权令；许可证**；理由 *v.* 使有必要；使正当

真题 search for suspects' mobile phones without a warrant 在没有搜查令的情况下寻找嫌疑人的手机（2015 年阅读）

mandate [ˈmændeɪt]

n. **授权令，委托书**；任期；授权；委任统治权 *v.* **强制执行**；授权，委托办理

真题 Are such government mandates even necessary? 这样的政府指令真的有必要吗？（2020 年阅读）

franchise [ˈfræntʃaɪz]

n. 特许经销权；特别经营权；获特许权的商业机构；选举权 *v.* 授予特许经销权

charter [ˈtʃɑːrtər]

n. **特许状，凭照**；章程 *v.* 特许设立；给予……特权；发给许可证（或凭照）

词组 charter school 特许学校

真题 Charter schools faced drawn-out battles. 特许学校面临着持久战。（2012 年阅读）

warranty [ˈwɔːrənti]

n. 保修单

□ **tentative**

| 义联词 | □ **sway** | □ **dilemma** |

tentative [ˈtentətɪv]

adj. **不确定的，试探性的**；犹豫不定的

真题 a tentative thesis 一篇初步性的论文（2008 年新题型）

sway [sweɪ]

v. 摇摆；使动摇 *n.* 摇摆

dilemma [dɪˈlemə]

n. **（两难的）窘境，困境**

词组 in a dilemma 进退两难，左右为难

真题 put online business in a dilemma 使线上企业陷入窘境（2019 年阅读）

□ **grim**

| 义联词 | □ **solemn** |
| 形联词 | □ **trim** |

grim [grɪm]

adj. **严肃的**；令人沮丧的；冷酷无情的；无吸引力的，凄凉的；生病的；糟糕的

示例 a grim look 严肃的表情

solemn [ˈsɑːləm]

adj. 冷峻的；庄严的；隆重的

---

trim [trɪm]

v. 修剪；除去（不必要的部分）；装饰　*n.*（毛发的）修剪；边饰　*adj.* 井然有序的；修长的

□ **robust**			
义联词 □ **sturdy**	□ **fragile**	□ **feeble**	□ **limp**

robust [rəʊˈbʌst]

adj. **坚定的**；强壮的；结实的；富有活力的
真题 an even more robust defense of state privileges 对州特权甚至更加坚定的维护（2013 年阅读）

---

sturdy [ˈstɜːrdi]

adj. 结实的；强壮的；坚定的

---

fragile [ˈfrædʒl]

adj. **脆弱的**；易碎的，易损的；纤巧美丽的；虚弱的

真题 fragile ecosystems 脆弱的生态环境（2017年阅读）

---

feeble [ˈfiːbl]

adj. **无效的**；缺乏决心的；无力的；虚弱的，衰弱的
真题 improve feeble corporation governance 改进无效的公司管理（2007 年阅读）

---

limp [lɪmp]

adj. 柔软的，不直挺的；不强壮的；无力的，无精神的　*v.*（因一腿受伤而）跛行　*n.* 跛行

□ **navy**			
义联词 □ **naval**	□ **navigation**	□ **veteran**	□ **warfare**
□ **submarine**	□ **parachute**	□ **queue**	□ **procession**
□ **escort**			

navy [ˈneɪvi]

n. **海军（部队）**；深蓝色
真题 The Navy Department moved into the east wing in 1879. 海军部于 1879 年迁入东侧厅。（2015 年新题型）

---

naval [ˈneɪvl]

adj. 海军的

navigation [ˌnævɪˈɡeɪʃn]

n. **导航，领航**；航行；浏览，访问
真题 other navigation apps 其他导航类应用程序（2019 年完形）

---

veteran [ˈvetərən]

n. **老兵，退伍军人**；老手
真题 New York's Veteran's Administration Hospital

纽约退伍军人管理医院（2008 年阅读）

warfare [ˈwɔːrfer]

n. 战争；斗争，冲突

submarine [ˌsʌbməˈriːn]

n. 潜水艇　adj. 水底的

parachute [ˈpærəʃuːt]

熟义 n. **降落伞**　v. 跳伞；空降

真题 lost the parachute in times of financial setback 失去经济受挫时期的保护伞（2007 年阅读）

僻义 v. **突然派到（某机构以帮助该机构）**

真题 I parachuted back to Fortune 500 companies in 1990. 我突然派回到 1990 年的世界 500 强企业。（2015 年阅读）

queue [kjuː]

n. 行列　v. 排队

procession [prəˈseʃn]

n. 队伍，行列

escort [ˈeskɔːrt]

n. 护送者；护卫队；护卫舰；受雇陪同某人外出社交的人　v. 护送，护卫

Word List 22

viewpoint [ˈvjuːpɔɪnt]

n. **观点，看法**；角度

真题 radical viewpoints 激进的观点（2010 年阅读）

---

stance [stæns]

n. **态度，立场**；站立姿势

真题 take an anti-regulatory stance 采取反监管的立场（2021 年阅读）

---

proposition [ˌprɑːpəˈzɪʃn]

n. 论点，主张；建议，提案；命题

---

contend [kənˈtend]

v. **认为，声称，主张**；竞争，争夺

词组 contend that... 认为……

真题 Tina Rosenberg contends that peer pressure can be a positive force. Tina Rosenberg 认为"同伴压力"可以成为一种积极的力量。（2012 年阅读）

---

deem [diːm]

v. **认为，视为**

真题 The contents are deemed suitable for publication. 这些内容被认为适合公开发行。（2010 年阅读）

---

conception [kənˈsepʃn]

n. **观念，概念**；构思；怀孕

真题 This top-down conception couldn't be more out of date. 这种自上而下的观念非常老土。（2013 年阅读）

---

stereotype [ˈsteriətaɪp]

n. **刻板印象** *v.* 对……形成模式化的看法

真题 stereotypes associated with obesity 与肥胖相关的刻板印象（2014 年完形）

stereo [ˈsteriəʊ]

n. 立体声音响系统 *adj.* 立体声的

---

prototype [ˈprəʊtətaɪp]

n. 原型

☐ **vague**

义联词	☐ **certify**	☐ **verify**	☐ **articulate**	☐ **clarity**
	☐ **explicit**	☐ **ambiguous**		

vague [veɪɡ]

adj. **含糊的**；**不明确的**；**不清楚的**
真题 The statement is vague. 表达很含糊。（2019年阅读）

certify [ˈsɜːrtɪfaɪ]

v. 证实；颁发专业合格证书；证明（某人）患有精神病

verify [ˈverɪfaɪ]

v. **核实**；**证明**
真题 verify news by referring to diverse sources 通过多渠道查阅来核验新闻（2018年阅读）

articulate [ɑːrˈtɪkjuleɪt]

v. **明确表达**；口齿清楚；用关节连接，铰接；与……合成整体 *adj.* 善于表达的；口齿清楚的
真题 articulate our reactions to music 说出我们

对音乐的感受（2014年翻译）

clarity [ˈklærəti]

n. **清晰，清楚**；**思路清晰**
真题 images of unsurpassed clarity 无比清晰的图像（2017年阅读）

explicit [ɪkˈsplɪsɪt]

adj. **明确的，清晰的**；坦率的；清楚明白的；露骨的
真题 have explicit permission 得到明确允许（2013年阅读）

ambiguous [æmˈbɪɡjuəs]

adj. **模棱两可的，含混不清的**；多义的
真题 convey an ambiguous message 传达模棱两可的信息（2021年阅读）

☐ **transparent**

义联词	☐ **dye**	☐ **stain**
形联词	☐ **transplant**	

transparent [trænsˈpærənt]

adj. **透明的**；清澈的；易识破的，显而易见的；易懂的
真题 Decisions should be transparent and fair. 决策应该透明公正。（2019年阅读）

dye [daɪ]

n. **染料**；**染液** *v.* 给……染色
真题 such raw materials as dyes and naval stores 染料和松脂制品等原材料（2015年翻译）

stain [steɪn]

熟义 *v.* 给……染色；留下污渍　*n.* 污点；污渍

真题 two stained glass rotundas 两个彩色玻璃圆形大厅（2018 年新题型）

僻义 *v.* 玷污

真题 His affair with a slave stained his prestige. 他与奴隶的风流韵事玷污了他的声望。（2008 年阅读）

---

transplant

[træns'plænt] *v.* **使迁移，使移居**；移植（器官等）；移栽，移种　['trænsplænt] *n.* 移植

词组 transplant sth. (from…) to… 把……迁移到……

真题 transplant habits and traditions to the new world 把习惯和传统迁移到新世界中（2015 年翻译）

□ **manifest**

义联词　□ **implicit**　　□ **cue**　　□ **signify**

---

manifest ['mænɪfest]

v. **显现，使人注意到**；清楚显示，表明
adj. 显而易见的　*n.* 货单；旅客名单

词组 manifest itself 显现，使人注意到

真题 The growth of higher education manifests itself in three ways. 高等教育的发展通过三种方式表现出来。（2021 年翻译）

---

implicit [ɪm'plɪsɪt]

adj. 暗含的；含蓄的；成为一部分的，内含的；隐性的；固有的；无疑问的，无保留的

真题 an implicit agenda 暗含的动机（2015 年新题型）

---

cue [kjuː]

n. **暗示**；**信号**；尾白；球杆　*v.* 给……暗示

真题 focus on misleading cues 专注于有误导性的暗示（2021 年阅读）

---

signify ['sɪgnɪfaɪ]

v. 表示；显示（感情、意愿等）

□ **comprehend**

义联词　□ **comprehension**　□ **intelligible**

---

comprehend [ˌkɑːmprɪ'hend]

v. **理解，领悟**；包含

真题 comprehend vocabulary 理解词汇（2021 年阅读）

---

comprehension [ˌkɑːmprɪ'henʃn]

n. **理解力，领悟能力**；理解练习；包含

真题 Vocabulary comprehension needs creativity. 词汇理解需要创造力。（2021 年阅读）

---

intelligible [ɪn'telɪdʒəbl]

adj. 可理解的，明白易懂的

□ **akin**

义联词　□ **resemblance**　　□ **homogeneous**

akin [əˈkɪn]

adj. **类似的，相似的**

词组 akin to... 类似于……，与……相似

真题 the personality disorders akin to physical disabilities 类似于身体残疾的人格障碍（2006年新题型）

resemblance [rɪˈzembləns]

n. 相似

homogeneous [ˌhəʊməˈdʒiːniəs]

adj. 同种类的，同性质的，有相同特征的

□ **concur**

义联词　□ **coincide**　　□ **concurrent**　　□ **simultaneous**　　□ **recur**

concur [kənˈkɜːr]

v. **同意，赞同；意见一致**；同时发生（或出现）

真题 a concurring opinion 一致的观点（2021年阅读）

coincide [ˌkəʊɪnˈsaɪd]

v. 同时发生；相符，相一致；重叠

concurrent [kənˈkɜːrənt]

adj.（正式）同时发生的

simultaneous [ˌsaɪmlˈteɪniəs]

adj. 同时发生的，同步的

recur [rɪˈkɜːr]

v. **再发生，重现**

真题 recurring bad dreams 反复出现的噩梦（2005年阅读）

□ **endorse**

义联词　□ **retort**　　□ **refute**　　□ **veto**

endorse [ɪnˈdɔːrs]

v.（公开）**赞同，支持**；宣传，代言；记录违章事项；（在支票背面）签名，背书

真题 None of the big parties are likely to endorse this sentiment. 几个大党都不太可能会支持这一观点。（2016年阅读）

retort [rɪˈtɔːrt]

v./n. 反驳，回嘴

refute [rɪˈfjuːt]

v. 驳斥；否认

veto [ˈviːtəʊ]

v. 否决（尤指他人或其他组织已赞同之事）

n. 否决（权）

真题 A girl may veto the spouse her parents have chosen. 女方可以否决她父母所选择的对象。（2016 年完形）

□ **scold**

| 义联词 | □ **reproach** | □ **denounce** |

---

scold [skəʊld]

v. 责骂，训斥

真题 scold her unattractive assistant 责骂她不讨人喜欢的助手（2013 年阅读）

reproach [rɪˈprəʊtʃ]

n. 责备，批评　　*v.* 责备，指责

denounce [dɪˈnaʊns]

v. 谴责；告发

□ **faulty**

| 义联词 | □ **erroneous** | □ **mislead** | □ **amend** |
| 形联词 | □ **default** | □ **dual** | |

---

faulty [ˈfɔːlti]

adj. 有错误的；不完美的，有缺陷的
真题 a faulty approach to homework 对待家庭作业的错误方法（2012 年阅读）

erroneous [ɪˈrəʊniəs]

adj. 错误的
真题 reveal its erroneous nature 揭示其错误本质（2011 年翻译）

mislead [ˌmɪsˈliːd]

v. 误导；引入歧途
词组 mislead sb. into doing sth. 误导某人做某事
真题 mislead us into doing worthless things 误导我们做毫无价值的事（2019 年阅读）

amend [əˈmend]

v. 修正，修订（法律、文件、声明等）

default [dɪˈfɔːlt]

n. 默认，系统设定值；违约（尤指未偿付债务）　*v.* 预置；违约；不履行义务
词组 default setting 默认设置
真题 stick with default settings 坚持使用默认设置（2019 年阅读）

dual [ˈduːəl]

adj. 双重的；两部分的
真题 the dual aim 双重目标（2017 年阅读）

□ **accommodation**			
义联词	□ **motel**	□ **suite**	□ **lodge**	□ **lease**
形联词	□ **tenant**		

accommodation [əˌkɑːməˈdeɪʃn]

n. **住处，办公处**；住宿，膳宿；和解，调和
真题 wonderful accommodations 舒适的住房（2002 年阅读）

motel [məʊˈtel]

n. **汽车旅馆**
真题 roach motel 蟑螂汽车旅馆（即"罗奇汽车旅馆"，是专为捕捉蟑螂而设计的蟑螂诱饵装置品牌。）（2022 年阅读）

suite [swiːt]

n. **（君主或高官的）（一批）随员**；组，套；一套房间；一套家具；组曲
真题 the executive suite 管理层（2007 年阅读）

lodge [lɑːdʒ]

v. 暂住，借宿　*n.* 乡间小屋；旅舍；门口小屋，门房；传达室

lease [liːs]

n. 租约，租契　*v.* 出租（尤指房地产或设备）；租借

tenant [ˈtenənt]

n. 房客，佃户

□ **slum**		
义联词	□ **orphan**	□ **pathetic**	□ **compassion**

slum [slʌm]

n. **贫民窟**
真题 the criminal slums of London 伦敦犯罪贫民窟（2017 年新题型）

orphan [ˈɔːrfn]

n. **孤儿**　*v.* 使成为孤儿
真题 He traces an orphan's progress from the workhouse to the criminal slums of London. 他追溯了一名孤儿从济贫院到伦敦犯罪贫民窟的成长过程。（2017 年新题型）

pathetic [pəˈθetɪk]

adj. 可怜的，可悲的；无力的；不成功的

compassion [kəmˈpæʃn]

n. 同情，怜悯

□ corridor				
义联词	□ aisle	□ porch	□ doorway	□ arch
	□ shutter	□ staircase/stairway	□ pillar	□ courtyard

corridor [ˈkɔːrɪdɔːr]

n. 走廊;(火车上的)过道,通道;空中走廊
真题 black and white tiled corridors 黑白瓷砖走廊(2018年新题型)

aisle [aɪl]

n. 过道

porch [pɔːrtʃ]

n. 门廊;走廊

doorway [ˈdɔːrweɪ]

n. 门口,门道

arch [ɑːrtʃ]

n. 拱门,拱;拱形;足背   v. 使成弓形;呈拱

形覆盖

shutter [ˈʃʌtər]

n. 百叶窗;(照相机的)快门

staircase/stairway [ˈsterkeɪs]/[ˈsterweɪ]

n. 楼梯
真题 staircases of granite 花岗岩楼梯(2018年新题型)

pillar [ˈpɪlər]

n. 柱子,桥墩;栋梁,中流砥柱

courtyard [ˈkɔːrtjɑːrd]

n. 庭院;天井

□ immigrant		
义联词	□ migrate	□ emigrate

immigrant [ˈɪmɪɡrənt]

n.(外来)移民;侨民
真题 withhold immigrants' information 隐瞒移民信息(2013年阅读)

migrate [ˈmaɪɡreɪt]

v. 迁徙;移居;(使)转移,迁移

emigrate [ˈemɪɡreɪt]

v. 移民,移居国外
真题 Well-educated people are particularly likely to emigrate. 受过良好教育的人尤其可能移民。(2012年翻译)

□ cabinet	
义联词	□ locker
形联词	□ cabin

cabinet [ˈkæbɪnət]

n. **储藏柜，陈列柜**；内阁

词组 a kitchen cabinet 橱柜

例句 The bowl is in the kitchen cabinet. 碗在橱柜里。

locker [ˈlɑːkər]

n. 有锁存物柜，寄存柜；锁具

cabin [ˈkæbɪn]

n. **机舱，座舱**；隔间；小木屋

真题 retrain the cabin staff for better services 重新培训空乘人员以改善服务质量（2021 年阅读）

□ kettle		
义联词	□ jug	□ mug	□ lid

kettle [ˈketl]

n. **（烧水用的）水壶**

词组 an electric kettle 电水壶

例句 She is waiting for the electric kettle to boil. 她正等着电水壶烧开。

jug [dʒʌg]

n. 大罐，壶；一大罐的容量　*v.* 起诉并监禁

mug [mʌg]

n. 马克杯；一缸子（的量）；（人的）脸；傻瓜

v. 扮鬼脸；打劫

lid [lɪd]

n. 盖子，盖；眼睑

□ steward		
义联词	□ stewardess	□ maid	□ attendant

steward [ˈstuːərd]

n. **管家**；乘务员

真题 responsible stewards 负责任的管家（2005 年阅读）

stewardess [ˈstuːərdəs]

n. 女乘务员

maid [meɪd]

n. 女仆，女服务员；少女

attendant [əˈtendənt]

adj. 随之而产生的，伴随的　　*n.* 服务员，侍者；随从；护理者

真题 the attendant need 因此产生的需求（2007年阅读）

□ **vicinity**

义联词	□ **adjoining**	□ **proximate**	□ **locality**	□ **suburb**

---

vicinity [vəˈsɪnəti]

n. **附近**；**周围地区**；邻近地区

词组 in the vicinity (of sth.) 在……附近，周围

例句 Crowds gathered in the vicinity of the village square. 成群结队的人聚集在村广场周围。

adjoining [əˈdʒɔɪnɪŋ]

adj. **相邻的，毗连的**

真题 two separate but adjoining chambers 两间相邻的独立房间（2005年阅读）

proximate [ˈprɑːksɪmət]

adj. 接近正确的，大约的；（时间、空间、顺序等）最接近的，最邻近的

locality [ləʊˈkæləti]

n. 地区，地点

suburb [ˈsʌbɜːrb]

n. 郊区

真题 suburb of culture 文化之郊（2020年阅读）

□ **casual**

义联词	□ **cheesy**	□ **deliberate**	□ **incidentally**
形联词	□ **casualty**		

---

casual [ˈkæʒuəl]

adj. **漫不经心的**；**随便的**；临时的；碰巧的；感情不深的　　*n.* 便装；临时工

真题 casual interactions 闲聊（2021年翻译）

cheesy [ˈtʃiːzi]

adj. **做作的，刻意的**；拙劣可笑的；劣质的；庸俗的；过于多愁善感的；干酪（气味）味道的

真题 The loss of dignity is displayed through a cheesy grin. 做作地咧嘴笑有失尊严。（2021

年阅读）

deliberate [dɪˈlɪbərət]

adj. **故意的，存心的**；小心翼翼的；从容不迫的

真题 deliberate practice 刻意训练（2007年阅读）

incidentally [ˌɪnsɪˈdentli]

adv. 顺便提及地，顺便提一句；偶然地；附带地

casualty [ˈkæʒuəlti]

n. **牺牲品**；伤亡人员；受害者；毁坏物；急诊室

□ discreet			
义联词 □ prudent	□ rigorous	□ reckless	□ irrespective
□ haste	□ hasty		
形联词 □ discrete			

discreet [dɪˈskriːt]

adj. **言行谨慎的，考虑周到的**

例句 You should make discreet enquiries before signing your name. 你应该审慎地询问清楚再签名。

prudent [ˈpruːdnt]

adj. **谨慎的**；深谋远虑的；精明的

真题 Public-sector unions are prudent in taking actions. 公共部门的工会采取行动时都很谨慎。（2012 年阅读）

rigorous [ˈrɪɡərəs]

adj. **严格的**；谨慎细致的

真题 Corporate governance has become a lot more rigorous. 企业管理变得严苛得多了。（2020 年阅读）

reckless [ˈrekləs]

adj. **鲁莽的，不考虑后果的**

真题 an era of reckless personal spending 不计后果的个人消费时代（2012 年阅读）

irrespective [ˌɪrɪˈspektɪv]

adj. 不考虑的，不顾及的

haste [heɪst]

n. 急速，急忙；仓促

hasty [ˈheɪsti]

adj. 草率的，轻率的；匆忙的，仓促完成的

discrete [dɪˈskriːt]

adj. 分离的，互不相连的

□ exemplify			
义联词 □ exemplary	□ paradigm	□ elaborate	□ illuminate
形联词 □ exempt			

exemplify [ɪɡˈzemplɪfaɪ]

v. **举例说明，例证**；作为……的典范

真题 exemplify people's intuitive response 举例说明人们的直觉反应（2010 年阅读）

exemplary [ɪɡˈzempləri]

adj. **典范的，可作榜样的**；严厉的；儆戒性的

真题 The writing of history meant recounting the exemplary lives of great men. 书写历史意味着叙述伟人的模范生活。（2012 年新题型）

paradigm [ˈpærədaɪm]

n. 范例，样式

elaborate

[ɪˈlæbərət] *adj.* **精心制作的**；复杂详尽的

[ɪˈlæbəreɪt] *v.* **详尽阐述**；精心制作

真题 elaborate layout 精心设计的布局（2010年阅读）

illuminate [ɪˈluːmɪneɪt]

v. **阐明**，解释；照明，照亮；启发

真题 illuminate the depth and breadth of the challenge 阐明这个挑战的深度和广度（2014年阅读）

exempt [ɪgˈzempt]

v. **免除，豁免** *adj.* 获豁免的

词组 exempt...(from...) 免除……（责任或义务）

真题 exempt employers from certain duties 免除雇主的某些职责（2022年阅读）

□ sideways			
义联词	□ **lateral**	□ **underneath**	□ **inward**

sideways [ˈsaɪdweɪz]

adv. **向一边**；侧着 *adj.* 侧边的

示例 sit sideways on the chair 侧坐在椅子上

lateral [ˈlætərəl]

adj. 侧面的，横向的，向侧面移动的；平级的

n. 边音

underneath [ˌʌndərˈniːθ]

adv. 隐藏在下面，在底下 *prep.* 在……表象之下 *n.* 下表面，底部

inward [ˈɪnwərd]

adv. 向内 *adj.* 里面的；内心的

□ apt			
义联词	□ **applicable**	□ **eligible**	□ **gear**

apt [æpt]

adj. **易于……的，有……倾向的**；恰当的；天资聪颖的

词组 apt to do... 易于……，有……倾向

真题 The digital services tax is apt to arouse criticism. 数字服务税容易引起批评。（2020年阅读）

applicable [ˈæplɪkəbl]

adj. **适当的，适用的**

词组 be applicable to... 适用于……

真题 A lesson is applicable to the former. 教训适用于前者。（2005年阅读）

330

eligible [ˈelɪdʒəbl]

adj. **有资格的**；合意的，中意的

词组 be eligible to do sth. 有资格做某事

真题 Passengers are eligible to use expedited screening lanes. 旅客有资格使用快速安检通道。（2017 年阅读）

gear [gɪr]

v. **使适合**；使变速，使调挡　*n.* 齿轮

词组 gear sth. to/towards sth. 使……与……相适应；使……适合于……
gear up for/to sth. 为……作好准备

真题 We try to gear lessons toward things they're interested in. 我们尽量调整课程以符合他们的兴趣。（2016 年阅读）

□ lean			
义联词	□ slender	□ muscular	□ slim

lean [liːn]

熟义 *v.* **倾斜**；**靠**；斜倚着　*adj.* **精瘦的，瘦且健康的**；**精干的**；（肉）瘦的，脂肪少的；贫乏的

词组 lean toward sth. 倾向于某事
lean on sb. 依靠某人

真题 lean towards research and development 向研发倾斜（2016 年完形）

辨义 *adj.* **不景气的** difficult and not making much money

真题 lean times 不景气的时期，萧条时期（2012 年阅读）

slender [ˈslendər]

adj. 苗条的；细的；微薄的

muscular [ˈmʌskjələr]

adj. **肌肉的**；肌肉发达的，强壮的

真题 Emotions flow from muscular responses. 情绪源于肌肉反应。（2011 年完形）

slim [slɪm]

adj. **单薄的**；苗条的；微薄的　*v.*（靠节食等）变苗条

真题 This slim volume is packed with tips. 这本薄薄的书建议满满。（2014 年阅读）

□ incline			
义联词	□ tilt	□ prone	□ susceptible

incline [ɪnˈklaɪn]

v. **倾向于**；（使）倾斜；点头，赞同　*n.* 倾斜；斜坡

词组 be inclined to do sth. 倾向于做某事

真题 Mass media are inclined to cover disasters and deaths. 大众媒体倾向于报道灾难和死亡。

（2006 年阅读）

tilt [tɪlt]

v. （使）倾斜；使倾向于　n. 倾斜，倾侧

prone [prəʊn]

adj. **易于……的，很有可能……的**；俯卧的

词组 be prone to sth./to do sth. 易于……/ 有做……的倾向

真题 We are prone to overreactions. 我们容易

反应过度。（2013 年阅读）

susceptible [səˈseptəbl]

adj. **易受影响的**；容许……的

词组 be susceptible to sb./sth. 易受某人 / 某事的影响

真题 Women are susceptible to developing depression in response to stress. 女性面对压力易产生抑郁。（2008 年阅读）

□ **superficial**		
义联词	□ **seemingly**	
形联词	□ **superstition**	

---

superficial [ˌsuːpərˈfɪʃl]

adj. **粗略的**；表面的，表皮的；肤浅的，浅薄的

示例 a superficial analysis 粗略分析

seemingly [ˈsiːmɪŋli]

adv. **表面上**；据说

真题 seemingly innocent 表面看似并无大碍

（2014 年完形）

superstition [ˌsuːpərˈstɪʃn]

n. **迷信**

真题 influenced by superstitions 受到迷信的影响（2009 年阅读）

□ **intrinsic**		
义联词	□ **inherent**	□ **exterior**

---

intrinsic [ɪnˈtrɪnzɪk]

adj. **固有的**；本质的，内在的；本身的

真题 intrinsic right 固有权利（2010 年翻译）

inherent [ɪnˈherənt]

adj. **内在的**；固有的，生来就有的

真题 the inherent worth of each individual 每个人的内在价值（2017 年阅读）

exterior [ɪkˈstɪriər]

n. 外部，外观；外貌，外表　adj. 外部的，外表的

□ stalk			
义联词	□ stride	□ stroll	□ stumble	□ stagger
	□ crawl	□ creep	□ linger	

stalk [stɔ:k]

v. **趾高气扬地走**；偷偷接近；盯梢　*n.* 茎，梗，柄

真题 We stalk around. 我们昂首阔步。（2014年阅读）

stride [straɪd]

v. 大步走　*n.* 大步；步态；进展

stroll [strəʊl]

v./n. 散步；闲逛

stumble ['stʌmbl]

v. 绊脚；跌跌撞撞地走；结结巴巴

stagger ['stægər]

v. 蹒跚；使吃惊；使错开　*n.* 蹒跚，踉跄

crawl [krɔ:l]

v. 匍匐行进；（昆虫）爬行；谄媚，拍马屁　*n.* 缓慢的速度；自由泳

creep [kri:p]

v. **不知不觉产生，渐渐出现**；匍匐；蹑手蹑脚地移动；蔓生；谄媚，拍马屁

词组 creep in 渐渐产生，蔓延

真题 Regret creeps in. 悔意渐生。（2014年阅读）

linger ['lɪŋgər]

v. 继续存留；留恋徘徊；持续看；苟延残喘

Word List 23

□ **detector**

| 义联词 | □ **apparatus** | □ **thermometer** | □ **gauge** |

detector [dɪˈtektər]

n. **探测仪，检测器**

真题 metal detectors 金属探测仪（2014 年新题型）

apparatus [ˌæpəˈrætəs]

n. 仪器，装置；（政府）机关；器官

thermometer [θərˈmɑːmɪtər]

n. 温度计，寒暑表

gauge [ɡeɪdʒ]

n. 测量仪器（或仪表）；标准；厚度，宽度；（枪管的）口径　*v.*（用仪器）测量；估算；判断

□ **accessory**

| 义联词 | □ **jewel** | □ **jewel(le)ry** | □ **exquisite** | □ **invaluable** |

accessory [əkˈsesəri]

n. **配件，零件**；（衣服的）配饰；从犯　*adj.* 辅助的

示例 a range of accessories for the home 各种各样的家居配件

jewel [ˈdʒuːəl]

n. 宝石；珠宝；难能可贵的人，珍贵的东西；宝石轴承

jewel(le)ry [ˈdʒuːəlri]

n. 珠宝，首饰

exquisite [ɪkˈskwɪzɪt]

adj. 精美的；雅致的；剧烈的，强烈的；敏感的

invaluable [ɪnˈvæljuəbl]

adj. 非常宝贵的；极有用的；无价的

□ **pedal**

| 义联词 | □ **pedestrian** |

| 形联词 | □ **paddle** | □ **huddle** |

pedal [ˈpedl]

n. **踏板，踏脚** *v.* 骑自行车，踩动……的踏板
示例 the brake pedal 刹车踏板

pedestrian [pəˈdestriən]

n. 行人；步行者 *adj.* 行人的

paddle [ˈpædl]

v. 用桨划船 *n.* 短桨
真题 Paddle like you're in a canoe. 像在独木舟上那样划桨。（2022 年新题型）

huddle [ˈhʌdl]

v. 挤在一起；缩成一团；（私下）开会，（暗中）碰头 *n.* 挤在一起的人；一堆杂乱东西

□ holder			
义联词	□ **rack**	□ **brace**	□ **bracket**

holder [ˈhəʊldər]

n. **持有者，拥有者**；支托物；支架
真题 patent holders 专利持有人（2010 年阅读）

rack [ræk]

n. 支架，架子 *v.* 使痛苦

brace [breɪs]

n. 支架；箍子；大括号；（儿童）牙箍 *v.* 使防备；抵住；加固

bracket [ˈbrækɪt]

n.（方）括号；托架；等级 *v.* 用括弧括上；把……归为一类

□ lever		
义联词	□ **leverage**	□ **manipulate**

lever [ˈlevər]

v. **撬动，撬起** *n.* **控制杆**；**手段**；操纵杆；杠杆；途径；方法
真题 lever a nation of sport lovers away from their couches 把整个国家的体育爱好者从他们的沙发上拉起来（2017 年阅读）

leverage [ˈlevərɪdʒ]

v. **充分利用（资源、观点等）** *n.* 影响力，手段；杠杆力
真题 A company may leverage "owned" media. 公司可以充分利用"自有"媒体。（2011 年阅读）

manipulate [məˈnɪpjuleɪt]

v. **操纵，控制，影响**；操作，使用；正骨
真题 manipulate user interfaces to influence the decision-making ability of users 操纵用户界面以影响用户决策能力（2022 年阅读）

□ **compass**

| 义联词 | □ **orientation** | □ **oriental** |

compass [ˈkʌmpəs]

n. **指南针，罗盘**；圆规；范畴 *v.* 图谋完成；围绕

真题 get lost without a phone or a compass 在没有手机或指南针的情况下迷了路（2019 年完形）

orientation [ˌɔːriənˈteɪʃn]

n. 方向，目标；基本信仰，态度；培训；迎新会

oriental [ˌɔːriˈentl]

adj. **东方的**；东方人的

真题 the Secretary's office decorated with carved wood and Oriental rugs 以木雕和东方地毯作装饰的秘书办公室（2018 年新题型）

□ **hose**

| 义联词 | □ **plumber** |
| 形联词 | □ **hostage** |

hose [həʊz]

n. **软管，塑料管，水龙带**；连裤袜，长筒袜 *v.* 用水管冲洗，浇灌

示例 a garden hose 一根浇花园的软管

plumber [ˈplʌmər]

n. **水暖工，管子工**

真题 A plumber doesn't wake up and say that he can't work with pipes today. 一个管道工不会一觉醒来就说自己今天修不了管道了。（2022 年完形）

hostage [ˈhɑːstɪdʒ]

n. **把柄**；人质

真题 A campaign becomes hostage to activists. 一场活动被激进分子抓为把柄。（2011 年阅读）

□ **foam**

| 义联词 | □ **razor** | □ **tidy** |

foam [fəʊm]

n. **泡沫材料，泡沫橡胶**；泡沫；泡沫剂

真题 foam pumpkins 泡沫南瓜（2022 年阅读）

razor [ˈreɪzər]

n. 剃须刀

tidy [ˈtaɪdi]

adj. **整洁的**；爱整洁的 *v.* 使整洁

obesity [əʊˈbiːsəti]

n. **过度肥胖**；肥胖症

真题 We tend to label obesity as a disgrace. 我们倾向于将过度肥胖视为一种耻辱。（2014年完形）

diagnose [ˌdaɪəgˈnəʊs]

v. 诊断；判断（问题的原因）

diabetes [ˌdaɪəˈbiːtiːz]

n. 糖尿病，多尿症

benign [bɪˈnaɪn]

adj. 慈祥的；善良的；〈医〉良性的

malignant [məˈlɪgnənt]

adj. 恶性的，致命的；恶毒的

---

differentiate [ˌdɪfəˈrenʃieɪt]

v. **辨别，区分**；**构成……间差别的特征**；区别对待

词组 differentiate (between) A and B 将 A 和 B 区别开来

真题 differentiate between a credible person and a dishonest one 辨别可信的人和不可信的人（2018年完形）

discern [dɪˈsɜːrn]

v. **分辨出，听出**；觉察出，识别

真题 discern rules 辨清规则（2021年阅读）

discriminate [dɪˈskrɪmɪneɪt]

v. **歧视，区别对待**；辨别，区分

词组 discriminate against... 歧视……，区别对待……

真题 The tax discriminates against American companies. 这项税收对美国公司有歧视。（2020年阅读）

blur [blɜːr]

v. **变模糊**；（使）难以区分；玷污　*n.* 污点；模糊形状；模糊的记忆

真题 blurred images 模糊的照片（2021年阅读）

classification [ˌklæsɪfɪˈkeɪʃn]

n. **类别，分类**；等级，门类；分类系统

真题 sex-based classifications 根据性别进行的区分（2020年阅读）

□ lump

| 义联词 | □ **bruise** | □ **wrench** | □ **swell** | □ **bump** |

---

lump [lʌmp]

v. **将……归并在一起**；结块　*n.* 块，肿块
真题 lump together information from different research projects 将不同研究项目的信息汇总在一起（2009 年阅读）

---

bruise [bruːz]

v. 擦伤；打击，挫伤　*n.* 瘀伤，青肿；（水果或蔬菜的）碰伤

---

wrench [rentʃ]

v. 猛扭；扭伤；使痛苦难过　*n.* 痛苦，难受；猛扭

---

swell [swel]

v. 肿胀

---

bump [bʌmp]

n. 肿块；隆起物；碰撞（声）　*v.* 碰上，撞上

□ plunge

义联词	□ **scrape**	□ **scratch**	□ **pinch**	□ **poke**
	□ **snatch**	□ **tuck**	□ **sprinkle**	□ **slam**
	□ **thrust**	□ **shove**	□ **hurl**	□ **fling**
	□ **kneel**	□ **splash**		

---

plunge [plʌndʒ]

v./n. **猛冲**；猛降
词组 plunge into... 陷入……
真题 Dickens plunged into a bleaker world. Dickens 陷入到了一个更加阴郁的世界。（2017 年新题型）

---

scrape [skreɪp]

v. 刮掉；擦伤；发出刺耳的刮擦声；艰难取得　*n.* 刮擦声；擦伤

---

scratch [skrætʃ]

v. 挠；抓伤；擦破；刮出（或刮去）痕迹　*n.* 划痕；刺耳声

---

pinch [pɪntʃ]

v. 捏，拧；夹痛　*n.* 捏，拧；一撮，微量

---

poke [pəʊk]

v. **戳，挑**；露出；探出　*n.* 戳，捅
真题 Unclear sentences should be mercilessly poked. 不够清晰的句子应该被毫不留情地挑出。（2008 年新题型）

---

snatch [snætʃ]

v. 一把抓起；夺去；抓紧时间做　*n.*（听到的）只言片语；抢夺

---

tuck [tʌk]

v. 把……**塞进**；用……裹严　*n.* 褶；减肥手术；零食

真题 tuck smartphones in the pockets 把手机塞进口袋里（2015 年完形）

---

sprinkle [ˈsprɪŋkl]

v. 撒；用……点缀　*n.* 少量

---

slam [slæm]

v. 砰地关上；砰地放下；猛烈抨击　*n.* 砰的一声

---

thrust [θrʌst]

v. 猛推；刺，戳　*n.* 要旨；猛推

---

shove [ʃʌv]

v. **猛推**；乱放　*n.* 猛推

真题 shove for attention 猛推以引人注意（2014 年阅读）

---

hurl [hɜːrl]

v. 猛投，用力掷；猛摔；大声叫骂

---

fling [flɪŋ]

v. 扔，掷，抛；猛动；粗暴地说　*n.* 一时的放纵；短暂的风流韵事

---

kneel [niːl]

v. 跪，跪下，跪着

---

splash [splæʃ]

熟义 *v.* 泼洒；把（水、泥等）泼在……上
n. 溅，飞溅声；引人注目的事物

僻义 *n.* **引人注目的效果**，令人激动的事件

词组 make a splash 引起轰动

真题 make the biggest splash 引起巨大轰动（2003 年阅读）

□ physician			
义联词　□ **hygiene**	□ **pharmacy**	□ **physiology**	□ **practitioner**
□ **prescribe**	□ **prescription**	□ **quarantine**	□ **surgeon**
□ **germ**	□ **infect**	□ **infectious**	□ **contagious**
□ **epidemic**	□ **vaccine**	□ **anatomy**	□ **rash**

---

physician [fɪˈzɪʃn]

n. **内科医生**

真题 highly skilled physician 技术娴熟的内科医生（2002 年阅读）

---

hygiene [ˈhaɪdʒiːn]

n. **卫生**；卫生学；保健法

真题 dental hygiene 口腔卫生（2021 年阅读）

---

pharmacy [ˈfɑːrməsi]

n. 药房，药店；制药学

---

physiology [ˌfɪziˈɑːlədʒi]

n. **生理机能**；生理学

真题 Oxytocin influences mood, behavior and physiology. 催产素影响情绪、行为和生理机能。（2017 年完形）

---

practitioner [prækˈtɪʃənər]

n. **（医学界或法律界的）从业人员，执业者**

真题 a medical practitioner 行医者（2003 年阅读）

prescribe [prɪ'skraɪb]

v. 开（药、处方）；吩咐采用；指定，规定
真题 A doctor prescribes a drug. 医生开药。（2002 年阅读）

prescription [prɪ'skrɪpʃn]

n. 处方；药方；解决方法；诀窍
真题 prescription drug 处方药（2005 年新题型）

quarantine ['kwɔːrəntiːn]

n. 隔离期，检疫　*v.* 对（动物或人）进行检疫，隔离

surgeon ['sɜːrdʒən]

n. 外科医生
真题 former surgeon general 前卫生局局长（2003 年阅读）

germ [dʒɜːrm]

n. 微生物，细菌，病菌；胚芽，胚胎；起源，萌芽

infect [ɪn'fekt]

v. 传染，感染；影响

infectious [ɪn'fekʃəs]

adj. 感染的，有传染性的；有感染力的，有影响力的

contagious [kən'teɪdʒəs]

adj. 接触传染的；患接触性传染病的

epidemic [ˌepɪ'demɪk]

adj. 流行性的，盛行的；传染的；泛滥的　*n.* 流行病；（坏事的）盛行
真题 epidemic flu 流行性感冒（2013 年阅读）

vaccine [væk'siːn]

n. 疫苗，菌苗
真题 new treatments and vaccines 新的治疗方法和疫苗（2003 年阅读）

anatomy [ə'nætəmi]

n. 解剖学；结构，解剖；人体；剖析
真题 He became skilled in the study of human biology and anatomy. 他精通人类生物学和解剖学。（2009 年新题型）

rash [ræʃ]

n. 皮疹；（涌现的）令人不快的事物　*adj.* 鲁莽的

□ amplify			
义联词　□ **magnify**	□ **augment**	□ **reinforce**	□ **consolidate**

amplify ['æmplɪfaɪ]

v. 放大，增强；阐发，充实（故事、陈述等）
真题 amplify age and sex differences 夸大年龄和性别之间的差异（2012 年阅读）

magnify ['mægnɪfaɪ]

v. 放大；夸大，夸张；扩大；增强
真题 a magnifying glass 放大镜（2017 年阅读）

augment [ɔːɡˈment]

v. **增强**；增加；扩大；充填　*n.* 增（元）音

真题 Machines can augment human labor. 机器可以增强人类的工作（能力）。（2014 年阅读）

reinforce [ˌriːɪnˈfɔːrs]

v. **增强，使更强烈**；使更结实

真题 effectively reinforce 有效地加强（2016年阅读）

consolidate [kənˈsɑːlɪdeɪt]

v. **使巩固，加强**；合并

真题 consolidate the town-city ties 巩固城镇间联系（2020 年阅读）

□ aggravate				
义联词	□ degenerate	□ deteriorate	□ escalate	□ alleviate
	□ buffer			

aggravate [ˈæɡrəveɪt]

v. **使恶化**；（故意）激怒

真题 aggravate the ethical situation in the trade 使该行业的道德状况恶化（2014 年阅读）

degenerate

[dɪˈdʒenəreɪt] *v.* 恶化，衰退

[dɪˈdʒenərət] *n.* 堕落者　*adj.* 堕落的；退化的

deteriorate [dɪˈtɪriəreɪt]

v. **老化，退化**；恶化

词组 continue to deteriorate 持续恶化，退化

真题 Old objects continue to deteriorate. 旧物继续老化。（2022 年阅读）

escalate [ˈeskəleɪt]

v. 加剧；不断恶化；（使）逐步扩大

alleviate [əˈliːvieɪt]

v. **缓和，减轻**

真题 alleviate damage 挽回损失（2011 年阅读）

buffer [ˈbʌfər]

n. 起缓冲作用的人（物）；缓冲器，减震器；缓冲存储器，缓存区　*v.* 保护；减缓；缓存

□ deduct		
义联词	□ minus	□ subtract
形联词	□ debut	

deduct [dɪˈdʌkt]

v. **减去，扣除**

示例 deducted from wages 从工资中扣除

minus [ˈmaɪnəs]

prep. 减去；零下；欠缺　*n.* 负号；负值；缺点　*adj.* 负的；负面的；略低于 A 等级的

---

subtract [səbˈtrækt]

v. 减去

---

debut [deɪˈbjuː]

n. **初次登台（或上场）**；（演员、运动员）首次亮相

词组 make one's debut 首次亮相

真题 These eggs are making their debut now on shelves. 这些鸡蛋现在首次上架。（2022 年阅读）

□ **abbreviation**

| 义联词 | □ **compress** | □ **condense** | □ **miniature** | □ **tedious** |

abbreviation [əˌbriːviˈeɪʃn]

n. **缩写词，略语**；缩写形式；缩写，缩略

真题 a military abbreviation 一个军事类缩写词（2012 年完形）

---

compress [kəmˈpres]

v. 压紧；精简，浓缩；压缩（文件等）

---

condense [kənˈdens]

v. 凝结；变浓稠；压缩

---

miniature [ˈmɪnətʃər]

n. 微型画；缩微模型，微型复制品　*adj.* 微型的

---

tedious [ˈtiːdiəs]

adj. 冗长乏味的

□ **copper**

| 义联词 | □ **bronze** | □ **alumin(i)um** | □ **nickel** | □ **alloy** |

copper [ˈkɑːpər]

n. **铜**；铜币；警察

真题 the copper coils 铜线圈（2017 年新题型）

---

bronze [brɑːnz]

n. **青铜**；青铜色，深红褐色；铜牌　*adj.* 青铜色的　*v.* 上青铜色于

真题 bronze balusters 青铜栏杆（2018 年新题型）

---

alumin(i)um [ˌæljəˈmɪniəm]

n. 铝

---

nickel [ˈnɪkl]

n. 镍；五分镍币

---

alloy [ˈælɔɪ]

n. 合金　*v.* 将……铸成合金

□ **tangible**

| 义联词 | □ **imaginary** | □ **imaginative** | □ **envisage** | □ **conceive** |

| 形联词 | □ **tangle** |

tangible [ˈtændʒəbl]

adj. **有形的，实际的**；可触摸的，可感知的

示例 tangible results 实际的效果

imaginary [ɪˈmædʒɪneri]

adj. 想象中的，假想的；虚构的

imaginative [ɪˈmædʒɪnətɪv]

adj. **想象的**；富有想象力的；创新的

真题 imaginative capacity 想象力（2013 年阅读）

envisage [ɪnˈvɪzɪdʒ]

v. **想象，设想**；展望

真题 explore many possibilities we can envisage 探索我们所能想象的各种可能性（2013 年阅读）

conceive [kənˈsiːv]

v. **构想，设想**；怀（胎）

真题 Our immediate future is hard to conceive. 我们难以想象不远的将来是什么样子。（2013 年阅读）

tangle [ˈtæŋgl]

n. 乱糟糟的一堆；纷乱   *v.* 使缠结

□ **cyberspace**

| 义联词 | □ **blog** | □ **bandwidth** |

cyberspace [ˈsaɪbərspeɪs]

n. **网络空间**；赛博空间

真题 voice opinions in cyberspace 在网络空间发表看法（2018 年阅读）

blog [blɑːg]

n. **博客，网志**   *v.* **写博客**

真题 respond to the blog 在博客上留言回复（2013 年新题型）

bandwidth [ˈbændwɪdθ]

n. **带宽（值），频宽（值）**；能力

真题 Terms like unplug, offline and bandwidth are all about setting boundaries between the office and the home. 像拔掉插头、离线、带宽这样的术语全都与设定办公室与家庭之间的界线有关。（2015 年阅读）

□ software		
义联词 □ compatible	□ patch	□ algorithm

software [ˈsɔːftwer]

n. 软件

真题 Some software programs can also check spelling. 一些软件程序也可以检查拼写。（2008年新题型）

compatible [kəmˈpætəbl]

adj. 兼容的；可共用的；关系好的　*n.* 兼容性计算机

patch [pætʃ]

n. 补丁；斑，与周围不同的部分；一小块地
v. 补，修补

algorithm [ˈælgərɪðəm]

n. 算法；计算程序

真题 develop an algorithm 开发一种算法（2023年阅读）

□ workload			
义联词 □ overtime	□ commute	□ typewriter	□ typist
□ briefcase	□ archive	□ portfolio	□ profile
□ turnover	□ vacant	□ warehouse	□ appraisal

workload [ˈwɜːrkləʊd]

n. 工作量，工作负担

真题 adds to researchers' workload 增加了研究人员的工作量（2015年阅读）

overtime [ˈəʊvərtaɪm]

n. 加班，加班的时间；加班费；加时（赛）

真题 Overtime is not attractive to this generation. 加班对这一代人没有吸引力。（2017年新题型）

commute [kəˈmjuːt]

n. 上下班往返，通勤　*v.* 上下班往返；减刑；代偿

词组 commute to work 通勤

真题 The route could be your commute to work, a trip into town or the way home. 可以是上下班、进城或是回家的路。（2015年翻译）

typewriter [ˈtaɪpraɪtər]

n. 打字机

真题 a machine that could function as a typewriter and printing press 一台兼具打字和印刷功能的机器（2012年新题型）

typist [ˈtaɪpɪst]

n. 打字员，打字者

briefcase [ˈbriːfkeɪs]

n. 公文包，公事包

archive [ˈɑːrkaɪv]

n. **档案室**；档案　　*v.* 把……存档，归档
真题 open-access archives 公开渠道档案馆（2008 年阅读）

portfolio [pɔːrtˈfəʊliəʊ]

n. 公文包；代表作品集；（高官的）职务

profile [ˈprəʊfaɪl]

n. **（人或组织的）形象，姿态；个人资料，简介，概况**；侧影，侧面轮廓；描述
词组 high-profile... 引人注目的……
真题 high-profile arts events 引人注目的艺术盛会（2020 年阅读）

turnover [ˈtɜːrnəʊvər]

n. **货物周转率；人事变更率**；营业额；三角馅饼
真题 Programming languages have a quick turnover. 编程语言更新速度很快。（2016 年阅读）

vacant [ˈveɪkənt]

adj. 空着的；职位空缺的；茫然的

warehouse [ˈwerhaʊs]

n. **仓库；货仓**
真题 a physical presence such as a warehouse or office 像仓库或办公室之类的实体场地（2019 年阅读）

appraisal [əˈpreɪzl]

n. **工作表现评估，工作鉴定会**；评价，鉴定；估价
词组 staff appraisal 员工评估
真题 staff appraisal standards 员工评估标准（2021 年阅读）

□ **surplus**

义联词　□ **remnant**　　□ **superfluous**

surplus [ˈsɜːrplʌs]

adj. **剩余的**　*n.* 过剩，剩余
真题 surplus vegetables 剩余的蔬菜（2013 年新题型）

remnant [ˈremnənt]

n. 残留部分

superfluous [suːˈpɜːrfluəs]

adj. **过剩的，多余的**
真题 superfluous material goods 多余的物质产品（2012 年新题型）

□ **slip**

义联词　□ **slippery**　　□ **glide**

slip [slɪp]

n. **纸条**；纰漏；滑跤　*v.* 滑倒；滑落；悄悄疾行；偷偷放
真题 a pink slip 解聘通知书（2007 年阅读）

slippery [ˈslɪpəri]

adj. 滑的；滑头滑脑的；棘手的

glide [glaɪd]

n. 滑行，滑动；滑翔

□ **excel**		
义联词	□ **exceedingly**	□ **surpass**
形联词	□ **expel**	

excel [ɪkˈsel]

v. **擅长，善于**

词组 excel in... 在……方面很擅长，在……方面胜过

真题 excel in making connections 擅长建构联系（2014 年完形）

exceedingly [ɪkˈsiːdɪŋli]

adv. 极其，非常

surpass [sərˈpæs]

v. **超过**，优于

真题 The sales for our May Books of the Month surpassed any month since 2018. 我们五月推荐图书的销量超过了 2018 年以来的任何一个月。（2023 年阅读）

expel [ɪkˈspel]

v. 驱逐出境；把……开除；排出，喷出

Word List 24

□ **monarch**

| 义联词 | □ **arbitrary** | □ **monument** | □ **noble** | □ **lofty** |
| | □ **overthrow** | □ **overturn** | | |

monarch [ˈmɑːnərk]

n. **君主，帝王**

真题 the last reigning monarch 最后一任在位君主（2017 年阅读）

arbitrary [ˈɑːrbɪtreri]

adj. **武断的，任意的**；专横的，专制的

真题 arbitrary board decision 武断的董事会决策（2020 年阅读）

monument [ˈmɑːnjumənt]

n. 纪念碑；历史遗迹；丰碑，永久的典范

noble [ˈnəʊbl]

adj. **崇高的，品质高尚的**；**高贵的**；贵族的；宏伟壮丽的

真题 noble qualities 崇高的品质（2004 年阅读）

lofty [ˈlɔːfti]

adj. 崇高的，高尚的；高耸的，巍峨的；高傲的，傲慢的

overthrow

[ˌəʊvərˈθrəʊ] *v.* 推翻，打倒，赶下台
[ˈəʊvərθrəʊ] *n.* 推翻，打倒

overturn [ˌəʊvərˈtɜːrn]

v. **推翻，倾覆**；撤销（判决等）

词组 overturn a conviction 推翻判决，撤销定罪
真题 overturn the corruption conviction 撤销腐败定罪（2017 年阅读）

□ **supreme**

| 义联词 | □ **superiority** | □ **commonplace** |

supreme [suːˈpriːm]

adj. **至高无上的**；（程度）很大的
真题 the Supreme Court 最高法院（2019 年阅读）

superiority [suːˌpɪriˈɔːrəti]

n. **优势**；**优越感**
真题 illusory superiority 虚幻的优越感（2014 年阅读）

commonplace [ˈkɑːmənpleɪs]

adj. 普通的，平凡的　*n.* 老生常谈；常见的事

347

□ **regime**

义联词	□ **ministry**	□ **parliament**	□ **patriotic**	□ **puppet**
	□ **realm**	□ **republic**	□ **republican**	□ **royalty**
	□ **majesty**	□ **sovereign**	□ **communism**	□ **inaugurate**
	□ **senate**	□ **senator**	□ **segregate**	□ **statesman**
	□ **grassroots**	□ **hierarchy**	□ **congress**	□ **bureaucracy**
	□ **autonomy**	□ **tribute**	□ **nominate**	

regime [reɪˈʒiːm]

熟义 *n.* **统治方式，政权**

真题 the old regime 旧统治（2007 年完形）

僻义 *n.* **管理体制** a particular method or system of organizing or managing sth.

真题 dismissal regime 解雇机制（2022 年阅读）

ministry [ˈmɪnɪstri]

n.（政府的）部；（基督教新教的）全体牧师；神职；神职任期

parliament [ˈpɑːrləmənt]

n. **议会，国会**

真题 get a job as a reporter in Parliament 找到一个议会记者的工作（2017 年新题型）

patriotic [ˌpeɪtriˈɑːtɪk]

adj. 爱国的

puppet [ˈpʌpɪt]

n. 木偶；傀儡

realm [relm]

n. **领域**；王国

真题 interpersonal realm 人际关系领域（2013 年阅读）

republic [rɪˈpʌblɪk]

n. **共和国，共和政体**

真题 *The New Republic*《新共和》（2020 年阅读）

republican [rɪˈpʌblɪkən]

n. **共和党人** *adj.* **共和党的**；共和政体的

真题 Democrats and Republicans 民主党人和共和党人（2014 年阅读）

royalty [ˈrɔɪəlti]

n. 王室成员；版税

majesty [ˈmædʒəsti]

n. 庄严，威严；陛下；王权

sovereign [ˈsɑːvrɪn]

adj. **有独立主权的**；有至高无上的权力的 *n.* 君主

真题 a sovereign nation 主权国家（2017 年阅读）

communism [ˈkɑːmjənɪzəm]

n. 共产主义；共产主义制度

inaugurate [ɪˈnɔːgjəreɪt]

v. 开始，开展；为……举行就职典礼，开幕式，落成仪式；开创；开始

senate [ˈsenət]

n. **参议院**

真题 the French Senate 法国参议院（2020 年阅读）

---

senator [ˈsenətər]

n. 参议员

真题 Democratic Senator 民主党参议员（2005 年阅读）

---

segregate [ˈseɡrɪɡeɪt]

v. 隔离并区别对待；（使）分开

---

statesman [ˈsteɪtsmən]

n. 政治家

真题 a 18th-century statesman 一位 18 世纪的政治家（2003 年阅读）

---

grassroots [ˌɡræsˈruːts]

n. 草根；基层　*adj.* 基层的；草根的；乡村的

真题 organize "grassroots" sports events 组织"草根"体育赛事（2017 年阅读）

---

hierarchy [ˈhaɪərɑːrki]

n. 等级制度，等级体系；统治集团，领导层

---

congress [ˈkɑːŋɡrəs]

n. **国会，议会**；代表大会

词组 Congress 美国国会

真题 Congress or the Supreme Court could intervene. 国会或最高法院可以干预。（2021 年阅读）

---

bureaucracy [bjʊˈrɑːkrəsi]

n. **官僚体制**；实行官僚体制的国家；官僚主义，官僚作风

真题 Not each province has its own list of approved drugs, bureaucracy. 不是每个省都有自己的获准药单和行政系统。（2005 年新题型）

---

autonomy [ɔːˈtɑːnəmi]

n. 自治（权），自主（权）

---

tribute [ˈtrɪbjuːt]

n. **贡品，贡金**；颂词；吊唁礼物；（良好效果或影响的）体现

真题 Early promises to end Indian tribute came much slower. 结束印度朝贡的早期承诺实现得稍慢一些。（2007 年完形）

---

nominate [ˈnɑːmɪneɪt]

v. 提名，推荐；任命，指派；挑选

□ **Catholic**

义联词	□ **pope**	□ **orthodox**	□ **persecute**	□ **preach**
	□ **sacred**	□ **witch**	□ **divine**	□ **Bible**
	□ **Christ**			

Catholic [ˈkæθlɪk]

adj. **基督教会的**；包罗万象的　*n.* 天主教徒

词组 Roman Catholic Church 罗马天主教会

真题 the Roman Catholic Church 罗马天主教（2020 年翻译）

---

pope [pəʊp]

n. 教皇，罗马主教

orthodox [ˈɔːrθədɑːks]

adj. 普遍接受的，正统的；正统信仰的；东正教派的

persecute [ˈpɜːrsɪkjuːt]

v. （尤指宗教或政治信仰的）迫害；骚扰

preach [priːtʃ]

v. 宣讲，布道；鼓吹，宣传；说教

sacred [ˈseɪkrɪd]

adj. **神圣的**；受尊重的
真题 sacred land 圣地（2017 年阅读）

witch [wɪtʃ]

n. 女巫，巫婆；丑老太婆

divine [dɪˈvaɪn]

adj. 神的，天赐的；绝妙的，极美的

Bible [ˈbaɪbl]

n. **圣经**
真题 explain the *Bible* 解释《圣经》（2009 年阅读）

Christ [kraɪst]

n. 耶稣基督

☐ **ethnic**

形联词	☐ **exotic**	☐ **ethic**

ethnic [ˈeθnɪk]

adj. **种族的，民族的**；具有民族特色的，异国风味的
词组 ethnic background 种族背景
真题 similar ethnic backgrounds 相似的种族背景（2015 年完形）

exotic [ɪgˈzɑːtɪk]

adj. **异国的**；来自热带国家的；奇异的；异国情调的
真题 "exotic" language "异国"语言（2004 年翻译）

ethic [ˈeθɪk]

n. **伦理标准，道德准则**；道德体系；伦理学
真题 a hot topic in ethics classes 伦理课上的一个热门话题（2022 年阅读）

☐ **nominal**

义联词	☐ **badge**	☐ **icon**	☐ **indicative**

nominal [ˈnɑːmɪnl]

adj. **名义上的**；很小的，象征性的；名词性的

示例 the nominal leader 名义领袖

badge [bædʒ]

n. 徽章；证章；（制服上的）标记标识；象征

icon [ˈaɪkɑːn]

n. 偶像；象征物；代表；图标，图符；圣像
（如基督、圣母玛利亚等）

indicative [ɪnˈdɪkətɪv]

adj. 标示的，指示的；表明的；象征的；陈述
的　*n.* 陈述语气

□ allegiance		
义联词　□ **traitor**	□ **treason**	

allegiance [əˈliːdʒəns]

n. **忠诚，拥戴**
真题 increase allegiance to the firm 提高对公
司的忠诚度（2015 年阅读）

traitor [ˈtreɪtər]

n. 叛徒，卖国贼

treason [ˈtriːzn]

n. 叛国罪，危害国家罪

□ conceal			
义联词　□ **confidential**	□ **uncover**	□ **disclose**	□ **overt**
□ **bulletin**			
形联词　□ **concede**	□ **concession**		

conceal [kənˈsiːl]

v. **隐瞒；隐藏，掩盖**
真题 Dickens concealed their background. Dickens
隐瞒了他们的身份背景。（2017 年新题型）

confidential [ˌkɑːnfɪˈdenʃl]

adj. 机密的，保密的；秘密的；受信任的

uncover [ʌnˈkʌvər]

v. 揭开盖子；揭露

disclose [dɪsˈkləʊz]

v. **揭露，批露；使显露**
真题 disclose the causes of the plastics crisis 揭露
塑料危机的原因（2019 年阅读）

overt [əʊˈvɜːrt]

adj. 公开的，不隐瞒的

bulletin [ˈbʊlətɪn]

n. 公告，布告；新闻简报；（机构或组织的）
简报

concede [kənˈsiːd]

v. 承认；让步；认输

真题 I need to concede that my collection makes up only a tiny percentage. 我需要承认，我的收藏仅占很小一部分。（2021 年阅读）

concession [kənˈseʃn]

n. 让步；承认；减价票；特许权；销售场地

真题 make more concessions 做出更多让步（2010 年阅读）

□ **defy**		
义联词 □ **contempt**	□ **scorn**	
形联词 □ **deter**		

defy [dɪˈfaɪ]

v. 违抗，蔑视；使成为不可能，无法

示例 defy the teachers 违抗老师

contempt [kənˈtempt]

n. 蔑视，鄙视；藐视，不顾

词组 contempt for... 对……的蔑视

真题 contempt for the old-fashionedness 对守

旧行为的蔑视（2005 年阅读）

scorn [skɔːrn]

v. 鄙视；不屑　*n.* 轻蔑，鄙视

真题 Homework has been particularly scorned. 家庭作业尤其受到了冷落。（2012 年阅读）

deter [dɪˈtɜːr]

v. 威慑；制止

□ **conspiracy**		
义联词 □ **contrive**	□ **blueprint**	□ **consultant**
形联词 □ **conspicuous**		

conspiracy [kənˈspɪrəsi]

n. 阴谋，密谋策划

示例 a conspiracy theory 阴谋论

contrive [kənˈtraɪv]

v. 巧妙地策划（或制造）；设法做到；（克服困难）促成

真题 rely on contrived laboratory tests 依赖精心设计的实验测试（2022 年阅读）

blueprint [ˈbluːprɪnt]

n. 蓝图；行动方案；（生物细胞的）模型

consultant [kənˈsʌltənt]

n. 顾问；高级顾问医师

真题 an education consultant 教育顾问（2016 年阅读）

conspicuous [kənˈspɪkjuəs]

adj. 明显的，惹人注意的

真题 a type of conspicuous bias 一种明显的偏见（2004 年阅读）

□ authentic			
义联词	□ reliance	□ plausible	□ fabricate	□ pretext
	□ simulate	□ deceive	□ distort	□ dubious

authentic [ɔ:ˈθentɪk]

adj. **真实的，真正的**；可靠的；真迹的，逼真的

真题 authentic role models 真实的榜样（2007 年新题型）

reliance [rɪˈlaɪəns]

n. **依赖，信任**

词组 reliance on 依赖，依靠

真题 reliance on social media 对社交媒体的依赖（2018 年阅读）

plausible [ˈplɔ:zəbl]

adj. **有道理的**；可信的；花言巧语的

真题 It surely seems plausible that happy people would be more forward-thinking. 幸福的人会更有远见，这看起来确实有道理。（2016 年完形）

fabricate [ˈfæbrɪkeɪt]

v. **编造，捏造**；制造，装配，组装

真题 fabricate the data 编造数据（2004 年翻译）

pretext [ˈpri:tekst]

n. 借口，托辞

simulate [ˈsɪmjuleɪt]

v. **模拟**；假装；冒充

deceive [dɪˈsi:v]

v. **欺骗（自己）**；蒙骗，诓骗；误导

词组 self-deceiving 自欺欺人的

真题 a self-deceiving attempt 企图自欺欺人（2020 年阅读）

distort [dɪˈstɔ:rt]

v. **扭曲，使失真**；曲解，歪曲

真题 distorted values 扭曲的价值观（2015 年阅读）

dubious [ˈdu:biəs]

adj. **可疑的**；不可信的；不诚实的；不确定的；不一定好的

真题 dubious practices 可疑行为（2022 年阅读）

□ marital		
义联词	□ masculine	□ feminine	□ spouse

marital [ˈmærɪtl]

adj. **婚姻的，夫妻关系的**

真题 pre-marital finance 婚前经济状况（2016 年阅读）

masculine [ˈmæskjəlɪn]

adj. **男性的，男子汉的**；阳性的

真题 Pink was considered the more masculine colour. 那时人们认为粉红色是更偏男性化的颜色。

（2012 年阅读）

feminine ['femənɪn]

adj. 女性特有的；女性的；阴性的

spouse [spaʊs]

n. 配偶

真题 the choice of a spouse 择偶（2016 年完形）

□ **advisable**

| 义联词 | □ **preferable** | □ **viable** | □ **feasible** |

---

advisable [ədˈvaɪzəbl]

adj. 可取的，明智的

词组 it is advisable to do sth. 做某事是可取的

真题 It is advisable to follow the advice. 遵循建议是可取的。（2020 年完形）

preferable ['prefrəbl]

adj. 更受欢迎的；更可取的，更好的；更合心意的

真题 much preferable to cucumbers 比黄瓜更受欢迎（2005 年阅读）

viable ['vaɪəbl]

adj. 能独立发展的；切实可行的

真题 to be economically viable 在经济上自立（2007 年完形）

feasible ['fiːzəbl]

adj. 可行的，行得通的

真题 How feasible is this vision? 这一构想有多大的可行性呢?（2021 年阅读）

□ **tactic**

| 义联词 | □ **wit** | □ **shrewd** | □ **riddle** |

---

tactic ['tæktɪk]

n. 策略；兵法

真题 The tactic never really works. 这种策略不可能真有效果。（2012 年阅读）

wit [wɪt]

n. 智慧；智力；风趣

shrewd [ʃruːd]

adj. 精明的；高明的

riddle ['rɪdl]

n. 谜语；神秘事件

	□ clumsy	
义联词	□ ingenious	□ novelty

clumsy [ˈklʌmzi]

adj. **笨拙的，不灵巧的**；难处理的，使用不便的

真题 It is clumsy. 这样很笨拙。（2018 年翻译）

ingenious [ɪnˈdʒiːniəs]

adj. 灵巧的，有独创性的；精巧的，巧妙的

novelty [ˈnɑːvlti]

n. **新奇事物**；**新奇，新颖，新鲜**；新颖小巧而廉价的物品　*adj.* 新奇的

真题 Novelty itself frequently provokes disbelief. 新奇事物本身常常引发怀疑。（2012 年阅读）

	□ convert		
义联词	□ conversion	□ conversely	
形联词	□ invert	□ inverse	□ divert	□ diversion

convert [kənˈvɜːrt]

v. **转换，转变**；**可转变为**；（使）皈依；获得附加分　*n.* 皈依者

词组 convert sth. into sth. ……转换成……

真题 convert the economic growth into well-being 将经济增长转换为社会福利（2017 年阅读）

conversion [kənˈvɜːrʒn]

n. 转变，转化；皈依，归附；附加得分；改建房屋

conversely [ˈkɑːnvɜːrsli]

adv. **相反地，反过来**

真题 Conversely, someone with a small frame may have high body fat but a normal BMI. 相反，一些骨架小的人可能体内脂肪较高而 BMI 却正常。（2014 年完形）

invert [ɪnˈvɜːrt]

v. **使颠倒**，使倒转

真题 That's been fundamentally inverted. 这已经被彻底颠倒过来了。（2011 年阅读）

inverse [ˌɪnˈvɜːrs]

adj. 相反的，倒转的；颠倒的，逆的　*n.* 相反（的事物），颠倒（的事物）

divert [daɪˈvɜːrt]

v. **转移**；**改变……的用途**；使转向；转移……的注意力；供消遣

真题 DPT (diverted profits tax) 转移利润税（2020 年阅读）

diversion [daɪˈvɜːrʒn]

n. 转向，偏离；转移视线的事物；临时绕行路；消遣

☐ **rigid**

义联词	☐ **harden**	☐ **hardline**	☐ **elastic**	☐ **vivid**

rigid [ˈrɪdʒɪd]

adj. **死板的**；固执的；坚硬的

真题 rigid management 死板的管理（2018 年阅读）

harden [ˈhɑːrdn]

v. 变硬；变得坚强

hardline [ˌhɑːrdˈlaɪn]

adj. **强硬派的**；强硬的；不妥协的　*n.* 强硬路线；强硬派

真题 the hardline Republican governor 强硬派共和党州长（2012 年阅读）

elastic [ɪˈlæstɪk]

n. 松紧带；橡皮圈　*adj.* 有弹性的；灵活的；橡皮圈的

vivid [ˈvɪvɪd]

adj. **生动的**；鲜明的；丰富的

真题 vivid dreams 生动的梦（2005 年阅读）

☐ **foremost**

义联词	☐ **cardinal**	☐ **petty**	☐ **affiliate**

foremost [ˈfɔːrməʊst]

adj. **最著名的**；最重要的；最前的

真题 England's foremost classical-music critics 英国最著名的古典音乐评论家（2010 年阅读）

cardinal [ˈkɑːrdɪnl]

adj. 基本的；最重要的　*n.*（数）基数；枢机主教

petty [ˈpeti]

adj. 小的；不重要的；小气的，心胸狭窄的

affiliate [əˈfɪlieɪt]

v. **使隶属于**；与……有关　*n.* 附属机构，分公司

真题 affiliated websites 附属网站（2021 年阅读）

☐ **trivial**

义联词	☐ **negligible**	☐ **trifle**

trivial [ˈtrɪviəl]

adj. **琐碎的，微不足道的**

真题 center on trivial issues 集中在琐碎的问题上（2015 年阅读）

negligible ['neglɪdʒəbl]

adj. 微不足道的，不值一提的

trifle ['traɪfl]

n. 琐事；不值钱的东西；稍微；葡萄酒蛋糕

v. 怠慢，小看

□ **verge**

义联词　□ **rim**　　　　□ **fringe**

verge [vɜːrdʒ]

n. 边，边缘

词组 on the verge of 濒于；接近于

真题 on the verge of bankruptcy 处在破产边缘
（2020 年阅读）

rim [rɪm]

n. 边沿，缘　*v.* 环绕边缘

fringe [frɪndʒ]

n. 刘海；穗，流苏；一排（树木、房屋等）；
边缘；外围　*v.* 成为……的边缘

□ **disposal**

义联词　□ **rubbish**　　　□ **bin**　　　　□ **dispose**

disposal [dɪ'spəʊzl]

n. **处理，清除**；变卖；＜美＞污物碾碎器

词组 waste disposal 废物处理

真题 the disposal of waste 废弃物处理（2022
年阅读）

rubbish ['rʌbɪʃ]

n. 垃圾；劣质的东西；废话

bin [bɪn]

n. 垃圾箱；大容器；丢弃

dispose [dɪ'spəʊz]

v. 布置，处理；使倾向于

□ **boast**

义联词　□ **trumpet**

形联词　□ **boost**

boast [bəʊst]

v. **夸口，自夸**；有（值得自豪的东西） *n.* 自吹
自擂

例句 She boasts about how wonderful her children
are. 她夸耀她的孩子们很出色。

trumpet ['trʌmpɪt]

v. **鼓吹，宣扬**；吼叫 *n.* 喇叭，小号；绽开的
水仙花

真题 Train operators trumpet the improvements
they are making to the rail network. 火车运营商
大肆鼓吹他们对铁路网所作的改进。（2021
年阅读）

boost [buːst]

v. **提高，增长**；激励；推广；＜美，非正式＞
偷窃 *n.* 提高；激励；向上一推

真题 boost citation counts 提高引用次数
（2023 年阅读）

□ vain			
义联词	□ **vanity**	□ **conceited**	□ **arrogant**

vain [veɪn]

adj. **自负的，虚荣的**；徒劳的

真题 Americans take a vain pride in their long
life expectancy. 美国人对他们的预期寿命有
一种虚荣的自豪感。（2003 年阅读）

vanity ['vænəti]

n. **虚荣心**；渺小，无所谓

真题 Vanity is a constant. 虚荣心是永远存在
的东西。（2013 年阅读）

conceited [kən'siːtɪd]

adj. 自负的，骄傲自大的

arrogant ['ærəgənt]

adj. **傲慢的，自大的**

真题 His manner is arrogant. 他态度很傲慢。
（2011 年阅读）

□ shed		
义联词	□ **sparkle**	□ **dazzle**

shed [ʃed]

熟义 *v.* **散发出光**；使落下 *n.* 棚；厂房

词组 shed light on... 使……变得清楚，阐明……

真题 shed some light on that question 进一步
了解那个问题（2017 年阅读）

僻义 *v.* **去除，摆脱** to get rid of something that
is no longer needed or wanted

真题 U.S. factories shed workers so fast. 美国
工厂裁员速度很快。（2013 年阅读）

sparkle [ˈspɑːrkl]

n. 闪耀；生气勃勃

dazzle [ˈdæzl]

v. 使目眩；使眼花缭乱；使赞叹不已　　*n.* 耀眼眩目；令人眼花缭乱的东西（或特性）

Word List 25

impair [ɪmˈper]

v. **损害**；损伤；削弱

真题 Their reputation may be impaired. 他们的声誉可能会受损。（2022 年阅读）

conducive [kənˈduːsɪv]

adj. 对……有助益的

reciprocal [rɪˈsɪprəkl]

adj. **互惠的，相互的**

真题 reciprocal help and cooperation 互惠互助和相互合作（2020 年阅读）

feat [fiːt]

n. **功绩**；技艺；武艺　*adj.* 合适的；灵巧的；整洁的

真题 the appreciation of star watchers' feats 赞赏观星师的功绩（2017 年阅读）

endeavo(u)r [ɪnˈdevər]

v. **努力，竭力**　*n.* （尤指新的或艰苦的）努力，尝试

词组 endeavo(u)r to do... 努力做……

真题 endeavor to maintain the image 努力维持形象（2020 年阅读）

toil [tɔɪl]

v. （**长时间**）**苦干**；跋涉　*n.* 苦工

真题 Anyone who has toiled through SAT will testify that test-taking skill also matters. 任何苦战通过 SAT 考试的人都会证明考试技巧也很重要。（2007 年阅读）

sponsor [ˈspɑːnsər]

n. **赞助商** *v.* 赞助，资助；举办；为慈善活动捐资

真题 Such policies are largely self-serving measures that make their sponsors feel good. 这样的政策大部分都是自私的举措，让其支持者感觉良好。（2020 年阅读）

endow [ɪnˈdaʊ]

v. 捐钱，资助；赋予

entrepreneur [ˌɑːntrəprəˈnɜːr]

n. **企业家**；创业者

真题 Internet entrepreneurs 互联网企业家（2019年阅读）

patron [ˈpeɪtrən]

n. 资助人，赞助人；老主顾

□ **academy**

义联词	□ **mentor**	□ **tuition**	□ **module**	□ **catalog(ue)**
	□ **empirical**	□ **bachelor**	□ **fellowship**	□ **impart**
	□ **practise/-ice**	□ **sophomore**	□ **undergraduate**	□ **enrol(l)**
	□ **visa**	□ **enlighten**		

---

academy [əˈkædəmi]

n. **（艺术、文学、科学等的）研究院，学会**；专门院校；（苏格兰）中等学校，（美国）私立学校

真题 the National Academy of Science (NAS) 美国国家科学院（2002 年阅读）

mentor [ˈmentɔːr]

n. 导师；顾问；指导者 *v.* 做……的良师

tuition [tuˈɪʃn]

n. **（大专院校的）学费**；指导，教学

真题 pay tuition 支付学费（2019 年阅读）

module [ˈmɑːdʒuːl]

n. 单元（英国大学课程的一部分）；模块；程序块；组件；舱

catalog(ue) [ˈkætəlɔːg]

n. **目录，目录簿** *v.* 编入目录；记载，登记

真题 course catalogs 课程目录（2019 年阅读）

empirical [ɪmˈpɪrɪkl]

adj. **以实验（或经验）为依据的**

真题 empirical research 实证研究（2014 年阅读）

bachelor [ˈbætʃələr]

n. **学士**；单身汉

真题 bachelor's degree 学士学位（2014 年阅读）

fellowship [ˈfeləʊʃɪp]

n. 伙伴关系，交情；团体，联谊会；（学院或大学的）董事职位；研究生奖学金；会员资格

impart [ɪmˈpɑːrt]

v. 传授，告知；透露；赋予，给予

practise/-ice [ˈpræktɪs]

n. **实践；做法**；实际操作；执业；练习，训练；惯例　*v.* **练习**；经常做

真题 little-known practice 鲜为人知的做法（2019 年阅读）

---

sophomore [ˈsɑ:fəmɔ:r]

n. 二年级学生

---

undergraduate [ˌʌndərˈgrædʒuət]

n. **大学本科生**

真题 undergraduate application form 本科申请表（2022 年阅读）

---

enrol(l) [ɪnˈrəʊl]

v. **（使）加入**；注册；登记

词组 enrol(l) in 加入，（报名）参加

真题 enroll in a work-placement program 参与就业实习项目（2017 年新题型）

---

visa [ˈvi:zə]

n. **（护照的）签证**

真题 create a more straightforward visa for agricultural workers 为外国农工提供更便利的签证（2019 年阅读）

---

enlighten [ɪnˈlaɪtn]

v. **启发，启迪，启蒙**

真题 Such words as enlightening, challenging, stimulating, fun were used by *Nature* readers.《自然》杂志的读者用过"启发性"、"挑战性"、"激励性"、"趣味性"这些词。（2022 年阅读）

□ spectacle	
义联词　□ **lens**	
形联词　□ **spectacular**	

spectacle [ˈspektəkl]

n. **眼镜**；精彩的表演；壮观的景象

示例 a pair of spectacles 一副眼镜

---

lens [lenz]

n. 透镜，镜片，镜头；晶状体；隐形眼镜

---

spectacular [spekˈtækjələr]

adj. 壮观的，壮丽的

□ fruitful	
义联词　□ **futile**	□ **invalid**

fruitful [ˈfru:tfl]

adj. **富有成效的**；富饶的，丰产的

真题 be as fruitful as expected 和预期中的一样富有成效（2018 年阅读）

futile [ˈfjuːtl]

adj. 徒劳的，无效的

invalid [ɪnˈvælɪd]

adj. **无效的**，作废的；站不住脚的，错误的
真题 The agreement is invalid. 该协议无效。
（2012 年阅读）

□ **attain**

义联词　□ **fulfil(l)**　　　□ **deprive**

attain [əˈteɪn]

v. **获得**；达到，实现
真题 attain sociable traits 掌握社交技能（2020 年阅读）

fulfil(l) [fʊlˈfɪl]

v. **实现**；**达到，完成**；**履行**；起……作用；使满意

真题 fulfill the dreams 实现梦想（2017 年阅读）

deprive [dɪˈpraɪv]

v. **使丧失，使不能享有，剥夺**
词组 deprive sb. of sth. 剥夺某人……
真题 They are deprived of unemployment insurance. 他们失去了失业保险。（2007 年阅读）

□ **utilise/-ize**

义联词　□ **avail**　　　□ **deploy**　　　□ **harness**

utilise/-ize [ˈjuːtəlaɪz]

v. **使用**；利用；运用
真题 Farmland has been inefficiently utilized. 农田的使用效率低。（2021 年阅读）

avail [əˈveɪl]

v. 有益；利用（尤指机会、提议等）　*n.* 效用；利益

deploy [dɪˈplɔɪ]

v. **施展，有效利用**；**部署，调度**
真题 deploy organizational skills 施展组织才能（2007 年新题型）

harness [ˈhɑːrnɪs]

v. **抑制**，利用；给（马等）上挽具　*n.* 马具，挽具；背带；安全带
真题 These mental events can be harnessed. 这些大脑活动可以被抑制。（2005 年阅读）

□ **setback**

义联词　□ **frustrate**　　□ **dismay**

---

setback [ˈsetbæk]

n. 挫折，失败

真题 They should know how to deal with setbacks. 他们应该知道如何应对挫折。（2007 年新题型）

----

frustrate [ˈfrʌstreɪt]

v. **使沮丧**；使懊恼；防止；挫败

真题 The working class has been frustrated that the opportunity is vanishing. 工人阶层对正在消失的机会感到十分沮丧。（2018 年阅读）

----

dismay [dɪsˈmeɪ]

n. 灰心，丧气；诧异，惊愕　*v.* 使失望；使诧异

□ **drawback**

义联词　□ **shortcoming**　　□ **flaw**

---

drawback [ˈdrɔːbæk]

n. 弊端，缺点，不利条件

真题 Career experts see drawbacks. 职业专家们发现了一些弊端。（2004 年阅读）

----

shortcoming [ˈʃɔːrtkʌmɪŋ]

n. 缺点，短处

真题 work together on shortcomings 一起克服缺点（2007 年新题型）

----

flaw [flɔː]

n. **弱点**；缺点，错误；瑕疵　*v.* **有缺陷，暴露缺点**

真题 the fatal flaw 致命弱点（2017 年阅读）

□ **strife**

义联词　□ **clash**　　□ **collide**　　□ **collision**　　□ **friction**

---

strife [straɪf]

n. 冲突；麻烦

例句 civil strife 内乱冲突

----

clash [klæʃ]

n. 打架，冲突；刺耳的撞击声　*v.* 不协调；相

冲突

----

collide [kəˈlaɪd]

v. 相撞；冲突，严重不一致

----

collision [kəˈlɪʒn]

---

n. 碰撞（或相撞）事故；冲突，抵触

friction [ˈfrɪkʃn]

n. 摩擦；摩擦力；争执，分歧

□ **tackle**

义联词　□ **soluble**　　□ **countermeasure**

---

tackle [ˈtækl]

v. **处理，应对**；与某人交涉

真题 tackle practical issues 解决实际问题（2013年新题型）

soluble [ˈsɑːljəbl]

adj. 可溶的；可以解决的

---

countermeasure [ˈkaʊntərmeʒər]

n. **反措施**；对抗手段

真题 trigger countermeasures against France 引发针对法国的反制措施（2020年阅读）

□ **prospect**

义联词　□ **hopeful**　　□ **gloomy**　　□ **bleak**　　□ **dim**

---

prospect [ˈprɑːspekt]

n. **前景**；希望；前途；前程

真题 market prospects 市场前景（2022年阅读）

hopeful [ˈhəʊpfl]

adj. 有希望的，给人以希望的；满怀希望的；被寄予希望的

gloomy [ˈgluːmi]

adj. 忧郁的，沮丧的；昏暗的，阴沉的；前景黯淡的，悲观的

bleak [bliːk]

adj. **暗淡的，无望的**；阴冷的；荒凉的

真题 face a bleak economic future 面临着暗淡的经济前景（2017年翻译）

---

dim [dɪm]

熟义 *adj.* **不明朗的**；**昏暗的，微弱的**；不分明的；模糊不清的　*v.* （使）变昏暗，变微弱；（使）减弱

真题 see life chances dimmed 认为人生机遇十分渺茫（2012年阅读）

僻义 *adj.* **愚笨的，迟钝的**

真题 the dimmest executive 最愚钝的经理（2007年阅读）

□ uneasy	
义联词 □ **reassure**	□ **restless**

uneasy [ʌnˈiːzi]

adj. **令人不安的**；忧虑的

真题 They are uneasy with federal action. 他们对联邦政府的行动感到不安。（2016 年阅读）

reassure [ˌriːəˈʃʊr]

v. 使放心

restless [ˈrestləs]

adj. 焦躁不安的；没有睡眠的

□ obstruct			
义联词 □ **obstruction**	□ **disturbance**	□ **hamper**	□ **hinder**
□ **inhibit**	□ **preclude**	□ **prohibit**	□ **hurdle**

obstruct [əbˈstrʌkt]

v. **阻挠，妨碍**；阻塞，遮断

真题 obstruct efforts to create a straightforward visa for agricultural workers 阻碍为外国农工提供便利的签证（2019 年阅读）

obstruction [əbˈstrʌkʃn]

n. **阻挡，妨碍**；堵塞；障碍物，路障；梗阻，栓塞；（球类运动）阻挡犯规

disturbance [dɪˈstɜːrbəns]

n. 干扰，妨碍；骚乱；障碍，紊乱

hamper [ˈhæmpər]

v. **妨碍，束缚**，限制 *n.*（尤指用于装食物的）带盖大篮子；礼物篮；脏衣篓

真题 hamper both prosperity and overall well-being 妨碍社会繁荣和整体幸福感（2022 年阅读）

hinder [ˈhɪndər]

v. **阻碍**；**妨碍** *adj.* 后面的

真题 hinder the growth of "international" journals 阻碍"国际"期刊的发展（2023 年阅读）

inhibit [ɪnˈhɪbɪt]

v. **抑制，阻止，妨碍**

真题 Their creativity may be inhibited. 他们的创造力可能会受到抑制。（2022 年阅读）

preclude [prɪˈkluːd]

v. 妨碍，阻止

prohibit [prəˈhɪbɪt]

v. **禁止**；阻止

词组 prohibit sb. from doing sth. 禁止某人做某事

真题 prohibit suspects from using their mobile phones 禁止嫌疑人使用其手机（2015 年阅读）

hurdle [ˈhɜːrdl]

n. **障碍**；难关；栏架，跨栏；跨栏赛跑　*v.*（奔跑中）跨越；参加跨栏赛跑；渡过难关

真题 another major hurdle 另一个重大障碍（2017年新题型）

□ disrupt		
义联词　□ harassment		
形联词　□ bankrupt		

disrupt [dɪsˈrʌpt]

v. **扰乱，使中断**；彻底改变（某物）的结构，使瓦解

示例 disrupt a meeting 扰乱会议

harassment [həˈræsmənt]

n. 骚扰，扰乱；折磨人的东西；烦恼，忧虑

bankrupt [ˈbæŋkrʌpt]

adj. 破产的；完全缺乏（有价值的东西）的　*n.* 破产者　*v.* 使破产

□ lame			
义联词　□ handicap	□ cripple		□ numb

lame [leɪm]

adj. **站不住脚的，无说服力的**；瘸的，跛的；有缺陷的

真题 lame argument 站不住脚的观点（2015年阅读）

handicap [ˈhændikæp]

v. 妨碍，使不利　*n.* 缺陷，残疾；障碍，不利条件

cripple [ˈkrɪpl]

v. 使跛；使残疾；严重毁坏　*n.* 跛子；残疾人

numb [nʌm]

adj. 麻木的；失去知觉的；迟钝的；呆滞的

□ contaminate		
义联词　□ purify		
形联词　□ contemplate		

contaminate [kənˈtæmɪneɪt]

v. **弄脏，污染**；毒害，腐蚀（人的思想或品德）

示例 contaminate food 污染食物

purify [ˈpjʊrɪfaɪ]

v. 使洁净，净化；提纯，精炼

contemplate [ˈkɑːntəmpleɪt]

v. **考虑，思量；考虑接受发生某事的可能性**；深思熟虑；端详

真题 contemplate digital services taxes 认真考虑数字服务税（2020 年阅读）

□ **poisonous**

义联词	□ **hazard**	□ **beware**

poisonous [ˈpɔɪzənəs]

熟义 *adj.* 有毒的

僻义 *adj.* **令人厌恶的** full of extremely unfriendly or unpleasant feelings

真题 It is hardly poisonous. 它几乎没什么危害。（2006 年阅读）

hazard [ˈhæzərd]

n. **风险**；危险，危害 *v.* 冒失地提出；冒险猜测；冒……的风险；使处于危险

真题 lower-hazard parts of the landscape 风险较低的地区（2017 年阅读）

beware [bɪˈwer]

v. 小心，提防

□ **toll**

义联词	□ **catastrophe**	□ **disastrous**	□ **wreck**	□ **plight**
	□ **famine**	□ **aftermath**		

toll [təʊl]

n. **（战争、灾难等造成的）毁坏**；通行费；钟声 *v.* 鸣（丧钟）

词组 take its toll 造成重大损失（或伤亡、灾难等）

真题 Faculty teaching hours fell by half as research took its toll. 由于研究方面造成的损失，教师的教学时间减少了一半。（2011 年新题型）

catastrophe [kəˈtæstrəfi]

n. 灾祸；困难

disastrous [dɪˈzæstrəs]

adj. 灾难性的；完全失败的

wreck [rek]

n. **失事**；（事故中）遭严重毁坏的汽车等；精神或身体已垮的人 *v.* 破坏，损坏

真题 GenZs know what an economic train wreck looks like. Z 世代们知道经济列车失事的样子。

（2020 年阅读）

---

plight [plaɪt]

n. 苦难；困境

---

famine [ˈfæmɪn]

n. 饥荒

---

aftermath [ˈæftərmæθ]

n. 创伤

词组 in the aftermath of... 在……之后

真题 in the aftermath of the Great Recession 在经济大萧条后（2016 年阅读）

□ **undermine**

| 义联词 | □ **blunt** | □ **dilute** | □ **nourish** | □ **nurture** |

---

undermine [ˌʌndərˈmaɪn]

v. **逐渐削弱**；**暗中破坏**；从根基处破坏

真题 undermine managers' authority 削弱经理们的权威（2022 年阅读）

---

blunt [blʌnt]

v. 使变钝；减弱　*adj.* 直言不讳的；钝的

n. 短粗的针（雪茄烟等）

---

dilute [daɪˈluːt]

v. **冲淡，稀释**；削弱　*adj.* 稀释了的，冲淡了的

真题 The smells are diluted. 这些气味没有那么浓烈了。（2005 年完形）

---

nourish [ˈnɜːrɪʃ]

v. 滋养，养育；培养，助长

---

nurture [ˈnɜːrtʃər]

v. **培养**；养护，养育；滋长，助长　*n.* 培养；养育

真题 Britain nurtured many great men. 英国培养出了很多伟人。（2012 年新题型）

□ **allowance**

| 义联词 | □ **subsidy** | □ **dividend** |

---

allowance [əˈlaʊəns]

n. **津贴，补助**；限额；免税额；＜美＞零花钱；体谅；允许　*v.* 为……提供津贴；定量供应（物品）

真题 register for an allowance from the government 登记获得政府津贴（2014 年阅读）

---

subsidy [ˈsʌbsədi]

n. 补贴

真题 The RSC deserves no subsidy. 皇家莎士比亚剧院不应该要补贴。（2006 年阅读）

---

dividend [ˈdɪvɪdend]

n. 红利，股息；好处;（足球彩票的）彩金；被除数

□ receipt		
义联词 □ accountant	□ recipient	
形联词 □ recipe		

receipt [rɪˈsiːt]

n. **收据**；收到；收入

真题 Paper checks provide receipts. 纸质支票可以提供收据。（2013 年完形）

accountant [əˈkaʊntənt]

n. 会计

recipient [rɪˈsɪpiənt]

n. **接受者**

真题 the recipient of a Pulitzer Prize 普利策奖获得者（2012 年阅读）

recipe [ˈresəpi]

n. 烹饪法；秘诀

□ repay		
义联词 □ reclaim	□ retrieve	□ recollect
形联词 □ relay		

repay [rɪˈpeɪ]

v. **偿还**；报答

示例 repay a loan 偿还贷款

reclaim [rɪˈkleɪm]

v. 要求归还；开垦

retrieve [rɪˈtriːv]

v. 取回；检索数据；挽回

recollect [ˌrekəˈlekt]

v. 回忆，追想

relay [ˈriːleɪ]

v. 转发；转播   *n.* 接力赛；接班的人

□ levy		
义联词 □ tariff	□ overhead	□ deficit

levy [ˈlevi]

v. **征收**   *n.* **税款**；征税

真题 impose a levy on tech multinationals 对跨国科技公司征税（2020 年阅读）

tariff [ˈtærɪf]

n. 关税；价目表

overhead [ˌəʊvərˈhed]

熟义 *adj.* 头顶上的　*adv.* 在头上方，在空中
僻义 *n.* **经费，营运费用，经常性开支** The overheads of a business are its regular and necessary costs, such as salaries and rent.
真题 Overhead may be high and circulation is lower. 营运费用可能很高，而发行量较低。（2016 年阅读）

deficit [ˈdefɪsɪt]

n. 赤字，逆差，亏损；缺款额

□ **stake**

义联词	□ **illiquid**	□ **illiquidity**

stake [steɪk]

n. 桩；股份；利害关系；赌注　*v.* 以……打赌
词组 at stake 有风险
真题 More is at stake here than individual objects. 有风险的远不止单个物品。（2022 年阅读）

illiquid [ɪˈlɪkwɪd]

adj. **（金融）非流动性的**；（资产）不可立即兑现的；（市场）参与者少的
真题 illiquid assets 非流动性资产（2010 年阅读）

illiquidity [ˌɪlɪˈkwɪdətɪ]

n. **（金融）非流动性**；非现金；不能立即付现
真题 illiquidity of markets 市场的流动性不足（2010 年阅读）

□ **repetitive**

义联词	□ **duplicate**	□ **paste**	□ **reproduce**	□ **repetition**

repetitive [rɪˈpetətɪv]

adj. **多次重复的**；重复乏味的
真题 What challenging books demand is repetitive reading. 读起来有挑战的书，需要重复去读。（2016 年阅读）

duplicate [ˈduːplɪkeɪt]

v. **复制**；复印；（尤指不必要时）重复　*n.* 复制品；副本　*adj.* 复制的，完全一样的
真题 duplicate them for future display 复制它们以供未来布展（2022 年阅读）

paste [peɪst]

n. 面团；糨糊　*v.* 粘贴

reproduce [ˌriːprəˈduːs]

v. **再生产，再现**；复制；繁殖
真题 Subsequent experiments reproduced this

effect. 后续的实验再现了同样的结果。（2019 年阅读）

repetition [ˌrepəˈtɪʃn]

n. 重复；重做的事

□ **simplify**

| 义联词 | □ **simplicity** | □ **straightforward** | □ **intricate** | □ **sophisticated** |

---

simplify [ˈsɪmplɪfaɪ]

v. 使简易，简化

真题 simplify routine matters 简化日常事务（2017 年阅读）

simplicity [sɪmˈplɪsəti]

n. 简单，简易；朴素

真题 profound in simplicity 简单而深刻（2003 年翻译）

straightforward [ˌstreɪtˈfɔːrwərd]

adj. 简单的，直截了当的；坦诚的，率直的

真题 It used to be so straightforward. 过去就是那么直接明了。（2008 年阅读）

intricate [ˈɪntrɪkət]

adj. 错综复杂的，复杂的

真题 intricate IT systems 错综复杂的 IT 系统（2007 年阅读）

sophisticated [səˈfɪstɪkeɪtɪd]

adj. 复杂的；老练的

真题 AI "vision" is not nearly as sophisticated as that of humans. AI 的"视觉"压根不及人类复杂。（2019 年阅读）

□ **bizarre**

| 义联词 | □ **queer** | □ **eccentric** |

---

bizarre [bɪˈzɑːr]

adj. 古怪的；极其怪异的；奇形怪状的

真题 deal with bizarre data 处理一些古怪资料（2004 年翻译）

queer [kwɪr]

adj. 奇怪的；妖里妖气的

eccentric [ɪkˈsentrɪk]

adj. 古怪的，异乎寻常的　　*n.* 古怪的人

□ **loop**

| 义联词 | □ **coil** | □ **strand** |
| 形联词 | □ **loom** | |

loop [luːp]

v. **成环，成圈** *n.* 圈，环，回路；循环

示例 loop the strap over the shoulder 把带子在肩上绕一圈

---

coil [kɔɪl]

n. **线圈**；圈，卷，盘；成卷邮票；＜古＞骚动 *v.* 卷；缠绕

真题 assemble the copper coils 组装铜线圈（2017 年新题型）

---

strand [strænd]

n.（绳、线、毛发等的）股，缕，串；（故事、计划等的）部分；岸，滨

---

loom [luːm]

n. **织布机** *v.* **隐约显现；（令人担忧的或危险的情况）逐渐逼近**

真题 mechanized looms 机械织布机（2018 年阅读）

□ **spin**

义联词	□ **whirl**	□ **revolve**	□ **spiral**

---

spin [spɪn]

v. **快速旋转**；急转身；纺（线）；吐（丝） *n.* 高速旋转；（政治上的）倾向性报道；兜风

真题 The flywheel of work-related thoughts keep spinning. 与工作相关的思绪就像飞轮一样转个不停。（2016 年阅读）

---

whirl [wɜːrl]

v. 旋转，回旋；混乱 *n.* 旋转；接连不断的活动

---

revolve [rɪˈvɑːlv]

v. **旋转**

词组 revolve around... 以……为中心

真题 My definition revolves around the concept of "stickiness". 我的定义是看有没有"黏性"。（2012 年新题型）

---

spiral [ˈspaɪrəl]

n. 螺旋式 *adj.* 螺旋的

Chapter Ⅲ

高阶词汇

Word List 26

□ **hominid**

义联词　□ **ape**　　□ **ox**　　□ **reptile**　　□ **beaver**
　　　　□ **omnivore**　□ **fauna**

hominid ['hɑ:mɪnɪd]

n. 原始人类，人科动物

词组 early hominid site 早期人类遗址

真题 an early hominid site in Tanzania 坦桑尼亚的早期人类遗址（2014 年新题型）

ape [eɪp]

n. 猿　　*v.*（笨拙地或为了取笑）模仿

ox [ɑ:ks]

n. 公牛；饲养的牛

reptile ['reptaɪl]

n. 爬行动物

beaver ['bi:vər]

n. 海狸，河狸；海狸毛皮

真题 Beavers build dams. 海狸筑堤。（2012 年新题型）

omnivore ['ɑ:mnɪvɔːr]

n. 杂食动物；杂食的人

fauna ['fɔ:nə]

n.（某地区或某时期的）动物群

真题 flora and fauna 动植物群（2023 年新题型）

□ **hybrid**

义联词　□ **homogenization**　□ **homogenize**　□ **bloodline**

hybrid ['haɪbrɪd]

n. 混合物，结合体；（动植物）杂种；混血儿
adj. 混合而成的，混合的；杂交的

真题 hybrids of three new business models 三种新型商业模式的结合体（2008 年阅读）

homogenization [həʊˌmɑ:dʒənɪˌzeɪʃn]

n. 同质化；均化

真题 be resistant to homogenization 抵抗同质化（2006 年阅读）

homogenize [həˈmɑ:dʒənaɪz]

v. 使同样，使相似；对（牛奶）做均质处理

真题 American society is an amazing machine

for homogenizing people. 美国社会是一台惊人的机器，会把人们变得同质化。（2006 年阅读）

---

bloodline [ˈblʌdlaɪn]

n. **世系，血统**;（动物的）种系

真题 rebuild reliable bloodlines 重建可信赖的血缘关系（2009 年阅读）

□ geology			
义联词 □ **gulf**	□ **isle**	□ **pebble**	□ **pottery**

geology [dʒiˈɑːlədʒi]

n. 地质学；地质

示例 a geology professor 一位地质学教授

---

gulf [ɡʌlf]

n. **海湾**；沟壑；分歧，鸿沟，隔阂

词组 the Gulf 波斯湾

真题 in the Gulf and Asia 在波斯湾和亚洲（2015 年阅读）

---

isle [aɪl]

n.（常用于诗歌和名称中）岛

---

pebble [ˈpebl]

n. 鹅卵石，砾石

---

pottery [ˈpɑːtəri]

n. **陶器**；陶土；制陶技艺；陶窑

真题 small fragments of pottery 陶器的小碎片（2014 年新题型）

□ flora		
义联词 □ **reed**	□ **petal**	

flora [ˈflɔːrə]

n.（某地区、环境或时期的）**植物群**

词组 flora and fauna 动植物群

真题 ground flora and fauna 地面的动植物群（2010 年翻译）

---

reed [riːd]

n. 芦苇；簧舌，簧片

---

petal [ˈpetl]

n. 花瓣

真题 petals or leaves 花瓣或叶片（2013 年翻译）

□ **terrain**

| 义联词 | □ **tropic** | □ **longitude** | □ **avalanche** |

terrain [təˈreɪn]

n. 地带，地势

真题 most of the UK's terrain 英国大部分地区（2021 年阅读）

tropic [ˈtrɑːpɪk]

n. 回归线；热带（地区）

longitude [ˈlɑːndʒɪtuːd]

n. 经度

avalanche [ˈævəlæntʃ]

n. 雪崩

真题 an avalanche 一场雪崩（2020 年阅读）

□ **panorama**

| 义联词 | □ **facet** |

panorama [ˌpænəˈræmə]

n. 全貌；全景；全面叙述；全景画卷

真题 capture the panorama of English society 捕获英国社会的全貌（2017 年新题型）

facet [ˈfæsɪt]

n. 部分，方面；（宝石的）小平面，琢面

□ **cosmos**

| 义联词 | □ **asteroid** | □ **astrological** | □ **starry** |

cosmos [ˈkɑːzməʊs]

n. 宇宙

真题 the view of the cosmos 宇宙观（2017 年阅读）

asteroid [ˈæstərɔɪd]

n. 小行星

真题 asteroid strike 小行星撞击（2013 年阅读）

astrological [ˌæstrəˈlɑːdʒɪkl]

adj. 占星的；占星学（术）的

真题 astrological signs 星座（2007 年阅读）

starry [ˈstɑːri]

adj. 布满星星的；像星星的；闪闪发光的

词组 starry skies 星空

真题 explore the starry skies 探索星空（2017 年阅读）

□ **procreation**

| 义联词 | □ **seedling** | □ **toddler** | □ **parenthood** |

procreation [ˌprəʊkriˈeɪʃn]

n. 生育；生产；生殖

真题 in a society that so persistently celebrates procreation 在一个如此执着地歌颂生育的社会里（2011 年阅读）

---

seedling [ˈsiːdlɪŋ]

n. 秧苗，籽苗，幼苗

真题 They bought the seedlings and closed them down, putting an end to businesses that might one day turn into competitors. 他们买下这些初创企业然后将其关闭，就是为了将那些有

朝一日可能会成长为竞争对手的企业扼杀于摇篮之中。（2021 年阅读）

---

toddler [ˈtɑːdlər]

n. 学步的儿童

真题 Sixty toddlers were each introduced to an adult tester. 60 名学步儿童被各自带到一位成人测试者面前。（2018 年完形）

---

parenthood [ˈperənthʊd]

n. 做父母的身份

真题 the image of parenthood 为人父母的形象（2011 年阅读）

□ **tailwind**

| 形联词 | □ **whirlwind** |

tailwind [ˈteɪlwɪnd]

n. 顺风

真题 Have you noticed that you can leave on a flight an hour late but still arrive on time? Tailwinds? 你有没有注意到，一趟航班延迟了一小时起

飞，但你仍然可以准时到达？因为顺风吗？（2021 年完形）

---

whirlwind [ˈwɜːrlwɪnd]

n. 旋风，旋流；一片忙乱 *adj.* 旋风般的；快速的；匆忙的

□ **appendix**

| 义联词 | □ **excerpt** | □ **preface** | □ **bibliography** | □ **retrieval** |
| | □ **encyclop(a)edia** | □ **pamphlet** | □ **leaflet** | |

appendix [əˈpendɪks]

n. 附录；阑尾

真题 In volume V he had attached an appendix. 在本书第五卷，他附了一个附录。（2022 年翻译）

excerpt [ekˈsɜːrpt]

v. 摘录，节选　*n.* 摘录，节选；（音乐、电影的）片段

preface [ˈprefəs]

n.（书的）前言，序言

词组 in a preface 在前言中

真题 the key point in the preface 前言中的要点（2005 年阅读）

bibliography [ˌbɪbliˈɑːɡrəfi]

n. 书目，索引；参考书目

retrieval [rɪˈtriːvl]

n. 数据检索；取回，索回

真题 the retrieval of an absolute, fixed or "true" meaning 对某一绝对的、固定的或"真正的"意思进行检索（2015 年新题型）

encyclop(a)edia [ɪnˌsaɪkləˈpiːdiə]

n. 百科全书，光盘版百科全书

真题 He reads everything from encyclopedias to science fiction novels. 从百科全书到科幻小说，他什么都读。（2018 年翻译）

pamphlet [ˈpæmflət]

n. 小册子，手册

真题 The newspaper became the dominant pre-electronic medium, following in the wake of the pamphlet and the book. 继小册子和书籍之后，报纸成为电子媒体出现之前的主导媒体。（2002 年完形）

leaflet [ˈliːflət]

n. 传单，散页印刷品，小册子　*v.*（向⋯⋯）散发传单

□ **futurological**

义联词　□ **arch(a)eology**　□ **forestry**　□ **metallurgy**　□ **futurologist**

---

futurological [fjuːtʃərəˈlɒdʒɪkəl]

adj. 未来学的

真题 the scope of futurological studies 未来学研究的范围（2013 年阅读）

arch(a)eology [ˌɑːrkiˈɑːlədʒi]

n. 考古学

真题 archeology museum 考古博物馆（2022 年新题型）

forestry [ˈfɔːrɪstri]

n. 林业；林学

真题 Forestry in Europe is ecologically more advanced. 从生态学上来讲，欧洲的林业更为先进。（2010 年翻译）

metallurgy [ˈmetəlɜːrdʒi]

n. 冶金学；冶金术

真题 Metallurgy originated in ancient Egypt. 冶

金学发源于古埃及。（2009 年新题型）

futurologist [ˌfjuːtʃəˈrɑːlədʒɪst]

n. **未来学家**

真题 science fiction writers and futurologists 科幻小说家和未来学家（2013 年阅读）

□ **arena**

义联词　□ **auditorium**　　□ **forum**　　□ **symposium**　　□ **aural**
　　　　□ **tournament**

---

arena [əˈriːnə]

n. 竞技场；圆形运动场，圆形剧场；活动场所

示例 a sports arena 运动竞技场

auditorium [ˌɔːdɪˈtɔːriəm]

n. 礼堂，会堂；观众席

forum [ˈfɔːrəm]

n. **论坛，讨论会**；（古罗马）公共集会场所

真题 the World Economic Forum 世界经济论坛（2021 年阅读）

symposium [sɪmˈpəʊziəm]

n. 专题讨论会，小型讨论会

aural [ˈɔːrəl]

adj. 听觉的，听的

tournament [ˈtʊrnəmənt]

n. **锦标赛，联赛**

真题 World Cup tournament 世界杯锦标赛（2007 年阅读）

□ **preposition**

义联词　□ **pronoun**

---

preposition [ˌprepəˈzɪʃn]

n. 介词

例句 Some prepositions are made up of more than one word, such as "out of." 有些介词不只包含一个单词，比如"out of"。

pronoun [ˈprəʊnaʊn]

n. 代词

□ **bilingual**

义联词　□ **monoglot**　　□ **nonverbal**　　□ **verbalize**　　□ **explicatory**

bilingual [baɪˈlɪŋgwəl]

adj. 会说两种语言的

真题 The children of immigrants tend to be bilingual and proficient in English. 移民的孩子往往都具有双语能力并且精通英语。（2006 年阅读）

monoglot [ˈmɑːnəglɑːt]

adj. 使用单一语言的

真题 monoglot English graduates 仅懂英语这一种语言的毕业生（2017 年翻译）

nonverbal [ˌnɑːnˈvɜːrbl]

adj. 非言语的，不用语言表达的

真题 nonverbal interactions with children 与孩子之间进行的非语言交流（2017 年阅读）

verbalize [ˈvɜːrbəlaɪz]

v. 用言语表达

真题 Watch out for how they verbalize with others. 注意他们如何与他人进行言语交流。（2020 年新题型）

explicatory [eksˈplɪkətəri]

adj. 说明的，阐明意义的

真题 a single explicatory framework 单一的说明性框架（2012 年翻译）

□ contention

义联词　□ abuzz

---

contention [kənˈtenʃn]

n. 看法，观点；争论，争执

词组 contention (that...) 观点是……

真题 Part of the fame of Allen's book is its contention that "Circumstances do not make a person, they reveal him." Allen 的书之所以出名，部分是因为它提出了这样一个论点："环境不会造就人，但会展现人。"（2011 年翻译）

abuzz [əˈbʌz]

adj. 议论纷纷的，嘈杂的；嗡嗡响的

真题 Lawyers were abuzz. 律师们议论纷纷。（2010 年阅读）

□ renaissance

义联词　□ relic

---

renaissance [ˈrenəsɑːns]

n. 文艺复兴；复兴

真题 Renaissance ideas had spread throughout Europe well into the 17th century. 文艺复兴思想传遍整个欧洲，一直持续到 17 世纪。（2020 年翻译）

relic [ˈrelɪk]

n. **遗物，遗迹**；遗风，遗俗；圣骨，圣人遗物

词组 relic of/from... ……的遗物，遗迹

真题 Hawaiian culture is not a relic of the past. 夏威夷文化不是过去的遗迹。（2017 年阅读）

□ overthink

义联词　□ unreflecting

overthink [ˌəʊvəˈθɪŋk]

v. 过度思考（考虑）

真题 Don't overthink it. 别想太多。（2016 年新题型）

- -

unreflecting [ˌʌnrɪˈflektɪŋ]

adj. **不思考的，**缺乏考虑的；不反射的

真题 Not choice, but habit rules the unreflecting herd. 是习惯——而不是选择——统治着不思考的群体。（2009 年阅读）

□ repertoire

义联词　□ versatile

repertoire [ˈrepətwɑːr]

n. 可表演项目；全部才能（本领）

真题 Merely expanding the orchestra's repertoire will not be enough. 仅仅增加管弦乐队的演奏

曲目是不够的。（2011 年阅读）

- -

versatile [ˈvɜːrsətl]

adj. 多才多艺的；有多种用途的，多功能的

□ academia

义联词　□ collegiate

academia [ˌækəˈdiːmiə]

n. 学术界

真题 inside and outside academia 学术界内外（2013 年新题型）

- -

collegiate [kəˈliːdʒiət]

adj. **大学生的，**大学的；分为学院的

真题 collegiate and professional football players 大学和职业足球运动员（2014 年完形）

□ **preoccupation**

义联词　□ **preoccupied**　□ **undistracted**

preoccupation [priˌɑːkjuˈpeɪʃn]

n. 长久思考的事情；全神贯注

真题 preoccupations of a Puritan tradition 清教传统的关注点（2009 年阅读）

preoccupied [priˈɑːkjupaɪd]

adj. 全神贯注的；心事重重的

词组 be preoccupied with sth. 全神贯注于某事

真题 I've become preoccupied with looking for photographs. 我已经开始全神贯注地寻找照片了。（2021 年阅读）

undistracted [ʌndɪˈstræktɪd]

adj. 注意力集中的

□ **unexplored**

义联词　□ **uncharted**　□ **encompass**

形联词　□ **deplore**

unexplored [ˌʌnɪkˈsplɔːrd]

adj. 无人涉足的

真题 unexplored intellectual territories 未被探索过的知识领域（2020 年翻译）

uncharted [ˌʌnˈtʃɑːrtɪd]

adj. 无人涉足的；地图上未绘出（或未标明）的

真题 an uncharted continent 一片无人涉足的大陆（2015 年翻译）

encompass [ɪnˈkʌmpəs]

v. 包含，涉及；包围，围绕

真题 Anthropology encompasses the study of all humankind. 人类学包含对全人类的研究。（2003 年翻译）

deplore [dɪˈplɔːr]

v. 公开谴责，强烈反对

□ **template**

义联词　□ **typify**

template [ˈtemplət]

n. 模板

真题 an Excel template 一个表格模板（2013 年新题型）

typify [ˈtɪpɪfaɪ]

v. 作为……的典型；成为……的特征

真题 the British land art, typified by Richard

Long's piece 以 Richard Long 的作品为代表的英国地景艺术（2014 年新题型）

□ ascribe			
义联词 □ **rationale**	□ **engender**	□ **intent**	□ **extraneous**

ascribe [əˈskraɪb]

v. 认为……具有；把……归因于；认为……是（某人）所写

词组 ascribe…to… 认为……具有……；把……归因于……

真题 ascribe meanings to texts 认为文本具有意义（2015 年新题型）

rationale [ˌræʃəˈnæl]

n. 根本原因，基本原理

真题 analyze the rationale 分析根本原因（2021 年阅读）

engender [ɪnˈdʒendər]

v. 引起，产生

真题 engender good will 激发善意（2020 年新题型）

intent [ɪnˈtent]

n. 意图，意向，目的

词组 intent to do… 打算做……，意图做……

真题 clear intent to pressure those officials 向那些官员施压的明确意图（2017 年阅读）

extraneous [ɪkˈstreɪniəs]

adj. 没有直接联系的，无关的

真题 Deliberation can be not only extraneous but intrusive. 深思熟虑不仅无关紧要，而且还会造成干扰。（2021 年阅读）

□ unplug			
义联词 □ **appliance**	□ **cord**	□ **transistor**	□ **mouthpiece**

unplug [ˌʌnˈplʌɡ]

v. 拔掉……的电源插头；拔去塞子，除掉障碍物

真题 Terms like unplug, offline, life-hack, bandwidth, and capacity are all about setting boundaries between the office and the home. 像"失联""离线""生活黑客""带宽""能力"这些术语都是有关划定工作和生活界限的。（2015 年阅读）

appliance [əˈplaɪəns]

n. （家用）电器，器具

cord [kɔːrd]

n.（一根）粗线，细绳；电线；灯芯绒夹克（裤）

transistor [trænˈzɪstər]

n. **晶体管**；晶体管收音机

真题 transistor circuits〈电子〉晶体管电路（2002年阅读）

mouthpiece [ˈmaʊθpiːs]

n.（电话的）话筒；（乐器）吹口；代言人，喉舌

□ **woody**

义联词	□ **oar**	□ **canoe**	□ **carpenter**

woody [ˈwʊdi]

adj. **木质的**；树木茂盛的；木头似的
真题 woody material 木质材料（2019年阅读）

oar [ɔːr]

n. 船桨，桨

canoe [kəˈnuː]

n. **独木舟**，皮划艇，小划子　*v.* 划（乘）独木舟
真题 Paddle like you're in a kayak or canoe. 像在皮划艇或独木舟上一样划行。（2022年新题型）

carpenter [ˈkɑːrpəntər]

n. 木匠，木工

□ **thermostat**

义联词	□ **centigrade/Celsius**

thermostat [ˈθɜːrməstæt]

n. **恒温器**
真题 the mind's emotional thermostat 大脑情感调节器（2005年阅读）

centigrade/Celsius [ˈsentɪɡreɪd]/[ˈselsiəs]

adj. 摄氏的

□ **gadget**

义联词	□ **bolt**	□ **cassette**	□ **hinge**	□ **pendulum**
	□ **sticker**	□ **signpost**		

gadget [ˈgædʒɪt]

n. 小器具，小装置

示例 a world filled with high-tech gadgets 一个满是各种高科技小物件的世界

bolt [bəʊlt]

n.（门窗的）闩，插销　v. 用插销闩门；逃跑

cassette [kəˈset]

n. 磁带盒，卡式磁带；胶片盒，暗盒

hinge [hɪndʒ]

n. 铰链，合叶　v. 给（某物）装铰链

pendulum [ˈpendʒələm]

n. 钟摆

sticker [ˈstɪkər]

n. 粘贴标签，贴纸

词组 sticker shock 价格震惊，高标价冲击波

真题 One big reason is sticker shock. 一个很大的原因在于"高标价冲击波"（某项费用或价格之高昂令人瞠目结舌）。（2017 年阅读）

signpost [ˈsaɪnpəʊst]

n. 路标，指示牌

真题 reach such signpost achievements 达到这样标志性的成就（2016 年阅读）

□ **liner**

| 义联词 | □ **nautical** | □ **ashore** |

| 形联词 | □ **lineup** |

---

liner [ˈlaɪnər]

n. 邮轮；衬里，内衬；眼线

例句 I've got a job on a luxury cruise liner. 我已经找到了一份在豪华邮轮上的工作。

nautical [ˈnɔːtɪkl]

adj. 航海的，海员的，船舶的

ashore [əˈʃɔːr]

adv. 向（或在）岸上

lineup [ˈlaɪnʌp]

n. 一组（人）；阵容，阵列；电视节目时间表

真题 identify an original photograph of themselves from a lineup 从一组照片中辨认出他们的原始照片（2014 年阅读）

□ **tram**

| 义联词 | □ **trolley** | □ **lubricate** |

388

tram [træm]

n. **有轨电车**

示例 a tram route to the center of city 通往市中心的有轨电车路线

---

trolley [ˈtrɑːli]

n. 手推车；台车；（美）有轨电车

---

lubricate [ˈluːbrɪkeɪt]

v. 给……上润滑油

□ **freshener**		
义联词	□ **scrub**	

freshener [ˈfreʃnər]

n. 使清洁（或纯净、清新、宜人）之物

示例 an air freshener 一瓶空气清新剂

---

scrub [skrʌb]

v. 擦洗，刷洗；取消

□ **roundabout**		
义联词	□ **reel**	□ **clockwise**

roundabout [ˈraʊndəbaʊt]

adj. **迂回的，兜圈子的**　*n.*（交通）环岛；（游乐设施）旋转平台

真题 It is painful to read these roundabout accounts today. 现在看这些拐弯抹角的叙述是很痛苦的。（2010 年翻译）

---

reel [riːl]

n. 卷轴，卷筒，一卷胶卷；里尔舞　*v.* 卷，绕

---

clockwise [ˈklɑːkwaɪz]

adj. 顺时针方向的　*adv.* 顺时针方向（地）

Word List 27

义联词	□ burglar	□ plagiarism	□ nuisance

intrude [ɪnˈtruːd]

v. **侵犯**；闯入，打扰；扰乱，侵扰

词组 intrude on/into/upon... 侵犯……；打扰……

真题 intrude on the federal's privileged powers 侵犯联邦政府的特权（2013 年阅读）

burglar [ˈbɜːrɡlər]

n. 破门盗贼；入室窃贼

plagiarism [ˈpleɪdʒərɪzəm]

n. 剽窃（作品），抄袭

nuisance [ˈnuːsns]

n. **妨害行为**；讨厌的人（或东西）；麻烦事

真题 the nuisance-lawsuit filer 妨害诉讼的申报人（2014 年阅读）

义联词	□ conviction	□ judiciary	□ decree	□ arbiter
	□ hijack	□ culprit	□ gaol/jail	□ defame
	□ conspire			

convict

[kənˈvɪkt] v. **定罪**，宣判……有罪

[ˈkɑnvɪkt] n. 服刑囚犯

真题 make no compromise in convicting McDonnel 对 McDonnel 的定罪不做任何妥协（2017 年阅读）

conviction [kənˈvɪkʃn]

n. **定罪**；证明有罪；坚定的看法（或信念）；坚信，肯定

真题 exempt from conviction 免于定罪（2017

年阅读）

judiciary [dʒuˈdɪʃieri]

n. **审判人员**；司法部；司法系统

真题 the federal judiciary 联邦审判人员（2012 年完形）

decree [dɪˈkriː]

n. 法令，政令；裁定，判决 v. 裁定，判决；颁布

arbiter [ˈɑːrbɪtər]

n. 仲裁人，裁决人；权威人士

词组 an arbiter of… ……的裁决者

真题 be the arbiters of who wins and who loses 成为决定孰赢孰输的裁决者（2003 年阅读）

hijack [ˈhaɪdʒæk]

v. 劫持；操纵

真题 hijacked media 遭劫媒体（指消费者建立或传递对企业提出的指控，并呼吁其他消费者共同抵制的讯息）（2011 年阅读）

culprit [ˈkʌlprɪt]

n. 引起问题的事物；肇事者；犯错的人；罪犯

真题 Financial needs aren't the only culprit for the "unretirement" trend. 财务需求并非造成

"不退休"趋势的唯一成因。（2022 年阅读）

gaol/jail [dʒeɪl]

n. 监狱 *v.* 监禁

defame [dɪˈfeɪm]

v. 诽谤，污蔑，中伤

真题 protect the company from being defamed 保护公司免受诽谤（2016 年阅读）

conspire [kənˈspaɪər]

v. 共谋；密谋，图谋；似乎共同导致（不良后果）

词组 conspire (together) to do sth. 密谋做某事

真题 Journals, authors, and conspire to inflate citation 期刊、作者和机构合谋夸大引用次数（2023 年阅读）

□ **deception**

义联词	□ **deceit**	□ **phony**	□ **sly**	□ **delusion**

deception [dɪˈsepʃn]

n. 欺骗，诓骗；诡计，骗局

真题 self-deception 自欺欺人（2012 年阅读）

deceit [dɪˈsiːt]

n. 欺诈（行为）；诡计

phony [ˈfəʊni]

adj. 假的，冒充的，欺骗的

真题 see happiness as meaningless, phony or

boring 认为幸福是没有意义、虚假或者无聊的（2006 年阅读）

sly [slaɪ]

adj. 诡诈的；诡秘的

delusion [dɪˈluːʒn]

n. 妄想，错觉；哄骗

真题 personal delusion 个人妄想（2014 年阅读）

□ **wicked**

义联词	□ **benevolent**	□ **mischievous**	□ **sinister**
形联词	□ **unpick**		

wicked [ˈwɪkɪd]

adj. **邪恶的，缺德的**；淘气的；危险的，强大的；极好的

示例 a wicked witch 一个邪恶的女巫

benevolent [bəˈnevələnt]

adj. 仁慈的，乐善好施的；慈善的，救济的

mischievous [ˈmɪstʃɪvəs]

adj. 顽皮的，捣蛋的；恶意的

sinister [ˈsɪnɪstər]

adj. **邪恶的，险恶的**；不祥的，有凶兆的

真题 something sinister that will upend our way of life 颠覆我们生活方式的邪恶之物（2021年新题型）

unpick [ˌʌnˈpɪk]

v. 拆去……的缝线

真题 Scholars unpicked the multiplicity of lost societies. 学者们剖析了过去社会的多样性。（2012年新题型）

□ **adversarial**

| 义联词 | □ **antagonistic** | □ **divisive** | □ **refutation** | □ **receptive** |
| | □ **harmonise** | □ **unanimous** | □ **submission** | |

---

adversarial [ˌædvərˈseriəl]

adj. **对立的**；敌对的

真题 in adversarial situations 在对立的情形下（2020年新题型）

antagonistic [ænˌtægəˈnɪstɪk]

adj. **对抗的，对立情绪的**；敌对的，敌意的

真题 In a social situation, eye contact with another person can also be antagonistic. 在社交场合，与另一个人的眼神交流也可能是对抗性的。（2020年新题型）

divisive [dɪˈvaɪsɪv]

adj. **制造分裂的**；引起分歧的

真题 Are there divisive issues in America? 美国存在分裂问题吗？（2006年阅读）

refutation [ˌrefjuˈteɪʃn]

n. **驳斥，反驳**

真题 be open to challenge and potential modification or refutation 对挑战和潜在的修改或反驳持开放态度（2012年阅读）

receptive [rɪˈseptɪv]

adj. **愿意倾听的，乐于接受的**

词组 be receptive to sb./sth. 乐于接纳某人/某事

真题 be receptive to others 接纳他人（2020年新题型）

harmonise [ˈhɑːrmənaɪz]

v. （使）和谐；相一致；为主调配和声

unanimous [juˈnænɪməs]

adj. **一致（同意）的**；（团体）意见一致的

真题 a rare unanimous ruling 罕见的一致裁决（2017 年阅读）

submission [səbˈmɪʃn]

n. **提交，呈递**；屈服，归顺；（向法官提出的）意见
真题 complete the peer-review before submission 提交前完成同行评审（2008 年阅读）

□ **impel**

义联词 □ **mandatory** □ **spontaneity**

---

impel [ɪmˈpel]

v. **促使，迫使**
真题 impel the change 促使发生改变（2015 年阅读）

mandatory [ˈmændətɔːri]

adj. **强制的，法定的，义务的**

真题 the basic mandatory high school curriculum 高中必修基础课程（2017 年阅读）

spontaneity [ˌspɑːntəˈneɪəti]

n. **自发性，自然**
真题 In both oral and written English, spontaneity is over craft. 在英语口语和书面语中，自发性都超过了技巧。（2005 年阅读）

□ **insidious**

义联词 □ **innermost**

---

insidious [ɪnˈsɪdiəs]

adj. **潜伏的，隐袭的，隐伏的**
真题 He has found a kind of insidious prejudice. 他发现了一种潜在的偏见。（2018 年阅读）

innermost [ˈɪnərməʊst]

adj. **内心深处的**；最深处的；最靠近中心的
真题 reflect our innermost desires 反映我们内心深处的欲望（2005 年阅读）

□ **spree**

义联词 □ **materialistic** □ **travail**

---

spree [spriː]

n. **纵乐**；一阵，一通（犯罪活动）

词组 a spending spree 痛痛快快花一通钱
真题 go on a wild spending spree 大肆挥霍玩

乐（2016 年新题型）

---

materialistic [məˌtɪriəˈlɪstɪk]

adj. 物质享乐主义的

真题 They had become less materialistic and more financially prudent. 他们变得不那么贪图物质

享受，在财务上更加慎重了。（2012 年阅读）

---

travail [ˈtræveɪl]

n. 艰苦劳动，痛苦

真题 the travails of commuters 通勤者的痛苦（2021 年阅读）

□ **stray**

义联词	□ **astray**	□ **grope**

---

stray [streɪ]

adj. 零星的；走散的，走失的　*v.* 迷路，走失；离题；有外遇

真题 a stray thought 一闪而逝的念头（2020 年新题型）

---

astray [əˈstreɪ]

adv. 迷路；堕落

词组 go astray 丢失；被盗

真题 Data went astray. 数据丢失了。（2007 年阅读）

---

grope [grəʊp]

v. 摸索；搜寻；摸索着往前走

□ **vengeance**

义联词	□ **grievance**	□ **leniency**	□ **caveat**

---

vengeance [ˈvendʒəns]

n. 复仇，报复

真题 The threat of nationalization will return with a vengeance. 国有化的威胁将会报复性地卷土重来。（2021 年阅读）

---

grievance [ˈgriːvəns]

n. 抱怨，牢骚；委屈，不平的事

词组 a grievance procedure 申诉程序

真题 personal grievance procedures 个人申诉程序（2022 年阅读）

---

leniency [ˈliːniənsi]

n. 宽大（或温和）的行为；仁慈，宽大

真题 It was firms' political influence that accounted for the leniency. 公司得到宽大处理的原因是其政治影响力。（2016 年阅读）

---

caveat [ˈkæviæt]

n. 告诫，警告

真题 There are many caveats to those figures. 针对这些数字，有许多警示。（2021 年阅读）

□ **proclivity**

义联词　□ **yearning**

proclivity [prəˈklɪvəti]

n.（常指对坏事的）倾向，癖好

真题 an older-generation proclivity to leave kids in the dark about real estate decisions 在房地产决策上，老一辈人倾向于让孩子们蒙在鼓里（2019 年新题型）

yearning [ˈjɜːrnɪŋ]

n. 渴望，向往　　*adj.* 渴望的

词组 a yearning for... 渴望……；向往……

真题 a yearning for contact with nonhuman life 渴望接触人类之外的生命（2013 年翻译）

□ **wager**

义联词　□ **cocaine**　　　　□ **stakeholder**

wager [ˈweɪdʒər]

n. 赌博；赌物；赌注　　*v.* 打赌，下赌注

真题 Internet wagers 互联网赌博（2006 年新题型）

cocaine [kəʊˈkeɪn]

n. 可卡因，古柯碱

stakeholder [ˈsteɪkhəʊldər]

n. 有权益关系者，参与方；赌金保管人

真题 The ultimate stakeholders are patients. 最终的利益相关者是患者。（2003 年阅读）

□ **breadth**

义联词　□ **centimetre/-ter**　　□ **fiver**　　　　□ **gram(me)**　　　□ **horsepower**
　　　　□ **mileage**　　　　　□ **millisecond**　　□ **quart**　　　　□ **volt**

breadth [bredθ]

n.（知识、兴趣等的）广泛；宽度

真题 the breadth of English usage 英语使用的广泛性（2017 年翻译）

centimetre/-ter [ˈsentɪmiːtər]

n. 厘米

fiver [ˈfaɪvər]

n. 五英镑（钞票）；五元（钞票）

真题 The T-shirt cost less than a fiver. 这件 T 恤花了还不到五英镑。（2016 年新题型）

gram(me) [græm]

n. 克（重量单位）；写（或画）的东西

horsepower [ˈhɔːrspaʊər]

n. 马力（功率单位）

mileage [ˈmaɪlɪdʒ]

n. **英里里程**；英里数；好处

真题 the mileage and number of days 里程数和天数（2014年新题型）

millisecond [ˈmɪlisekənd]

n. 毫秒，千分之一秒

真题 view a fast-food logo for just a few milli-seconds 只需几毫秒就能看到一个快餐标志（2013年阅读）

quart [kwɔːrt]

n. 夸脱（液量单位）

volt [vəʊlt]

n. 伏特，伏

□ **whopping**

义联词　□ **sizable**　　□ **shrinkage**

whopping [ˈwɑːpɪŋ]

adj. **巨大的**；庞大的

真题 American spends a whopping two months a year watching television. 美国人一年当中花在看电视上的时间多达两个月。（2014年阅读）

sizable [ˈsaɪzəbl]

adj. **相当大的**

真题 A sizable portion of the world is only just emerging from economic decline. 世界上相当大一部分国家才刚刚摆脱经济衰退期。（2002年阅读）

shrinkage [ˈʃrɪŋkɪdʒ]

n. **缩小**；收缩量

真题 the shrinkage of textile mills 纺织工厂的萎缩（2013年阅读）

□ **overstep**

义联词　□ **outgrow**　　□ **overtake**

overstep [ˌəʊvərˈstep]

v. **僭越，超越范围**

词组 overstep authority 越权

真题 overstep the authority of federal immigration law 逾越联邦移民法的权威（2013年阅读）

outgrow [ˌaʊtˈgrəʊ]

v. **超过**；比……长得高（或大、快）；长得穿不下；因长大而放弃

真题 be outgrown by the collaborative nature of modern research 被现代研究工作的协作性质

所超越（2014 年阅读）

---

overtake [ˌəʊvərˈteɪk]

v. 赶上，超过；大于；（不好的事）突然降临

□ **rectangle**
义联词 □ **zigzag**

rectangle [ˈrektæŋgl]

n. **长方形，矩形**

真题 The "nature carpets" are large rectangles. "大自然地毯"就是大的长方块儿。（2022 年阅读）

zigzag [ˈzɪgzæg]

adj. 之字形的；曲折的

□ **guild**	
义联词 □ **pact**	□ **jargon**

guild [gɪld]

n. **（行业）协会**；（中世纪的）行会，同业公会

真题 the guild-like ownership structure 类似行会的所有制结构（2014 年阅读）

pact [pækt]

n. 协议，公约，条约

jargon [ˈdʒɑːgən]

n. 行话，行业术语；黑话，切口

□ **undocumented**		
义联词 □ **credential**	□ **substantiate**	□ **unsubstantiated**

undocumented [ˌʌnˈdɑːkjumentɪd]

adj. **无必要证件的**；无书面证据的

真题 undocumented immigrants 无证移民（2019 年阅读）

credential [krəˈdenʃl]

v. 提供证明书（或证件）

substantiate [səbˈstænʃieɪt]

v. **证实，证明**

真题 work to substantiate and clarify your ideas 努力证实和阐明你的想法（2008 年新题型）

unsubstantiated [ˌʌnsəbˈstænʃieɪtɪd]

adj. 未经证实的，无事实根据的

□ automation		
义联词	□ **streamline**	□ **paralyse/-yze**

automation [ˌɔ:təˈmeɪʃn]

n. 自动化

真题 Automation should eventually boost productivity. 自动化最终会提高生产力。（2018年阅读）

streamline [ˈstri:mlaɪn]

v. 使成流线型；使效率更高，使增产节约

paralyse/-yze [ˈpærəlaɪz]

v. 使瘫痪；使麻痹；使不能正常工作

□ layoff			
义联词	□ **unseat**	□ **abdicate**	□ **abdication**	□ **enlist**
形联词	□ **layout**		

layoff [ˈleɪˌɔ:f]

n. 解雇，下岗；休养，停工期

例句 The economic crisis has led to massive layoffs. 经济危机导致大规模裁员。

unseat [ˌʌnˈsi:t]

v. 剥夺……的席位（或地位）；罢免；使失去资格；使从座位上（或马背上）摔下

真题 unseat smaller but entrenched competitors 把一些更小但是已经取得牢固地位的竞争者挤走（2010年新题型）

abdicate [ˈæbdɪkeɪt]

v. 退位，逊位；失（职）；放弃（职责）

真题 Kings don't abdicate, they die in their sleep. 国王不会退位，他们会在睡梦中死去。（2015年阅读）

abdication [ˌæbdɪˈkeɪʃn]

n. 不作为，渎职；辞职；退位

真题 in the wake of the FCC's abdication 随着美国联邦通信委员会的渎职（2021年阅读）

enlist [ɪnˈlɪst]

v. 争取，谋取；（使）入伍，征募

真题 enlist the support of professionals 争取专业人士的支持（2016年新题型）

layout [ˈleɪaʊt]

n. 布局，设计；安排

真题 elaborate layout 精心设计的布局（2010年阅读）

□ makeshift		
义联词	□ **improvisation**	□ **gig**

makeshift [ˈmeɪkʃɪft]

adj. 临时替代的，权宜的

真题 makeshift insurance policies 临时的保险政策（2021 年阅读）

improvisation [ɪmˌprɑːvəˈzeɪʃn]

n. 即兴创作；即席演奏

真题 leave room for improvisation 留有余地，

以防临时变动（2018 年阅读）

gig [ɡɪg]

n. 临时的工作；现场演奏会；现场喜剧表演；千兆字节；单马双轮轻便马车

真题 the rise of the gig economy 零工经济的兴起（2020 年阅读）

□ **mania**

义联词	□ **workaholic**

mania [ˈmeɪniə]

n. 狂热，强烈的欲望；躁狂症

真题 The word "mania" most probably means craze. "mania"这个词最可能是"狂热"的意思。（2007 年阅读）

workaholic [ˌwɜːrkəˈhɑːlɪk]

n. 醉心于工作的人，工作狂　　*adj.* 醉心于工作的

真题 passionate workaholics 充满激情的工作狂（2015 年阅读）

□ **unionism**

义联词	□ **unionize**

unionism [ˈjuːniənɪzəm]

n. 工会主义

真题 trade unionism 工会制（2012 年阅读）

unionize [ˈjuːniənaɪz]

v. 组织（或成立）工会

真题 More than half of public-sector workers are unionized. 半数以上的公共部门员工加入了工会。（2012 年阅读）

□ **efficacy**

义联词	□ **fruition**	□ **naught**

efficacy [ˈefɪkəsi]

n. 功效，效验，效力

真题 predict a drug's efficacy 预测药物疗效
（2012 年阅读）

fruition [fruˈɪʃn]

n. 实现，取得成果；完成

真题 Predictions have not yet come to fruition.
这些预测尚未实现。（2013 年完形）

naught [nɔːt]

n. 零；无价值

□ **allot**		
义联词 □ **errand**	□ **allocate**	
形联词 □ **slot**		

allot [əˈlɑːt]

v. 分配，配给；分派（任务等）

词组 allot sth. to sb./sth. 把……分配给……
真题 They survived on barely enough food allotted to them. 他们靠分配给他们的食物勉强维持生计。（2015 年阅读）

errand [ˈerənd]

n. 差使，差事

真题 an errand boy in law offices 律师事务所的跑腿小弟（2017 年新题型）

allocate [ˈæləkeɪt]

v. 分配；拨……

真题 The effect is caused by the way we allocate our attention. 这种效应是我们分配注意力的方式造成的。（2015 年翻译）

slot [slɑːt]

v. 安置；为……安排时间　*n.* 窄缝，扁口；位置；时间；机会

词组 slot sb./sth. in 安置某人/某事；为某人/某事安排时间（或提供机会）
真题 Try to slot reading in as a to-do list item. 尝试将阅读列入待办事项清单。（2016 年阅读）

□ **livelihood**		
义联词 □ **managerial**	□ **logistics**	

livelihood [ˈlaɪvlihʊd]

n. 赚钱谋生的手段，生计

词组 a means of livelihood 生计，谋生手段
真题 Cattle rearing has been the major means of livelihood for the poor. 养牛一直是穷人的主要谋生手段。（2021 年阅读）

managerial [ˌmænəˈdʒɪriəl]

adj. **管理的**；经理的

真题 managerial capabilities 管理能力（2022年阅读）

logistics [ləˈdʒɪstɪks]

n. **物流**；后勤；组织工作

词组 logistics management 物流管理；后勤管理

真题 in the management of product ranges, logistics, and marketing intelligence 在产品系列、物流和营销情报的管理当中（2010年新题型）

□ overburden			
义联词 □ overload	□ overpack	□ overdo	□ overrate
□ overtax			
形联词 □ overhaul	□ overhear	□ overtly	

overburden [ˌəʊvərˈbɜːrdn]

v. **使负担过重**

真题 their overburdened shoulders 他们负担过重的肩膀（2007年阅读）

overload [ˌəʊvərˈləʊd]

n. **超负荷，过多，过量** *v.* 使负荷过重，使超载；使（计算机）超载运行

真题 a state of information overload 一种信息超负荷的状态（2016年翻译）

overpack [ˌəʊvərˈpæk]

v. **过度装载**；过度包装

真题 overpack their carry-on bags 往随身携带的行李里塞过多东西（2017年阅读）

overdo [ˌəʊvərˈduː]

v. **（把……）做得过分**；（对……表演过火），夸张

词组 overdo it/things（工作、学习等）过分努力，劳作过度

真题 Don't overdo it. 不要做得太过。（2020

年新题型）

overrate [ˌəʊvərˈreɪt]

v. **高估**；对……评价过高

真题 The trait is highly overrated. 该特征被严重高估了。（2007年阅读）

overtax [ˌəʊvərˈtæks]

v. 使用过度；（使）超负荷工作；课税过重

overhaul

[ˈəʊvərhɔːl] *n.* **改革**，改造；检修，大修
[ˌəʊvərˈhɔːl] *v.* 彻底检修；赶上，超过

真题 an overhaul of immigration rules 移民法规的彻底改革（2019年阅读）

overhear [ˌəʊvərˈhɪr]

v. 无意中听到，偶然听到

overtly [əʊˈvɜːrtli]

adv. **公开地，公然地**

真题 State it overtly. 把它开诚布公地讲出来。（2021年新题型）

□ **sluggish**

义联词　□ **languid**　　□ **slacken**

---

sluggish [ˈslʌgɪʃ]

adj. **迟缓的**；懒洋洋的

真题 the same sluggish pace 同样缓慢的步伐（2010 年新题型）

---

languid [ˈlæŋgwɪd]

adj. **慵懒的，倦怠的**；慢悠悠的

真题 Efforts in Canada and elsewhere have been arguably languid at best. 加拿大及其他地方付出的努力充其量只能说乏善可陈。（2021 年阅读）

---

slacken [ˈslækən]

v. **（使）变得松弛**；减缓，萧条

词组 slacken off 放松，松懈，懈气

真题 hit a plateau and then slacken off 达到平稳期，然后开始懈怠（2010 年完形）

Word List 28

□ **parity**

义联词　□ **righteous**　　□ **lopsided**

parity [ˈpærəti]

n.（薪金或地位）平等，对等；两国货币平价

真题 ensure gender parity 确保性别平等（2020年阅读）

righteous [ˈraɪtʃəs]

adj. 正义的，公平合理的；公正的，正直的

真题 righteous indignation 义愤填膺（2005年阅读）

lopsided [ˌlɑːpˈsaɪdɪd]

adj. 不平衡的，向一侧倾斜的

真题 be hopelessly lopsided 无可救药的失衡状态（2010年翻译）

□ **slip-up**

义联词　□ **blunder**

slip-up [ˈslɪp ʌp]

n. 疏漏，差错

真题 Even a minor slip-up can be significant. 即使是一个小小的失误也可能造成重大影响。（2020年阅读）

blunder [ˈblʌndər]

n. 错误　*v.* 犯愚蠢的（或粗心的）错误

真题 It was seen as a blunder. 这在当时看起来是一个错误（的决定）。（2016年阅读）

□ **reciprocal**

义联词　□ **reciprocity**　　□ **swap**

reciprocal [rɪˈsɪprəkl]

adj. 互惠的；相应的

真题 reciprocal help and cooperation 互助与合作（2020年阅读）

reciprocity [ˌresɪˈprɑːsəti]

n. 互惠，互助；互换

真题 direct reciprocity 直接互惠（2020年阅读）

swap [swɑ:p]

v. **换掉**；交换（东西）；交换（工作） *n.* 交换

真题 swap out single-use plastic staples 不再使用一次性塑料订书钉（2019 年阅读）

□ **printout**

义联词 □ **despatch/dispatch**

---

printout [ˈprɪntaʊt]

n. **打印件，打印资料**

真题 These printouts are easier to read than the screen. 这些打印件比在屏幕上更容易阅读。（2008 年新题型）

despatch/dispatch [dɪˈspætʃ]

n. **急件，快信**；新闻报道，电讯；调遣；发送
v. 派遣，调遣；发送；迅速办妥

真题 many original French dispatches 许多法文急件的原件（2022 年翻译）

□ **proximity**

形联词 □ **proxy**

---

proximity [prɑːkˈsɪməti]

n. **接近，邻近，靠近**

词组 proximity to… 接近，靠近……

真题 proximity to friends and social activities 接

触朋友、参加社交活动（2019 年新题型）

proxy [ˈprɑːksi]

n. 代理权；代理人，受托人；指标

□ **stroller**

义联词 □ **pastime**

---

stroller [ˈstraʊlər]

n. 流浪者；散步者；折叠式婴儿车

真题 a long-haired stroller 一名长发流浪汉（2014 年新题型）

n. **休闲活动**，消遣

真题 such everyday pastimes as buying books and sending mail 像买书、发邮件这样的日常休闲活动（2003 年阅读）

---

pastime [ˈpæstaɪm]

□ overdue

义联词	□ belated

overdue [ˌəʊvərˈduː]

adj. 早应完成的，早该发生的；到期未还的

真题 The policy is "long overdue." 该政策"姗姗来迟"。（2015 年阅读）

belated [bɪˈleɪtɪd]

adj. 迟来的，晚出现的

真题 a belated solution 迟来的解决方案（2017年阅读）

□ playgoer

义联词	□ projector

playgoer [ˈpleɪɡəʊər]

n. 戏迷，爱看戏的人

真题 The playgoers go to no other places in town than the theater. 这些看戏的人除了去剧院，镇上的其他地方哪儿都不去。（2006 年阅读）

projector [prəˈdʒektər]

n. 投影仪；放映机

□ painstakingly

义联词	□ strenuous	□ rigour

painstakingly [ˈpeɪnzteɪkɪŋli]

adv. 煞费苦心地，费力地

真题 painstakingly conceal details about yourself 煞费苦心地隐瞒你个人的详细情况（2020 年新题型）

strenuous [ˈstrenjuəs]

adj. 繁重的，费力的，艰苦的；劲头十足的；顽强的

rigour [ˈrɪɡər]

n. 艰苦，严酷；严谨，缜密；严厉

□ chancellor

义联词	□ premier	□ ministerial	□ commonwealth	□ constitution
	□ sovereignty	□ manifesto		

chancellor [ˈtʃænsələr]

n.（**英国）财政大臣**；（德国或奥地利的）总理；（英国大学的）名誉校长；英国某些高级政府官员的头衔

真题 Chancellor of the Exchequer 财政大臣（2014 年阅读）

premier [prɪˈmɪr]

n.（**加拿大的）省总理，地区总理**；首相 *adj.* 首要的；最著名的，最成功的

真题 Canada's premiers (the leaders of provincial governments) 加拿大的省长们（省政府领导）（2005 年新题型）

ministerial [ˌmɪnɪˈstɪrɪəl]

adj. 部长的；大臣的

commonwealth [ˈkɑːmənwelθ]

n. 英联邦；联邦，联合体；州；自治政区

constitution [ˌkɑːnstɪˈtuːʃn]

n. **宪法**；章程；身体素质；构造；形成

真题 go against the Constitution 违宪（2020 年阅读）

sovereignty [ˈsɑːvrənti]

n. **主权，最高统治权**；独立自主

真题 political sovereignty 政治主权（2021 年阅读）

manifesto [ˌmænɪˈfestəʊ]

n. 宣言

真题 *The Communist Manifesto*《共产党宣言》（2012 年新题型）

□ **matchmaker**

义联词	□ **fireman**	□ **cashier**	□ **clergy**	□ **freelance**
	□ **registrar**	□ **broker**	□ **stockbroker**	□ **usher**
	□ **weaver**	□ **skipper**	□ **emissary**	□ **greengrocer**

---

matchmaker [ˈmætʃmeɪkər]

n. **媒人**；牵线搭桥的人

真题 In Cambodia, the choice of a spouse may involve a matchmaker. 在柬埔寨，择偶可能会和媒人有关。（2016 年完形）

fireman [ˈfaɪərmən]

n. 消防队员

cashier [kæˈʃɪr]

n. 出纳员 *v.* 开除……的军职

clergy [ˈklɜːrdʒi]

n. 圣职人员，神职人员

freelance [ˈfriːlæns]

adj. 自由职业（者）的；特约的 *n.* 自由职业者

registrar [ˈredʒɪstrɑːr]

n.（**大学）教务主任，教务长**；户籍管理员；专科住院医生

真题 Ohio State University's registrar 俄亥俄州立大学教务主任（2019 年阅读）

broker [ˈbrəʊkər]

n. **经纪人，掮客；股票（或证券）经纪人**；代理人

真题 a real estate broker 房地产经纪人（2019年新题型）

stockbroker [ˈstɑːkbrəʊkər]

n. **股票经纪商，证券经纪人**

真题 the daily commute of a stockbroker 股票经纪人的日常通勤（2021年阅读）

usher [ˈʌʃər]

n. **（电影院、戏院、婚礼等的）引座员，迎宾员** *v.* **引导，引领；使开始，开创**

weaver [ˈwiːvər]

n. **编织者，织布工**

真题 Mind is the master weaver. 头脑是编织大师。（2011年翻译）

skipper [ˈskɪpər]

n. **小船或渔船的船长；队长** *v.* **当船长或队长**

emissary [ˈemɪseri]

n. **特使**；密使

真题 Japanese emissaries 日本特使（2018年新题型）

greengrocer [ˈɡriːnɡrəʊsər]

n. **蔬菜水果店**；果菜商

真题 buy one carrot in a little greengrocer 在小蔬菜水果店买根胡萝卜（2013年新题型）

□ **clique**		
义联词	□ **marginalized**	
形联词	□ **cliché**	

clique [kliːk]

n. **小集团，小圈子**；派系，私党

真题 oppose to members of the clique, pop stars and vaunted athletes 反对小集团成员、流行明星和被吹捧的运动员（2007年新题型）

marginalized [ˈmɑːrdʒɪnəlaɪzd]

adj. **被边缘化的**；受排挤的

真题 a marginalized lifestyle 一种边缘化的生活方式（2015年阅读）

cliché [kliːˈʃeɪ]

n. **陈词滥调，老生常谈，陈腐的套语**；使用陈词滥调

真题 That everyone's too busy these days is a cliché. "如今每个人都很忙"是一句陈词滥调。（2016年阅读）

□ **hierarchical**		
义联词	□ **upmarket**	□ **aristocrat**	□ **bourgeois**

hierarchical [ˌhaɪəˈrɑːrkɪkl]

adj. 按等级划分的，等级制度的
真题 a hierarchical view of the world 等级制世界观（2015 年阅读）

upmarket [ˌʌpˈmɑːrkɪt]

adj. 高档的，高级的，高端的
真题 upmarket grocery chain 高档食品杂货连锁店（2018 年阅读）

aristocrat [əˈrɪstəkræt]

n.（一位）贵族
真题 aristocrats' reliance on inherited wealth 贵族对所继承财产的依赖（2015 年阅读）

bourgeois [ˌbʊrˈʒwɑː]

adj. 追求名利且平庸的，世俗的；中产阶级的；资产阶级的
真题 This was all a bit bourgeois for Thomas Carlyle. 这对 Thomas Carlyle 来说有些平庸。（2012 年新题型）

□ **sage**

义联词　□ **booby**

sage [seɪdʒ]

n. 哲人，智者，圣人；鼠尾草（可用作调料）
真题 the Victorian sage Thomas Carlyle 维多利亚时代的哲人 Thomas Carlyle（2012 年新题型）

booby [ˈbuːbi]

n. 笨蛋，傻瓜；乳房（多见于儿童用语）

□ **provocative**

义联词　□ **incite**　□ **upheaval**　□ **appease**　□ **soothing**

provocative [prəˈvɑːkətɪv]

adj. 激起争端的，煽动性的；引诱的
真题 provocative magazine cover story 激起争议的封面文章（2011 年阅读）

incite [ɪnˈsaɪt]

v. 鼓动，煽动
真题 incite excessive thinness 鼓动追求过度瘦身（2016 年阅读）

upheaval [ʌpˈhiːvl]

n. 剧变；动乱；动荡
真题 technological upheaval 技术巨变（2018 年阅读）

appease [əˈpiːz]

v. 安抚，抚慰；绥靖
真题 Such statements as "I'm sorry" appease parents and friends. "对不起"这类道歉的话

能够安抚到父母和朋友。（2019 年阅读）

soothing [ˈsuːðɪŋ]

adj. 安慰的，使人平静的；舒缓的，镇痛的

□ **ritualistic**

义联词　□ **restructure**　　□ **upend**　　　□ **reversal**

ritualistic [ˌrɪtʃuəˈlɪstɪk]

adj. **老套的，例行公事的**；仪式的
真题 promote ritualistic reading 促进惯例性阅读（2016 年阅读）

---

restructure [ˌriːˈstrʌktʃər]

v. **调整结构**；改组；重建
真题 restructure our economy 重组经济结构（2014 年阅读）

---

upend [ʌpˈend]

v. **颠覆**；使颠倒，倒放
真题 upend the old workforce model 颠覆旧的劳动力模式（2022 年阅读）

---

reversal [rɪˈvɜːrsl]

n. **反转，颠倒**；转胜为败；交换，转换
真题 It's not hard to imagine a similar reversal happening in London. 不难想象伦敦也会发生类似的反转。（2020 年阅读）

□ **boot camp**

义联词　□ **foxhole**　　□ **manoeuvre/maneuver**

boot camp [ˈbuːt kæmp]

n. **训练营**；新兵训练所；劳教营
真题 many coding boot camps 许多编程训练营（2016 年阅读）

---

foxhole [ˈfɑːkshəʊl]

n. **散兵坑**

真题 sleep in cold foxholes 睡在冰冷的散兵坑里（2012 年完形）

---

manoeuvre/maneuver [məˈnuːvər]

n. 细致巧妙的移动；机动动作；策略，手段；军事演习

□ **clientele**

义联词　□ **saleroom**　　□ **patronage**　　　□ **patronize**

clientele [ˌklaɪənˈtel]

n. 顾客，主顾，客户

真题 Stratford's most attractive clientele Stratford 最具吸引力的客户群（2006 年阅读）

saleroom [ˈseɪlruːm]

n. 拍卖场

patronage [ˈpætrənɪdʒ]

n. 光顾，惠顾；赞助；互惠互利

真题 refuse patronage 拒绝光顾（2006 年新题型）

patronize [ˈpeɪtrənaɪz]

v. 经常光顾；屈尊俯就地对待；赞助，资助

真题 Gamblers patronize virtual casinos every week. 赌徒每周都会光顾虚拟赌场。（2006 年新题型）

□ **clawback**

义联词	□ **refund**	□ **postage**

clawback [ˈklɔːbæk]

n. 回收款；已支付给民众钱款的收回

真题 This "clawback" rule is aimed to hold bankers accountable for risk-taking. "回收款"规则的目的是让银行家对风险负责。（2019 年阅读）

refund

[ˈriːfʌnd] *n.* 退款；返还款

[rɪˈfʌnd] *v.* 退还；偿付

postage [ˈpəʊstɪdʒ]

n. 邮费，邮资

□ **deregulate**

义联词	□ **deregulatory**	□ **disengage**	□ **clamp**

deregulate [ˌdiːˈregjuleɪt]

v. 撤销对（贸易、商业活动等）的管制，解除控制

真题 deregulate broadband providers 解除对宽带提供商的管制（2021 年阅读）

deregulatory [ˌdiːˈregjələtɔːri]

adj. 解除管制的

真题 uphold a deregulatory move 支持解除管制的举措（2021 年阅读）

disengage [ˌdɪsɪnˈɡeɪdʒ]

v. 释放，脱离，松开；（使）停止交战

真题 make it hard to disengage 使其难以脱离（2017 年阅读）

clamp [klæmp]

v. 紧紧抓住，紧夹住；被抓住，被夹紧；固定；用夹锁锁住（车） *n.* 夹钳；夹子

词组 clamp down (on sb./sth.) 严厉打击（犯罪等）

真题 Politicians have begun to clamp down. 政治家们开始压制（这种行为）。（2012 年阅读）

□ **upstart**

| 义联词 | □ **windfall** | □ **lucrative** | □ **conglomerate** |

upstart [ˈʌpstɑːrt]

n. **暴发户，新贵**；自命不凡的新上任者；狂妄自大的新手

真题 upstart entrepreneurs 新贵企业家（2014年阅读）

windfall [ˈwɪndfɔːl]

n. **意外之财**；被风吹落的果子；意外的收获

真题 take risks in quest of a windfall 冒险寻求意外之财（2006 年新题型）

lucrative [ˈluːkrətɪv]

adj. **赚大钱的，获利多的**

真题 a graduate school, medical school or a lucrative career 研究生院、医学院或高薪职业（2017年阅读）

conglomerate [kənˈglɑːmərət]

n. **企业集团，联合大公司**；组合物；砾岩

真题 a broadband-providing conglomerate 提供宽带服务的企业集团（2021 年阅读）

□ **sparingly**

| 义联词 | □ **thrift** |
| 形联词 | □ **spiraling** |

sparingly [ˈsperɪŋli]

adv. **俭省地，一点点**

真题 Luxuries are most enjoyable when they are consumed sparingly. 有节制地消费奢侈品才最令人愉悦。（2014 年阅读）

thrift [θrɪft]

n. **节俭**；海石竹（海边野生植物，花鲜艳，呈粉红色）

真题 values of industriousness and thrift 勤奋、节俭的价值观（2009 年翻译）

spiral [ˈspaɪrəl]

adj. 螺旋式的　*v.* 盘旋上升或下降

□ **stockpile**

| 义联词 | □ **repository** |

stockpile [ˈstɑːkpaɪl]

n. 囤聚的物资　*v.* 大量储备
示例 the stockpile of nuclear weapons 核武器
装备

repository [rɪˈpɑːzətɔːri]

n. 仓库，贮藏室；学识渊博的人；智囊

□ **injurious**

义联词	□ **corrode**	□ **demolition**	□ **pernicious**	□ **devastating**
	□ **salvation**			

injurious [ɪnˈdʒʊriəs]

adj. 造成伤害的，有害的
词组 be injurious to... 对……有害的
真题 be injurious to the intellect 对智力造成伤害（2008 年翻译）

corrode [kəˈrəʊd]

v. 腐蚀，侵蚀；损害，破坏

demolition [ˌdeməˈlɪʃn]

n. 拆毁，毁坏；大败
真题 the demolition of the State Department building 拆除国务院大楼（2018 年新题型）

pernicious [pərˈnɪʃəs]

adj. 恶性的，有害的（尤指潜移默化地）
真题 pernicious anaemia 恶性贫血症（2019 年翻译）

devastating [ˈdevəsteɪtɪŋ]

adj. 毁灭性的；骇人的；给人印象深刻的；强有力的
真题 The wear-and-tear can be quite devastating. 这种损耗可能相当具有毁灭性。（2008 年阅读）

salvation [sælˈveɪʃn]

n. 解救途径；得救，救恩；救世

□ **cascade**

义联词	□ **ebb**	□ **torrent**

cascade [kæˈskeɪd]

n. 倾泻（或涌出）的东西；小瀑布；大簇的下垂物　*v.* 大量落下（垂悬）；倾泻，流注
词组 a cascade of... 一连串……，一系列……
真题 face a cascade of different taxes 面对一连串的不同税收（2020 年阅读）

ebb [eb]

n. 退潮，落潮　*v.* 退，落；衰弱；减退

torrent [ˈtɔːrənt]

n. 湍流，洪流；迸发；狂潮

□ **minimise/-ize**		
义联词 □ **slippage**	□ **plummet**	□ **skyrocket**
形联词 □ **mobilise/-ize**		

minimise/-ize [ˈmɪnɪmaɪz]

v. **降到最低程度**；使最小化；贬低……的重要性

真题 introduce special low speed limits to minimise pollution 推行特定的低速限行政策以最大限度减少污染（2020 年阅读）

slippage [ˈslɪpɪdʒ]

n. **下降，降低**；贬值；延误，逾期

真题 prevent such slippage 防止这种滑坡（的发生）（2017 年翻译）

plummet [ˈplʌmɪt]

adj. **暴跌**；速降

真题 the plummeting prices of renewables 可再生能源价格暴跌（2018 年阅读）

skyrocket [ˈskaɪrɑːkɪt]

v. 飞涨，猛涨

mobilise/-ize [ˈməʊbəlaɪz]

v. **调动，调用**；组织，鼓动；（战时）动员

真题 They fail to mobilize peer pressure for healthy habits. 他们未能调动同伴压力来养成健康的习惯。（2012 年阅读）

□ **scarcity**		
义联词 □ **redundant**	□ **redundancy**	□ **affluent**

scarcity [ˈskersəti]

n. **缺乏，不足，稀少**

真题 Scarcity enhances the pleasure of most things for most people. 对大部分人来讲，稀缺性增加了大部分事物的乐趣。（2014 年阅读）

redundant [rɪˈdʌndənt]

adj. 多余的，不需要的；被裁减的

redundancy [rɪˈdʌndənsi]

n. **备份，复制装置**；多余；累赘；裁员

真题 Setting the proper investment level for security, redundancy, and recovery is a management issue. 为数据安全、数据备份和数据恢复设立恰当的投资标准属于管理问题。（2007 年阅读）

affluent [ˈæfluənt]

adj. 丰富的；富裕的

☐ **monotonous**

义联词　☐ **mundane**　　☐ **multiplicity**

monotonous [məˈnɑːtənəs]

adj. 单调乏味的

真题 listen to the same monotonous beats 听着相同、单调的节拍（2007 年新题型）

mundane [mʌnˈdeɪn]

adj. 平凡的；单调的

真题 in the most mundane of life situations 在最平淡的生活环境中（2016 年翻译）

multiplicity [ˌmʌltɪˈplɪsəti]

n. 多样性；多种多样

真题 unpick the multiplicity of lost societies 剖析过去社会的多样性（2012 年新题型）

☐ **thorny**

义联词　☐ **daunting**　　☐ **uncanny**

thorny [ˈθɔːrni]

adj. 棘手的；有刺的

真题 thorny ethical questions 棘手的伦理问题（2019 年阅读）

daunting [ˈdɔːntɪŋ]

adj. 使人气馁的；看上去棘手的

uncanny [ʌnˈkæni]

adj. 异常的，难以解释的

真题 uncanny forms 异常的形式（2013 年翻译）

☐ **distaste**

义联词　☐ **tiresome**　　☐ **swine**　　☐ **hearty**

distaste [dɪsˈteɪst]

n. 反感，厌恶

词组 distaste for... 对……的反感，对……的厌恶

真题 express distaste for slavery 表达对奴隶制的厌恶（2008 年阅读）

tiresome [ˈtaɪərsəm]

adj. 讨厌的；令人厌烦的

swine [swaɪn]

n. 讨厌的人；令人不愉快的事物；猪

hearty [ˈhɑːrti]

adj. **尽情的，强烈的**；吵闹快活且精力充沛的；

亲切友好的；丰盛的

真题 enjoy a hearty laugh 开怀大笑（2021 年阅读）

□ **inclement**

义联词　□ **brisk**

---

inclement [ɪnˈklemənt]

adj. **恶劣的（指寒冷的、潮湿的等）**

真题 inclement weather 恶劣的天气（2021 年阅读）

brisk [brɪsk]

adj. 轻快的；现实自信的；麻利的；寒冷而清新的

□ **bust**

形联词　**rust**

---

bust [bʌst]

n. **萧条**　　*adj.* 破碎的；破产的　*v.* 打破；破产

词组 boom and bust 繁荣与萧条

真题 a boom and bust cycle 繁荣与萧条的循环

（2014 年阅读）

rust [rʌst]

n. 锈，铁锈；锈病；锈菌　　*v.*（使）生锈

Word List 29

□ cynic			
义联词	□ **pessimistic** □ **bummer**	□ **gloom** □ **rosy**	□ **gloominess** □ **glitter**	□ **dismal**
形联词	□ **cyclic**			

cynic [ˈsɪnɪk]

n. **悲观者**；怀疑者；愤世嫉俗者

真题 A cynic might speculate that the UK is on the verge of disappearing. 悲观主义者可能推测，英国正处于消失的边缘。（2020 年阅读）

pessimistic [ˌpesɪˈmɪstɪk]

adj. **消极的，悲观（主义）的**

真题 a pessimistic view 消极的观点（2013 年阅读）

gloom [gluːm]

n. **无望，忧郁，愁闷**；昏暗，黑暗

词组 doom and gloom/gloom and doom 悲观失望；前景暗淡

真题 doom-and-gloom mass unemployment predictions 悲观失望的大规模失业预测（2021 年新题型）

gloominess [ˈgluːmɪnəs]

n. **沮丧，抑郁**；昏暗，黑暗

真题 Such gloominess is misplaced. 这种沮丧情绪是错误的。（2013 年阅读）

dismal [ˈdɪzməl]

adj. **惨淡的，阴沉的，忧郁的**；不熟练的；差劲的

真题 Your prospects would be almost as dismal. 你的前景几乎一样暗淡。（2019 年新题型）

bummer [ˈbʌmər]

n. **失望（或不愉快）的局面**

真题 They did not need their art to be a bummer. 他们并不希望自己的艺术令人失望。（2006 年阅读）

rosy [ˈrəʊzi]

adj. **乐观的，美好的**；粉红色的，红润的

真题 The future is not all rosy. 未来并不总是美好的。（2013 年阅读）

glitter [ˈglɪtər]

v. 闪耀，光彩夺目；闪现（某种强烈情感）
n. 灿烂的光辉；魅力；（装饰用的）小发光物

cyclic [ˈsaɪklɪk]

adj. **循环的，周期的**

真题 follow a cyclic pattern 遵循一种周期性模式（2008 年阅读）

□ **unease**

| 义联词 | □ **uneasiness** | □ **disconcerting** | □ **panicky** | □ **fluster** |

unease [ʌnˈiːz]

n. **不安，忧虑**

真题 be filled with unease 充满忧虑（2017 年完形）

---

uneasiness [ʌnˈiːzinəs]

n. **不安，不自在**

真题 avoid this uneasiness 避免这种不自在（2015 年完形）

---

disconcerting [ˌdɪskənˈsɜːrtɪŋ]

adj. **令人不安的**

真题 It can be extremely disconcerting for the children. 这可能会让孩子们极为不安。（2017 年阅读）

panicky [ˈpæniki]

adj. **惊慌失措的，焦虑不安的**

真题 When we feel panicky, we tend to talk louder and faster. 当我们感到恐慌时，我们说话会更大声，语速也会更快。（2021 年新题型）

---

fluster [ˈflʌstər]

v. **使紧张，使慌乱，使忙乱**　*n.* 慌乱，慌张

词组 be/look flustered by sth. 因某事感到 / 看起来慌张

真题 look flustered by the arrival of two visitors 因两名访客的到来而显得慌张（2017 年新题型）

□ **understate**

| 义联词 | □ **underline** |

| 形联词 | □ **underrated** |

understate [ˌʌndərˈsteɪt]

v. **轻描淡写，不完全地陈述**

真题 understate your confidence 收敛你的自信（2021 年新题型）

---

underline [ˌʌndərˈlaɪn]

v. **强调，突现；画底线标出**

真题 President Trump has underlined fossil fuels as the path to economic growth. Trump 总统强调化石燃料是经济增长的途径。（2018 年阅读）

---

underrated [ˌʌndəˈreɪtɪd]

adj. **被低估了的**

真题 The human nose is an underrated tool. 人的鼻子是种被低估了的工具。（2005 年完形）

□ inopportune		
义联词 □ **undue**	□ **duly**	□ **proportionality**
形联词 □ **attune**		

inopportune [ɪnˌɑːpərˈtuːn]

adj. **不合时宜的**

真题 at the most inopportune time 在最不合时宜的时候（2015 年新题型）

undue [ˌʌnˈduː]

adj. **过度的，过分的**

真题 undue reliance 过度的依赖（2007 年翻译）

duly [ˈduːli]

adv. **适时地，准时地**；恰当地

真题 The output duly rose compared with the previous Saturday. 与前一个星期六相比，产量适时上升了。（2010 年完形）

proportionality [prəˌpɔːrʃəˈnæləti]

n. **（行动、处罚等的）相称原则，恰当性**

真题 justice, fairness, tolerance, proportionality and accountability 正义、公平、宽容、恰当性和问责制（2015 年阅读）

attune [əˈtuːn]

v. **使习惯，使适应**；调（音），使调和

词组 attune to 熟悉，适应，习惯于

真题 be attuned to social signals 习惯社交信号（2020 年阅读）

□ undercut	
义联词 □ **bolster**	

undercut [ˌʌndərˈkʌt]

v. **削弱**；削价竞争

真题 When your body language communicates reluctance or anxiety, it undercuts the message. 当你的肢体语言传达出不情愿或焦虑时，你想要传达的信息便会被削弱。（2021 年新题型）

bolster [ˈbəʊlstər]

v. 改善；加强　*n.* 垫枕（长而厚）

□ culinary			
义联词 □ **edible**	□ **foodie**	□ **beverage**	□ **saucer**

culinary [ˈkʌlɪneri]

adj. 烹饪的；食物的
真题 culinary pleasures 烹饪的乐趣（2020 年完形）

---

edible [ˈedəbl]

adj. 适宜食用的；（无毒而）可以吃的

---

foodie [ˈfuːdi]

n. 美食家
真题 the *Skint Foodie*《穷光蛋美食家》（2013 年新题型）

---

beverage [ˈbevərɪdʒ]

n. 饮料

---

saucer [ˈsɔːsər]

n. 茶碟，茶托；碟状物

□ **arable**			
义联词 □ **rake**	□ **spade**	□ **scoop**	

arable [ˈærəbl]

adj. 耕作的，可耕的
真题 arable fields 可耕田（2021 年阅读）

---

rake [reɪk]

n. 耙子；浪子；倾斜度（尤指剧院舞台）
v. 耙，梳理；扫视；搜寻；抓
词组 rake in sth. 赚大钱（尤指轻易地）
真题 rake in substantial profits 轻易赚取大量利润（2010 年新题型）

spade [speɪd]

n. 铲；锹；黑桃（牌）；黑鬼

scoop [skuːp]

v. 获取，赢得；用勺儿舀；（敏捷地）抱起，拿起；抢先报道　*n.* 勺；一勺（的量）；独家新闻；最新消息
词组 scoop up 获取，赢得
真题 scoop up multiple seats 获得多个席位（2020 年阅读）

□ **medicalize**			
义联词 □ **pneumonia**	□ **transmissible**	□ **disinfecting**	□ **swab**
□ **vaccinate**	□ **chromosome**	□ **tumo(u)r**	□ **cavity**

medicalize [ˈmedɪklaɪz]

v. 以医学方法处理
真题 Society is medicalizing more and more behavioral problems. 社会正用医学方法处理越来越多的行为问题。（2006 年新题型）

pneumonia [nuːˈməʊniə]

n. 肺炎

transmissible [trænsˈmɪsəbl]

adj. **能传送的，可传达的**；〈医〉可传染的，可遗传的

真题 The knowledge and skills are transmissible. 知识和技能是可传授的。（2011 年新题型）

disinfect [ˌdɪsɪnˈfekt]

v. 给……消毒

swab [swɑːb]

v. **用拭子擦拭**；擦洗，擦拭（地板等） *n.* 拭子，药签；用拭子对（人体）化验标本的采集

真题 swab saliva in the mouth 用拭子从口腔中蘸取唾液（2009 年阅读）

vaccinate [ˈvæksɪneɪt]

v. 给……接种疫苗

chromosome [ˈkrəʊməsəʊm]

n. **染色体**

真题 the Y chromosome Y 染色体（2009 年阅读）

tumo(u)r [ˈtuːmər]

n. 肿瘤；肿块

cavity [ˈkævəti]

n. 洞，腔；（牙齿的）龋洞

□ psychiatry			
义联词 □ neuroticism	□ unhinge	□ hysteria	□ pathological
□ autistic	□ sane		

psychiatry [saɪˈkaɪətri]

n. 精神病学；精神病治疗法

真题 an assistant professor of psychiatry at Harvard Medical School 哈佛医学院精神病学助理教授（2018 年阅读）

neuroticism [nʊˈrɑːtɪsɪzəm]

n. **神经过敏症，神经质**

真题 neuroticism or open-mindedness 神经过敏症或开放性心态（2013 年阅读）

unhinge [ʌnˈhɪndʒ]

v. **使精神失常**

真题 The result is unhinged from the realities. 结果和现实脱节。（2021 年阅读）

hysteria [hɪˈsteriə]

n. 歇斯底里；大惊小怪，大肆鼓吹；〈医〉癔病

pathological [ˌpæθəˈlɑːdʒɪkl]

adj. **病态的**；病理学的；不理智的，无法控制的

真题 pathological gambling 病态赌博（2006 年新题型）

autistic [ɔːˈtɪstɪk]

adj. **自闭症的**

真题 autistic spectrum symptoms 自闭症谱系症状（2020 年新题型）

sane [seɪn]

adj. 精神健全的；神志正常的；明智的，理智的

□ **abdominal**

义联词　□ **bloodstream**　　□ **saliva**

abdominal [æbˈdɑːmɪnl]

adj. 腹部的

真题 abdominal fat 腹部脂肪（2021 年完形）

bloodstream [ˈblʌdstriːm]

n. 体内循环的血液，血流

真题 Some oxytocin is released into the bloodstream.

一些催产素被释放到血液中。（2017 年完形）

saliva [səˈlaɪvə]

n. 唾液

真题 collect cells by swabbing saliva in the mouth 通过擦拭口腔中的唾液来收集细胞（2009 年阅读）

□ **plump**

义联词　□ **physique**

形联词　□ **slump**

plump [plʌmp]

adj. 微胖的；丰腴的；松软的；饱满的

真题 the plump, spectacled hero 胖乎乎的、戴眼镜的主人公（2017 年新题型）

physique [fɪˈziːk]

n. 体形，体格

真题 size zero or wasp-waist physiques "零号身材"或"蜂腰体型"（2016 年阅读）

slump [slʌmp]

v. 骤降，猛跌；重重地坐下　*n.* 萧条期，衰退

□ **infest**

形联词　□ **infuse**　　□ **lest**

infest [ɪnˈfest]

v. 大量滋生，大批出没于

真题 the monarch-infested region 滋生君主制的区域（2015 年阅读）

infuse [ɪnˈfjuːz]

v. 注入（某特性），使具有；全面影响；泡，沏；输注

词组 infuse A with B 将 B 注入 A，使 A 具有 B 的特性

真题 infuse some sculptures with chemicals 为一些雕塑注入化学物质（2022 年阅读）

lest [lest]

conj. **以免，免得**；唯恐，担心

真题 They should be quick to respond to letters to the editor, lest animal rights misinformation go unchallenged. 他们应该迅速给编辑回信，以免没有人会对动物权利的错误信息产生质疑。（2003 年阅读）

□ heresy			
义联词　□ **heretic**	□ **cult**	□ **dogma**	□ **secular**
□ **pilgrim**	□ **Marxist**		

heresy [ˈherəsi]

n. **宗教异端，信奉邪说**；离经叛道的观点

真题 be branded as heresy 被贴上异端邪说的标签（2020 年翻译）

heretic [ˈherətɪk]

n. **犯异端罪者，离经叛道者**

真题 any heretics that continued to spread these lies 任何继续散布这些谎言的异端分子（2020 年翻译）

cult [kʌlt]

n. **崇尚，狂热**；异教团体；宗教信仰（习俗）

adj. 受特定群体欢迎的

词组 cult of... ……热，对……的崇拜

真题 the cult of the authentic and the personal 崇尚真实和个性（2005 年阅读）

dogma [ˈdɔːgmə]

n. **教条，教义，信条**

真题 the Church's long-standing dogma 存在已久的教会教条（2020 年翻译）

secular [ˈsekjələr]

熟义 *adj.* **世俗的，非宗教的**；教区的，世俗的

真题 a pattern known as the secular trend in height 一种被称之为身高长期趋势的模式（2008 年阅读）

僻义 *adj.* **长期的**

真题 secular trend 长期趋势（2008 年阅读）

pilgrim [ˈpɪlgrɪm]

n. **朝圣者**；香客；清教徒前辈移民

真题 Pilgrim Nuclear station（美国）朝圣者核电站（2012 年阅读）

Marxist [ˈmɑːrksɪst]

n. 马克思主义者

□ egalitarian			
义联词　□ **elitism**	□ **birthright**	□ **chauvinistic**	□ **femininity**

egalitarian [iˌɡælɪˈteriən]

n. 平等主义者　　*adj.* 平等主义的

真题 The ideals of the early leaders of independence were often egalitarian. 早期独立领导人的理想通常是平等主义。（2007 年完形）

---

elitism [eɪˈliːtɪzəm]

n. 精英主义，精英统治；高人一等的优越感

真题 reject anything that smells of elitism 拒绝任何带有精英主义色彩的东西（2004 年阅读）

---

birthright [ˈbɜːrθraɪt]

n. 与生俱来的权利（或所有物），基本人权

真题 Mental health is our birthright. 心理健康是我们与生俱来的权利。（2016 年翻译）

---

chauvinistic [ˌʃəʊvɪˈnɪstɪk]

adj. 大男子主义的；大国沙文主义的

真题 display chauvinistic attitudes toward women 对女性表现出大男子主义态度（2008 年新题型）

---

femininity [ˌfeməˈnɪnəti]

n. 女子气质，阴柔

真题 Blue symbolised femininity. 蓝色象征女性气质。（2012 年阅读）

□ civilisation/-zation			
义联词　□ civilise/-ize		□ feudal	□ superstitious

---

civilisation/-zation [ˌsɪvələˈzeɪʃn]

n. 文明；文明社会（世界）；社会文明；人类文明的生活

真题 go back to the dawn of civilization 回到文明的开端（2017 年阅读）

---

civilise/-ize [ˈsɪvəlaɪz]

v. 使开化，教化，文明化

真题 The hero avoids being civilized, going to school and learning to read. 男主人公避免被开化，不上学，不读书。（2004 年阅读）

---

feudal [ˈfjuːdl]

adj. 封建（制度）的

---

superstitious [ˌsuːpərˈstɪʃəs]

adj. 迷信（观念）的

真题 Their thinking often had a traditional superstitious quality. 他们的思想往往带有传统的迷信色彩。（2009 年阅读）

□ virtuous			
义联词　□ ethos	□ hono(u)rable	□ transgression	□ renege
形联词　□ virtuosity			

423

virtuous [ˈvɜːrtʃuəs]

adj. **道德高尚的，品行端正的**；自命清高的

真题 steer their activities in virtuous directions 引导他们的活动朝着道德高尚的方向发展（2012年阅读）

ethos [ˈiːθɑːs]

n. **（某团体或社会的）道德思想，道德观**

真题 The ethos welcomes anybody. 其理念是欢迎任何人（加入）。（2017年阅读）

hono(u)rable [ˈɑːnərəbl]

adj. 值得钦佩的；品格高尚的；体面的

transgression [trænzˈgreʃn]

n. **越轨，违背（道德）**

真题 moral transgressions 违背道德的事（2019年阅读）

renege [rɪˈneg]

v. **违背，食言，背信弃义**

词组 renege on... 违背……

真题 renege on a longstanding commitment 背弃长期以来的承诺（2012年阅读）

virtuosity [ˌvɜːrtʃuˈɑːsəti]

n. **精湛技巧**；对艺术品的爱好；艺术爱好者

真题 widely understood ideals of civility and virtuosity 广为人知的文明和精湛的理念（2009年阅读）

□ **adornment**

| 义联词 | □ **renovate** | □ **shabby** | □ **upholstered** | □ **ornate** |
| | □ **majestic** | □ **flagstone** | | |

---

adornment [əˈdɔːrnmənt]

n. **装饰，装饰品**

真题 material adornment and idealized body types 物质类装饰品和理想化的体型（2016年阅读）

renovate [ˈrenəveɪt]

v. 修复；翻新，重新粉刷

shabby [ˈʃæbi]

adj. 破烂的；（衣着）破旧的；不讲理的，不公正的

upholstered [ʌpˈhəʊlstərd]

adj. **经过装饰的**；经过布置的；装上软垫的

真题 richly upholstered Vicwardian prose 辞藻华丽的维多利亚时代散文（2010年阅读）

ornate [ɔːrˈneɪt]

adj. **富丽的，豪华的**；华美的

真题 the city's vast and ornate ceremonial areas 城市广袤华丽的礼仪区域（2014年新题型）

majestic [məˈdʒestɪk]

adj. **壮观的，雄伟的，威严的**

真题 majestic images 壮观的图像（2023年新题型）

flagstone [ˈflægstəʊn]

n. **石板（方形，用于铺地面、小径等）**

真题 bed down on the flagstones 睡在石板路上（2006年阅读）

□ **cubicle**

| 义联词 | □ **cramped** | □ **skylight** | □ **realty** |

cubicle [ˈkjuːbɪkl]

n. 隔间，小房间

真题 office cubicles 办公室隔间（2020 年阅读）

cramped [kræmpt]

adj. 拥挤的；狭小的；密密麻麻的

真题 endure cramped, unreliable services 忍受有限的、不可靠的服务（2021 年阅读）

skylight [ˈskaɪlaɪt]

n. （房顶的）天窗

真题 four skylight domes 四个天窗穹顶（2018 年新题型）

realty [ˈriːəlti]

n. 房地产，不动产

真题 realty agents 房产经纪人（2019 年新题型）

□ **binary**

| 义联词 | □ **polarise** |

binary [ˈbaɪnəri]

adj. 二重的，由两部分组成的；二进制的

n. 双体；二进制

真题 Emotions aren't binary. 情绪并非二元对立的。（2019 年阅读）

polarise [ˈpəʊləraɪz]

v. （使）两极化；使（光波等）偏振；使（物体）极化

真题 Public opinion is particularly polarised. 公众舆论两极分化格外严重。（2015 年阅读）

□ **symphony**

| 义联词 | □ **choir** | □ **resounding** |

symphony [ˈsɪmfəni]

n. 交响乐，交响曲

词组 symphony orchestra 交响乐团

真题 the Sydney Symphony Orchestra 悉尼交响乐团（2022 年阅读）

choir [ˈkwaɪər]

n. 唱诗班；合唱团

真题 the choir boys of St. Paul's and the royal chapel 圣保罗大教堂和皇家大教堂的唱诗班男孩（2018 年翻译）

resounding [rɪˈzaʊndɪŋ]

adj. 响亮的；回响的；巨大的；令人瞩目的

真题 a resounding "yes!" 一句响亮的"是！"（2017 年完形）

□ portraiture

| 义联词 | □ **headshot** | □ **woodcut** | □ **sitter** | □ **pastel** |

portraiture [ˈpɔːrtrətʃər]

n. 肖像；画像技法
真题 photographic portraiture 摄影肖像（2021年阅读）

headshot [ˈhedʃɑːt]

n. 头部像；瞄准头部的子弹
真题 Your headshots are seen much more often now than a decade or two ago. 你的头像现在被看到的频率远远高于一二十年前。（2016年新题型）

woodcut [ˈwʊdkʌt]

n. 木刻画，木版画；木刻；木刻印版

真题 a backdrop for a series of woodcuts 木刻画系列的（故事）背景（2017年新题型）

sitter [ˈsɪtər]

n. 摆姿势让人画像（或拍照）的人；临时保姆；得分良机
真题 Sitters shifted position or adjusted their limbs. 被拍者转移位置或者调整四肢。（2021年阅读）

pastel [pæˈstel]

adj.（色彩）柔和的，淡的 *n.* 淡雅的色彩；彩色粉笔；蜡笔画
真题 a pastel version of red 一种柔和的红色（2012年阅读）

□ predetermine

| 义联词 | □ **herald** | □ **preempt** | □ **upfront** |

predetermine [ˌpriːdɪˈtɜːrmɪn]

v. 预先决定，事先安排
真题 predetermine the accuracy of our judgment 预先确定我们判断的准确性（2013年阅读）

herald [ˈherəld]

v. 预示……的到来；宣布……（好或重要）
n. 预兆；信使，传令官

preempt [ˌpriːˈempt]

v. 预先占用；优先购买
真题 preempt individual state laws that undermine its order 先发制人防止个别州法律破坏其秩序（2021年阅读）

upfront [ˌʌpˈfrʌnt]

adj. 预先的；预付的，预交的；在最前位置的；坦率的，诚实的
真题 the "upfront work search" scheme "预先求职"计划（2014年阅读）

□ prerequisite

| 义联词 | □ **presuppose** | □ **speculative** |

prerequisite [ˌpriːˈrekwəzɪt]

n. **先决条件**　*adj.* 首要必备的

词组 a prerequisite for... 是……的先决条件

真题 a prerequisite for a successful academic career （拥有）成功学术生涯的先决条件（2011 年新题型）

真题 Representative government presupposes an informed citizenry. 代议制政府以知情的公民为先决条件。（2014 年阅读）

presuppose [ˌpriːsəˈpəʊz]

v. **以……为前提，依……而定**；假设，姑且认为

speculative [ˈspekjələtɪv]

adj. **推测的，推断的**；揣摩的，试探的；投机性的，风险性的

真题 a remarkable work of speculative fiction 一部出色的推理小说作品（2019 年阅读）

□ **retrospection**

义联词　□ **retrospect**

---

retrospection [ˌretrəˈspekʃn]

n. **回顾，回忆**

真题 Official retrospections continue as to why London 2012 failed to "inspire a generation." 官方仍在反思为什么 2012 年伦敦奥运会未能"激励一代人"。（2017 年阅读）

retrospect [ˈretrəspekt]

n. **回顾，回溯，回想**

词组 in retrospect 回顾，回想，追溯往事

真题 Raising a child can bring happiness in retrospect. 回首往事，养育孩子可以带来幸福。（2011 年阅读）

□ **empathy**

义联词　□ **sympathise/-ize**　□ **remorseless**　□ **ruthlessness**

---

empathy [ˈempəθi]

n. **同理心，同情，共鸣**

真题 We want empathy, not inspiration. 我们想要的是同理心，而非灵感。（2012 年新题型）

sympathise/-ize [ˈsɪmpəθaɪz]

v. 同情；赞同，支持

remorseless [rɪˈmɔːrsləs]

adj. **残酷无情的**；持续恶化的

真题 a remorseless drive by Big Tech 大型科技公司的无情驱赶（2021 年阅读）

ruthlessness [ˈruːθləsnəs]

n. **冷酷，无情，残忍**

真题 He championed cunning, ruthlessness, and boldness as the skills of successful leaders. 他赞成狡猾、冷酷和勇猛是成功领导者所要具备的技能。（2012 年新题型）

Word List 30

□ **nostalgia**

义联词	□ **nostalgic**	□ **wistful**	□ **commemorate**

nostalgia [nəˈstældʒə]

n. 怀旧，念旧

真题 nostalgia for ink on paper 对纸墨的怀念（2016 年阅读）

---

nostalgic [nəˈstældʒɪk]

adj. 思乡的；引人怀旧的

---

wistful [ˈwɪstfl]

adj. 留恋的；伤感的，（对已不可能发生之事）徒然神往的

真题 cast a wistful glance backward at all the species we've left in the dust *留恋地回望所有被我们遗忘在尘埃中的物种*（2009 年完形）

---

commemorate [kəˈmeməreɪt]

v.（用……）纪念，作为……的纪念

真题 The Romantics commemorated the leading painters and authors of their day. *浪漫主义者们纪念他们那个年代的杰出画家和作家。*（2012 年新题型）

□ **infuriating**

义联词	□ **indignant**	□ **uplifting**	□ **toothy**

infuriating [ɪnˈfjʊrieɪtɪŋ]

adj. 使人极为愤怒的

真题 Wasted time is infuriating. *荒废的时间很让人窝火。*（2017 年阅读）

---

indignant [ɪnˈdɪgnənt]

adj. 愤怒的，愤慨的，义愤的

---

uplifting [ˌʌpˈlɪftɪŋ]

adj. 令人振奋的；使人开心的

真题 Such measures have a couple of uplifting motives. *这些举措有一些积极的动机。*（2016 年阅读）

---

toothy [ˈtuːθi]

adj.（笑时）露齿的

真题 a toothy grin *露齿一笑*（2021 年阅读）

□ gratify	
义联词	□ insatiable
形联词	□ rectify

gratify [ˈɡrætɪfaɪ]

v. 满足；使满意，使高兴

真题 gratify appetites 满足胃口（2009 年翻译）

insatiable [ɪnˈseɪʃəbl]

adj. 不知足的，无法满足的

词组 an insatiable appetite 得不到满足的食欲

真题 Technology has such an insatiable appetite for eating up human jobs. 科技在吞噬人类工作方面简直是贪得无厌。（2014 年阅读）

rectify [ˈrektɪfaɪ]

v. 改正，纠正，矫正

真题 help rectify this situation 帮助整顿局面（2014 年阅读）

□ sceptical/skeptical		
义联词	□ skeptic	□ validation
形联词	□ farcical	

sceptical/skeptical [ˈskeptɪkl]

adj. 怀疑的

词组 be skeptical of/about… 怀疑……

真题 Poets today are less skeptical of happiness. 如今的诗人没有那么怀疑幸福了。（2006 年阅读）

skeptic [ˈskeptɪk]

n. 怀疑论者，不可知论者

真题 The question has provided a quick put-down for skeptics. 这个问题很快就对怀疑论者予以了回击。（2018 年阅读）

validation [ˌvælɪˈdeɪʃn]

n. 肯定，认可；验证；确认，批准，生效

真题 It gave me the validation and confidence that I'd lost. 它让我找回了曾经失去的认可和信心。（2013 年新题型）

farcical [ˈfɑːrsɪkl]

adj. 可笑的，荒唐的，荒谬的

真题 literary or farcical drama 文学剧或是滑稽剧（2018 年翻译）

□ boggle		
义联词	□ stunning	□ jolt

boggle [ˈbɑːgl]

v. (因吃惊而) 不知所措; 犹豫不决

词组 mind-boggling 难以理解的; 令人惊愕的
真题 the mind-boggling knowledge 令人难以理解的知识 (2020 年阅读)

stunning [ˈstʌnɪŋ]

adj. 令人震惊的, 令人惊奇万分的; 极有魅力的; 给人以深刻印象的
真题 stunning visuals 惊人的视觉效果 (2023 年新题型)

jolt [dʒəʊlt]

n. 一阵强烈的感情; 颠簸; 震动 *v.* (使) 震动; 颠簸; 使受到震惊
真题 give the initial jolt to the conversation 为首次对话赋予强烈的情感 (2018 年新题型)

□ **steadfast**

义联词	□ **resolute**	□ **entrenched**	□ **stamina**	□ **grapple**
	□ **susceptibility**			

steadfast [ˈstedfæst]

adj. 坚定的, 不动摇的
真题 steadfast integrity 坚守诚信正直 (2012 年新题型)

resolute [ˈrezəluːt]

adj. 坚决的, 有决心的
真题 resolute working 坚定不移地工作 (2012 年新题型)

entrenched [ɪnˈtrentʃt]

adj. 得到巩固的; 根深蒂固的
真题 unseat smaller but entrenched competitors 击败较弱小但地位稳固的竞争对手 (2010 年新题型)

stamina [ˈstæmɪnə]

n. 耐力, 持久力
真题 build stamina 增强持久力 (2022 年新题型)

grapple [ˈgræpl]

v. 努力设法解决; 扭打, 搏斗

词组 grapple with... 努力克服……
真题 Factory owners are now grappling with a new challenge. 工厂主们现在正努力应对一项新挑战。(2017 年新题型)

susceptibility [səˌseptəˈbɪləti]

n. 易受影响 (或伤害等) 的特性; 敏感性; 感情脆弱处

词组 susceptibility to (doing) sth. 易患……; 对……敏感
真题 susceptibility to developing the common cold 易患普通感冒 (2017 年完形)

□ **unpretentious**

义联词	□ **vaunted**	□ **bombast**	□ **snobbish**	□ **purport**

unpretentious [ˌʌnprɪˈtenʃəs]

adj. **谦逊的，不炫耀的**；简朴实用的，朴实无华的

真题 an unpretentious musician with no air of the formidable conductor about him 一位谦虚的音乐家，不带有一点指挥家飞扬跋扈的气场（2011年阅读）

vaunted [ˈvɔːntɪd]

adj. **被吹嘘的**；自夸的

真题 vaunted athletes 受吹捧的运动员（2007年新题型）

bombast [ˈbɑːmbæst]

n. **大话**；华而不实的言辞

真题 Not everyone was convinced by such bombast. 并非每个人都相信这种大话。（2012年新题型）

snobbish [ˈsnɑːbɪʃ]

adj. 势利的；自命不凡的

purport [pərˈpɔːrt]

v. **自称，标榜**

真题 This paper purports to show that people who eat more broccoli a week were more likely to suffer late in life from pernicious. 这篇文章声称，每周吃更多西兰花的人更有可能在晚年患恶性贫血症。（2019年翻译）

□ reliant
形联词　□ resilient

reliant [rɪˈlaɪənt]

adj. **依赖性的，依靠的**

词组 reliant on/upon… 依赖……

真题 grow reliant on temporary guest workers 变得越来越依赖外来的临时工（2019年阅读）

resilient [rɪˈzɪliənt]

adj. 可迅速恢复的；有弹性（或弹力）的；能复原的

□ confide
义联词　□ confidant
形联词　□ codify

confide [kənˈfaɪd]

v. **吐露（隐私、秘密等），倾诉**

词组 confide sth. (to sb.) （向某人）吐露（隐私、秘密等）

真题 He could not confide those things even to his wife. 他甚至不能向妻子吐露这些事情。

（2017 年新题型）

confidant [ˈkɑːnfɪdænt]

n. 知己，密友

真题 a special confidant in a work setting 工作中的特别知己（2020 年新题型）

codify [ˈkɑːdɪfaɪ]

v. 把……编成法典

真题 less codified decision making process 不那么固守成规的决策过程（2016 年完形）

□ **supersonic**

义联词	□ **ultraviolet**

supersonic [ˌsuːpərˈsɑːnɪk]

adj. 超声速的

示例 a supersonic aircraft 一架超声速飞机

ultraviolet [ˌʌltrəˈvaɪələt]

adj.（利用）紫外线的

□ **crunch**

义联词	□ **dint**

crunch [krʌntʃ]

熟义 *n.* 压碎声，碎裂声；紧要关头；症结；仰卧起坐 *v.*（使）发出碎裂声

示例 the crunch of feet in the snow 脚踩雪发出的嘎吱声

辨义 *n.* 短缺；缺钱 a situation caused by a sudden lack of sth., especially money

词组 the housing crunch 住房短缺

真题 the current housing crunch 住房短缺现状（2019 年新题型）

---

dint [dɪnt]

n. 凹痕 *v.* 击出凹痕

□ **fume**

义联词	□ **odo(u)r**	□ **inhale**	□ **ventilate**	□ **valve**

fume [fjuːm]

n. 刺鼻（或有害）的气，烟 *v.*（对……）十分恼火；冒烟（气）

真题 keep pouring fumes into the air 不断向大

气中排放烟雾（2005 年阅读）

odo(u)r [ˈəʊdər]

n. 难闻的气味；臭味

inhale [ɪnˈheɪl]

v. 吸入；吸气

真题 inhale something except oxytocin 吸入一

些除催产素之外的物质（2018 年完形）

ventilate [ˈventɪleɪt]

v. 通风，使通气；公开表达

valve [vælv]

n. 阀门，气门；瓣膜；阀键，活塞

□ **deride**

| 义联词 | □ **sarcastic** | □ **acclaim** |

---

deride [dɪˈraɪd]

v. 嘲笑，愚弄，揶揄

词组 be derided as... 被嘲笑为……；因……

而受到嘲笑

真题 The U.S. workforce was derided as poorly

educated. 美国劳动力被嘲笑为教育水平低

下。（2009 年阅读）

sarcastic [sɑːrˈkæstɪk]

adj. 讽刺的，嘲讽的，挖苦的

acclaim [əˈkleɪm]

n. **赞扬**　v. 热烈称赞

真题 receive acclaim 得到赞扬（2011 年阅读）

□ **allude**

| 义联词 | □ **non-committal** | □ **pinpoint** |
| 形联词 | □ **elude** | |

---

allude [əˈluːd]

v. 暗指，影射，略加提及

词组 allude to... 暗指……，影射……

真题 allude to a fact 暗指一个事实（2021 年

阅读）

non-committal [ˌnɑːn kəˈmɪtl]

adj. **不表态的**；含糊的

真题 a non-committal blank stare 面无表情的

木然凝视（2021 年阅读）

---

pinpoint [ˈpɪnpɔɪnt]

v. **明确指出，确定**；准确解释（或说明）

真题 pinpoint the places 精确地找到这些地方

（2014 年新题型）

elude [ɪˈluːd]

v. **使达不到**；使不记得；使不理解；避开，逃避

真题 answer questions that have eluded some of the best poets and philosophers 回答一些最优秀的诗人和哲学家无法回答的问题（2007年阅读）

□ **inexorable**

义联词	□ **stark**	□ **impending**	□ **evade**

---

inexorable [ɪnˈeksərəbl]

adj. **不可阻挡的，无法改变的**

真题 the inexorable decline 无法阻挡的衰落（2010年阅读）

---

stark [stɑːrk]

adj. **严酷的，真实而无法回避的**；区别鲜明的；粗陋的；十足的

---

impending [ɪmˈpendɪŋ]

adj. **即将发生的**；迫在眉睫的

真题 the impending loss of jobs 即将失业（2021年新题型）

---

evade [ɪˈveɪd]

v. **逃避**，躲避；避免，回避；规避

真题 evade the pressure from the peers 逃避同伴压力（2010年阅读）

□ **perpetuity**

义联词	□ **exterminate**	□ **fad**	□ **outmode**	□ **anachronism**
	□ **catchword**			

---

perpetuity [ˌpɜːrpəˈtuːəti]

n. **永恒，不朽**

真题 secure family perpetuity 保障家庭的永久存在（2009年翻译）

---

exterminate [ɪkˈstɜːrmɪneɪt]

v. **消灭**，根除，灭绝

真题 exterminate predators for the sake of a benefit 为了利益而消灭食肉类动物（2010年翻译）

---

fad [fæd]

n. **一时的风尚，短暂的狂热**

真题 a passing fad 短暂的流行（2013年阅读）

---

outmode [aʊtˈməʊd]

v. **（使）过时，不流行**

真题 Certain jobs have outmoded by machines. 某些工作已经被机器淘汰了。（2014年阅读）

---

anachronism [əˈnækrənɪzəm]

n. **过时的人（或风俗、思想）**；时代错误

真题 avoid trapping Internet regulation in technological anachronism 避免网络监管陷入科技过时的困境（2021 年阅读）

catchword [ˈkætʃwɜːrd]

n. **流行语，口号**；**时髦话**；醒目的字
真题 The catchwords for Generation Z are practical and cautious. Z 世代的流行口号是"实用"和"谨慎"。（2020 年阅读）

□ **headway**

义联词	□ **stagnant**	□ **stagnate**	□ **progression**

---

headway [ˈhedweɪ]

n. **进步，前进**
词组 make headway 取得（缓慢的或艰难的）进展
真题 Humanity has made some headway. 人类已经取得一些进展。（2009 年翻译）

---

stagnant [ˈstæɡnənt]

adj. 不流动而污浊的；停滞的，无变化的

stagnate [ˈstæɡneɪt]

v. 停滞，不进步；因不流动而变得污浊

---

progression [prəˈɡreʃn]

n. **发展，进程**；系列；连续
真题 natural progression 自然而然的发展（2005 年阅读）

□ **nudge**

义联词	□ **prod**	□ **pluck**

---

nudge [nʌdʒ]

v. **渐渐推动**；（用肘）轻推；（使）达到，接近
n. 轻推，碰
真题 nudge the self-image of the city into a bolder and more optimistic light 推动城市的自我形象朝更大胆乐观的一面发展（2020 年阅读）

---

prod [prɑːd]

v. 戳，杵，捅；督促；鼓动　*n.*（赶牲畜用的）尖棒，刺棒

---

pluck [plʌk]

v. **抢夺**；摘，拔；弹拨；解救；采摘
真题 They've been plucked by other industries. 他们已经被其他行业挖走了。（2017 年新题型）

□ **revitalize**

义联词	□ **dormant**	□ **mortality**

revitalize [ˌriːˈvaɪtəlaɪz]

v. 使恢复生机（或健康），振兴；使更强壮

真题 revitalize the Philharmonic 振兴纽约爱乐乐团（美国五大交响乐团之首）（2011 年阅读）

dormant [ˈdɔːrmənt]

adj. 休眠的；蛰伏的

真题 a dormant volcano 休眠火山（2017年阅读）

mortality [mɔːrˈtæləti]

n. **死亡率**；死亡数量；死亡

词组 the mortality rate 死亡率

真题 rising rates of mortality 死亡率上升（2017 年完形）

□ cumbersome			
义联词　□ **brevity**	□ **shorthand**	□ **minimalist**	□ **snapshot**

cumbersome [ˈkʌmbərsəm]

adj. 缓慢复杂的；大而笨重的；复杂累赘的

真题 The process is cumbersome. 过程漫长而复杂。（2019 年阅读）

brevity [ˈbrevəti]

n. 简洁；短暂

shorthand [ˈʃɔːrthænd]

n. 速记（法）；简略的表达方式

真题 He taught himself shorthand. 他自学了速记法。（2017 年新题型）

minimalist [ˈmɪnɪməlɪst]

adj. **极简抽象派艺术的，极简主义的**

真题 The robot rats were quite minimalist. 机器鼠的外形十分简单抽象。（2020 年阅读）

snapshot [ˈsnæpʃɑːt]

n. **快照，抓拍**；简介，简要说明

真题 a series of snapshots 一系列的快照（2020 年新题型）

□ fortnightly	
形联词　□ **forthright**	

fortnightly [ˈfɔːrtnaɪtli]

adj. **两星期一次的**

真题 They should report weekly rather than fortnightly. 他们应该每周都进行汇报，而不是两周才进行一次。（2014 年阅读）

forthright [ˈfɔːrθraɪt]

adj. 直率的；坦诚的

□ **cursory**

义联词　□ **headlong**　　□ **considerate**　　□ **wary**

cursory [ˈkɜːrsəri]

adj. **粗略的**；仓促的

真题 a cursory search for causes 对原因的粗略寻找（2010 年阅读）

headlong [ˈhedlɔːŋ]

adv. **轻率地**；头朝前；莽撞地

真题 the headlong push into bachelor's degrees

for all 一味地强求所有人追求学士学位（2018 年阅读）

considerate [kənˈsɪdərət]

adj. 考虑周到的；体贴的

wary [ˈweri]

adj. 谨慎的，小心翼翼的，留神的

□ **discrepancy**

义联词　□ **analog(ue)**

discrepancy [dɪˈskrepənsi]

n. **差异**；不符合，不一致

词组 discrepancy between…and… ……和……之间的差异

例句 What causes the discrepancy between girls'

and boys' performance in school? 是什么导致了女生和男生在学校里表现上的差异呢？

analog(ue) [ˈænəlɔːg]

n. 相似物　　*adj.* 模拟的

□ **straddle**

形联词　□ **saddle**　　□ **meddle**

straddle [ˈstrædl]

v. **横跨**；分腿站立；同属；两栖于

真题 They straddle laws, jurisdictions and identities with ease. 他们轻松地越过了法律、司法管辖区和身份的限制。（2013 年阅读）

saddle [ˈsædl]

n. 马鞍；车座；脊肉　　*v.* 给（马）备鞍

meddle [ˈmedl]

v. 管闲事；瞎搞，乱弄

□ **pivot**

义联词　□ **centric**　　　□ **noteworthy**　　　□ **brim**　　　□ **amid(st)**

pivot [ˈpɪvət]

v. **在枢轴上旋转**　*n.* 枢轴；中心点；最重要的人（或事物）；核心

真题 Are you looking to refresh your image or pivot it? 你是寻求让自己的形象焕然一新还是继续保持现状呢？（2016 年新题型）

centric [sentrɪk]

adj. 中心的；重要的；围绕着中心的

noteworthy [ˈnəʊtwɜːrði]

adj. **值得注意的**；显著的，重要的

真题 find a noteworthy quirk 发现一件值得注意的怪事（2007 年阅读）

brim [brɪm]

n. **边沿**；口；帽檐

词组 be packed to the brim 挤得满满当当

真题 The introductory computer-science classes are packed to the brim. 计算机科学入门课程排得满满当当。（2016 年阅读）

amid(st) [əˈmɪd(st)]

prep. **在……的过程中**；在……的包围中

真题 keep employees motivated amid increasingly loud debates over work-life balance 在工作与生活平衡的争论日益激烈的情况下，保持员工的积极性（2015 年阅读）

□ **hazy**

义联词　□ **opaque**

hazy [ˈheɪzi]

adj. **记不清的，模糊的**；朦胧的；主意不定的；困惑的

真题 He described his memory as extensive but hazy. 他描述自己的记忆是博而不精。（2008 年翻译）

opaque [əʊˈpeɪk]

adj. 不透明的；浑浊的；难懂的，隐晦的

□ **overcoat**

义联词　□ **nylon**

overcoat [ˈəʊvərkəʊt]

n. 长大衣

例句 Overcoats are thick warm coats that we usually wear in autumn or winter. 长大衣这种厚实、

暖和的外套是我们一般在秋冬季才会穿的。

---

nylon [ˈnaɪlɑːn]

n. 尼龙；尼龙连裤袜

□ **glamo(u)r**

义联词　□ **gravitate**

---

glamo(u)r [ˈɡlæmər]

n. 魅力；诱惑力；迷人的美

真题 Having children contributes little to the glamour of celebrity moms. 为人母对提升明星妈妈的魅力并不会起到多大作用。（2011 年阅读）

gravitate [ˈɡrævɪteɪt]

v. 被吸引到······，向······移动

词组 gravitate to/towards... 被吸引到······，受吸引而转向······

真题 gravitate towards beautiful landscapes 被吸引前往风景优美的地方（2014 年新题型）

□ **strew**

义联词　□ **pervasive**　　□ **permeate**

---

strew [struː]

v. 布满，散播在······上；在······上布满（或散播）

真题 a square of brick-strewn waste ground 一片散落着砖块的废弃地（2014 年新题型）

pervasive [pərˈveɪsɪv]

adj. 遍布的；弥漫的

真题 It is pervasive in our young girls' lives. 它

在我们年轻女孩的生活中无处不在。（2012 年阅读）

permeate [ˈpɜːrmieɪt]

v. 弥漫，渗透；传播，扩散

真题 Much of this work is permeated by a spirit of romantic escapism. 许多这类作品都弥漫着一种浪漫主义的避世精神。（2014 年新题型）

□ **reflex**

义联词　□ **primal**

reflex ['ri:fleks]

n. **本能反应，反射动作**；反射作用

真题 instant reflexes 立即做出的本能反应（2019年阅读）

primal ['praɪml]

adj. **原始的**；根本的

真题 answer a primal calling 回应原始的呼唤（2017年阅读）

□ **quirk**

义联词　□ **quirky**　　　　□ **anecdote**

---

quirk [kwɜ:rk]

n. **怪事，奇事**；怪异的性格（或行为），怪癖

真题 a noteworthy quirk 一件值得注意的怪事（2007年阅读）

---

quirky ['kwɜ:rki]

adj. **古怪的，离奇的**；多突变的

真题 The British land art was a lot quirkier than its American counterpart. 英国的地景艺术比美国同类作品要更加稀奇古怪。（2014年新题型）

---

anecdote ['ænɪkdəʊt]

n. 趣闻；轶事

□ **sift**

义联词　□ **distil(l)**

---

sift [sɪft]

v. **筛**；细查，详审；区分；精选

真题 Carter sifted through rubble in the Valley of the Kings for seven years. Carter 在帝王谷花了七年时间筛选碎石瓦砾。（2014年新题型）

---

distil(l) [dɪ'stɪl]

v. 蒸馏；提炼

Index

索　引

c

D

Index 索引